中国改革开放史料丛书

行政体制改革

魏礼群　王满传　主编

中国工人出版社

“中国改革开放史料丛书”
编委会

总序

铭记改革开放历史
奋进新时代新征程

历史是一面镜子，也是一部教科书。重视历史，研究历史，借鉴历史，是中华几千年文明的一个优良传统。当代中国是历史中国的延续和发展，书写着中国人民和中华民族不懈奋斗的宏伟篇章。历史的无穷魅力在于包含了大量丰富的史料。史料是保存历史、记述历史、再现历史的基本素材和重要依据。重视历史的学习、研究和传承，必须重视史料的收集、整理、汇辑。

改革开放是中国人民和中华民族发展史上一次伟大革命，正是这场伟大革命推动了中国特色社会主义事业的伟大飞跃。1978 年底，中国共产党召开具有重大历史意义的十一届三中全会，开启了改革开放历史新时期。从那时以来，中国共产党带领全国人民以一往无前的进取精神和波澜壮阔的创新实践，谱写了壮丽史诗。改革开放 40 多年来，从农村到城市，从生产到投资、流通、分配、消费，从所有制结构到企业形式，从经济领域到生产关系和上层建筑的某些环节，都进行了系统和全面改革，成功实现了从高度集中的计划经济体制到充满活力的社会主义市场经济体制的伟大历史性转变；对外开放从建立经济特区到沿海、沿江、沿边，从东部到中西部地区，再到加入世界贸易组织，从大规模“引进来”到大踏步“走出去”，成功实现了从封闭半封闭到全方位开放的伟大历史性转变。我们在深化经济体制改革的同时，不断深化政治体制、文化体制、社会体制、生态文明体制改革和其他领域改革，不断推进国家治理体系和治理能力现代化。在改革开放推动下，我国经济和社会发展取得了举世瞩目的辉煌成就，实现了人民生活由温饱不足到小康宽裕的伟大历史性转变。事实雄辩地证明，改革开放是决定当代中国前途命运的关键一招，是当代中国发展进步的动力之源，是大踏步赶上时代前进步伐的重要法宝，为实现中华民族伟大复兴提供了充满新活力的体制保障和快速发展的物质条件，中华民族迎来了从站起来、富起来到强起来的伟大飞跃。

现在，我国在广袤大地上全面建成小康社会，正阔步迈向全面建设社会主义现代化国家的新征程。在庆祝中国共产党成立100周年大会上，习近平总书记强调，“以史为鉴，可以知兴替。我们要用历史映照现实、远观未来，从中国共产党的百年奋斗中看清楚过去我们为什么能够成功、弄明白未来我们怎样才能继续成功，从而在新的征程上更加坚定、更加自觉地牢记初心使命、开创美好未来”。改革开放以来的岁月将彪炳于中华民族发展的壮丽史册。40多年来，中国共产党从理论到实践的伟大创造，探索和积累的宝贵经验是党和人民弥足珍贵的精神财富，对于新时代坚持和发展中国特色社会主义有着极为重要的指导意义，应当倍加珍惜。

2022年，党的二十大召开。“中国改革开放史料丛书”的出版，为了铭记改革开放以来的光辉历史过程，收集、保存、传承40多年的宝贵历史资料，也为了以实际行动落实党中央关于加强改革开放史教育的部署要求，展示改革开放历史的史料价值。

这套丛书共有20卷。分别是：《中国社会主义市场经济体制形成与发展》《计划投资体制改革》《农业农村改革》《对外开放》《行政体制改革》《财政税收体制改革》《价格体制改革》《经济特区发展》《城市改革与发展》《国有企业改革》《金融体制改革》《教育体制改革》《收入分配改革》《科技体制改革》《外贸体制改革》《商品与要素市场改革》《就业体制改革》《社会保障体制改革》《民营经济发展》《改革开放大事记》，力求从不同领域、不同角度，全面、系统、客观记录我国改革开放40多年的历史进程，重点收录具有重要价值的史料，特别是历史文献、重要人物和事件、实物和口述史料，以期在服务全面深化改革开放事业、加强改革开放史研究和教育中提供参考、发挥作用。

这套丛书的各卷主编和参与者大多是相关领域知名的专家学者，也是我国改革开放的亲历者、见证者。丛书集结了他们长期亲历和研究我国改革开放的重要成果，凝聚了他们对改革开放伟大事业的深厚情怀和责任担当。中国工人出版社对这套丛书的出版给予了大力支持，集全社之力，不舍昼夜，为本书如期付梓出版不辞辛劳；中国（海南）改革发展研究院作为30多年如一日勇立改革开放潮头、以建言改革为己任的改革智库，为此书的策划、组织和出版作出了重要贡献，彰显出改革智库记录好、传播好改革开放历史的初心使命。我作为这套丛书的编委会主任，在此向为本套丛书付出艰辛努力的各位编委会成员、作者，对中国工人出版社的领导、编辑表示由衷的敬意和感谢！

这套丛书内容时间跨度大，涉及领域多，涵盖方面广，力图史料全面、翔实、准确，任务艰巨。由于时间较紧，难免有不足之处，恳请读者批评指正。

魏礼群

2024 年 3 月

前言

改革开放是决定当代中国前途命运的关键一招。1978 年 12 月召开的党的十一届三中全会，开启了我国改革开放的伟大历史进程。40 多年来，改革不断深化，开放不断扩大，推动社会主义现代化建设取得伟大成就。特别是党的十八大以来，以习近平同志为核心的党中央科学把握世界百年未有之大变局和中华民族伟大复兴战略全局，以伟大的历史主动、巨大的政治勇气、强烈的责任担当、非凡的治理智慧，攻坚克难，爬坡过坎，全面深化经济体制、政治体制、文化体制、社会体制、生态文明体制、国防和军队体制、党的建设制度改革，完善和发展中国特色社会主义制度，推进国家治理体系和治理能力现代化，推动党和国家事业取得历史性成就、发生历史性变革。

行政体制既是整个国家体制的重要组成部

分，又是其他体制的联结枢纽。行政体制改革是政治体制改革的重要内容，与其他各领域改革密切相连、相互促进，贯穿于整个改革开放的全过程。40 多年来，适应党和国家事业发展要求，我国行政体制改革不断推进、持续深化，实现一次又一次突破，取得一项又一项创新，推动中国特色社会主义行政体制逐步完善和发展，为改革开放和社会主义现代化事业发展提供了有力的体制保障。

我国行政体制改革的进程与改革开放的总体进程是一致的，同时又有其自身的节奏、规律和特点。40 多年来的行政体制改革历程大体分为三个阶段：第一个阶段，从党的十一届三中全会到党的十四大之前，这一阶段改革的中心任务是打破与高度集中的计划经济体制相适应的行政体制；第二个阶段，从党的十四大到党的十八大之前，这一阶段改革的中心任务是建立和完善与社会主义市场经济体制相适应的行政体制；第三个阶段，党的十八大以来，这一阶段改革的中心任务是按照完善和发展中国特色社会主义制度、推进国家治理体系和治理能力现代化的要求，全面深化行政体制改革。从内容上看，我国行政体制主要包括转变政府职能、改革政府机构、调整行政区划和层级、创新政府治理方式、推进法治政府和廉洁政府建设、建立和完善公务员制度、创建和完善应急管理体系等方面。这些内容相互联系，共同谱就我国行政体制改革的辉煌交响，这些内容又各具特色，分别演奏出行政体制改革的华彩乐章。

党的十九届四中全会作出的《关于坚持和完善中国特色社会主义制度推进国家治理体系和治理能力现代化若干重大问题的决定》提出，坚持和完善中国特色社会主义行政体制，构建职责明确、依法行政的政府治理体系。要贯彻落实好这一重大部署，行政体制改革依然任重道远。历史是最好的教科书。不忘记来时的路，才能继续走好前行的路。认真回顾过去 40 多年行政体制改革的历程，总结行政体制改革的经验，对于我们深刻理解行政体制的现状、更好把握行政体制改革规律、科学谋划和推进未来的行政体制改革，具有十分重要的意义。

本书回顾总结行政体制改革历程的时间范围为 1978 年党的十一届三中全会至 2021 年（“中国行政体制改革大事记”截至 2022 年）。作为“中国改革开放史料丛书”的分册，本书采用总分结合的结构，既从总体上进行概述，又分别从不同方面、不同环节，梳理回顾 40 多年来我国行政体制改革的主要历程，收集汇编行政体制改革的相关史料，希望能为关心和从事行政体制改革的广大读者提供有益的参考，也为后人研究这段历史时期行政体制改革的历程、做法、经验留下历史的依据。

本书由魏礼群、王满传主编，两人负责全书的统筹、确定写作提纲、审改书稿。本书第一部分“历程篇”各章的作者为：总论，王满传、孙文营；第一章，薛丹；第二章，李梦瑶、王满传；第三章，安森东、吴亮；第四章，王君琦、王磊；第五章，王君琦、李苗苗；第六章，苗月霞、胡庆平；第七章，钟雯彬。第二部分“史料篇”的作者为：行政体制改革大事记，杨书瑞；其他文件资料由“历程篇”各位作者搜集整理。

限于获取资料的途径和编写者的水平，书中史料、论述难免有错漏和不当之处，敬请读者批评指正。

王满传

2024 年 5 月 19 日

目录

第一部分
历程篇

第二部分
史料篇

第一部分

历程篇

总　论

改革开放以来行政体制改革的历程、成就和经验

▼

1978 年党的十一届三中全会开启了我国改革开放伟大航程。行政体制改革是我国改革开放事业的重要组成部分。行政体制改革包括行政权力结构变革、政府职能转变、政府机构改革、行政管理制度完善和管理服务方式手段创新等。40 多年来，伴随经济体制改革和其他领域改革的持续深化，我国行政体制改革不断取得新突破和新进展，中国特色社会主义行政体制不断完善和发展，成为中国特色社会主义制度的重要组成部分，为党和国家事业取得历史性成就、发生历史性变革提供了有力保障。

一、行政体制改革的光辉历程

新中国成立后，在社会主义革命和建设时期，经过艰苦探索和创造性实践，中国共产党领导人民逐步建立起符合社会主义新中国国家制度要求、与计划经济体制相适应的行政体制。改革开放 40 多年来，我国行政体制改革逐步推进、不断深化，与经济社会形势变化、党和国家事业发展、政府所承担的职责和任务相适应。这一

改革历程可划分为三个阶段。

（一）打破与高度集中的计划经济体制相适应的行政体制（1978—1992年）

新中国成立后，我国逐步建立了高度集中的计划经济体制，与之相适应，构建了高度集中的行政体制。这种行政体制对于巩固国家政权、推动国家建设和治理发挥了重要作用，但其弊端也越来越凸显：国家统得过多、管得过死，抑制了市场和社会的活力，制约了社会生产力发展。

1978年12月召开的党的十一届三中全会开启了我国改革开放和社会主义现代化建设新时期。全党摒弃了“以阶级斗争为纲”的错误口号，通过规模空前的思想解放运动，拨乱反正，将工作重心转移到社会主义现代化建设上来，实现了具有深远意义的伟大转折。为适应新时期党和国家工作重心的转移、推动经济社会发展，作为改革开放的重要组成部分，党领导进行了行政体制改革。从党的十一届三中全会到党的十四大召开之前，这一阶段我国行政体制改革的主要任务，是打破与高度集中的计划经济体制相适应的行政体制，主要举措有以下几个方面。

1. 改革国家权力结构

在“文化大革命”中，对国家治理体系和权力结构作了非常调整，地方各级革命委员会的一元化领导体制使行政权力弱化。1979年7月，五届全国人大二次会议通过《关于修正〈中华人民共和国宪法〉若干规定的决议》，将地方各级革命委员会改为地方各级人民政府，地方政府的行政权力和行政机构得到恢复和加强。随着以家庭联产承包责任制为标志的农村经济体制改革的推进，农村政社合一体制的弊端越来越突出。1980 年 6 月，四川省广汉县向阳人民公社管理委员会的牌子被悄然摘下，成为中国“撤社建乡”的首例。1982 年 12 月，五届全国人大五次会议审议通过的《中华人民共和国宪法》，废除人民公社政社合一的体制，乡、民族乡、镇设立人民代表大会和人民政府。1983 年 10 月 12 日，中共中央、国务院发出《关于实行政社分开建立乡政府的通知》。截至 1985 年 6 月，全国农村建乡工作全部完成。政社分开后，全国共建立 92000 多个乡（包括民族乡）、镇人民政府。

2．以精简机构和编制为重点进行政府机构改革

1976 年“文化大革命”结束后，党和国家的主要任务是恢复经济和社会正常秩序，平反冤假错案，调整和完善党和国家的组织体系、组织和领导制度，实现党和国家政治生活正常化，推进民主法制工作。为此，一些在“文化大革命”中被撤销的机构得以恢复重建，同时建立了一些新的机构，很多受到迫害的干部复出，导致机构、人员尤其是领导干部数量急剧膨胀，机构臃肿、人浮于事问题突出。1981 年，国务院机构达到一百个。因此，精简机构和人员成为行政体制改革的一项紧迫任务。1982 年 1 月，邓小平在中央政治局扩大会议上作了题为《精简机构是一场革命》的讲话，强调指出：如果不搞这场革命……这确是难以为继的状态，确实到了不能容忍的地步，人民不能容忍，我们党也不能容忍。1982 年开始的第一轮政府机构改革，一个重要目标就是精兵简政。经过改革，国务院机构数量由 100 个减少到 61 个；部委工作人员编制从 5.1 万人减少到 3 万人；国务院副总理职位从 13 个减至 2 个，同时增设了国务委员职位。地方政府机构随之也进行了改革，机构数量大幅减少。1988 年，为适应经济社会发展的需要，特别是与经济体制改革的深化相适应，我国启动了第二轮政府机构改革。这轮改革围绕减少对市场、企业的直接干预，向企业下放更多生产经营自主权，重点对专业经济部门进行了精简。经过改革，国务院机构数量由 72 个减至 66 个。为防止机构和编制精简后又膨胀，这轮改革开始实行对政府机构的主要职责、内设机构和人员编制进行规定的“三定”制度，这对于规范和控制各级政府机构设置、职责配置、人员编制发挥了重要作用。

3．转变政府经济管理职能和方式

转变政府经济管理职能始终是我国行政体制改革的主线与核心，其实质是要解决政府应该做什么、不应该做什么，重点是处理好政府、市场、社会的关系。改革开放初期，针对计划经济体制下政府管得过多、统得过死等问题，以经济事务管理为重点，党和国家大力推进转变政府职能和管理方式。1978 年 12 月，邓小平指出，现在我国的经济管理体制权力过于集中，应该有计划地大胆下放……应该让地方和企业、生产队有更多的经营管理的自主权。1980 年，在《党和国家领导制度的改革》讲话中，邓小平指出，我们的各级领导机关，都管了很多不该管、管不好、管不了的事……这可以说是目前我们所特有的官僚主义的一个总病根。党的十一届三中全会公报指出，现在我国经济管理体制的一个严重缺点是权力过于集中，应该有领导地大胆下放，让地方和工农业企业在国家统一计划的指导下有更多的经营管理自主权；应该着手大力精简各级经济行政机构，把它们的大部分职权转交给企业性的专业公司或联合公司。1984 年，党的十二届三中全会通过了《中共中央关于经济体制改革的决定》，强调要逐步改革单一的计划经济体制。党的十三大提出要建立“国家调节市场，市场引导企业”的机制，政府职能要自觉地与经济体制改革相结合。1988 年，国务院机构改革中首次提出“转变政府职能是机构改革的关键”，强调政府的经济管理部门要从直接管理为主转变为间接管理为主，强化宏观管理职能，淡化微观管理职能。此后，几乎历次机构改革都强调通过机构调整实现政府职能转变。

4．优化行政区划和行政层级

改革开放以后，为适应经济社会发展和国家治理的需要，我国对行政区划和行政层级进行了稳步调整。1979 年 7 月，中共中央、国务院决定恢复内蒙古自治区的原有行政区划。1982 年通过的《中华人民共和国宪法》和修正的《中华人民共和国地方各级人民代表大会和地方各级人民政府组织法》对行政区划与行政层级进行了优化和调整。1988 年 4 月，国家设置海南省。在行政层级方面，为发挥城市对农村地区发展的带动作用，逐步推行市管县体制。1978 年，在修订宪法时明确规定，直辖市或者较大的市分为区和县，市管县的行政体制历史性地载入我国宪法之中。1982 年，中央 51 号文件发出了改革地区体制、实行市管县体制的通知。1982 年末，首先在江苏省开始实行，1983 年开始在全国实行。随着城乡经济的发展、乡镇工业的异军突起和小城镇的迅速发展，1984 年 11 月，《国务院批转民政部关于调整建镇标准的报告的通知》发布，提出“适当放宽建镇标准，实行镇管村体制”，“加速小城镇的建设和发展，逐步缩小城乡差别”。由此，小城镇获得迅速发展，数量快速增长。在城市，推行基层行政区划调整，推动镇管社区、街道体制改革，完善了基层治理体系。1986 年，国务院批准了民政部有关调整设市标准的报告，适当放宽了设市标准，促进了城市的快速发展。

5．调整中央与地方关系

为消除高度集中的行政体制的弊端，发挥中央和地方两个方面的积极性，特别是调动地方和基层的自主性、创造性，改革开放后，我国着力调整中央与地方关系。党的十一届三中全会明确提出调整中央与地方权力关系，1980年实行“分级包干”“分灶吃饭”的财政体制。1984年《中共中央关于经济体制改革的决定》发布后，进一步扩大了地方自主权。1987年，党的十三大明确提出，在中央与地方的关系上，要在保证全国政令统一的前提下，逐步划清中央和地方的职责，做到地方的事情地方管，中央主要负责大政方针的制定和监督政策的执行情况。从1988年起，中央先后下放了外资企业审批权、外贸企业审批权等。1988年以后，针对地方主义滋生现象，中央采取了更为稳妥的权力下放步骤，既强调该下放的权力下放给地方，同时也强调要保证中央的集中统一领导。

6．开始推行依法行政

1979年7月，五届全国人大二次会议通过《中华人民共和国地方各级人民代表大会和地方各级人民政府组织法》，为地方政权建设提供了法律基础。1982年12月，五届全国人大五次会议通过了《中华人民共和国国务院组织法》。此后，各级政府和有关部门大力加强法制建设。1983—1988年，国务院提请全国人大常委会审议通过法律30部，国务院制定和颁布行政法规255部。1989年4月，七届全国人大二次会议通过了《中华人民共和国行政诉讼法》，该法于1990年10月1日起正式施行，是社会主义民主政治建设和社会法治建设的一个重要里程碑。1990年12月，《中华人民共和国行政监察条例》《中华人民共和国行政复议条例》颁布，对我国行政司法、行政监督制度的健全和加强起到了重要的促进作用。

总体来看，1978 年至 1992 年党的十四大召开之前这一阶段，与思想上回归实事求是、政治上拨乱反正、工作上实现重心转移、经济上摆脱计划体制等相适应，我国开启并不断推进行政体制改革，通过调整国家权力结构、转变政府经济管理职能、精简政府机构、优化行政区划和层级、协调中央与地方关系、推进依法行政等举措，逐步冲破了与高度集中的计划经济体制相适应的行政体制，对建立适应社会主义市场经济发展要求的行政体制进行了积极探索，取得重要进展和宝贵经验，为推进改革开放和社会主义现代化建设提供了体制保证。

（二）建立和完善与社会主义市场经济体制相适应的行政体制（1992—2012 年）

1992 年 10 月，党的十四大明确提出了建立社会主义市场经济体制的目标。围绕这一目标，党的十四大以后行政体制改革的主要任务就是逐步建立并不断完善与社会主义市场经济体制相适应的行政体制。从党的十四大到党的十八大召开之前，我国经济社会快速发展，人民生活水平大幅提高，改革开放和社会主义现代化建设事业不断取得新成就。与此相应，在党的科学理论指导下，我国行政体制改革不断深化。这一阶段行政体制改革的重大举措主要有以下方面。

1．持续推进政府职能转变

党的十四大明确提出建立社会主义市场经济体制，与此相应，行政体制改革的核心任务就是要明确政府在社会主义市场经济条件下的职能定位，并按照这一定位转变政府职能。在随后的几十年里，随着实践的发展，党和国家对政府职能定位的认识不断深化，推进政府职能转变的步伐不断加快。党的十四大提出，要使市场在社会主义国家宏观调控下对资源配置起基础性作用，强调政府的经济管理职能主要是统筹规划、掌握政策、信息引导、组织协调、提供服务和检查监督。1993 年，《中共中央关于建立社会主义市场经济体制若干问题的决定》指出，政府管理经济的职能，主要是制订和执行宏观调控政策，搞好基础设施建设，创造良好的经济发展环境。1997 年，党的十五大重申要按照社会主义市场经济的要求，转变政府职能，实现政企分开，把企业生产经营管理的权力切实交给企业。同时，对政府宏观调控职能作出了明确表述，即宏观调控的主要任务是保持经济总量平衡，抑制通货膨胀，促进重大经济结构优化，实现经济稳定增长。1998 年，在国务院机构改革中，强调要把政府职能切实转变到宏观调控、社会管理和公共服务方面来。2001 年，我国加入世界贸易组织，对转变政府职能提出了新的要求。2002 年，党的十六大提出在更大程度上发挥市场在资源配置中的基础性作用，并将政府主要职能概括为经济调节、市场监管、社会管理和公共服务四个方面。2006 年，党的十六届六中全会提出要建设服务型政府。2007 年，党的十七大明确提出要加快行政管理体制改革，建设服务型政府；强调要着力转变职能，健全政府职责体系，强化社会管理和公共服务，减少政府对微观经济运行的干预。2008 年，党的十七届二中全会通过《关于深化行政管理体制改革的意见》，提出要通过改革，实现政府职能向创造良好发展环境、提供优质公共服务、维护社会公平正义的根本转变。按照这一系列重大改革部署，各级政府加快推进职能转变。

2．深化机构改革，实行大部门体制

随着社会主义市场经济的不断发展，越来越需要通过深化机构改革，逐步建立与社会主义市场经济体制要求相适应的行政体系和政府组织体系。为此，从党的十四大到党的十八大，我国分别于 1993 年、1998 年、2003 年、2008 年进行了四轮政府机构改革。1993 年的政府机构改革把适应社会主义市场经济发展的要求作为改革目标，改革重点是实行政企分开、转变政府职能，改革原则是精简、统一、效能。国务院机构改革的主要内容，一是改革综合经济部门，以理顺综合经济部门之间以及综合经济部门与专业经济部门之间的关系；二是根据不同情况，将专业经济部门分为三类进行改革，第一类由政府部门改为经济实体，第二类由政府部门改为行业总会，第三类是保留原机构或新设置行政部门。经过改革，国务院组成部门、直属机构、办事机构由原先的 70 个减至 59 个，国务院的非常设机构也进行了大幅裁减，国务院机构行政编制精减 20%。1998 年政府机构改革的目标是：建立办事高效、运转协调、行为规范的政府行政管理体系，完善国家公务员制度，建设高素质的专业化行政管理队伍，逐步建立适应社会主义市场经济体制的有中国特色的政府行政管理体制。在这轮国务院机构改革中，撤销了几乎所有的工业专业经济部门，共撤销 15 个部委，整合组建了四个部委，更名了三个部委。经过改革，国务院组成部门由 40 个减至 29 个，各个部委的内设或下属司局级机构共减少 200 多个，工作人员数量减少了近一半。省级政府机构数量普遍减少了五分之一，人员数量平均精简了 47%，成为历次机构改革中精简力度最大的一次。2003 年的政府机构改革是在我国加入世界贸易组织、党的十六大对改革发展作出系列重大决策部署的大背景下进行的。这轮机构改革的目标是逐步形成行为规范、运转协调、公正透明、廉洁高效的行政管理体制，改革重点包括深化国有资产管理体制改革、完善宏观调控体系、健全金融监管体制、继续推进流通体制改革、加强食品安全和安全生产监管体制建设。这轮改革从以往重视机构数量的精简转向机构间权责关系的理顺，"大部制"改革思路初露端倪。经过改革，除国务院办公厅外，国务院组成部门由29个减到28个，政府机构总体格局保持相对稳定。2008年的政府机构改革按照党的十七大提出的改革思路，要求整合不同政府部门职责，建立分工合理、执行顺畅的行政管理体制，以确保政府全面正确履行职能，积极推进大部门改革，对职能相近、职责交叉重复、管理分散的机构进行合并，同时对职能范围过宽、权力过分集中的机构进行适当分设，以改变部门结构失衡和运行中顾此失彼的现象。国务院机构改革的主要任务是，围绕转变政府职能和理顺部门职责关系，探索实行职能有机统一的大部门体制，合理配置宏观调控部门职能，加强能源环境管理机构，整合完善工业和信息化、交通运输行业管理体制，以改善民生为重点，加强与整合社会管理和公共服务部门。经过改革，除国务院办公厅外，国务院组成部门为27个。

3．加强行政法制建设，全面推进依法行政

随着社会主义市场经济体制的逐步建立，如何依法规范政府行为逐渐成为社会各界关注的焦点。1993年的政府工作报告首次在政府文件中提出"依法行政"。同年11月，党的十四届三中全会通过的《中共中央关于建立社会主义市场经济体制若干问题的决定》，首次在党的文件中提出了"依法行政"的要求。1997年，党的十五大明确提出"依法治国，建设社会主义法治国家"的治国方略和一切政府机关都必须依法行政的要求。1999 年 3 月，依法治国基本方略被写入宪法。为了贯彻落实党的十五大确立的依法治国基本方略，1999 年 7 月，国务院召开全国依法行政工作会议，11 月发布《关于全面推进依法行政的决定》，对全面推进依法行政作了专门部署。2003 年 3 月新一届国务院组成后，立即修订《国务院工作规则》，将依法行政正式确立为政府工作的三项基本准则之一，并明确规定依法行政的核心是规范行政权力。这一时期，我国出台了多部行政法律法规，如《中华人民共和国国家赔偿法》（1994 年）、《中华人民共和国行政处罚法》（1996 年）、《中华人民共和国行政监察法》（1997 年）、《中华人民共和国行政复议法》（1999 年）、《中华人民共和国行政许可法》（2003 年）等法律。2004 年国务院颁布《全面推进依法行政实施纲要》，明确了此后十年全面推进依法行政的指导思想和具体目标、基本原则和要求、主要任务和措施，这是继 2004 年政府工作报告第一次提出“法治政府”概念之后，第一次以纲领性文件专门对“法治政府”作出顶层设计。2007 年，党的十七大报告将“法治政府建设取得新成效”作为实现全面建设小康社会奋斗目标的重要内容之一。

4．优化行政区划和行政层级设置，调整中央与地方财权划分

1995 年，中央机构编制委员会印发《关于副省级市若干问题的意见》，明确将 16 个市定为“副省级市”，享有省级经济管理权限，有效发挥了地区中心城市的辐射带动作用。1997 年设立重庆直辖市，有力推动了西南部地区经济社会发展。2010 年，党的十七届五中全会提出，要继续优化政府结构，减少行政层级，明确职能责任，降低行政成本，坚定推进大部门制改革，在有条件的地方探索省直接管理县（市）。2010 年后，我国很多地方开展“省直管县（市）”试点工作。为了解决中央财力集中度偏低问题，更好发挥中央对全国发展的统筹作用，1994年，我国实行了分税制改革。分税制的基本原则是：按照中央与地方的事权划分，合理确定各级财政的支出范围；根据事权与财权相结合原则，将税种统一划分为中央税、地方税和中央地方共享税，并建立中央税收和地方税收体系，分设中央与地方两套税务机构分别征管。为进一步规范中央和地方财政关系，建立科学的财力分配机制，抑制地区间财力差距扩大的趋势，从2002年1月1日起，开始实施所得税收入分享改革。通过分税制改革，调整和改善了中央和地方财政关系，使中央获得更多的财源，大大增强了中央统筹国家发展的能力，同时，激发了地方的积极性。

5．发展电子政务，推进政务公开

随着信息通信技术的快速发展，从20世纪90年代开始，我国各级政府积极发展电子政务。1993年，我国开始实施国民经济信息化工程，金桥工程（经济信息通信网）、金关工程（对外贸易）、金卡工程（金融）启动，拉开了我国政务信息化的序幕。1993年底，国家成立了国家经济信息化联席会议，作为信息化管理机构统一领导和组织协调全国的信息化建设工作。1996年1月，国务院信息化工作领导小组成立，负责全国信息化工作的议事协调。1997年4月，国务院信息化工作领导小组召开首次全国信息化工作会议，通过《国家信息化“九五”规划和2010年远景目标纲要》。1999年，以“国家信息化领导小组”成立和“政府上网工程”启动为标志，我国电子政务建设进入大规模发展阶段。进入21世纪，我国政府信息化建设进一步加快，国务院和各级地方政府大力推进信息基础设施建设、政府信息公开、政府业务上网以及政府内网和外网集约化管理和构建。信息技术的有效运用也为推进政务公开化提供了技术支持。2003年，政府工作报告第一次提出政务公开。2007年，国务院颁布《中华人民共和国政府信息公开条例》，我国政务公开开始走向法制化、制度化。2011年，中共中央办公厅、国务院办公厅联合印发《关于深化政务公开加强政务服务的意见》，推动政务公开在全国范围内深入开展。

6．建立国家公务员制度，加强公务员队伍建设

从20世纪80年代中期开始，在推进干部人事制度改革的过程中，我国探索建立国家公务员制度。党的十三大明确提出，当前干部人事制度改革的重点，是建立国家公务员制度，即制定法律和规章，对政府中行使国家行政权力、执行国家公务的人员，依法进行科学管理。要求当前要抓紧制定国家公务员条例及相应的配套措施，组建国家公务员管理机构。1992年，党的十四大再次强调，要尽快推行国家公务员制度。按照党中央的部署，1993年4月，国务院常务会议审议通过了《国家公务员暂行条例》，并于1993年8月正式颁布，1993年10月1日起开始施行。这是我国干部人事制度改革和发展的一个重要里程碑，标志着我国国家公务员制度的正式确立。此后，为扎实推进条例的实施，人事部等主管部门就公务员录用、考核、职位分类、职务任免、任职回避和公务回避、职位轮换、职务升降奖励、培训、辞职辞退、申诉控告等管理环节制定了一系列配套的暂行规章和办法。为落实党中央的要求，在总结施行《国家公务员暂行条例》及其配套政策规定成果和经验基础上，相关部门组织研究起草国家公务员法。2005年4月，十届全国人大常委会第十五次会议审议通过了《中华人民共和国公务员法》，并于2006年1月开始实施，这是我国干部人事管理方面第一部具有总章程性质的法律。随后，为保障《中华人民共和国公务员法》的顺利实施，中共中央、国务院印发《〈中华人民共和国公务员法〉实施方案》以及相关文件，中共中央、国务院有关职能部门制定了多项配套政策规定，由此逐步形成比较完备的公务员管理制度体系。2008 年，按照《国务院机构改革方案》，国家公务员局成立，作为在国家层面负责对全国公务员实施综合管理的职能机构。2009 年，中共中央办公厅发布《2010—2020 年深化干部人事制度改革规划纲要》，对进一步健全完善国家公务员制度作出部署。随着这些管理制度的建立、完善和实施，我国建立起具有中国特色的国家公务员制度，建立起一支范围明确、规模基本适度、分类比较合理、管理越来越规范、素质和能力越来越高的公务员队伍，为社会主义现代化建设提供了干部和人才保障。

7．加强“一案三制”建设，构建应急管理体系

20 世纪 90 年代发生的长江流域特大洪水等自然灾害和多起安全生产事故，2003 年“非典”疫情的暴发和应对，暴露了我国应急管理体系的不足，凸显了加强应急管理能力的必要性和迫切性。为此，党中央、国务院推动加强应急管理“一案三制”建设，即编制应急预案和建立完善应急管理体制、应急管理机制、应急管理法制。2005 年初，国务院办公厅成立应急预案小组。2006 年 1 月，国务院发布《国家突发公共事件总体应急预案》，将突发公共事件分为自然灾害、事故灾难、公共卫生事件、社会安全事件四类。按照各类突发公共事件的性质、严重程度、可控性和影响范围等因素，总体预案将其分为四级，即Ⅰ级（特别重大）、Ⅱ级（重大）、Ⅲ级（较大）和Ⅳ级（一般）。随后，各地各部门也编制突发事件应急预案。2006 年 6 月，国务院发布《关于全面加强应急管理工作的意见》，明确要求加强应急管理规划和制度建设，对编制并实施突发公共事件应急体系建设规划、健全应急管理法律法规、加强应急预案体系建设和管理、加强应急管理体制和机制建设作出部署。在体制方面，2006 年 4 月，国务院办公厅设置了国务院应急管理办公室（国务院总值班室），承担国务院应急管理的日常工作和国务院总值班工作，履行值守应急、信息汇总和综合协调职能，发挥运转枢纽的功能。此后，各级地方政府办公厅、办公室设立了专职应急管理的综合协调机构——应急管理办公室。在应急管理机制方面，按照国务院《关于全面加强应急管理工作的意见》提出的构建统一指挥、反应灵敏、协调有序、运转高效的应急管理机制的要求，各级建立和完善预警、应急指挥、综合协调、资源保障等机制。在应急管理法制方面，2003 年 5 月，国务院颁布了《突发公共卫生事件应急条例》；2007 年，全国人大常委会颁布并实施《中华人民共和国突发事件应对法》，这是中国应急管理工作法制化的里程碑。2006 年，党的十六届六中全会明确提出按照“一案三制”的总体要求建设应急管理体系。2007 年，党的十七大就进一步完善突发公共事件应急管理体系作出部署。2008 年汶川地震发生后，党中央、国务院组织开展了及时高效的救援和灾后重建工作，同时总结工作经验，进一步完善了我国应急管理体系。

总体来看，1992 年至 2012 年，我国行政体制改革更加注重转变和全面履行政府职能，政府社会管理和公共服务职能得到加强，政府职能转变取得显著进展；更加注重政府组织结构优化，逐步建立了以宏观调控部门、市场监管部门、社会管理和公共服务部门为主体的政府机构框架；更加注重转变政府管理方式，政府管理的法制化、公开化水平大幅提升。经过改革，初步建成了与社会主义市场经济相适应的行政体制，为社会主义市场经济快速发展、社会和谐稳定和整个改革开放的深入推进，提供了有力的体制保障，也为进一步完善中国特色社会主义行政体制奠定了基础。

（三）按照完善和发展中国特色社会主义制度、推进国家治理体系和治理能力现代化的要求全面深化行政体制改革（2012 年至今）

党的十八大后，中国特色社会主义进入新时代。以习近平同志为核心的党中央深刻洞察当今世界和当代中国的发展大势，科学把握世界百年未有之大变局和中华民族伟大复兴的战略全局，适应新时代中国特色社会主义发展的需要，顺应人民群众期待，直面行政体制存在的深层矛盾和问题，对全面深化行政体制改革作出系统的重大部署。党的十八大提出，要按照建立中国特色社会主义行政体制目标，深入推进政企分开、政资分开、政事分开、政社分开，建设职能科学、结构优化、廉洁高效、人民满意的服务型政府。党的十八届三中全会明确提出，全面深化改革的总目标是完善和发展中国特色社会主义制度，推进国家治理体系和治理能力现代化，强调必须切实转变政府职能，深化行政体制改革，创新行政管理方式，增强政府公信力和执行力，建设法治政府和服务型政府。此后，紧紧围绕全面深化改革的总目标，行政体制改革全面深化、加快推进。

1．加强党对政府工作的全面领导

中国共产党的领导是中国特色社会主义最本质的特征，是中国特色社会主义制度的最大优势。党的十八大以来，为充分发挥党总揽全局、协调各方的领导核心作用，以习近平同志为核心的党中央

大力加强党对政府工作的全面领导。党的十八届三中全会提出，统筹党政群机构改革，理顺部门职责关系。党的十九大进一步提出，统筹考虑各类机构设置、科学配置党政部门及内设机构权力、明确职责。2018年，党的十九届三中全会通过的《中共中央关于深化党和国家机构改革的决定》和《深化党和国家机构改革方案》，着眼于加强和完善党中央的集中统一领导、实现机构职能优化协同高效，将职责相近的党政工作机关合并设立或合署办公；将公务员管理，新闻出版、电影，民族、宗教、侨务等工作分别归口由党的组织部门、宣传部门、统战部门领导或管理；组建中央全面依法治国委员会、中央审计委员会、中央教育工作领导小组、中央和国家机关工作委员会等决策议事协调机构，将中央全面深化改革领导小组、网络安全和信息化领导小组、中央财经领导小组、中央外事工作领导小组等改为“委员会”，为加强党中央对各方面工作的集中统一领导提供了体制保障。经过改革，党对政府工作和行政体制改革的领导得到全面加强。

2．持续推进“放管服”改革，加快转变政府职能

习近平总书记明确指出，转变政府职能是深化行政体制改革的核心，实质上要解决的是政府应该做什么、不应该做什么，重点是政府、市场、社会的关系。党的十八届三中全会对政府与市场关系的认识实现了新的突破，首次提出使市场在资源配置中起决定性作用和更好发挥政府作用，明确政府的职责和作用主要是保持宏观经济稳定，加强和优化公共服务，保障公平竞争，加强市场监管，维护市场秩序，推动可持续发展，促进共同富裕，弥补市场失灵。党的十八届三中全会还提出，加强地方政府公共服务、市场监管、社会管理、环境保护等职责，将环境保护作为与经济调节、市场监管、社会管理、公共服务并列的政府五大职能之一。2017 年党的十九大以后，推进政府职能转变工作进一步加快。党的十九届四中全会强调，完善政府经济调节、市场监管、社会管理、公共服务、生态环境保护等职能。

党的十八大以来，为加快转变政府职能，按照党中央的部署，各级政府持续发力、不断加力、上下接力，推进简政放权、放管结合、优化服务改革。2013 年 5 月至 2021 年 6 月，国务院共召开九次全国性电视电话会议，专题部署转变政府职能，推进“放管服”改革。国务院成立推进政府职能转变和“放管服”改革协调小组，在国务院办公厅设立政府职能转变办公室，加强对“放管服”改革、优化营商环境工作的组织领导。2013 年至 2021 年，国务院部门分 22 批取消和调整行政审批事项 1561 项，其中，取消行政审批事项 1092 项，非行政许可审批实现“清零”。不断深化商事制度改革，工商登记由“先证后照”改为“先照后证”，前置审批事项精简了近 90%；在全面实施“三证合一、一照一码”基础上，推进“五证合一”“多证合一”，实行“证照分离”。推进资质资格改革，清理精简职业资格许可和认定事项，建立职业资格目录清单管理制度，分七批共取消约 70%的职业资格许可和认定事项。清理精简名目繁多的各类证明事项，2018 年 6 月至 2019 年底，全国各地各部门取消证明事项 13000 多项。大力实施减税降费，仅“十三五”时期累计减税降费达 7.6 万亿元。在加强和创新市场监管方面，在总结地方改革实践经验的基础上，对市场监管机构进行整合，组建统一的市场监管部门；全面推行部门联合“双随机、一公开”监管，加强抽查的统一化、制度化、规范化；强化信用监管，构建以信息公示为基础、以信用监管为核心的新型监管体系，逐步建成了国家企业信用信息公示系统、经营异常名录和严重违法失信企业名单制度等，建立健全跨部门联动响应机制和失信惩戒机制；运用信息技术创新监管方式和手段，着力推行“互联网+监管”、大数据监管、智能监管，通过信息共享推动跨部门协同监管，提高了监管效能。在优化服务方面，各级各地及有关部门积极开展政务服务中心建设，并通过体制改革、机制创新、信息技术应用，不断改善政务服务质量，使政务服务由“一门式”向“一窗式”再向“一网式”逐步提升，特别是大力推进“互联网+政务服务”，建设全国一体化在线政务服务平台。2019 年 5 月 31 日，国家政务服务平台正式上线，截至 2021 年 1 月，国家政务服务平台注册人数超过 2 亿，市场主体注册用户 484 万多个，政务服务网上可办率已超过 90%。71 个中央部门、32 个地方的政务信息系统已实现与国家共享平台对接；从与民生直接相关事务、企业登记注册和生产经营事项入手，推进政务服务“跨省通办”。这些措施推动我国政府职能加快转变，营商环境不断优化。

3．优化政府组织结构

面对新时代新任务提出的新要求，我国政府组织结构与“五位一体”总体布局、“四个全面”战略布局的要求还不完全适应，与实现国家治理体系和治理能力现代化的要求还不完全适应。为此，在此前 30 多年改革成果基础上，党中央作出统筹党和国家机构改革总体部署，对政府机构进行了进一步改革。党的十八届二中全会和十二届全国人大一次会议通过的《国务院机构改革和职能转变方案》进一步优化了部门设置，建立起以宏观调控部门、市场监管部门、社会管理和公共服务部门为主体的政府机构框架和机构职能体系，使部门之间的权责关系进一步理顺，减少了部门职责交叉和分散现象。党的十九届三中全会通过了《中共中央关于深化党和国家机构改革的决定》和《深化党和国家机构改革方案》，对党和国家机构职能体系进行了系统性、整体性重构，改革的力度规模之大、涉及范围之广、触及利益之深前所未有。这次改革的一个突出特点就是着眼于加强和完善党中央的集中统一领导、实现机构职能优化协同高效。按照统筹改革的部署，一些行政机构归口由党的机构直接管理或领导；针对一些领域管理职责分散、部门职责交叉重叠问题，将分散在不同部门的相近职责加以整合，划转由一个部门或组建新的部门来承担；适应一些领域形势和工作任务发生的变化，重新组建政府机构来承担相关职责；对于一些工作日益重要但尚未设置相应机构承担管理职责或原有机构能力不足以承担相关职责的，则设置新的机构。经过改革，党政机构职责关系更加协调，政府机构数量进一步减少，政府组织结构得到优化，职责更加清晰，运行更加顺畅。

4．加快推进法治政府建设

党的十八大以来，按照协调推进“四个全面”战略布局的要求，党中央全面推进依法治国，对深入推进依法行政、加快建设法治政府作出系列重大部署。党的十八届四中全会通过《中共中央关于全面推进依法治国若干重大问题的决定》，要求各级政府必须坚持在党的领导下、在法治轨道上开展工作，创新执法体制，完善执法程序，推进综合执法，严格执法责任，建立权责统一、权威高效的依法行政体制，加快建设职能科学、权责法定、执法严明、公开公正、廉洁高效、守法诚信的法治政府，并从依法全面履行政府职能、健全依法决策机制、深化行政执法体制改革、坚持严格规范公正文明执法等方面部署了任务和举措。2015 年，中共中央、国务院印发了《法治政府建设实施纲要（2015—2020年）》。党的十九届三中全会通过的《深化党和国家机构改革方案》，成立中央全面依法治国委员会，为加强党中央对全面推进依法行政的领导提供了体制保障。2021年初，中共中央印发的《法治中国建设规划（2020—2025年）》对法治政府建设作出部署。2021年8月，中共中央、国务院印发《法治政府建设实施纲要（2021—2025年）》，明确了五年法治政府建设的指导思想、主要原则、总体目标和主要任务。为全面深入推进法治政府建设，各级立法机关和相关部门加快法律法规建设。如全国人大先后于2018年和2020年制定了《中华人民共和国监察法》(《中华人民共和国行政监察法》同时废止)、《中华人民共和国公职人员政务处分法》等法律，修订了《中华人民共和国预算法》《中华人民共和国公务员法》《中华人民共和国行政许可法》等多部法律；国务院出台了《重大行政决策程序暂行条例》《优化营商环境条例》，修订了《行政法规制定程序条例》《规章制定程序条例》《中华人民共和国政府信息公开条例》等行政法规。各省、市也按照立法权限制定和实施了规范行政机关和人员的地方性法规。同时，我国深化行政执法体制改革，着力规范行政执法行为。

5．加快数字政府建设，深入推进政务公开

党中央高度重视信息化和数字政府建设，要求以信息化推进国家治理体系和治理能力现代化，出台了一系列推进数字政府建设的政策文件。党的十九大以来，党中央进一步作出了建设“网络强国、数字中国、智慧社会”的战略部署。党的十九届四中全会、十九届五中全会都对数字政府建设提出明确要求。2021年3月颁布的《中华人民共和国国民经济和社会发展第十四个五年规划和

2035 年远景目标纲要》，专门就数字中国建设单设一篇。根据党中央、国务院的统一部署，各级地方政府全面落实数字政府战略要求，纷纷出台符合本地发展需要、具有本地特色的数字政府建设规划和政策措施。为提高政府治理透明度，扩大和规范公众参与政府管理，党的十八届四中全会对政务公开提出要求。2016 年，中共中央办公厅、国务院办公厅发布的《关于全面推进政务公开工作的意见》对政务公开作出全面部署。2019 年 4 月修订的《中华人民共和国政府信息公开条例》明确了“以公开为原则，以不公开为例外”的政务公开原则，要求建设政府信息公开互联网平台。2021 年 4 月，国务院办公厅下发《关于印发 2021 年政务公开工作要点的通知》，连续十年为政务公开工作“划重点”。

6．进一步调整行政区划、行政层级，优化央地事权财权

党的十八大以后，我国省级行政区划保持稳定，但对市、县、乡镇层面的行政区划进行了调整。一是贯彻落实党的十八大和十八届三中全会精神，在一些具备条件的地方实行省直接管理县（市）改革。二是为适应大城市发展和周边地区城市化的趋势，更好地发挥城市对周边农村地区发展的辐射、带动作用，一些中心城市将周边的县（县级市）改为城区。三是随着一些地区城镇化快速发展，将部分县改为市。四是在很多乡村地区，实行撤乡并镇。这些行政区划和行政层级的调整，适应了我国推进新型城镇化要求，推动了区域经济协调发展。党的十九大以后，中心城市和城市群成为承载发展要素、带动区域发展的主要空间形式。2019 年，党的十九届四中全会明确提出优化行政区划设置，提高中心城市和城市群综合承载及资源优化配置能力，实行扁平化管理，形成高效率组织体系。为充分发挥中央和地方两个积极性，理顺中央和地方权责关系，优化政府间事权和财权划分，按照党的十九届四中全会部署，加强了中央对宏观事务管理以及在知识产权保护、养老保险、跨区域生态环境保护等方面的事权，推动赋予地方更多自主权，逐步规范垂直管理体制和地方分级管理体制，调整财政收入在不同层级间的分配比例，完善了中央财政转移支付制度，建立了中央财政转移支付直达机制。

7．加强反腐倡廉和政风建设，推进廉洁政府建设

党的十八大以来，以习近平同志为核心的党中央坚定不移持续推进党风廉政建设，推进全面从严治党，出台中央八项规定，严厉整治“四风”，反腐败力度史无前例。国务院各部门、地方各级政府坚决贯彻落实党中央全面从严治党重大部署，把党风廉政建设和反腐败斗争摆到前所未有的新高度，先后开展了党的群众路线教育实践活动、“三严三实”（严以修身、严以用权、严以律己，谋事要实、创业要实、做人要实）专题教育、“两学一做”（学党章党规、学系列讲话，做合格党员）学习教育，并积极推进“两学一做”学习教育常态化制度化，推动党内教育逐步从“关键少数”向广大党员拓展、从集中性教育向经常性教育延伸，形成了坚持不懈抓学习教育、持续深入改进作风的良好态势。国务院各部门和地方各级政府根据中央八项规定精神，制定出台了一系列改进作风、密切联系群众的具体措施，严厉整治“四风”。各级党委政府积极开展思想政治理论、推动科学发展、依法行政、职业道德等培训，进一步加强了公务员队伍的思想政治建设，提升了公务员的政治鉴别力和思想道德水平，广大公务员的“四个意识”显著增强，工作作风明显好转，政治能力、工作能力大幅提升。

8．坚持总体国家安全观，推动应急管理体系建设规范化、科学化

党的十八大提出要加强公共安全体系建设。2013 年 11 月，成立中央国家安全委员会，形成了“国家安全委员会+党政同责+部门协调”的应急管理体制。在应急管理体制方面，由主办部门牵头、以自愿合作为基础的部际联席会议制度迅速发展，形成了由议事协调机构和部际联席会议制度共同构成的应急管理协调机制。2014 年 4 月，习近平总书记提出了总体国家安全观。在总体国家安全观的统辖下，包括应急管理在内的整个公共安全都被纳入国家安全的范畴。2014 年，党的十八届四中全会提出加强公共安全立法、推进公共安全法治化的要求。2015 年，《中华人民共和国国家安全法》将总体国家安全观这一国家战略进一步制度化。2017 年初，国务院办公厅《国家突发事件应急体系建设“十三五”规划》提出，要在“十三五”期末建成与有效应对公共安全风险挑战相匹配、与全面建成小康社会要求相适应、覆盖应急管理全过程、全社会共同参与的突发事件应急体系。党的十九大把“坚持总体国家安全观”作为新时代坚持和发展中国特色社会主义的十四条基本方略之一。2018 年 4 月，国务院组建应急管理部，极大地推动了中国应急管理工作专业化管理、全过程管理和应急资源集约化管理的进程，为健全国家应急管理体系奠定了体制基础。2021 年 3 月，十三届全国人大四次会议通过的《中华人民共和国国民经济和社会发展第十四个五年规划和 2035 年远景目标纲要》明确提出了“十四五”时期完善国家应急管理体系的重点工作，包括深化应急管理体制改革、健全应急响应机制、完善灾害事故预防体系、加强应急救援力量建设、增强应急保障能力建设等方面。

总体来看，党的十八大以来，作为全面深化改革的重要组成部分，我国行政体制改革不断向纵深推进，有效提升了政府治理现代化水平，推动了国家治理现代化进程，为经济社会发展提供了重要的体制保障。

二、行政体制改革的主要成就

改革开放以来，党领导人民大胆探索、开拓创新，通过不断深化改革，建立和完善了符合中国特色社会主义制度要求、与社会主义市场经济体制相适应的行政体制，政府治理现代化水平大幅提升。

（一）健全了与社会主义市场经济体制相适应的政府职能体系

改革开放以来，我们始终把转变政府职能作为行政体制改革的核心，不断推进政府职能转变并取得实质性进展，与社会主义市场经济体制相适应的政府职能体系逐步健全。

一是政府职能内涵更加明确、清晰。改革开放以后，按照建立和完善社会主义市场经济体制的要求，政府职能定位逐步转变。党的十六大将政府主要职能概括为经济调节、市场监管、社会管理和公共服务四个方面。党的十八大以后，以习近平同志为核心的党中央从完善和发展中国特色社会主义制度、推进国家治理体系和治理能力现代化的总目标出发，深化了对政府职能的认识，政府职能内涵更加清晰。党的十八届三中全会强调，政府的职责和作用主要是保持宏观经济稳定，加强和优化公共服务，保障公平竞争，加强市场监管，维护市场秩序，推动可持续发展，促进共同富裕，弥补市场失灵。党的十九届四中全会强调，要完善政府经济调节、市场监管、社会管理、公共服务、生态环境保护等职能。经过不懈探索和创造性实践，我国政府职能定位越来越科学、越来越明晰。

二是政府和市场的关系发生根本性转变。政府和市场关系的调整贯穿于改革开放以来我国行政体制改革的整个过程。改革开放后，为适应经济社会发展需要，我国不断调整政府与市场的关系。从党的十二大提出正确贯彻计划经济为主、市场调节为辅的原则，党的十二届三中全会和党的十三大提出发展有计划的商品经济，到党的十四大明确提出建立社会主义市场经济体制，使市场在社会主义国家宏观调控下对资源配置起基础性作用，党的十六大提出在更大程度上发挥市场在资源配置中的基础性作用，再到党的十八届三中全会开创性地提出使市场在资源配置中起决定性作用和更好发挥政府作用，政府和市场的关系不断调整突破，直至发生根本性变化。

三是形成了职责清晰、良性互动的政府和社会关系。改革开放前，与计划经济体制和全能主义政府管理模式相适应，政府在能力允许的范围内，对各类社会事务大包大揽，管了很多不该管也管不好的事，抑制了社会力量的发展和社会活力。改革开放后，与转变政府职能、改革政府与市场关系相伴随，我国不断调整政府与社会关系。从 20 世纪 80 年代中期开始，我国制定了多部法律法规，支持社会组织发展和发挥作用。党的十八大以来，根据新时代中国特色社会主义发展和推进国家治理现代化的需要，我国进一步加大力度调整政府和社会关系，强调必须更好发挥社会力量在管理社会事务中的作用，鼓励在城乡社区治理、基层公共事务和公益事业中广泛实行群众自我管理、自我服务、自我教育、自我监督，努力实现政府治理和社会调节、居民自治良性互动，夯实基层社会治理基础。经过改革开放40多年的实践探索，我国政府与社会的职能定位更加科学、职能边界逐步清晰，总体上形成了在党的统一领导下，政府与社会各司其职、互相协同的良性关系。

（二）健全了保证政府有效履职的中国特色政府组织机构体系

政府组织机构是政府职能的载体，为政府履行职责提供组织和人员保证。改革开放以来，我国政府组织机构体系不断优化，走出了“精简—膨胀”“上收—下放”的往复循环怪圈，破除了党和国家机构职能体系中存在的主要障碍和弊端，建立起了保证政府有效履职、适应国家治理体系和治理能力现代化要求的中国特色的政府组织机构体系。

一是政府机构得到进一步精简和优化。经过多轮机构改革，大力调整国务院组成部门，对国务院直属机构、办事机构、直属事业单位、部委管理的国家局进行了相应的改革，国务院机构数量大幅减少。在地方层面，改革开放40多年来，政府机构数量也明显减少。

二是政府机构职责配置更加科学合理。经过对一些职能相近的部门进行整合，实行综合设置，理顺部门职责关系，形成了以政府大部门为骨架，专项职能部门与相关机构相辅相成的政府组织架构，有效减少了职能交叉。特别是党的十八大以来，进一步优化政府组织结构，建立了以宏观调控部门、市场监管部门、社会管理和公共服务部门为主体的政府机构框架，机构设置和职责体系更加合理。经过不断调整、改革，不同层级政府机构之间、同级政府不同机构之间、垂直管理机构与属地政府机构之间，职责配置不合理、边界不清、相互交叉重叠、权责不统一等问题逐步减少。特别是在党的十九届三中全会对党和国家机构职能体系进行系统性、整体性重构以后，政府组织机构体系更加健全、职责配置更加科学、职责边界更加清晰、职责关系更加协调。

三是履行政府职责的人员队伍不断优化。随着干部队伍建设不断加强、干部人事制度改革不断深化，我国建立了由不同类别公务员、参照公务员法管理人员、事业编制人员以及辅助人员等构成的履行政府职责的人员队伍。政府机构人员按照工作性质、业务领域、岗位职责分类越来越细，人员数量打破“精简—膨胀”的循环而保持在总体基本适度的规模，人员队伍素质和能力越来越高，结构逐步调整优化。总的来看，目前我国政府工作人员队伍规模基本适度，结构趋于合理，素质和能力不断提高，基本适应政府履职的需要。

（三）健全了规范行政权力的行政制度体系

行政权力运行制度化、法治化是政府治理现代化的重要标志和途径。40 多年来，党和国家高度重视通过制度规范行政权力，持续推进规范行政权力及其运行的制度建设。在行政主体方面，建立和完善关于行政组织设立和撤销、规模和结构，行政人员的招录、培养和管理，行政组织和人员的职责和权限、责任和问责等方面的制度。在行政行为方面，建立和完善关于行政行为性质和类别、适用范围和时限、规则和标准、程序和方式手段、结果和评价等方面的制度。在行政监督方面，建立和不断完善关于监督主体和对象、监督程序和方式、监督结果及运用等方面的制度。特别是全面推进依法行政，着力推进政府机构、职能、权限、程序、责任法定化，大力加强以行政组织法、行政行为法、行政监督法为主要内容的行政法律制度建设，逐步健全了行政法律制度体系。

一是建立了行政组织法律制度，除《宪法》中关于政府机构的条款外，主要包括《国务院组织法》（1954年颁布，1982年、2024年修订）、《地方各级人民代表大会和地方各级人民政府组织法》（1979年颁布，1982年、1986年、1995年、2004年、2015年、2022年修正）、《公务员法》（2005年颁布，2018年修订）等法律和《国务院行政机构设置和编制管理条例》（1997年）、《地方各级人民政府机构设置和编制管理条例》（2007年）等法规。

二是健全了规范行政行为的法律制度，主要包括《立法法》（2000年颁布，2015年、2022年、2023年修正）、《行政许可法》（2003年颁布，2019年修正）、《行政处罚法》（1996年颁布，2009年、2017年修正，2021年修订）、《行政强制法》（2011年）、《政府信息公开条例》（2007年公布，2019年修订）、《重大行政决策程序暂行条例》（2019年）等法律法规。

三是健全了行政监督的法律制度，主要包括《监察法》（2018年）、《公职人员政务处分法》（2020年）、《审计法》（1994年颁布，2006年、2021年修正）、《预算法》（1994年颁布，2014年、2018年修正）、《行政复议法》（1999年公布，2009年、2017年、2023年修正）、《行政诉讼法》（1989年发布，2014年、2017年修正）、《国家赔偿法》（1994年颁布，2010年、2012年修正）等法律和《政府督查工作条例》（2020年）等法规。

随着以上法律法规的颁布实施，我国逐步健全了规范行政权力的行政法律制度体系。

（四）健全了符合中国国情的行政区划和行政层级体系

建立符合中国国情的行政区划和行政层级体系是国家有效治理的基础。改革开放以来，我国行政区划和行政层级架构总体上基本保持稳定，区域和微观层面不断优化，为国家的有效治理提供了坚实基础。

一是形成了稳中有进的行政区划格局。一方面，省级行政区划作了微调，增设了海南省，重庆市升格为直辖市；另一方面，在省级以下，适应经济市场化、新型城镇化、区域一体化、社会信息化的发展趋势，与时俱进地对部分地（市）、县、乡镇区划进行动态调整，通过地市合并、地改市、县（市）改区、县改市、撤乡并镇等调整措施，优化了省级以下行政区划设置。这种总体稳定、区域和微观动态调整的行政区划格局为促进区域和城乡协调发展、推动新型城镇化、提升国家治理和地方治理效能发挥了重要作用。

二是形成了大同小异的行政层级结构。一方面，经过地改市、市管县等改革，全国总体上形成了中央、省、市、县、乡五个行政层级的统一结构；另一方面，根据不同地方经济社会发展水平、自然和人文条件的差异性，有的地方实行省直接管理县体制，直辖市实行由市、区、街道办事处构成的“两级政府三级管理”体制，个别县级市实行市直接管理社区体制，形成三级或四级行政架构。这种全国大同小异的行政层级结构既保证了国家治理的统一性，又体现了地方治理的差异性；既保证了国家发展和治理的秩序，又激发了各地发展和治理的活力。

（五）提升了政府治理效能和公信力

改革开放40多年来，随着改革不断深化，中国特色社会主义行政体制不断完善和发展，政府治理现代化水平和政府治理效能大幅提升，人民群众对政府的信任度长期保持高水平。

1978年至2022年，我国人口总量从9.6亿人增长到14.1亿人，经济总量从不到4000亿元到突破120万亿元。40多年来，我国创造了经济快速发展、社会长期稳定的两大奇迹，充分彰显了在党的领导下我国政府治理的高效能。

随着行政体制的不断完善，服务型政府建设加快推进，我国人民群众对党和政府的信任度长期保持高水平。哈佛大学肯尼迪政府学院阿什民主治理与创新中心于2020年7月发布的《理解中国共产党韧性：中国民意长期调查》显示，中国民众对政府满意度连续十年保持在90%以上。全球最大独立公关咨询公司爱德曼公司发布的2022年度“爱德曼信任度晴雨表”显示，中国民众对本国政府的信任度达到了创纪录的91%，位列全球第一。

三、行政体制改革的宝贵经验

改革开放40多年来，我国行政体制改革取得显著成效，积累了宝贵经验。在全面建设社会主义现代化国家的新征程上，继续深化行政体制改革要运用好这些基本经验。

（一）必须坚持中国共产党的领导

我国政府是由中国共产党领导建立的，在党的领导下按照党和国家决策部署履行职责。坚持中国共产党的领导是我国一切事业取得成功的根本保证。在我国行政体制改革的整个历程中，我们始终坚持党的领导，始终由党中央确定改革方向和原则、统筹谋划改革方案、部署实施改革措施。正是因为始终坚持党的领导，我国行政体制才能历经改革而保持社会主义性质不变，中国特色社会主义行政体制才能克服阻碍、经受曲折而逐步建立和完善起来。始终坚持党的领导，在党中央的集中统一领导下推进行政体制改革，是中国特色社会主义行政体制建设和改革最为根本的经验。在坚持和完善中国特色社会主义制度、推进国家治理体系和治理能力现代化的进程中，在坚持和完善中国特色社会主义行政体制、推进政府治理现代化的进程中，必须始终坚持和加强党的领导。只要坚持党的领导，我们就一定能够保证改革的方向不偏、目标不变，从而确保建成践行全心全意为人民服务宗旨、广大人民群众高度满意的服务型政府。

（二）必须坚持以人民为中心

为中国人民谋幸福、为中华民族谋复兴，是中国共产党人的初心和使命。中国共产党领导人民建立的政府是人民的政府，全心全意为人民服务是人民政府的宗旨和义务。改革开放以来，我国行政体制改革始终坚持以人民为中心，无论是确定和转变政府职能、创设和改革政府机构，还是改进行政管理方式、规范行政权力运行，都是为了更好地解放和发展生产力，更好地提供优质公共服务，更好地维护社会公平正义，从而不断提高人民群众的生活品质，实现好、维护好、发展好人民的利益。实践证明，行政体制改革必须坚持人民主体地位，贯彻党的群众路线，更好地满足人民对美好生活的多元化需求，完善为民谋利、为民办事、为民解忧、保障人民权益、倾听人民心声、接受人民监督的体制机制。行政体制变革只有符合人民群众的根本利益，积极回应人民群众的呼声与诉求，才能得到人民群众的衷心拥护和支持；只有尊重人民群众的主体地位，发挥人民群众的积极性与主动性，才能凝聚广泛的改革共识、形成强大的改革合力。新时代全面深化行政体制改革，必须始终坚持以人民为中心，坚持一切为了人民、一切依靠人民。

（三）必须坚持科学理论指导

成功的实践离不开科学理论的指导。马克思主义是指导党和国家一切事业的科学理论，是保证党和国家事业取得成功的行动指南。40 多年来的行政体制改革之所以能够坚持正确的方向和道路不断深化、持续推进并取得重大成就，根本在于坚持以马克思主义及其中国化时代化成果为指导。在中国特色社会主义新时代，只要始终坚持以马克思主义为指导，坚持以马克思主义中国化时代化最新成果——习近平新时代中国特色社会主义思想为指导和根本遵循，确定行政体制改革的宗旨、方向、目标、原则、路径，中国特色社会主义行政体制就一定能不断完善和发展，一定能越来越成熟、定型，成为更加完善的中国特色社会主义制度体系的重要部分，为实现第二个百年奋斗目标提供重要的体制保障。

（四）必须坚持立足国情

任何一种制度和体制必然需要植根于本国本地的实际，立足本国本地文化根基。由于政治、历史、文化等方面的差异性和独特性，各个国家的行政体制不可能完全相同，各个国家的行政体制建设和变革之路也不可能完全相同。独特的国情、悠久的历史文化传统，决定了我国要构建的行政体制、所走的行政体制改革道路，必然不同于其他国家。改革开放以来，我国坚持从自身实际情况出发，继承发扬源远流长的中华文化的精华，走出了一条既符合本国实际又符合国际时代潮流的行政体制改革之路，在较短的时期内开创性地建立起中国特色社会主义行政体制。新时代进一步深化行政体制改革，必须始终坚持立足国情，紧紧围绕新时代中国特色社会主义事业发展，坚持和完善中国特色社会主义制度的需要，深深扎根于新时代我国发展改革的实践。同时，要坚持以开放的胸襟、广阔的视野，在认真研究鉴别的基础上，批判地学习借鉴其他国家和地区行政体制建设和变革的有益经验，为不断完善和发展中国特色社会主义行政体制服务。

（五）必须坚持与经济基础相适应

经济基础决定上层建筑。行政体制属于上层建筑，必须与经济基础相适应。40 多年来，我国行政体制改革的历程证明，如果我们根据社会生产力的发展水平、适应生产关系的要求来调整和改革行政体制，行政体制就能完善和发展，也能促进生产力发展、优化生产关系；相反，如果行政体制改革超越或滞后于生产力发展水平、不适应生产关系要求，行政体制就会暴露诸多弊端，难以稳定发展，也会束缚经济基础的发展。只有坚持与经济基础相适应，适应特定时期生产力和生产关系发展的水平和要求来改革、完善、发展行政体制，才能使行政体制更加科学、更加具有优越性和生命力，才能不断推进政府治理现代化、提升政府治理效能。新时代继续深化行政体制改革，必须继续坚持与经济基础相适应，步子既不能迈得太快，也不能太慢，既要防止超越经济基础发展水平，使改革措施脱离实际、难以落实，甚至欲速不达，使改革走弯路；也要避免改革滞后于经济基础发展水平，使行政体制成为经济基础发展的障碍。

（六）必须坚持循序渐进

行政体制改革是深化整个改革的重要环节，是建立和完善社会主义市场经济体制、发展社会主义民主政治的必然要求，是一个渐进式的改革过程，不能企求毕其功于一役。通过40多年的改革开放，我国走出了一条开拓性创新、渐进式改革的成功道路。这条道路的基本特点之一，是在坚持中国特色社会主义基本制度框架的前提下，进行了一场有领导、有秩序、有创新的社会主义行政制度的自我完善和革命。推进行政体制改革，既要有长远目标和总体规划，明确改革的路径与方向，又要确定每个时期的重点任务；既要充分利用各方面的有利条件，正确把握有利时机，坚决果断地推进改革，在一些重要领域迈出较大步伐，又要全面分析面临的矛盾和风险，充分考虑各方面的承受能力，积极稳妥、循序渐进地实施。只有这样，行政体制改革才能适应不断变化的形势任务要求，行稳致远，持续深化。

（七）必须坚持统筹推进

行政体制改革是党和国家制度建设的重要组成部分，是全面深化改革的重要内容，涉及党和政府、政府和人大、政府和政协、政府和市场、政府和社会等多方面的关系，关系到经济建设、政治建设、文化建设、社会建设、生态文明建设，与经济体制、政治体制、文化体制、社会体制、生态文明体制改革相互联系，因此，行政体制改革必须在党的统一领导下，与其他方面的改革统筹部署、协调推进。行政体制改革自身也是一项系统工程，包括政府职能转变、组织机构改革、政府管理方式创新、运行机制完善、行政法律制度建设等，这些方面相互紧密联系、相辅相成，任何一个方面都不可能单兵突进，因而也需要坚持系统观念，从全局出发统筹谋划和推进。40 多年来，我国行政体制改革的实践表明，必须高度重视行政体制改革的系统性、整体性、协同性，把行政体制改革放到党和国家事业发展和制度建设的大局中系统谋划，必须统筹推进行政体制不同组成部分、不同环节的改革。只有坚持统筹推进，行政体制改革才能适应经济社会发展和国家治理的要求不断深化，才能与其他领域的改革相互联动、相互促进，从而取得良好的改革成效。

（八）必须坚持顶层设计与地方探索相结合

我国地域辽阔，各地情况差异很大，发展很不平衡，推进行政体制改革既要从全局出发，从中央进行总体部署，又要鼓励和支持地方结合实际先行先试、大胆探索：既保证中央权威，也发挥地方和基层的积极性。在 40 多年的行政体制改革实践中，一方面，为了确保各级各地行政体制改革的大方向和总目标保持一致、确保政令统一并得到一致执行，党中央对行政体制改革的方向和路径进行顶层设计；另一方面，为了调动和发挥地方、基层的积极性与首创性，为了避免未经实践检验的不成熟改革措施在全国实施后带来不良后果，鼓励和支持各地方先行先试、积极探索，在总结一些地方实践探索的正反两方面经验教训基础上再制定改革方案在全国推广实施。实践证明，什么时候坚持把中央的顶层设计和地方探索相结合，行政体制改革就能科学谋划、顺利推进；什么时候顶层设计与地方探索相脱节，行政体制改革就可能偏离正确方向，改革措施就可能脱离实际，难以产生成效。新时代继续深化行政体制改革，必须继续坚持顶层设计和地方探索相结合，既加强统一部署、做到全国一盘棋，又考虑到各地情况差异，鼓励地方根据本地实际先行探索，为全国改革提供经验。

以上这些经验，是党领导推进行政体制改革的光辉实践中积累的宝贵财富。在全面建设社会主义现代化强国的新征程上，在坚持和完善中国特色社会主义行政体制，构建职责明确、依法行政的政府治理体系的进程中，必须运用好这些基本经验。

第一章

政府机构改革的基本历程

▼

政府机构是履行政府职责的主体，是行政管理运行的载体，政府机构设置是国家行政体制的重要组成部分，政府机构的设置是否合理，直接决定着国家的行政效能。改革开放以来，为适应党和国家事业发展需要，自 1982 年起，我国基本上每 5 年进行一轮集中的政府机构改革。截至 2021 年，我国先后开展了 8 轮集中的政府机构改革，时间分别为 1982 年、1988 年、1993 年、1998 年、2003 年、2008 年、2013 年和 2018 年。我国政府机构改革的历程总体上可划分为三个阶段：第一阶段为 1978—1992 年，在此阶段，分别于 1982 年和 1988 年实施了两轮集中的改革，主要是打破与高度集中的计划经济体制相适应的政府机构体系；第二阶段为 1993—2012 年，在此阶段，分别于 1993 年、1998 年、2003 年和 2008 年实施了四轮集中的机构改革，主要是建立适应社会主义市场经济的政府机构体系；第三阶段为党的十八大以来，至 2021 年，分别于 2013 年和 2018 年实施了两轮集中的机构改革，主要是适应坚持和完善中国特色社会主义制度、推进国家治理体系和治理能力现代化要求，构建科学协同高效的政府机构职能体系。经过改革，我国政府机构职能体系逐步完善，政府机构规模和结构逐步优化，政府机构与党的机构和其他国家机构关系越来越协调，为政府履行职责提供了组织和体制保障。

第一节　1978—1992 年的政府机构改革

从 1978 年党的十一届三中全会召开到 1992 年党的十四大召开之前，我国政府机构改革主要是冲破高度集中的计划经济体制和行政体制，对建立和完善中国特色社会主义行政体制进行积极探索。改革开放之前，我国实行高度集中的计划经济体制和行政体制，抑制了广大企业和干部群众的积极性与创造性。改革开放之后，邓小平十分重视行政体制改革与创新问题。1982 年，邓小平在中共中央政治局讨论中央机构精简问题会议上的讲话中提出了“精简机构是一场革命”的著名论断。1987 年 6 月，邓小平在会见南斯拉夫共产主义者联盟中央主席团委员科罗舍茨时重申，改革总的目的是要有利于巩固社会主义制度，有利于巩固党的领导，有利于在党的领导和社会主义制度下发展生产力。要做到这些，第一，党和行政机构以及整个国家体制要增强活力，就是说不要僵化，要用新脑筋来对待新事物；第二，要真正提高效率；第三，要充分调动人民和各行各业基层的积极性。[①] 按照这些要求，全国逐步展开了以简政放权为重点的经济体制和行政体制改革，包括废除人民公社“政社”体制，推进乡镇基层政权建设；扩大企业生产经营自主权，放宽地方和城市经济社会管理权限；积极推进政府机构改革，合并一些职能交叉重叠的机构，撤销一些工业经济管理部门，精简人员和编制；推进干部队伍革命化、年轻化、知识化、专业化，废除实际存在的领导职务终身制，提出并开始探索建立国家公务员制度。1982

① 邓小平：《改革的步子要加快》，《邓小平文选》（第三卷），北京：人民出版社，1993 年版，第 241 页。

年和 1988 年两次集中的政府机构改革，在这些方面都迈出了重要步伐。

一、1982 年的政府机构改革

1970 年，国务院的 79 个部门撤销合并为 32 个，其中 13 个由中央军委办事组或中央文革小组管理，国务院机构实际上只有 19 个，达到新中国成立以来中央政府机构数的最低点。1975 年，邓小平主持国务院工作，并对各领域进行整顿，与之相适应，国务院工作部门恢复到 52 个。到 1982 年机构改革前，国务院组成部门不断膨胀，机构已多达 100 个，其中国务院办公机构五个，国务院部委 52 个，国务院直属机构 43 个。机关工作人员数量有五万多人，达到了新中国成立以来的最高峰，单单是冶金工业部的正副部长加起来就有 24 位。政府机构臃肿、效率低下、人浮于事，因此当时改革的首要任务是精兵简政、提高效率。

1982 年 1 月，邓小平在讨论中央机构精简问题的会议上尖锐地指出，让党和国家的组织继续目前这样机构臃肿重叠、职责不清，许多人员不称职、不负责，工作缺乏精力、知识和效率的状况，这是不可能得到人民赞同的，包括我们自己和我们下面的干部。[①] 中共中央政治局会议原则通过了国务院机构改革方案。1982 年 2 月，邓小平在会见外宾时强调，官僚主义、机构臃肿、人浮于事的现象必须消除。他提出的“精简机构是一场革命”的论断，成

① 邓小平：《精简机构是一场革命》，《邓小平文选》（第二卷），北京：人民出版社，1994 年版，第 396 页。

为这次机构改革的方向。根据五届全国人大四次会议决议的精神，国务院着手自身和所属各部委的机构改革。1982 年 3 月 8 日，五届全国人大常委会第二十二次会议原则批准国务院机构改革初步方案；5 月 4 日，五届全国人大常委会举行第二十三次会议，通过《关于国务院部委机构改革实施方案的决议》；8 月 23 日，五届全国人大常委会举行第二十四次会议，通过《关于批准国务院直属机构改革实施方案的决议》；12 月 7 日，中共中央、国务院发出《关于省、市、自治区党政机关机构改革若干问题的通知》，要求地方政府完成机构改革。

（一）改革的主要内容

1982 年的政府机构改革，是在改革开放总设计师邓小平领导下的第一次机构改革。根据《国务院机构改革方案》，这次机构改革的指导思想是克服官僚主义，以适应社会主义现代化建设的需要和国家政治民主化的需要。改革的内容主要是：改进国务院领导体制和领导方法；精简机构；明确各部门的任务和职责范围；选贤任能，配备和建设领导班子；加强干部轮训工作，提高干部队伍的素质。具体内容如下：

在改革国务院领导体制方面，本次改革将国务院副总理数量由 13 人减为两人，设置了国务委员，国务委员的职位相当于副总理级，是国务院常务会议组成人员，受总理和国务院常务会议委托，负责某些方面的工作和重要的专项任务。国务院常务会议由国务院总理、副总理、国务委员和秘书长组成，是国务院的日常领导工作机构，在总理主持下，负责对国务院职权范围内的各项重要工作进行领导和决策。

在精简机构方面，经过改革，国务院各部委、直属机构、办事机构由 100 个减为 61 个；省、自治区政府工作部门从 50 — 60 个减为 30 — 40 个；城市政府机构从 50 — 60 个减为 45 个左右；行署办事机构从 40 个左右减为 30 个左右；县政府部门从 40 多个减为 25 个左右。[①]

在精减领导班子方面，一是按照革命化、年轻化、知识化、专业化的干部“四化”要求，选贤任能，严格禁止“三种人”（即追随林彪、江青反革命集团“造反”起家的人，帮派思想严重的人，打砸抢分子）进入领导班子。二是减少部委分局副职人数，各部委（计委、经委、外交部除外）设正副职 3~5 人，司、局只设正副职 1~3 人。三是规定正副部长、司局长的任职年龄，部长任职年龄一般不超过 65 岁，副部长和司局长的年龄一般不超过 60 岁。

在人员编制方面。中共中央直属单位、局级机构减少 11%，工作人员总编制缩减 17.3%；国务院各部委工作人员从原来的 5.1 万人减为 3 万人，总编制缩减 1/3 左右；国务院各部委的正副职减少 15.7%，部委领导人数由改革前的 540 多人减少到 180 多人。据 38 个部委统计，正副部长、主任除兼职外，共减少约 67%。

在轮训干部方面，当时国务院及所属各部门机关人员共 51000 多人，确定按 25%的比例进行精简，即减少 12000 多人。同时，提出各部门的编制只定编不定人，以便将剩余人员抽出来进行轮训。对既参加工作又参加学习的干部，在学习和工作中分别进行考核，从中选拔优秀的干部到更适合的岗位上去。

---

① 《1982 年国务院机构改革》，中国政府网，2009 年 1 月 16 日。

从1982年至1984年，各地也先后开展了精简机构的工作，省级地方政府人员从18万人减少了六万人；市级、县级政府机关工作人员约减少20%。

（二）改革的重点和特点

1982年机构改革的主要任务是解决经济建设中的领导体制问题，同时考虑解决领导干部年龄老化问题，实行干部队伍年轻化。1982年，邓小平提出机构改革的方向和重点。一是“消肿”的问题。邓小平认为，体制问题，实际上同“消肿”是一个问题的两方面，要“消肿”，不改革体制不行。[①]“消肿”，就是要精简机构、裁减人员，最终为了提高机构的运行效率。二是“庙与菩萨”的问题。邓小平指出，庙只有那么大，菩萨只能要那么多，老的不退出来，新的进不去，这是很简单的道理。因此，老同志要有意识地退让。[②]所以，机构改革首先通过动员老同志和认真安排好老干部退休离休及退居二线的工作，废除领导干部职务终身制，完善领导班子建设，机构人员队伍向着“四化”的方向发展。经过改革，干部的离退休实现了正常化、制度化。

作为新中国成立以来第一次大规模、目的性明确的政府机构改革，这次改革不仅以精兵简政为原则，而且注意到了经济体制改革的进一步发展可能对政府机构设置和职能配置提出的新要求，力求使机

① 邓小平：《精简军队，提高战斗力》，《邓小平文选》（第二卷），北京：人民出版社，1994年版，第287页。

② 邓小平：《思想路线政策路线的实现要靠组织路线来保证》，《邓小平文选》（第二卷），北京：人民出版社，1994年版，第193页。

构调整为经济体制改革的深化提供有利条件，较大幅度地撤并了经济管理部门，并将其中的一些条件成熟的单位改革成了经济组织。[①]

1982年的行政体制改革开启了干部人事制度科学化、民主化、制度化的历程。一是以1982年2月中共中央作出《关于建立老干部退休制度的决定》为标志，开始废除领导干部职务终身制；二是精简各级领导班子，1982年国务院机构改革完成后，据38个部委的统计，正副部长、主任除兼职以外，由原来的505人减到167人；三是加快干部队伍年轻化的建设，国务院机构改革完成之后，国务院部委新组成的领导班子中，新选拔的中青年干部占16%，部级领导干部的平均年龄由64岁下降到60岁，局级干部的平均年龄由58岁下降到54岁，干部的文化层次也有较大提高。

二、1988年的政府机构改革

1983—1987年，为适应现代化建设和改革的需要，进一步健全国家行政体制，充分发挥中央政府的领导职能，国务院增设、恢复、合并了一些机构。到1986年底，国务院工作部门由原来的61个增至72个，其中部委机构45个、直属机构22个、办事机构四个，机构再次膨胀。1984年党的十二届三中全会通过了《中共中央关于经济体制改革的决定》，这是指导中国经济体制改革的纲领性文献，标志着中国经济体制改革全面铺开。《中共中央关于经济体制改革的决定》中明确提出实行政企职责分开，正确发挥政府机

① 徐湘林：《中国国情与制度创新》，北京：华夏出版社，2004年版，第113页。

构管理经济的职能，要求国家机构按照政企职责分开，简政放权的原则进行改革。把政府管理经济的权力进一步下放，把生产经营权交给企业，使企业成为自主经营、自负盈亏的法人。随着经济体制改革的深化，政治体制与经济体制改革不相适应的矛盾日益凸显出来。不改革政治体制，就不能保障经济体制改革的成果，不能使经济体制改革继续前进，就会阻碍生产力的发展，阻碍四个现代化的实现。[①] 正是在这种情况下，新一轮的机构改革开始了。

1987 年 10 月，党的十三大报告指出，这次机构改革必须抓住转变政府职能这个关键。为了适应政治体制改革和进一步深化经济体制改革的需要，1988 年 4 月 9 日，七届全国人大一次会议通过了国务院机构改革方案。

（一）改革的主要内容

这次国务院机构改革的目标是：理顺关系、转变职能，精干机构、精简人员，提高行政效率，克服官僚主义，增强机构活力。要创造条件，逐步理顺政府同企事业单位和人民团体的关系、政府各部门之间的关系以及中央政府同地方政府的关系。这次改革的基本要求是：转变职能，下放权力，调整结构，精简人员，减少政府机构干预企业经营活动的职能，增强宏观调控职能，初步改变机构设置不合理和行政效率低下的状况。

转变职能，是这次机构改革与以往机构改革的根本区别所在。改革的重点是那些与经济体制关系密切的经济管理部门，它要求政

① 邓小平：《关于政治体制改革问题》，《邓小平文选》（第三卷），北京：人民出版社，1993 年版，第 176 页。

府的经济管理部门从直接管理为主转变为间接管理为主，强化宏观管理职能，淡化微观管理职能。

根据对各部门具体职能的分解和转移，按新的职能设置相应的机构。把承担相同业务或相近业务的部门予以撤销，其业务由一个部门承担；综合经济部门一般不设对口专业机构，行业管理工作由主管部门承担；部委内部只设司、处两级，以减少部门内部管理工作的层次。

下放权力，主要是向企业和基层下放权力，理顺政府与企业的关系。把直接管理企业的职能转移出去，把直接管钱、管物的职责放下去，把决策、咨询、调节、监督和信息等职能加强起来。

精简机构和人员。经过调整改革，国务院机构由 72 个调整为 68 个，人员编制比原来减少 9700 多人。除国务院办公厅外，部委机构由 45 个调整为 41 个，国务院部委机构中，撤销 12 个（原计委、经委、机械委、电子部、航天部、航空部、煤炭部、石油部、水电部、核工业部、城建部、劳动人事部），新组建九个（国家计委、机械电子部、航天航空部、能源部、水利部、建设部、人事部、劳动部、物资部），保留 32 个，转为事业单位一个。直属机构由 22 个削减为 19 个，办事机构则在原有基础上新组建三个，数量达到七个。

在改革政府机构的同时，本次改革也尝试与干部人事制度的改革相配套，抓紧建立和逐步推行国家公务员制度，开办行政学院，培养行政管理人才，以有利于改善机关人员结构和素质，从而提高政府的行政能力和行政效率。

（二）改革的重点和特点

这次机构改革是按照政治体制、经济体制改革进程的要求，以转变政府管理职能为关键，与政府内部的制度化建设相配套，并结合推行国家公务员制度进行的。这是与 1982 年精简机构相比最大的不同点。

这次机构改革不是搞简单地撤减、合并，而是转变职能，按政企分开的原则，把直接管理企业的职能转移出去，把直接管钱、管物的职能放下去，把决策、咨询、调节、监督和信息等职能加强起来，使政府对企业由直接管理为主逐步转到间接管理为主。同时，把原来行政机关的部分职能转移到各种协会去承担。

这次改革首次提出了转变政府职能是机构改革的关键的命题。政府的职能定位是实现政企分开，弱化政府的微观管理职能，强化综合管理职能。政府经济管理部门发生“四个转变”：从直接管理为主转变为间接管理为主；从管理直属企业转变为管理全行业；从管理企业人财物、产供销转变为管理行业规则和行业秩序；从下达各类计划、生产调度转变为制定实施法规、标准、行政许可、行政执法。

这次改革创立了机构改革的“三定方案”（定职能、定机构、定编制）新思路，为国家公务员制度的形成做了有益的探索，为建立一个适应经济体制和政治体制改革要求的新的行政管理体系打下了基础。改变了以往就机构论机构，只注重数量增减和单一组织结构调整的局面，提出了由微观管理转向宏观管理，由直接管理转向间接管理，由部门管理转向全行业管理，由“管”字当头转向服务监督，由机关办社会转向机关后勤服务工作社会化等五项职能转变内容。

三、1978—1992 年的事业单位改革

1978—1992 年进行的行政体制改革对冲破高度集中的计划经济体制模式作出了重要贡献。顺应行政体制改革的趋势，与政府机构改革相伴随，在此期间，我国也开启了事业单位改革。这一时期改革的主要特点是政府对事业单位下放部分管理权力，扩大事业单位的自主权，在事业单位建立行政首长负责制，赋予行政首长在事业单位中的经营管理权、机构设置权、用人自主权和分配决定权等权力。

1985 年 3 月，科技体制改革全面展开。改革的指导方针为：经济建设必须依靠科学技术，科学技术必须面向经济建设。科技体制改革力求改变以往研究机构与企业相分离，研究设计与教育、生产相脱节的状况，促进科研与生产的联合，试行科技成果有偿转让。本次科技体制改革下放了政府科技主管部门的权力，科研事业单位的管理自主权得以扩大。1984 年 4 月，我国开始进行卫生事业单位改革：扩大卫生机构自主权，实行以承包为主的多种经营管理方式，对医院实行差额补贴的财政政策，开展依靠社会力量兴办卫生事业的尝试。1985 年，中共中央下发了《关于教育体制改革的决定》，中共中央办公厅、国务院办公厅批转了文化部《关于艺术表演团体的改革意见》，对教育事业单位和文化事业单位改革进行了部署。改革改变了政府对学校统得过死的管理体制，实行“地方负责、分级管理”的基础教育管理模式；在高等教育领域，扩大了高等学校的办学自主权；对文化事业单位实行分层管理，在各类文艺演出团体引入竞争机制。此外，还在事业单位恢复了职称评审，建立了退休退职制度，适当下放了组织人事管理权限。

第二节　1993—2012年的政府机构改革

1992年10月，党的十四大明确提出经济体制改革的目标，即要建立社会主义市场经济体制，使市场在国家宏观调控下对资源配置起基础性作用。为适应建立社会主义市场经济体制的需要，就要相应地进行有关方面的调整，加快政府职能转变，进一步改革政府机构，实行精兵简政。2002年党的十六大之后，行政体制改革的主要任务是围绕服务型政府和法治政府建设，全方位地深化行政体制改革，重点是着眼于构建有利于推动科学发展、促进社会和谐的体制机制，进行制度机制创新和管理方式创新。

一、1993年的政府机构改革

20世纪90年代初，国务院工作部门由1988年改革后的68个增加到70个，加上归口部委管理的国家局16个，则为86个。省、自治区党政部门平均设到68个，京津沪三市平均设到100个，其他城市平均设到63个，县平均设45个。全国党政群机关和事业单位工作人员达3140万人，其中党政群机关925万人，事业单位2234万人。县以上各级党政群机关超编约60万人，乡镇一级超编214万人。①

臃肿的机构和庞大的队伍，大大加重了国家财政负担。1980年全国行政管理经费开支为66.8亿元，占国家财政总支出的

① 《1993年国务院机构改革的情况》，中国机构编制网，2010年9月25日。

5.5%；到 1990 年，已达 333.5 亿元，占国家财政总支出的 9.7%。[①]江泽民在党的十四大报告中指出，目前，党政机构臃肿，层次重叠，许多单位人浮于事，效率低下，脱离群众……必须统一认识，按照政企分开和精简、统一、效能的原则，下决心对现行行政管理体制和党政机构进行改革[②]。

1993 年 3 月，八届全国人大一次会议通过了《国务院机构改革方案》，罗干在对这一方案作说明时说：这次机构改革和以往机构改革的不同，就是把适应社会主义市场经济发展的要求作为改革的目标。1994 年，中央机构改革方案的实施工作基本完成。1995 年，省级政府机构改革方案的实施工作基本完成了。1996 年上半年，大部分地、市、县完成了机构改革的任务。

（一）改革的主要内容

按照这次机构改革的指导思想，国务院的机构改革方案，对综合经济部门、专业经济部门、社会管理部门、直属机构、办事机构和非常设机构，根据不同情况，分别提出不同的改革要求。

关于综合经济部门的改革。保留国家计划委员会、财政部、中国人民银行等现有的综合经济部门。为了加强对国民经济运行中重大问题的协调，在现有国务院经济贸易办公室的基础上，组建国家经济贸易委员会。不论原有或新设置的综合经济部门，都要精简内

① 《1993 年国务院机构改革的情况》，中国机构编制网，2010 年 9 月 25 日。

② 江泽民：《加快改革开放和现代化建设步伐 夺取有中国特色社会主义事业的更大胜利——在中国共产党第十四次全国代表大会上的报告》，北京：人民出版社，1992 年版，第 36–37 页。

设机构和人员，理顺综合经济部门之间以及综合经济部门与专业经济部门之间的关系。

关于专业经济部门的改革。按照不同情况，将专业经济部门的改革分为三类：第一类是改为经济实体，不承担政府行政管理职能；第二类是改为行业总会，作为国务院的直属事业单位，保留行业管理职能；第三类是保留或新设的行政部门，这些部门的机构也要精减，主要职能是规划、协调、服务、监督。

改为经济实体的，有航空航天工业部。航空航天工业部撤销后，分别组建航空工业总公司、航天工业总公司。改为行业总会的，有轻工业部、纺织工业部。轻工业部、纺织工业部撤销后，分别组建中国轻工总会、中国纺织总会，主要职能是搞好行业规划，实施行业政策，进行宏观指导和为企业提供服务。保留或新设置的行政部门，有冶金工业部、化学工业部、铁道部、交通部、邮电部、水利部、农业部、林业部、建设部、地质矿产部。对外经济贸易部更名为对外贸易经济合作部。撤销能源部，分别组建电力工业部、煤炭工业部，同时撤销中国统配煤矿总公司；撤销机械电子工业部，分别组建机械工业部、电子工业部，同时撤销中国电子工业总公司。为了促进生活资料和生产物资统一市场的建立，搞活商品流通，撤销商业部、物资部，组建国内贸易部。

国务院部委除以上调整外，还保留按照宪法和国务院组织法规定设置的国务院办公厅、审计署，同时保留外交部、国防部、国家经济体制改革委员会、国家教育委员会、国家科学技术委员会、国防科学技术工业委员会、国家民族事务委员会、公安部、国家安全部、监察部、民政部、司法部、人事部、劳动部、文化部、广播电影电视部、卫生部、国家体育运动委员会、国家计划生育委员会。

经过以上调整，国务院原有组成部门42个，调整为41个，减少1个；原有直属机构19个，调整为13个，减少6个；原有办事机构9个，调整为5个，减少4个。同时，取消15个部委归口管理机构的称谓，改为部委管理的国家局，仍设15个。国务院的非常设机构也进行了大幅度的裁减，由85个减少到26个。[①]国务院各部门无论是保留的，还是新设置的，都要严格定编定员。国务院机构定员进行精减，原有机关行政编制36700人，改革后核定为29200人，精简达20%。[②]

（二）改革的重点和特点

本次机构改革和以往机构改革的不同，就是把适应社会主义市场经济发展的要求作为改革的目标。机构改革要围绕这一目标，按照政企职责分开和精简、统一、效能的原则，在转变职能、理顺关系、精兵简政、提高效率方面取得明显进展。

本次机构改革的重点是转变政府职能。党和国家对政府基本职能的定位主要是统筹规划、掌握政策、信息引导、组织协调、提供服务和监督检查。政府机构改革基于党和国家对政府职能的基本定位，重点是加强宏观调控和监督部门，强化社会管理部门，做到宏观管好、微观放开。

本次改革中，中央纪委、监察部合署办公，标志着统筹党政机构设置开始起步。

---

① 《1993年国务院机构改革的情况》，中国机构编制网，2010年9月25日。
② 刘智峰：《第七次革命》，北京：经济日报出版社，1998年版，第307页。

二、1998 年的政府机构改革

随着我国市场经济体制的建立和完善，传统的“大政府”“管制型”的管理思维、管理模式与新的经济社会环境已不相适应，深层次矛盾日益凸显并日趋尖锐：政企不分，政府直接干预企业的生产经营活动，把企业的经济活动纳入行政管理的范围，市场在资源配置中的作用发挥不明显；部门工作人员的行为缺乏规范、约束和监督，造成了工作效率低下、推诿扯皮等现象；政府管了许多不该管，管不了，管不好的事情，影响政府的工作效率；文牍主义和官僚主义，助长政府机构和政府工作人员的贪污腐败和不正之风。

1997 年 9 月，党的十五大报告指出，机构庞大，人员臃肿，政企不分，官僚主义严重，直接阻碍改革的深入和经济的发展，影响党和群众的关系。这个问题亟待解决，必须通盘考虑，组织专门力量，抓紧制定方案，积极推进。要按照社会主义市场经济的要求，转变政府职能，实现政企分开，把企业生产经营管理的权力切实交给企业；根据精简、统一、效能的原则进行机构改革，建立办事高效、运转协调、行为规范的行政管理体系，提高为人民服务水平。[①]

1998 年机构改革即是为解决这些矛盾而展开的。1998 年 3 月 10 日，九届全国人大一次会议听取了罗干关于国务院机构改革方

---

① 江泽民：《高举邓小平理论伟大旗帜 把建设有中国特色社会主义事业全面推向二十一世纪——在中国共产党第十五次全国代表大会上的报告》，北京：人民出版社，1997 年版，第 37 页。

案的说明，审议了国务院机构改革方案，决定批准国务院机构改革方案。随后，党中央各部门和其他国家机关及军队、群团机关机构改革陆续展开。1999年以后，省级政府和党委机构改革陆续展开。2000年，市、县、乡机构改革全面启动。截至2002年6月，从中央到地方的机构改革全面完成。

（一）改革的主要内容

本次机构改革的目标是：建立办事高效、运转协调、行为规范的政府行政管理体系，完善国家公务员制度，建设高素质的专业化行政管理队伍，逐步建立适应社会主义市场经济体制的有中国特色的政府行政管理体制。

本次机构改革的原则是：按照社会主义市场经济的要求，转变政府职能，实现政企分开；按照精简、统一、效能的原则，调整政府组织结构，实行精兵简政；按照权责一致的原则，调整政府部门的职责权限，明确划分部门之间职责分工，完善行政运行机制；按照依法治国、依法行政的要求，加强行政体系的法制建设。

本次改革撤销了几乎所有的工业专业经济部门，包括电力工业部、煤炭工业部、冶金工业部、机械工业部、电子工业部、化学工业部、地质矿产部、林业部、中国轻工业总会、中国纺织总会。

根据改革方案，国务院不再保留15个部、委，包括电力工业部、煤炭工业部、冶金工业部、机械工业部、电子工业部、化学工业部、国内贸易部、邮电部、劳动部、广播电影电视部、地质矿产部、林业部、国家体育运动委员会、国防科学技术工业委员会（组建新的国防科学技术工业委员会，将原国防科工委管理国防工业的职能、国家计委国防司的职能以及各军工总公司承担的政府职能，统归新组建的国防科学技术工业委员会管理）、国家经济体制改革委员会（为了加强国务院对经济体制改革工作的领导，国家经济体制改革委员会改为国务院高层次的议事机构，总理兼主任，有关部长任成员，不再列入国务院组成部门序列）。

新组建四个部、委，包括国防科学技术工业委员会、信息产业部、劳动和社会保障部、国土资源部。更名三个部、委，包括国家计划委员会更名为国家发展计划委员会；科学技术委员会更名为科学技术部；国家教育委员会更名为教育部。保留22个部、委、行、署，包括外交部、国防部、国家经济贸易委员会、国家民族事务委员会、公安部、国家安全部、监察部、民政部、司法部、财政部、人事部、建设部、铁道部、交通部、水利部、农业部、对外贸易经济合作部、文化部、卫生部、国家计划生育委员会、中国人民银行、审计署。

改革后除国务院办公厅外，国务院组成部门由原有的40个减少到29个。包括国家政务部门12个：外交部、国防部、文化部、卫生部、国家计划生育委员会、国家民族事务委员会、民政部、司法部、公安部、国家安全部、监察部、审计署；宏观调控部门四个：国家发展计划委员会、国家经济贸易委员会、财政部、中国人民银行；专业经济管理部门八个：建设部、铁道部、交通部、信息产业部、水利部、农业部、对外贸易经济合作部、国防科学技术工业委员会；教育科技文化、社会保障和资源管理部门五个：教育部、科学技术部、人事部、劳动和社会保障部、国土资源部。

（二）改革的重点和特点

本次机构改革的目的与目标高度协调。推进社会主义市场经济发展是目的，尽快破除专业经济部门直接管理企业的体制是目标。本次改革的历史性进步是政府职能转变有了重大进展，其突出表现是撤销了几乎所有的工业专业经济部门，这样，政企不分的组织基础在很大程度上得以消除。从一定意义上说，撤销工业专业经济部门就是取消了国家与企业之间的“二道贩子”，消除了政企不分的组织堡垒。

在本次改革中，国务院组成部门由 40 个进一步削减为 29 个，各个部委的内设或下属司局级机构总共减少 200 多个，相关部门的工作人员数量减少了一半（由 3.2 万人减至 1.6 万人）。省级政府部门机构数量从平均 55 个减少为 40 个，普遍减少了 1/5，人员数量平均精简了 47%，共减编 7.4 万人，成为历次机构改革中精简力度最大的一次。

1998 年 4 月，国务院下发《关于部委管理的国家局设置的通知》，明确了部委管理的国家局（简称国家局）设置。为了使国家局与主管部委之间协调运转，经过 1993 年机构改革以后的实践，并根据这次机构改革的精神，经国务院全体会议审议通过，对国家局与主管部委的关系作了一些调整。

此外，这次改革在理论上提出了“行政管理体制改革”的概念，设立和加强了公共服务机构，第一次提出了政府的公共服务职能，直接体现了政府行政价值理念的变化。这次改革还建立了稽察特派员制度，强调依法行政的重要性。

三、2003 年的政府机构改革

与以往机构改革不同，2003 年的机构改革有着特殊的背景。一方面，2002 年召开的党的十六大提出了“发展社会主义民主政治，建设社会主义政治文明”的目标，从更高层面上对行政管理体制改革提出了新的要求。另一方面，2001 年我国加入世界贸易组织，为与国际贸易规则和通行惯例相一致，我国政府经济管理体制及运行机制必须相应调整，这对行政体制改革也提出要求。正是在这种背景下，我国开启了新一轮政府机构改革。

3 月 6 日，国务院机构改革方案提请十届全国人大一次会议审议，启动了改革开放以来的第五次大规模的机构改革。3 月 10 日，十届全国人大一次会议第三次全体会议通过了关于国务院机构改革方案的决定。方案特别提出了“决策、执行、监督”三权相协调的要求。这一轮改革，从中央到地方的机构改革历时三年完成。相比于 1998 年大刀阔斧、“简”字当头、以量变为主的行政体制改革，2003 年这一轮行政体制改革是“质”字优先。

（一）改革的主要内容

本次改革的目的是：进一步转变政府职能，改进管理方式，推进电子政务，提高行政效率，降低行政成本。改革的目标是：逐步形成行为规范、运转协调、公正透明、廉洁高效的行政管理体制。

根据方案，国家发展计划委员会改组为国家发展和改革委员会，其任务是研究拟订经济和社会发展政策，进行总量平衡，指导总体经济体制改革；设立国务院国有资产监督管理委员会，以指导推进国有企业改革和重组；设立中国银行业监督管理委员会，以加强金融监管，确保金融机构安全、稳健、高效运行；组建商务部，推进流通体制改革；国家药品监督管理局重组为国家食品药品监督管理局；原属于国家经贸委管理的国家安全生产监督管理局改为国务院直属机构；将国家计划生育委员会更名为国家人口和计划生育委员会。

（二）改革的重点和特点

本次改革的重点是：深化国有资产管理体制改革，完善宏观调控体系，健全金融监管体制，继续推进流通管理体制改革，加强食品安全和安全生产监管体制建设。

第一，深化国有资产管理体制改革，设立国务院国有资产监督管理委员会（简称国资委），为国务院直属特设机构。国务院授权国资委代表国家履行出资人职责。国资委的监管范围，确定为中央所属企业（不含金融类企业）的国有资产。地方所属企业的国有资产，由改革后设立的省、市（地）两级地方政府国有资产管理机构负责监管。其他国有资产，依照相关的法律法规进行管理。

第二，完善宏观调控体系，将国家发展计划委员会改组为国家发展和改革委员会（简称国家发展和改革委），不再保留国家经济贸易委员会、对外贸易经济合作部。国家发展和改革委是综合研究拟订经济和社会发展政策，进行总量平衡，指导总体经济体制改革的宏观调控部门。其主要职责是：拟订并组织实施国民经济和社会发展战略、长期规划、年度计划、产业政策和价格政策，监测和调节国民经济运行，搞好经济总量平衡，优化重大经济结构，安排国家重大建设项目，指导和推进经济体制改革。国家发展和改革委受国务院委托向全国人大作国民经济和社会发展计划的报告。

第三，健全金融监管体制，设立中国银行业监督管理委员会（简称银监会）。为加强金融监管，确保金融机构安全、稳健、高效运行，提高防范和化解金融风险的能力，将中国人民银行对银行、资产管理公司、信托投资公司及其他存款类金融机构的监管职能分离出来，并和中央金融工委的相关职能进行整合，设立银监会，作为国务院直属的正部级事业单位。

银监会根据授权，统一监督管理银行、资产管理公司、信托投资公司及其他存款类金融机构。其主要职责是：拟订有关银行业监管的政策法规，负责市场准入和运行监督，依法查处违法违规行为等。

第四，继续推进流通管理体制改革，组建商务部。商务部是主管国内外贸易和国际经济合作的国务院组成部门。其主要职责是：研究拟订规范市场运行和流通秩序的政策法规，促进市场体系的建立和完善，深化流通体制改革，监测分析市场运行和商品供求状况，组织开展国际经济合作，负责组织协调反倾销、反补贴的有关事宜和组织产业损害调查等。

第五，加强食品安全和安全生产监管体制建设，在国家药品监督管理局的基础上组建国家食品药品监督管理局，仍作为国务院直属机构。其主要职责是：继续行使国家药品监督管理局职能，负责对食品、保健品、化妆品安全管理的综合监督和组织协调，依法组织开展对重大事故的查处。为进一步强化对安全生产的监管，将国家经贸委管理的国家安全生产监督管理局改为国务院直属机构，负责安全生产的综合监督管理和对煤矿的安全监察。

此外，为加强人口发展战略研究，推动人口与计划生育工作的综合协调，将国家计划生育委员会更名为国家人口和计划生育委员会。

本次改革取得的重大进展，在于抓住当时经济社会发展面临的突出问题，进一步转变政府职能。改革后，除办公厅外，国务院组成部门由 29 个调整为 28 个，政府机构总的格局保持相对稳定。

本次改革在一些重点领域实现了突破，改变了过去重复改革的现象，呈现出诸多新特点：一是改革从量的要求转向质的突破，从重形式转向重内容，从表层转向深层；二是将政府的主要职能明确界定为经济调节、市场监管、社会管理和公共服务四个方面；三是专注于解决政府管理中的权责问题，初现“大部制”改革思路。

四、2008 年的政府机构改革

2007 年召开的党的十七大明确提出，“加快行政管理体制改革，建设服务型政府”，强调要着力转变职能、理顺关系、优化结构、提高效能，形成权责一致、分工合理、决策科学、执行顺畅、监督有力的行政管理体制。加大机构整合力度，探索实行职能有机统一的大部门体制，健全部门间协调配合机制。

2008 年 3 月 15 日，十一届全国人大一次会议听取了华建敏关于国务院机构改革方案的说明，审议并批准了国务院机构改革方案。2008 年 8 月 25 日，中央编委召开电视电话会议部署地方政府机构改革工作。

（一）改革的主要内容

本次国务院机构改革的主要任务是：围绕转变政府职能和理顺部门职责关系，探索实行职能有机统一的大部门体制，合理配置宏观调控部门职能，加强能源环境管理机构，整合完善工业和信息化、交通运输行业管理体制，以改善民生为重点加强与整合社会管理和公共服务部门。

本次国务院机构改革方案的主要内容包括：

合理配置宏观调控部门职能。国家发展和改革委员会要进一步转变职能，减少微观管理事务和具体审批事项，集中精力抓好宏观调控。财政部要改革完善预算和税政管理，健全中央和地方财力与事权相匹配的体制，完善公共财政体系。中国人民银行要进一步健全货币政策体系，加强与金融监管部门的统筹协调，维护国家金融安全。国家发展和改革委员会、财政部、中国人民银行等部门要建立健全协调机制，形成更加完善的宏观调控体系。

加强能源环境管理机构。设立高层次议事协调机构国家能源委员会。组建国家能源局，由国家发展和改革委员会管理。将国家发展和改革委员会的能源行业管理有关职责及机构，与国家能源领导小组办公室的职责、国防科学技术工业委员会的核电管理职责进行整合，划入该局。国家能源委员会办公室的工作由国家能源局承担。不再保留国家能源领导小组及其办事机构。

组建工业和信息化部。将国家发展和改革委员会的工业行业管理有关职责，国防科学技术工业委员会核电管理以外的职责，信息产业部和国务院信息化工作办公室的职责，整合划入工业和信息化部。组建国家国防科技工业局，由工业和信息化部管理。国家烟草专卖局改由工业和信息化部管理。不再保留国防科学技术工业委员会、信息产业部、国务院信息化工作办公室。

组建交通运输部。将交通部、中国民用航空总局的职责，建设部的指导城市客运职责，整合划入交通运输部。组建国家民用航空局，由交通运输部管理。国家邮政局改由交通运输部管理。保留铁道部，继续推进改革。不再保留交通部、中国民用航空总局。

组建人力资源和社会保障部。将人事部、劳动和社会保障部的职责整合划入人力资源和社会保障部。组建国家公务员局，由人力资源和社会保障部管理。不再保留人事部、劳动和社会保障部。

组建环境保护部。不再保留国家环境保护总局。

组建住房和城乡建设部。不再保留建设部。

国家食品药品监督管理局改由卫生部管理。明确卫生部承担食品安全综合协调、组织查处食品安全重大事故的责任。

改革后，除国务院办公厅外，国务院组成部门设置 27 个。这次国务院改革涉及调整变动的机构共 15 个，正部级机构减少 4 个。

（二）改革的重点和特点

2008 年国务院机构改革的重点任务主要包括八项：一是合理配置宏观调控部门职能，优化国家发展和改革委员会、财政部、中国人民银行职能配置；二是加强能源管理机构，设立高层次议事协调机构国家能源委员会，组建国家能源局；三是组建工业和信息化部，促进工业化和信息化融合发展；四是组建交通运输部，大交通体制从此起步；五是组建人力资源和社会保障部，开始建立大社保；六是组建住房和城乡建设部；七是组建环保部，加强环境保护职能；八是国家食品药品监督管理局改由卫生部管理。这八项改革任务中有五项涉及社会管理与公共服务职能，凸显了本轮政府机构改革着力为强化社会管理和公共服务职能提供组织保障。

本轮政府机构改革虽然在数量上变化并不大，但是对很多部门都进行了职能整合。改革按照建设服务政府、责任政府、法治政府和廉洁政府的要求，着力转变职能、理顺关系、优化结构、提高效能，提出和确立了大部门制改革方向并进行初步的探索，整合了两个大部门，即“大工业”和“大交通”。

五、1993—2012年的事业单位改革

从1992年党的十四大到2002年党的十六大，是事业单位改革的关键阶段。1993年，中共中央印发的《关于党政机构改革的方案》和《关于党政机构改革方案的实施意见》中明确提出，事业单位改革的方向是实行政事分开，推进事业单位的社会化。各级党政机关尤其是中央和省级机关要减少对事业单位的直接管理，有条件的事业单位要下放；打破部门所有制和条块分割，拓宽事业单位的服务领域，使事业单位成为面向全社会提供服务的独立法人，促进事业单位与经济建设相结合；鼓励集体、企业、个人和各种社会力量兴办事业单位；事业单位在职能、人事制度、工资制度、管理体制等方面，都要与党政机关区别开来。事业单位按照经费的不同来源分为三类：一是经费自收自支的，享受企业的各项自主权，实行企业化管理；二是由国家实行差额补助的，政府在管理上适当放活；三是国家全额拨款的，其数量和规模从严控制。在此期间，事业单位的改革是与党政机构改革同步进行的。

1996年，中共中央办公厅、国务院办公厅印发了《中央机构编制委员会关于事业单位改革若干问题的意见》，这是党和国家就事业单位改革下发的第一个专门文件。文件提出了事业单位改革的指导思想、主要目标，以及具体措施：合理划分党政机关与事业单位职责，行政管理职责原则上交归行政机关，党政机关分离出来的一些辅助性、技术性工作由事业单位承担；遵循区域覆盖和就近服务的原则，按照区域经济和社会公益事业发展的要求，对事业单位

的设置进行统筹规划；中央和省市所属事业单位，主要为所在地服务的，下放给所在地管理；积极发展既为社会主义市场经济所急需又在经费上实行自收自支或企业化管理的事业单位，压缩不适应国民经济和社会发展需要的事业单位。按照这一文件精神，主要从事生产经营活动但作为事业单位管理的事业单位，原则上改为企业；一些实行企业化管理，可以主要由市场引导资源配置的应用技术开发单位等，并入企业或改办为科技先导型企业。为了使事业单位改革有可供遵循的具体政策，党中央、国务院下发了一系列文件。

从 2002 年党的十六大到 2007 年党的十七大，各地对事业单位分类改革进行了探索。党的十六大报告强调，按照政事分开原则，改革事业单位管理体制；十六届三中全会提出继续推进事业单位改革；十六届四中、五中全会进一步提出加快推进事业单位分类改革。按照这些要求，各地选择一些领域开展分类改革的综合试点：有 9 个省、区、市出台或研究拟定了分类改革方案，13 个省、区、市对事业单位进行了摸底调查和清理整顿，7 个省、区、市对事业单位进行了模拟分类，13 个省、区、市进行了改革试点工作。地方开展事业单位分类改革综合试点的主要做法有：合理划分政事职责，把事业单位承担的行政职能划归行政机关，把机关承担的一些辅助性、技术性、服务性职能交给事业单位；推进事业单位社会化，建立事业单位法人登记制度，鼓励支持事业单位实行横向联合，变事业单位由国家举办、靠国家花钱为花钱买服务；对重复设置、业务相近、规模过小、任务已完成或严重不足的事业单位予以撤销或合并，将主要从事生产经营活动的事业单位转制为企业，部分具有行政职能的事业单位并入行政机关。

在此期间，文化事业单位改革试点成为一个亮点。

从2003年7月开始，在党中央、国务院的领导下，在中央文化体制改革试点工作领导小组的具体指导下，全国九个地区和35个单位进行了文化体制改革试点。试点将文化事业单位分为公益性和经营性两类，前者以增加投入、转换机制、增强活力、改善服务为重点，后者以创新体制、转换机制、面向市场、壮大实力为重点。经过试点，文化事业单位的体制机制有了较大突破，一大批事业单位通过改革焕发了生机与活力。2005年底，中共中央、国务院下发了《关于深化文化体制改革的若干意见》，文化事业单位改革全面推进。在从2003年开始的乡镇机构改革中，把乡镇事业单位改革作为一个重要方面，与乡镇行政机构改革一并进行。

党的十七大以后，新一轮机构改革强调政事分开、事企分开和管办分离的原则，注重有关事业单位改革的综合配套举措，如社会保险制度、人事制度等改革。2011—2012年，中共中央、国务院发布了《关于分类推进事业单位改革的指导意见》，该意见指出，要推进承担行政职能事业单位改革，严格认定标准和范围，区分不同情况实施改革；推进从事生产经营活动事业单位改革，推进转企改制，完善过渡政策；推进从事公益服务事业单位改革，改革管理体制，建立健全法人治理结构，深化人事制度改革，深化收入分配制度改革，推进社会保险制度改革，加强对事业单位的监督，全面加强事业单位党的建设；构建公益服务新格局，大力发展公益服务；完善支持公益事业发展的财政政策。同时，国务院办公厅印发了分类推进事业单位改革九个配套文件，分别对薪酬、国有资产管理、职业年金、法人治理结构等作出政策安排。其间，医药卫生领域的改革得到前所未有的重视，密集出台了系列相关改革政策文件。

第三节　党的十八大以来的政府机构改革

党的十八大以后，中国特色社会主义进入新时代，改革步入深水区和攻坚期，以习近平同志为核心的党中央对深化行政体制改革提出了新的要求。党的十八届二中全会指出，转变政府职能是深化行政体制改革的核心。党的十八届三中全会通过了《中共中央关于全面深化改革若干重大问题的决定》，对全面深化改革作出重大战略部署，确立了全面深化改革的总目标，即完善和发展中国特色社会主义制度，推进国家治理体系和治理能力现代化。围绕这一总目标，党的十八届三中全会明确提出，必须切实转变政府职能，深化行政体制改革，创新行政管理方式，增强政府公信力和执行力，建设法治政府和服务型政府。党的十八大以来，党中央着眼于新时代中国特色社会主义事业发展需要，将政府机构改革纳入全面深化改革的总体布局中，统筹谋划，深入推进。

一、2013年的政府机构改革

党的十八大提出要建设职能科学、结构优化、廉洁高效、人民满意的服务型政府。基于此，2013年的机构改革把政府职能转变放到更加突出的位置。2013年，十二届全国人大一次会议审议通过了《国务院机构改革和职能转变方案》。2013年9月，中共中央、国务院发布《关于地方政府职能转变和机构改革的意见》。2013年11月1日，地方政府职能转变和机构改革工作电视电话会议部署了地方政府职能转变和机构改革工作。

（一）改革的主要内容

2013年的政府机构改革是改革开放以来的第七轮政府机构改革。党的十八届二中全会公报指出，要贯彻党的十八大关于建立中国特色社会主义行政体制目标的要求，以职能转变为核心，继续简政放权、推进机构改革、完善制度机制、提高行政效能，稳步推进大部门制改革。改革的主要内容是：实行铁路政企分开，建立了大交通体制的基本框架；整合卫生和计划生育，组建了国家卫生和计划生育委员会；整合食品药品，组建了国家食品药品监管总局；整合新闻出版和广播电影电视，组建了国家新闻出版广电总局；重新组建了国家海洋局；重新组建了国家能源局。

（二）改革的重点和特点

本次政府机构改革，重点围绕转变职能和理顺职责关系，稳步推进大部门制改革，实行铁路政企分开，整合加强卫生和计划生育、食品药品、新闻出版和广播电影电视、海洋、能源管理机构。

实行铁路政企分开。组建国家铁路局，由交通运输部管理，承担铁道部的其他行政职责，负责拟订铁路技术标准，监督管理铁路安全生产、运输服务质量和铁路工程质量等。组建中国铁路总公司，承担铁道部的企业职责，负责铁路运输统一调度指挥，经营铁路客货运输业务，承担专运、特运任务，负责铁路建设，承担铁路安全生产主体责任等。不再保留铁道部。

组建国家卫生和计划生育委员会。国家中医药管理局由国家卫生和计划生育委员会管理。不再保留卫生部、国家人口和计划生育委员会。

组建国家食品药品监督管理总局。将工商行政管理、质量技术监督部门相应的食品安全监督管理队伍和检验检测机构划转食品药品监督管理部门。保留国务院食品安全委员会，具体工作由国家食品药品监督管理总局承担。国家食品药品监督管理总局加挂国务院食品安全委员会办公室牌子。不再保留国家食品药品监督管理局和单设的国务院食品安全委员会办公室。

组建国家新闻出版广播电影电视总局。国家新闻出版广播电影电视总局加挂国家版权局牌子。不再保留国家广播电影电视总局、国家新闻出版总署。

重新组建国家海洋局。重新组建国家海洋局，由国土资源部管理。国家海洋委员会的具体工作由国家海洋局承担。

重新组建国家能源局。重新组建国家能源局，由国家发展和改革委员会管理。不再保留国家电力监管委员会。

这次改革，国务院正部级机构减少四个，其中组成部门减少两个，副部级机构增减相抵数量不变。改革后，除国务院办公厅外，国务院设置组成部门 25 个（监察部与中共中央纪律检查委员会机关合署办公，机构列入国务院序列，编制列入中共中央直属机构；教育部对外保留国家语言文字工作委员会牌子；工业和信息化部对外保留国家航天局、国家原子能机构牌子；环境保护部对外保留国家核安全局牌子），直属特设机构一个，直属机构 15 个（国家预防腐败局列入国务院直属机构序列，在监察部加挂牌子；国家新闻出版广电总局加挂国家版权局牌子），办事机构四个（国务院台湾事务办公室与中共中央台湾工作办公室、国务院新闻办公室与中共中央对外宣传办公室、国务院防范和处理邪教问题办公室与中央防范和处理邪教问题领导小组办公室，一个机构两块牌子，列入中共中央办事机构序列），直属事业单位13个。国务院机构改革完成后，地方政府机构也按照上下基本对口的原则相应进行了改革。

二、2018年的政府机构改革

2013年11月，党的十八届三中全会明确提出，统筹党政群机构改革，理顺部门职责关系。党的十九大报告进一步提出，统筹考虑各类机构设置，科学配置党政部门及内设机构权力、明确职责。2018年2月，党的十九届三中全会审议通过《中共中央关于深化党和国家机构改革的决定》和《深化党和国家机构改革方案》。省以下党政机构改革由省级党委统一领导，所有地方机构改革任务在2019年3月底前基本完成。

（一）改革的主要内容

1. 调整国务院组成部门

组建自然资源部。自然资源部对外保留国家海洋局牌子。不再保留国土资源部、国家海洋局、国家测绘地理信息局。

组建生态环境部。生态环境部对外保留国家核安全局牌子。不再保留环境保护部。

组建农业农村部。将农业部的渔船检验和监督管理职责划入交通运输部。不再保留农业部。

组建文化和旅游部。不再保留文化部、国家旅游局。

组建国家卫生健康委员会。保留全国老龄工作委员会，日常工作由国家卫生健康委员会承担。民政部代管的中国老龄协会改由国家卫生健康委员会代管。国家中医药管理局由国家卫生健康委员会管理。不再保留国家卫生和计划生育委员会。不再设立国务院深化医药卫生体制改革领导小组办公室。

组建退役军人事务部。

组建应急管理部。中国地震局、国家煤矿安全监察局由应急管理部管理。公安消防部队、武警森林部队转制后，与安全生产等应急救援队伍一并作为综合性常备应急骨干力量，由应急管理部管理。不再保留国家安全生产监督管理总局。

重新组建科学技术部。科学技术部对外保留国家外国专家局牌子。国家自然科学基金委员会改由科学技术部管理。

重新组建司法部。不再保留国务院法制办公室。

优化水利部职责。不再保留国务院三峡工程建设委员会及其办公室、国务院南水北调工程建设委员会及其办公室。

优化审计署职责。不再设立国有重点大型企业监事会。

监察部并入新组建的国家监察委员会。国家预防腐败局并入国家监察委员会。不再保留监察部、国家预防腐败局。

2. 调整国务院其他机构

组建国家市场监督管理总局。组建国家市场监督管理总局，作为国务院直属机构。同时，组建国家药品监督管理局，由国家市场监督管理总局管理。将国家质量监督检验检疫总局的出入境检验检疫管理职责和队伍划入海关总署。保留国务院食品安全委员会、国务院反垄断委员会，具体工作由国家市场监督管理总局承担。国家认证认可监督管理委员会、国家标准化管理委员会职责划入国家市场监督管理总局，对外保留牌子。不再保留国家工商行政管理总局、国家质量监督检验检疫总局、国家食品药品监督管理总局。

组建国家广播电视总局。在国家新闻出版广电总局广播电视管理职责的基础上组建国家广播电视总局，作为国务院直属机构。不再保留国家新闻出版广电总局。

组建中国银行保险监督管理委员会。不再保留中国银行业监督管理委员会、中国保险监督管理委员会。

组建国家国际发展合作署。

组建国家医疗保障局。

组建国家粮食和物资储备局。不再保留国家粮食局。

组建国家移民管理局。

组建国家林业和草原局。国家林业和草原局加挂国家公园管理局牌子。不再保留国家林业局。

重新组建国家知识产权局。

调整全国社会保障基金理事会隶属关系。将全国社会保障基金理事会由国务院管理调整为由财政部管理，作为基金投资运营机构，不再明确行政级别。

改革国税地税征管体制。将省级和省级以下国税地税机构合并，具体承担所辖区域内各项税收、非税收入征管等职责。国税地税机构合并后，实行以国家税务总局为主与省（区、市）人民政府双重领导管理体制。

改革后，国务院正部级机构减少八个，副部级机构减少七个。除国务院办公厅外，国务院组成部门为 26 个，直属特设机构一个，直属机构十个，办事机构两个，议事协调机构一个，直属事业单位九个。此外，还有部委管理的国家局 16 个。

根据《深化党和国家机构改革方案》对“深化地方机构改革”的相关规定，各地方政府机构改革呈现出不同的特点。

一是加强各级党政机构限额管理，地方各级党委机构限额与同级政府机构限额统一计算。承担行政职能的事业单位，统一纳入地方党政机构限额管理。省级党政机构数额，由党中央批准和管理。市县两级党政机构数额，由省级党委实施严格管理。二是赋予省级及以下机构更多自主权，突出不同层级职责特点，允许地方根据本地区经济社会发展实际，在规定限额内因地制宜设置机构和配置职能。

大数据管理部门成为本轮地方机构改革的一大亮点。

（二）改革的重点和特点

2018 年开始的这一轮党和国家机构改革是一场深刻的变革，涉及范围之广、力度规模之大、触及利益之深，都是前所未有的。2019 年 7 月 5 日，习近平总书记出席深化党和国家机构改革总结会议并发表重要讲话，强调深化党和国家机构改革是对党和国家组织结构和管理体制的一次系统性、整体性重构。

面对新时代新任务提出的新要求，本次机构改革从坚持和完善中国特色社会主义制度，推进国家治理体系和治理能力现代化的大局出发，着重解决党和国家机构设置与职能配置同统筹推进“五位一体”总体布局、协调推进“四个全面”战略布局的要求还不完全适应，同实现国家治理体系和治理能力现代化的要求还不完全适应的问题。

这次改革在推动了行政管理体制改革的现代化的同时，大部制也得到了完善和推动，使政府机构在设置上强化了整体性、系统性和协调性，突出了党政机构的“功能管理”导向，开启全方位机构改革的新局面。

经过 40 多年来坚持不懈的努力，我国政府机构改革取得了历史性成就。主要标志有：

第一，成功实现了从计划经济下的政府职能向社会主义市场经济下的政府职能的历史性转变。在政府与市场关系上，市场在资源配置中的决定性作用明显增强；在政府与社会关系上，政社分开稳步推进，政府的社会管理、公共服务和生态环境保护职能越来越受重视。

第二，建立了与市场经济相适应、结构合理、精干高效的政府机构体系。一是按照社会主义市场经济的要求，建立了以宏观调控部门、市场监管部门、社会管理部门、公共服务部门和生态环境部门为主组成的政府机构体系。二是初步形成以政府大部为骨架、专项职能部门和相关机构相辅相成的政府架构。三是机构更加精干，部门内设机构、地方机构、人员编制也有较大幅度精简。

第三，落实了统筹党政机构设置、理顺党政职责关系的改革部署。40 多年来，我国对优化党政机构设置进行了积极探索，有的党政机构实行合署办公、一个机构两块牌子等。通过改革，减少了多头管理、职责交叉重复、推诿扯皮等问题，加强了党的集中统一领导，促进了党政机构协调联动。

第四，明确了"块块"和"条条"政府部门之间的职责关系。从横向看，通过部门职责调整和"三定"规定，部门间职责划分更加明确，职责交叉分散、权责脱节、多头管理、推诿扯皮等问题逐渐减少，运行更加顺畅。从纵向看，中央部门与地方部门的权责划分更加清晰；中央和省级部门侧重政策制定和监督执行、市县乡级部门侧重执行执法的权责体系逐步形成；垂直管理机构与地方管理关系得到规范。

第五，推进了政府机构编制的法治化进程。部门"三定"规定更加科学规范，作用显著增强，政府机构的设置调整、职责权限、内设机构、人员编制、职数配置走向规范化、制度化、公开化；编制管理总量控制、统筹使用的动态调整机制初步形成；公务员制度不断完善创新。

三、2013 年以来的事业单位改革

党的十八大以来，深化党和国家机构改革相伴随，我国事业单位改革步伐进一步加快。按照《中共中央 国务院关于分类推进事业单位改革的指导意见》的要求，各地各部门积极稳妥推进事业单位改革，基本完成事业单位清理规范和分类工作，改革取得明显成效。

科学分类、正名归类。在清理规范的基础上，各级机构编制管理部门实施精准改革，将承担行政决策、行政执行、行政监督职能的事业单位划入行政类，将完全由市场配置资源、从事生产经营活动的事业单位划入经营类，将从事公益服务的划入公益类，其中承担基本公益服务的划入公益一类，承担一般公益服务的划入公益二类。将机构编制总量严控在 2012 年底的基数内，进一步撤并了机构、精简了编制。

大力推进政事分开、事企分开。一是推进承担行政职能的事业单位改革。改革范围主要是一些政府直属事业局、部门所属事业单位和各级各类行政执法机构。中央确定环境保护部、交通运输部、水利部作为中央试点部门；江苏、安徽、广东、宁夏作为重点试点省，在省、市、县三级开展试点，其他省在市县两级试点。主要做法包括：清理职能，各试点地区和部门结合简政放权和推行政府权

力清单，取消下放了一大批行政审批事项，平均每个试点县清理的职能任务多达500项左右；推动行政职能回归，政府直属事业局、部门所属事业单位承担的行政许可、行政裁决等行政职权划归了行政机构。目前，改革试点基本完成。二是推进经营类事业单位改革。经营类事业单位改革的方向是转为自主经营、自负盈亏、平等竞争、自我发展的市场经营主体。根据不同情况，分步推进改革，经济效益较好的，2017年前转企改制；经济效益一般的，2018年前转企改制；人员、资产规模较小或资不抵债、债权债务不清晰，基本不具备转企条件的，妥善做好资产处置、人员安置等工作，2020年底前退出事业单位序列。目前，10多个省已经印发改革实施意见，一些省已基本完成省一级改革任务。

公益类事业单位改革固本强基。党的十八大以来，各地区各部门积极推进公益类事业单位改革，取得良好成效。

一是改革配套政策不断完善。出台了干部人事管理、创新机构编制管理、政府购买服务、规范收入分配、加强和改进党的建设等一系列政策，事业单位新的管理制度框架正在形成。

二是事业单位公益属性不断强化。大力破除事业单位逐利机制，如环境保护部完成了各级环保部门所属环评机构与机关脱钩工作，清理了“红顶中介”；上海等省市明确公益一类事业单位与所办企业脱钩，公益二类事业单位所办的与主业无关的企业也要脱钩，划清公益与市场经营的边界。

三是机构编制管理进一步创新。各级机构编制部门积极推进以审批制与备案制相结合、编制保障与购买服务相结合、事前审批与事中事后监督相结合为目标的编制管理创新改革。例如，中央一级在有代表性的主要新闻单位试点人员编制总量管理；江苏、湖北、河北、天津等省市推进公立医院、高等院校人员总量管理改革试点，着力解决编制资源不足、编内编外二元身份管理、同工不同酬等问题。

四是完善法人治理结构试点不断扩大。中央编办会同相关部门研究制定了事业单位章程范本，指导地方开展法人治理结构建设，明确了中央地方共同联系试点单位。山东、青海等省积极探索取消学校、科研院所、医院等事业单位的行政级别。

第二章
转变政府职能

▼

改革开放40多年来，为适应国内外形势的发展变化，伴随着经济、政治、文化、社会、生态文明等各领域改革的全面推进，我们党对政府职能的认识不断深化。围绕构建和完善中国特色社会主义行政体制，我国持续推进政府职能转变，取得突破性进展和显著成效。40多年来，我国推进政府职能转变的过程大体上可分为三个阶段。

第一节 改变计划经济体制下政府的职能定位

新中国成立后，由于历史的原因，在国内外多种因素的作用下，我国逐步建立起计划经济体制。作为这种体制的重要组成部分，政府是社会资源配置的主导性、决定性力量，掌握着几乎一切经济事务的决策权，通过制订和实施指令性计划，决定生产什么、生产多少、如何生产、如何分配。在社会事务领域，政府也在能力允许的范围内，力图实行大包大揽。而实践证明，这种高度集中的计划经济体制配置资源的效率低下，阻碍了社会生产力的发展。

1978年12月，党的十一届三中全会决定把工作重心转移到经济建设上来，开启了改革开放的伟大征程。其中一个重要方面，就是转变政府职能，以适应经济建设的需要。党的十一届三中全会提出，应该坚决实行按经济规律办事，重视价值规律的作用，注意把思想政治工作和经济手段结合起来。[①] 1980年8月18日，邓小平在中共中央政治局扩大会议上指出，我们的各级领导机关，都管了很多不该管、管不好、管不了的事。[②] 邓小平的讲话明确指出了计划经济体制下我国政府职能存在的问题，为改革开放以来我国转变政府职能奠定了思想基础。

1981年12月，按照党中央统一部署，国务院决心从各部门改起，坚决改变部门林立、层次繁多、互相扯皮、人浮于事、工作效率低下的状况，从而在实际上拉开了转变政府职能的序幕。1982年，我国修改宪法，废除政社合一的人民公社体制，建立乡人民政府，并对地方人民政府的职责和定位进行了明确规定。

1982年9月，党的十二大明确提出了计划经济与市场调节的主辅关系，即政府与市场的关系。1984年10月，党的十二届三中全会通过的《中共中央关于经济体制改革的决定》提出，我国经济体制改革的方向是发展有计划的商品经济，要求实行政企分开，正确发挥政府管理经济的职能。

《中共中央关于经济体制改革的决定》指出，改革计划体制，

---

① 《中国共产党第十一届中央委员会第三次全体会议公报》，北京：人民出版社，1978年版，第7页。

② 邓小平：《党和国家领导制度的改革》，《邓小平文选》（第二卷），北京：人民出版社，1994年版，第328页。

首先要突破把计划经济同商品经济对立起来的传统观念，明确认识社会主义计划经济必须自觉依据和运用价值规律，是在公有制基础上的有计划的商品经济。商品经济的充分发展，是社会经济发展的不可逾越的阶段，是实现我国经济现代化的必要条件。只有充分发展商品经济，才能把经济真正搞活，促使各个企业提高效率，灵活经营，灵敏地适应复杂多变的社会需求，而这是单纯依靠行政手段和指令性计划所不能做到的。同时还应该看到，即使是社会主义的商品经济，它的广泛发展也会产生某种盲目性，必须有计划的指导、调节和行政的管理，这在社会主义条件下是能够做到的。

该决定还强调，政府机构管理经济的主要职能应该是：制订经济和社会发展的战略、计划、方针和政策；制订资源开发、技术改造和智力开发的方案；协调地区、部门、企业之间的发展计划和经济关系；部署重点工程特别是能源、交通和原材料工业的建设；汇集和传布经济信息，掌握和运用经济调节手段；制订并监督执行经济法规；按规定的范围任免干部；管理对外经济技术交流和合作，等等。这些职能，需要各级政府付出极大努力来履行，而过去有些没有做好，有的还没有做。但就政府和企业的关系来说，今后各级政府部门原则上不再直接经营管理企业。至于少数由国家赋予直接经营管理企业责任的政府经济部门，也必须按照简政放权的精神，正确处理同所属企业的关系，以增强企业和基层自主经营的活力，避免由于高度集中可能带来的弊端。①

1986 年 5 月，第一次全国中等城市机构改革试点工作座谈会

① 《中共中央关于经济体制改革的决定》，北京：人民出版社，1984 年版，第 13 页。

指出，以转变政府管理经济职能为主要内容的机构改革是“七五”期间党中央、国务院作出的一项重大决策，是经济体制改革的重要组成部分，并对综合经济管理部门转变政府职能提出了具体要求。1987 年 4 月召开的第二次中等城市机构改革试点工作座谈会，进一步提出了转变政府职能是政府机构改革的核心的观点。

1987 年召开的党的十三大提出，经济体制改革的方向是发展有计划的商品经济，转变职能是行政管理体制改革的关键。为了避免重走过去“精简—膨胀—再精简—再膨胀”的老路，这次机构改革必须抓住转变职能这个关键。要按照经济体制改革和政企分开的要求，合并裁减专业管理部门和综合部门内部的专业机构，使政府对企业由直接管理为主转变到间接管理为主。要从机构配置的科学性和整体性出发，适当加强决策咨询和调节、监督、审计、信息部门，转变综合部门的工作方式，提高政府对宏观经济活动的调节控制能力。要贯彻精简、统一、效能的原则，清理整顿所有行政性公司和近几年升格的机构，撤销因人设事的机构，裁减人浮于事部门的人员。这不仅在此前“经济体制改革”“政府机构改革”等概念的基础上，提出了“行政管理体制改革”概念，而且在之前“转变政府管理经济职能”的基础上，首次在党的重要会议文件中提出了转变政府职能的要求，明确了转变政府职能在行政管理体制改革中的关键地位。与此相适应，会议强调，要建立“国家调控市场，市场引导企业”的机制，政府职能要自觉地与经济体制改革相结合，力求互相适应，互相促进。1988 年，七届全国人大一次会议通过了国务院机构改革方案，指出这次改革的最大特点是以转变政府管理职能为关键，与政府内部的制度化建设相配套，并结合推行国家公务员制度进行的，把转变职能看作区别于以往历次机构改革的主要标志，并对转变职能的主要内容、主要方式加以具体化，使之具有更强的可操作性。

总的来看，这个阶段我国转变政府职能表现出三个突出特点：一是在指向上，主要针对改革开放前在计划经济体制下，政府管得过宽过细带来的诸多弊端和问题；二是在内容上，主要是转变政府管理经济的职能，重点是政府和企业、上级和下级政府的关系；三是在方式上，主要是通过政府机构改革来推进政府职能转变。

第二节　围绕适应社会主义市场经济要求转变职能

1992年，党的十四大确立了建立社会主义市场经济体制的目标。党的十四大报告指出，要建立的社会主义市场经济体制，就是要使市场在社会主义国家宏观调控下对资源配置起基础性作用……同时也要看到市场有其自身的弱点和消极方面，必须加强和改善国家对经济的宏观调控。我们要大力发展全国的统一市场，进一步扩大市场的作用，并依据客观规律的要求，运用好经济政策、经济法规、计划指导和必要的行政管理，引导市场健康发展。这表明，经过十几年的改革探索，我们党对政府和市场关系的认识发生了一次飞跃，第一次明确了市场在资源配置中起基础性作用，同时强调了加强和改善政府宏观调控的必要性和重要性。此后的行政管理体制改革，是在建立和逐步完善社会主义市场经济体制的背景下进行的，政府职能转变也是围绕适应社会主义市场经济体制的要求来推进的。

党的十四大报告指出，政府职能转变的根本途径是政企分开。凡是国家法令规定属于企业行使的职权，各级政府都不要干预。下放给企业的权利，中央政府部门和地方政府都不得截留。政府的职能，主要是统筹规划，掌握政策，信息引导，组织协调，提供服务和检查监督。[①]按照党的十四大作出的重大部署，1993年召开的八届全国人大一次会议明确了转变政府职能的重点任务，提出要按照建立社会主义市场经济体制的要求，加强宏观调控和监督部门，强化社会管理职能部门，减少具体审批事务和对企业的直接管理，做到宏观管好，微观放开。要坚决把属于企业的权力放给企业；把应该由企业解决的问题，交由企业自己去解决。[②]同时强调，为转变政府职能需要，一是把属于企业经营自主权范围的职能切实还给企业；二是把配置资源的基础性职能转移给市场；三是把经济活动中社会服务性和相当一部分监督性职能转交给市场中介组织。这次机构改革的重点是转变政府职能。转变职能的根本途径是政企分开……政府的行政管理职能，主要是统筹规划、掌握政策、信息引导、组织协调、提供服务和检查监督。要理顺中央和地方的关系，合理划分中央与地方的管理权限，充分发挥中央与地方两个积极性，使地方在中央方针政策的指导下，因地制宜地发展本地区经济和各项社会事业。要理顺国务院各部门之间的关系，合理划分职责权限，避免交叉重复，调整机构设置，精简各部门的内设机构和人

---

① 江泽民：《加快改革开放和现代化建设步伐 夺取有中国特色社会主义事业的更大胜利——在中国共产党第十四次全国代表大会上的报告》，北京：人民出版社，1992年版，第27页。

② 《中华人民共和国政府机构五十年》，北京：党建读物出版社，2000年版，第494页。

员，提高行政效率。由此可见，1993年以后，我国政府职能转变的力度加强了、内涵深化了、范围拓宽了。

1997年，党的十五大重申要按照社会主义市场经济的要求，转变政府职能，实现政企分开，把企业生产经营管理的权力切实交给企业。同时，对政府宏观调控职能作出了明确表述，即宏观调控的主要任务是保持经济总量平衡，抑制通货膨胀，促进重大经济结构优化，实现经济稳定增长。要按照社会主义市场经济的要求，转变政府职能，实现政企分开，把企业生产经营管理的权力切实交给企业；根据精简、统一、效能的原则进行机构改革，建立办事高效、运转协调、行为规范的行政管理体系，提高为人民服务水平；把综合经济部门改组为宏观调控部门，调整和减少专业经济部门，加强执法监管部门，培育和发展社会中介组织。深化行政体制改革，实现国家机构组织、职能、编制、工作程序的法定化，严格控制机构膨胀，坚决裁减冗员。深化人事制度改革，引入竞争激励机制，完善公务员制度，建设一支高素质的专业化国家行政管理干部队伍。[①] 1998年3月，九届全国人大一次会议审议通过了《关于国务院机构改革方案的决定》，把按照社会主义市场经济的要求，转变政府职能，实现政企分开作为行政体制改革的重要原则。同时，为与转变政府职能相适应，提出要按照精简、统一、效能的原则，调整政府组织结构，实行精兵简政；按照权责一致的原则，调整政府部门的职责权限，明确划分部门之间职责分工；完善行政运行机制，按

① 江泽民：《高举邓小平理论伟大旗帜 把建设有中国特色社会主义事业全面推向二十一世纪——在中国共产党第十五次全国代表大会上的报告》，北京：人民出版社，1997年版，第37页。

照依法治国、依法行政的要求，加强行政体系的法制建设。按照党的十五大和十五届二中全会的要求，这次国务院机构改革的目标是：建立办事高效、运转协调、行为规范的政府行政管理体系，完善国家公务员制度，建设高素质的专业化行政管理队伍，逐步建立适应社会主义市场经济体制的有中国特色的政府行政管理体制。改革的原则是：按照社会主义市场经济的要求，转变政府职能，实现政企分开；按照精简、统一、效能的原则，调整政府组织结构，实行精兵简政；按照权责一致的原则，调整政府部门的职责权限，明确划分部门之间职责分工，完善行政运行机制；按照依法治国、依法行政的要求，加强行政体系的法制建设。①

2001 年，我国加入世界贸易组织。为适应社会主义市场经济的快速发展和国际贸易的通行规则，我国进一步加快政府职能转变的步伐。2002 年，党的十六大对于社会主义市场经济条件下我国政府职能的认识进一步深化，明确将政府的主要职能概括为经济调节、市场监管、社会管理、公共服务。在继续转变政府经济管理职能的同时，强调了政府在社会管理和公共服务方面的职能，更加注重全面履行政府职能。2003 年 3 月，党的十届全国人大一次会议通过的《关于国务院机构改革方案的决定》提出，改革的目的是：进一步转变政府职能，改进管理方式，推进电子政务，提高行政效率，降低行政成本。改革的目标是：逐步形成行为规范、运转协调、公正透明、廉洁高效的行政管理体制。改革的重点是：深化国有资产管理体制改革，完善宏观调控体系，健全金融监管体制，继

① 《第九届全国人民代表大会第一次会议关于国务院机构改革方案的决定》，《人民日报》，1998 年 3 月 11 日。

续推进流通体制改革，加强食品安全和安全生产监管体制建设。这次改革重大的历史进步，在于抓住当时社会经济发展阶段的突出问题，进一步转变政府职能。[①]

2007 年，党的十七大就深化行政体制改革、转变政府职能作出新的部署，明确提出建设服务型政府的目标，强调要着力转变职能，健全政府职责体系，强化社会管理和公共服务，加快推进政企分开、政资分开、政事分开、政府与市场中介组织分开，减少和规范行政审批，减少政府对微观经济运行的干预。党的十七届二中全会通过的《关于深化行政管理体制改革的意见》首次在党的重要文件中提出，深化行政管理体制改革要以政府职能转变为核心，强调要通过改革，实现政府职能向创造良好发展环境、提供优质公共服务、维护社会公平正义的根本转变。深化行政管理体制改革要以政府职能转变为核心。加快推进政企分开、政资分开、政事分开、政府与市场中介组织分开，把不该由政府管理的事项转移出去，把该由政府管理的事项切实管好，从制度上更好地发挥市场在资源配置中的基础性作用，更好地发挥公民和社会组织在社会公共事务管理中的作用，更加有效地提供公共产品。要全面正确履行政府职能。改善经济调节，更多地运用经济手段、法律手段并辅之以必要的行政手段调节经济活动，增强宏观调控的科学性、预见性和有效性，促进国民经济又好又快发展。严格市场监管，推进公平准入，规范市场执法，加强对涉及人民生命财产安全领域的监管。加强社会管理，强化政府促进就业和调节收入分配职能，完善社会保障体系，

---

① 《第十届全国人民代表大会第一次会议关于国务院机构改革方案的决定》，中国政府网，2003 年 3 月 10 日。

健全基层社会管理体制，维护社会稳定。更加注重公共服务，着力促进教育、卫生、文化等社会事业健康发展，建立健全公平公正、惠及全民、水平适度、可持续发展的公共服务体系，推进基本公共服务均等化。[①]《关于深化行政管理体制改革的意见》不仅突出了政府职能转变在深化行政体制改革中的核心地位，而且明确了政府职能转变的总体方向。

为适应从计划经济体制向社会主义市场经济体制转型，我国转变政府职能的一个重要举措就是持续地推进简政放权。作为启动我国改革开放重要标志的农村家庭联产承包责任制，就是政府把农村集体所有的土地生产经营权下放给农户。此后，随着“包”字进城，实行企业改革，推进政企分开、政社分开、政事分开，政府在越来越广阔的范围内，把越来越多的管理事项取消，由企业、工商户、公民、社会组织来决定和管理，或者下放给下级和基层政府管理。20世纪80年代和90年代的几轮政府机构改革，除了针对因多种原因造成的机构臃肿、人浮于事、职责不清、效率低下等问题外，也是通过“拆庙赶和尚”倒逼简政放权。

由于以往各级政府管理权多数体现为行政审批权，因此，作为简政放权的一项重要措施，国务院从2001年开始全面启动行政审批制度改革，并为此设立了专门的机构——行政审批制度改革办公室。2001—2012年，各级政府不断深化行政审批制度改革，大幅精简行政审批等事项。

从1992年党的十四大到2012年的20年里，我国在前一阶段

---

① 《关于深化行政管理体制改革的意见》，《人民日报》，2008年3月5日。

突破计划经济体制下政府职能定位的基础上，逐步探索与社会主义市场经济相适应的政府职能定位，并加快推进职能转变，取得实质性进展。这个阶段我国转变政府职能有以下三个特点：一是转变政府职能的地位越来越重要，成为行政体制改革的核心任务；二是随着我国社会主义市场经济体制的逐步建立和完善，与之相适应的政府职能定位越来越清晰，转变政府职能的方向和主要任务也越来越明确；三是政府职能转变的内涵和范围逐步扩展，在继续强调转变政府经济管理职能、推进政企分开、处理好政府与市场关系的同时，重视转变政府在社会事务管理中的职能，强化了政府的社会管理和公共服务职能，有利于推进政府与社会分开，着力处理好政府与社会的关系。

第三节　构建科学的政府职能体系

党的十八大在总结改革开放经验的基础上，根据我国发展改革面临的新形势、新任务，对转变政府职能作出新的重大部署。党的十八大报告提出，行政体制改革是推动上层建筑适应经济基础的必然要求。要按照建立中国特色社会主义行政体制目标，深入推进政企分开、政资分开、政事分开、政社分开，建设职能科学、结构优化、廉洁高效、人民满意的服务型政府。深化行政审批制度改革，继续简政放权，推动政府职能向创造良好发展环境、提供优质公共服务、维护社会公平正义转变。稳步推进大部门制改革，健全部门职责体系。优化行政层级和行政区划设置，有条件的地方可探索省直接管理县（市）改革，深化乡镇行政体制改革。创新行政管理方式，提高政府公信力和执行力，推进政府绩效管理。严格控制机构编制，减少领导职数，降低行政成本。推进事业单位分类改革。完善体制改革协调机制，统筹规划和协调重大改革。①

党的十八大以来，以习近平同志为核心的党中央统筹推进“五位一体”总体布局，协调推进“四个全面”战略布局，以完善和发展中国特色社会主义制度，推进国家治理体系和治理能力现代化为总目标，全面深化改革。作为全面深化改革的重要内容，作为深化行政体制管理改革的核心任务，政府职能转变加快推进。

党的十八届二中全会和十二届全国人大一次会议审议通过了《国务院机构改革和职能转变方案》，第一次在党和国家重要文件的题目中将职能转变与机构改革相并列，更加突出了职能转变的位置。十二届全国人大一次会议通过的《关于国务院机构改革和职能转变方案的决定》明确提出，政府职能转变是深化行政体制改革的核心。转变国务院机构职能，必须处理好政府与市场、政府与社会、中央与地方的关系，深化行政审批制度改革，减少微观事务管理，该取消的取消、该下放的下放、该整合的整合，以充分发挥市场在资源配置中的基础性作用、更好发挥社会力量在管理社会事务中的作用、充分发挥中央和地方两个积极性，同时该加强的加强，改善和加强宏观管理，注重完善制度机制，加快形成权界清晰、分工合理、权责一致、运转高效、法治保障的国务院机构职能体系，真正做到该管的管住管好，不该管的不管不干预，切实提高政府管

① 胡锦涛:《坚定不移沿着中国特色社会主义道路前进 为全面建成小康社会而奋斗——在中国共产党第十八次全国代表大会上的报告》，北京：人民出版社，2012 年版，第 28 页。

理科学化水平。该方案提出了系列转变政府职能的改革举措，包括减少和下放投资审批事项，最大限度地缩小审批、核准、备案范围；减少和下放生产经营活动审批事项，最大限度地减少对生产经营活动和产品物品的许可，最大限度地减少对各类机构及其活动的认定等非许可审批；减少资质资格认定和许可，对不符合行政许可法规定的，一律予以取消；减少行政事业性收费和政府性基金项目；逐步改革工商登记制度，放宽工商登记办证条件；改革社会组织管理制度，成立行业协会商会类、科技类、公益慈善类、城乡社区服务类社会组织，直接向民政部门依法申请登记，不再需要业务主管单位审查同意，逐步推进行业协会商会与行政机关脱钩；完善和加强宏观管理。

党的十八届三中全会通过的《中共中央关于全面深化改革若干重大问题的决定》（以下简称《决定》）指出，经济体制改革是全面深化改革的重点，核心问题是处理好政府和市场的关系，使市场在资源配置中起决定性作用和更好发挥政府作用。市场决定资源配置是市场经济的一般规律，健全社会主义市场经济体制必须遵循这条规律，着力解决市场体系不完善、政府干预过多和监管不到位问题。必须积极稳妥从广度和深度上推进市场化改革，大幅度减少政府对资源的直接配置，推动资源配置依据市场规则、市场价格、市场竞争实现效益最大化和效率最优化。政府的职责和作用主要是保持宏观经济稳定，加强和优化公共服务，保障公平竞争，加强市场监管，维护市场秩序，推动可持续发展，促进共同富裕，弥补市场失灵。①

① 《中共中央关于全面深化改革若干重大问题的决定》，《人民日报》，2013 年 11 月 16 日。

对于政府职能转变，《决定》明确提出要全面正确履行政府职能。进一步简政放权，深化行政审批制度改革，最大限度地减少中央政府对微观事务的管理，市场机制能有效调节的经济活动，一律取消审批，对保留的行政审批事项要规范管理、提高效率；直接面向基层、量大面广、由地方管理更方便有效的经济社会事项，一律下放地方和基层管理。政府要加强发展战略、规划、政策、标准等制定和实施，加强市场活动监管，加强各类公共服务提供。加强中央政府宏观调控职责和能力，加强地方政府公共服务、市场监管、社会管理、环境保护等职责。推广政府购买服务，凡属事务性管理服务，原则上都要引入竞争机制，通过合同、委托等方式向社会购买。加快事业单位分类改革，加大政府购买公共服务力度，推动公办事业单位与主管部门理顺关系和去行政化，创造条件，逐步取消学校、科研院所、医院等单位的行政级别。建立事业单位法人治理结构，推进有条件的事业单位转为企业或社会组织。建立各类事业单位统一登记管理制度。①

《决定》还指出，要优化政府组织结构，转变政府职能必须深化机构改革。优化政府机构设置、职能配置、工作流程，完善决策权、执行权、监督权既相互制约又相互协调的行政运行机制。严格绩效管理，突出责任落实，确保权责一致。统筹党政群机构改革，理顺部门职责关系。积极稳妥实施大部门制。优化行政区划设置，有条件的地方探索推进省直接管理县（市）体制改革。严格控制机构编制，严格按规定职数配备领导干部，减少机构数量和领导职

① 《中共中央关于全面深化改革若干重大问题的决定》，《人民日报》，2013 年 11 月 16 日。

数，严格控制财政供养人员总量。推进机构编制管理科学化、规范化、法制化。[①]党的十九大报告中对深化机构改革作出重要部署，明确指出要统筹考虑各类机构设置，科学配置党政部门及内设机构权力、明确职责，统筹使用各类编制资源，形成科学合理的管理体制，完善国家机构组织法。转变政府职能，深化简政放权，创新监管方式，增强政府公信力和执行力，建设人民满意的服务型政府。赋予省级及以下政府更多自主权。在省市县对职能相近的党政机关探索合并设立或合署办公。深化事业单位改革，强化公益属性，推进政事分开、事企分开、管办分离。[②]

党的十九届三中全会通过《中共中央关于深化党和国家机构改革的决定》，明确指出深化党和国家机构改革是推进国家治理体系和治理能力现代化的一场深刻变革。《深化党和国家机构改革方案》要求以加强党的全面领导为统领，以国家治理体系和治理能力现代化为导向，以推进党和国家机构职能优化协同高效为着力点，改革机构设置，优化职能配置，深化转职能、转方式、转作风，提高效率效能，积极构建系统完备、科学规范、运行高效的党和国家机构职能体系。

《中共中央关于深化党和国家机构改革的决定》指出，深化党和国家机构改革，目标是构建系统完备、科学规范、运行高效的党和国家机构职能体系，形成总揽全局、协调各方的党的领导体系，职责明确、依法行政的政府治理体系，中国特色、世界一流的武

① 《中共中央关于全面深化改革若干重大问题的决定》，《人民日报》，2013 年 11 月 16 日。

② 《决胜全面建成小康社会 夺取新时代中国特色社会主义伟大胜利——在中国共产党第十九次全国代表大会上的报告》，北京：人民出版社，2017 年版，第 39 页。

装力量体系，联系广泛、服务群众的群团工作体系，推动人大、政府、政协、监察机关、审判机关、检察机关、人民团体、企事业单位、社会组织等在党的统一领导下协调行动、增强合力，全面提高国家治理能力和治理水平。[①]该决定还提出，坚持优化协同高效。优化就是要科学合理、权责一致，协同就是要有统有分、有主有次，高效就是要履职到位、流程通畅。必须坚持问题导向，聚焦发展所需、基层所盼、民心所向，优化党和国家机构设置和职能配置，坚持一类事项原则上由一个部门统筹、一件事情原则上由一个部门负责，加强相关机构配合联动，避免政出多门、责任不明、推诿扯皮，下决心破除制约改革发展的体制机制弊端，使党和国家机构设置更加科学、职能更加优化、权责更加协同、监督监管更加有力、运行更加高效。[②]

党的十九届四中全会审议通过《中共中央关于坚持和完善中国特色社会主义制度 推进国家治理体系和治理能力现代化若干重大问题的决定》，深刻把握国内外形势变化以及党和国家事业发展现实需要，对优化政府职责体系作出战略决策部署，为当前和今后一个时期合理配置政府职能、更好发挥政府作用指明了方向、提供了行动指南。该决定明确指出，坚持和完善中国特色社会主义行政体制，构建职责明确、依法行政的政府治理体系。国家行政管理承担着按照党和国家决策部署推动经济社会发展、管理社会事务、服务人民群众的重大职责。必须坚持一切行政机关为人民服务、对人民负责、受人民监督，创新行政方式，提高行政效能，建设人民满意

① 《中共中央印发〈深化党和国家机构改革方案〉》，《人民日报》，2018 年 3 月 22 日。
② 《中共中央印发〈深化党和国家机构改革方案〉》，《人民日报》，2018 年 3 月 22 日。

的服务型政府。要完善国家行政体制，优化政府职责体系，优化政府组织结构，健全充分发挥中央和地方两个积极性体制机制。[①]

党的十九届五中全会通过的《中共中央关于制定国民经济和社会发展第十四个五年规划和二〇三五年远景目标的建议》，要求加快转变政府职能。建设职责明确、依法行政的政府治理体系。深化简政放权、放管结合、优化服务改革，全面实行政府权责清单制度。持续优化市场化法治化国际化营商环境。实施涉企经营许可事项清单管理，加强事中事后监管，对新产业新业态实行包容审慎监管。健全重大政策事前评估和事后评价制度，畅通参与政策制定的渠道，提高决策科学化、民主化、法治化水平。推进政务服务标准化、规范化、便利化，深化政务公开。深化行业协会、商会和中介机构改革。[②]

党的十九届六中全会通过了《中共中央关于党的百年奋斗重大成就和历史经验的决议》，在回顾和总结党的百年发展成就的基础上，也进一步提出了下一阶段深化改革的方向和行动。该历史决议指出，按照坚持党的全面领导、坚持以人民为中心、坚持优化协同高效、坚持全面依法治国的原则，全面深化党和国家机构改革，党和国家机构职能实现系统性、整体性重构。[③]这为新时代新征程上继续转变政府职能指明了方向。

---

① 《中共中央关于坚持和完善中国特色社会主义制度　推进国家治理体系和治理能力现代化若干重大问题的决定》，《人民日报》，2019 年 11 月 6 日。

② 《中共中央关于制定国民经济和社会发展第十四个五年规划和二〇三五年远景目标的建议》，中国政府网，2020 年 11 月 3 日。

③ 《中共中央关于党的百年奋斗重大成就和历史经验的决议》，《人民日报》，2021 年 11 月 17 日。

党的十八大以来的十年，是党和国家事业发展进程中极不平凡的十年，也是我国经济发展改革取得历史性成就的十年。十年来，以习近平同志为核心的党中央深刻洞察国内外形势变化，科学把握两个大局，按照完善和发展中国特色社会主义制度，推进国家治理体系和治理能力现代化这个总目标要求，全面深化行政体制改革，加快转变政府职能。作为推进政府职能转变的重要举措，按照党中央的部署，从中央到地方各级人民政府，以继续深化行政审批制度改革为突破口，持续发力，不断加力，上下接力，积极推进简政放权、放管结合、优化服务。同时，加强中央政府宏观调控职责，着力完善宏观调控；加强社会建设，创新社会治理；加强公共服务，强化环境保护。这一阶段，我国政府职能转变取得突破性进展。在简政放权方面，各级各地着眼于优化营商环境、激发企业活力和社会创造力，对标国内外先进水平，持续深化行政审批制度、商事制度、减税降费等改革，着力为市场主体松绑减负，厚植发展壮大土壤，有效应对了经济下行压力。各级各地坚持以习近平新时代中国特色社会主义思想为指导，贯彻落实党的十八大、十九大及历次全会精神，同心协力，攻坚克难，以“放管服”改革推动政府职能转变，努力构建市场化法治化国际化营商环境，为胜利实现第一个百年奋斗目标、开启全面建设社会主义现代化国家新征程提供有力保障。本次改革在政府职能转变方面的举措主要包括以下内容。

一、持续推进简政放权

党的十八大以来，国务院各部门和各级地方政府认真贯彻中央关于简政放权的决策部署，努力把该“放”的彻底放开、该“减”

的彻底减掉、该“清”的彻底清除，力求不留尾巴、不留死角、不搞变通，持续深化行政审批制度、商事制度、减税降费等改革，着力为市场主体松绑减负，厚植发展壮大土壤。

第一，大幅减少行政审批事项。转变政府职能的本质是厘清政府与市场、企业、社会的关系。计划经济体制实际就是以审批管理为主的经济体制，行政审批是政府管理经济的主要手段。为完善社会主义市场经济体制，2001 年，我国就开启了行政审批制度改革，不断取消和下放行政审批事项。到 2012 年新一届政府成立时，国务院层面仍保留了各类审批 1700 多项，地方各级政府保留的审批事项有上万项。投资创业和群众办事门槛多、耗时长，不仅抑制了市场活力，而且容易滋生腐败，企业和群众对此反映强烈。为此，中央和地方各级政府在前期改革基础上，持续发力、不断加力、上下接力，深化行政审批制度改革，最大限度取消和下放行政审批事项，通过政府放权来激发企业和市场活力。截至 2021 年底，国务院部门先后分 22 批取消和调整行政审批事项 1561 项，其中，取消行政审批事项 1092 项，非行政许可审批彻底退出历史舞台。与此同时，各级各地通过精简许可条件、审批材料、审批流程等不断优化审批服务。2019 年以来，国务院各部门对 480 项审批事项进行了流程优化，有效提升了行政效率、降低了办事成本。

第二，积极创新审批方式。各级政府坚持需求导向和问题导向，聚焦破解企业群众反映强烈的难点痛点问题，在持续减少行政审批事项基础上，创新审批方式，优化审批流程，压缩审批时限，最大力度降低制度性交易成本。例如，在生产许可、项目投资审批、证明事项等重点领域推行承诺制，实行政府定标准、企业或个人作承诺、过程强监管、失信严惩戒的审批机制；通过调整体制、简化环节、并联办理等办法，有针对性地解决工程建设项目审批部门多、环节多、耗时多问题；一些地方由政府付费对开发区开展统一的区域评估，评估结果供所有区内项目共享使用，破解“多头审评”用时长、成本高问题；运用互联网、大数据、人工智能等技术创新审批方式，实行“不见面审批”，大幅提高审批效率；等等。2018年以来，在地方探索基础上，国务院办公厅陆续印发《关于压缩不动产登记办理时间的通知》《关于全面开展工程建设项目审批制度改革的实施意见》《关于全面推行证明事项和涉企经营许可事项告知承诺制的指导意见》等，推广地方创新做法，推动审批服务便民化、便企化。

第三，不断深化商事制度改革。一方面，持续简化企业登记注册手续、缩短企业开办所需时间。推行注册资本实缴制改为认缴制，简化市场主体住所（经营场所）登记手续，推行电子营业执照和全程电子化登记管理等，企业注册登记时间由过去一个月左右缩短为3~5天。2018年，国务院办公厅发布《关于进一步压缩企业开办时间的意见》，29个省区市开通了企业开办“一网通办”平台，办理时间平均压缩到四个工作日以内。同时，实行中小微企业简易注销制度，对未开业企业和无债权债务企业实行简易注销程序，破解企业“生易死难”问题。另一方面，深化证照改革，工商登记由“先证后照”改为“先照后证”，国务院分三批将134个前置审批改为后置审批，前置审批精简了85%。在全面实施“三证合一、一照一码”基础上，推进“五证合一”“多证合一”，对个体工商户实行“两证合一”，进一步简化了证照手续，降低了企业准入门槛和生产经营成本。2018年10月，在前期试点基础上，国务院印发《关于在全国推开“证照分离”改革的通知》，深化“证照分离”改革，合理区分“证”“照”功能，着力破解“准入不准营”难题，激发市场主体活力。

第四，大力实施减税降费、金融普惠等政策。国务院不断加大减税和普遍性降费力度，先后出台了《关于清理规范税收等优惠政策的通知》《降低实体经济企业成本工作方案》等文件，大力清理行政事业性收费、政府基金等，重点查处利用行政权力垄断经营、强制服务、强制收费等违法行为。各地也积极推进收费清理改革。从 2019 年国务院大督查反馈的情况看，各地把减税降费作为抓好经济工作的关键举措，通过实打实的政策措施，让纳税人和缴费人得到真金白银的实惠，实体经济减负、企业群众普遍受惠等一系列红利不断释放。同时，坚持制度性安排与阶段性政策并举，创新建立了中央新增财政资金直达机制，大幅减少中间环节，使中央财政资金“一竿子插到底”快速直达基层。以往中央财政资金层层分解下达到基层平均用时超过 120 天，2020 年最快仅用七天。这不仅让资金以最快速度惠抵市场主体，而且有效防范了资金套取骗取、挤占挪用等问题。此外，还同步加大对小微企业、个体工商户的普惠金融支持，2020 年推动金融系统向实体经济合理让利 1.5 万亿元，一些国有大型商业银行创新对中小微企业的信贷服务模式，利用大数据等技术，切实解决“首贷难”“续贷难”等问题。

第五，扎实推进资质资格改革。对创新创业来说，资质资格也是一种审批方式，资质资格过多过滥抬高了市场准入门槛，损害了公平竞争的市场环境，而且容易产生设租、寻租行为。对此，国务院加大职业资格许可和认定事项清理力度，建立职业资格目录清单管理制度，目录之外不得开展资格认定工作。先后分七批取消了 429 项职业资格，占总数的 70%以上。同时，建立和实施国家职业资格目录清单，清单之内除准入类职业资格外一律不与就业创业挂钩。

第六，全面实行行政许可事项清单管理。行政许可是政府依法管理经济社会事务的重要手段。2022 年 1 月 10 日，国务院办公厅下发《关于全面实行行政许可事项清单管理的通知》，向全社会公布了国务院层面保留的 996 项行政许可事项，并要求省、市、县三级政府在 2022 年底前编制完成清单，确保“一单尽列、单外无单”。同时，依托全国一体化政务服务平台，建设全国行政许可管理系统，将国家、省、市、县级行政许可事项清单全部纳入系统管理。全面实行行政许可事项清单管理，是明晰权力边界、规范权力运行、建设公开公平市场环境的重要举措，是在全面取消非行政许可审批后，在行政审批制度改革方面推出的具有重要意义的改革举措。

二、强化和创新事中事后监管

2013 年后，各级各地按照党中央、国务院提出的放管结合要求和有关部署，坚持放管结合、并重推进，采取创新措施，努力提高市场监管的科学性、公平性、有效性，逐步实现从“严进宽管”向“宽进严管”转变。

第一，深入推进“双随机、一公开”监管方式。一直以来，市场监管领域存在“不出事不监管、一出事全管死”的间歇性运动式监管现象和执法随意、执法扰民、执法不公、执法不严等问题，不仅导致监管效率低下、监管成本过高，而且存在“监管俘获”的乱象。为减轻企业负担、提高监管效率，2015 年 8 月，国务院办公厅发布《关于推广随机抽查规范事中事后监管的通知》，要求在全国全面推行“双随机、一公开”监管模式。所谓“双随机、一公开”，即在监管过程中随机抽取检查对象，随机选派执法检查人员，抽查情况及查处结果及时向社会公开。2019年，国务院印发《关于在市场监管领域全面推行部门联合“双随机、一公开”监管的意见》，强调要加强抽查的统一化、制度化、规范化，有效支撑事中事后监管。各地各部门按照国务院的部署，大力推行、逐步完善“双随机、一公开”监管，减少人为干预，压缩自由裁量空间，使监管既“无事不扰”又“无处不在”。截至2020年9月，在35个领域、74个事项，由市场监督管理部门牵头实施了跨部门联合抽查。

第二，不断强化信用监管。市场经济是信用经济，加强信用监管是规范市场秩序的重要之举。2015年，国务院发布《关于“先照后证”改革后加强事中事后监管的意见》，强调要构建一个以信息公示为基础、以信用监管为核心的新型监管体系，建立健全跨部门联动响应机制和失信惩戒机制。在信息互联共享基础上，信用信息在经营、投融资、取得政府供应土地、进出口、出入境、注册新公司、招投标、政府采购、获得荣誉、安全许可、生产经营许可、从业任职资格、资质审核等工作中将作为重要考量因素，对被列入经营异常名录、严重违法失信企业名单、重大税收违法案件当事人名单、失信被执行人名单、行贿犯罪档案等失信主体依法予以限制或禁入，形成“一处违法，处处受限”的联合惩戒机制。同时，逐步建成了国家企业信用信息公示系统（“全国一张网”）、经营异常名录和严重违法失信企业名单制度等，强化了信用监管的技术保障和制度基础。2019年、2020年，国务院办公厅分别发布《关于加快推进社会信用体系建设构建以信用为基础的新型监管机制的指导意见》和《关于进一步完善失信约束制度构建诚信建设长效机制的指导意见》，在全国范围内推进信用监管。目前，全国信用信息共享平台已连通46个部门和所有的省区市，归集各类信用信息超过500亿条，市场监管部门累计对50多万人次“老赖”进行限制，信用监管作用得到了进一步发挥。

第三，健全完善企业信息公开制度。及时、准确、全面公示市场主体信息，实现登记机关、政府部门乃至全社会的信息共享是落实“严管”举措的基础。在将企业年检制度改为企业年度报告公示制度后，2014年10月1日起施行的《企业信息公示暂行条例》要求企业在规定期限内（信息形成之日起20个工作日）通过企业信用信息公示系统向社会公示其经营过程中即时产生的出资情况、股权变更、行政许可、知识产权出质等信息。即时信息公示是对年报信息公示的有益补充，有助于市场监管部门和社会公众掌握更为详细丰富的企业信息。

第四，着力推进体制机制创新。党的十九届三中全会对深化党和国家机构改革作出重大决策部署，其中一项重要改革举措是，改革和理顺市场监管体制，整合监管职能，加强监管协同，形成市场监管合力。在国务院和地方层面，组建市场监管机构，负责市场综合监督管理，统一登记市场主体，组织实施市场监管综合执法，承担反垄断统一执法，负责工业产品质量安全、食品安全、特种设备安全监管，统一管理计量标准、检验检测、认证认可工作等。一些地方调整优化编制配置，将因实行审批权相对集中节约出来的编制资源划转给监管部门，向基层下沉监管力量；一些地方大力推进综合执法，既减少了“重复执法”“执法扰民”现象，又增强了基层执法力量和监管效能；一些实行行政许可权相对集中的地方，为解决审管分离可能造成的监管不力问题，创新建立审管联动机制，如构建审管信息交互平台，在审批和监管部门之间实行双向实时信息推送，形成了从勘验到审批再到监管的全过程“双回路”。

第五，稳步推进监管技术手段创新和监管模式创新。很多地方和部门运用信息技术，探索实行“互联网+监管”、大数据监管、智能监管，推动了跨部门协同监管，提高了监管效能。一些地方建立网上举报和公示系统，为社会力量参与市场监管、监督执法行为创造条件，以推动形成多方协同监管的格局。同时，推进分类监管和模式创新。一方面，为适应新兴产业的发展需要，实行包容审慎监管。采用分类方式，对有的领域实施柔性监管，有的领域发挥智慧监管优势，对一些看不准、可能存在风险的领域，则通过划定可控范围的方法，探索试点新的监管方式。另一方面，强化食品、药品、疫苗等重点领域监管，坚决守住质量和安全底线；加强反垄断和反不正当竞争，有力维护公平竞争。

三、不断优化政府服务

“放管服”改革始终坚持以问题为导向，突出政府的公共服务职能，以“宽放”促“释放”，以“善管”保“宽放”，以“优服”托“宽放”。各级各地不断健全政府公共服务职责体系和职权配置，创新服务方式，提高办事效率，不断提高公共服务质量和效率，为基层群众提供公平、可及的服务，持续推动大众创业、万众创新，激发市场活力和社会创造力。

第一，全面提升政务大厅服务水平。政务服务大厅或中心不仅是市场主体和人民群众办事的主要平台，也是政府联系人民群众的重要桥梁。近十年来，各地加强政务服务中心建设，拓展政务服务中心功能，延伸政务服务链条，政务服务中心实现了从 1.0 版本到 4.0 版本的飞跃。在很多地方，与群众密切相关的服务和审批事项已经全部入驻政务大厅，做到了整合城乡与整合各部门、服务一条龙，实现了“进一个门办多件事”的高效服务。除了常规政府部门的进驻，如工商、质检、环保、公安等政府职能部门，还进驻了公交公司、国家电网、自来水公司、供电公司、天然气公司、公积金中心、贫困人口一站式结算（精准扶贫、低保办理等）、婚姻登记、住房保障中心、房产交易中心、房产物业股、电子商务进农村、残联、养老经办中心、城乡居民养老保险、机关事业单位养老保险、工伤保险、医保办（异地结算与报销）、合疗办、民政医疗救助、农机服务中心、收费中心（农商银行与长安银行）、不动产登记、老龄办、劳动监察大队、人才交流中心、广电网络公司、公证处、绿化所、市容所、市政所、“12345”市民服务热线、价格认证中心等便民利民的窗口，可谓应进尽进，实现了群众少跑腿、办事高效率的服务目标。同时，不断推动政务大厅线上线下融合发展，优化充实政务服务大厅“一站式”功能。一些地方把线上的电子市民中心和线下的政务服务大厅统一规划发展，统一服务规范，实现线上线下互补、互动，并充分利用大数据、互联网、物联网、云计算、区块链、人工智能等技术手段，实现技术升级、流程再造，改善网上办事的体验；一些地方依托网上政务服务平台，实时汇入网上申报、排队预约、现场排队叫号、服务评价、事项受理、审批（审查）结果和审批证照等信息，实现了线上线下功能互补、无缝衔接、全过程留痕。

第二，加快推进“互联网+政务服务”。随着互联网技术的发展，各地都在积极探索“互联网+公共管理”“互联网+公共服务”“互联网+公共政策”的现代服务模式。从最初的网上信息发布、行政审批事项网上申报，到一些事项在网上办事大厅的全流程办理，再到移动客户端成为新的网上服务形式，网上服务的内容越来越丰富。地方在改革中通过持续深入推进“互联网+政务服务”，提高行政审批和政府服务质量。各省建成了省域政务服务网，不断推进权力事项集中进驻，拓展网上办事广度和深度，延长网上办事链条，实现从网上咨询、网上预约、网上申报到网上预审、网上办理、网上反馈、公共支付平台及移动端应用等“应上尽上、全程在线”。在前几年加快推进“互联网+政务服务”的基础上，2018年7月，国务院印发《关于加快推进全国一体化在线政务服务平台建设的指导意见》，全面部署建设全国一体化在线政务服务平台。2019年5月31日，国家政务服务平台正式上线，同步纳入31个省份和新疆生产建设兵团、45个国务院部门。截至2021年1月末，国家政务服务平台注册人数超过2亿，市场主体注册用户484万多个，政务服务网上可办率已超过90%。2018年9月以来，国务院办公厅陆续印发《关于加强政府网站域名管理的通知》《政府网站集约化试点工作方案》《关于推进政务新媒体健康有序发展的意见》等，着力解决政府网站存在的建设分散、数据不通、使用不便、信息发布不严谨、建设运维不规范、监督管理不到位等突出问题，打通信息壁垒、推进集约共享，提升政府网站管理和服务水平。

第三，广泛推行“最多跑一次”改革。“办好一件事”是以结果为导向、以群众切身感受为标准的政府自我改革，它的根本理念和目标是让企业和人民群众在所办理的每一件事中有更多便利感、获得感。在统一平台基础上，各级各地利用互联网开展政府服务，围绕“办好一件事”，力推与企业生产经营、群众生产生活密切相关的审批服务事项“应上尽上、全程在线”“一网通办”“最多跑一次”。目前，上海、浙江、江苏、广东等地已实现“一网通办”，2022年底前全国政务服务可全面实现“一网通办”。2018年5月，中共中央办公厅、国务院办公厅印发《关于深入推进审批服务便民化的指导意见》，明确提出全面推行审批服务“马上办、网上办、就近办、一次办”、深入推进审批服务标准化、持续开展“减证便民”行动、大力推行审批服务集中办理、着力提升“互联网+政务服务”水平、创新便民利企审批服务方式、深化行政审批中介服务改革、切实加强事中事后监管。同年，国务院办公厅印发《进一步深化“互联网+政务服务”推进政务服务“一网、一门、一次”改革实施方案》，要求到2019年底，重点领域和高频事项基本实现“一网、一门、一次”，省级政务服务事项网上可办率不低于90%，省市县各级100个高频事项实现“最多跑一次”。近两年，一些地方“最多跑一次”改革逐步向基层延伸。按照推进审批服务便民化“马上办、网上办、就近办、一次办”的要求，加强乡镇（街道）便民服务中心、村庄（社区）服务站点建设，推动基于互联网、自助终端、移动终端的政务服务入口全面向基层延伸，打造基层“一站式”综合便民服务平台，进一步提高基层响应群众诉求和为民服务的能力，推动实现“最多跑一次”省市县乡村全覆盖。同时，一些先行地区探索应用人工智能技术开展智能化政务服务，实现审批服务智能化、自助化、无人化、远程化，为企业群众提供24小时不休息的智能化、便利化政务服务。一些地区和部门利用移动互联网提供政务服务，移动端办理比例不断提升，政务服务由“面对面”变为“键对键”、由“网上办”到“掌上办”。

第四，注重提升基本公共服务水平。“放管服”改革注重扩大社会保障受益面，解决好困难群体的就业、社保、教育、医疗等基本民生问题。一是兜牢基本民生保障底线。各地根据国务院部署，全面建立县级政府领导牵头的困难群众生活保障工作协调机制，因地制宜、因人施策研究解决群众生活困难。方法越来越科学，制度越来越暖心，从而将人民群众基本生活的兜底保障网织得更密、编得更牢。2014 年，国务院制定《社会救助暂行办法》，这是首部覆盖范围全面、体系完整的社会救助行政法规，建立健全了以最低生活保障、特困人员供养、受灾人员救助、医疗救助、教育救助、住房救助、就业救助、临时救助为主体，社会力量参与为补充的社会救助体系。2013 年至 2018 年，中央财政累计投入城乡低保、医疗救助、特困供养、临时救助等资金 8400 多亿元，城乡低保标准年均分别增长 9.2%、14.7%。目前，我国每年有近 5000 万困难群众得到经常性生活救助，1000 多万人得到临时性生活救助。为打赢脱贫攻坚战，民政部持续推进低保制度与扶贫政策衔接，将 1813 万建档立卡人员纳入农村低保或特困人员救助供养，全国所有县（市、区）农村低保标准均动态达到或超过国家扶贫标准。全面建立困难残疾人生活补贴和重度残疾人护理补贴制度，每年惠及 1000 余万困难残疾人和 1100 余万重度残疾人。针对困境儿童、留守儿童最需要关爱和保护的现实需求，民政部牵头成立专门的部际联席会议制度，完成全国农村留守儿童摸底排查，并实行动态管理。同时，全面建立农村留守儿童关爱保护制度，帮助 78 万多名无人监护的农村留守儿童落实受委托监护责任人，为 18 万多名无户籍农村留守儿童登记落户，让1.8万多名失学辍学的农村留守儿童返校复学。继续健全孤儿基本生活保障制度，惠及32.2万名孤儿。拓展“孤儿医疗康复明天计划”，累计为12.2万名残疾孤儿免费开展手术矫治和康复。

第五，强力推动信息互认互通。针对数据标准不统一、信息不共享等问题，2019年4月，国务院印发《关于在线政务服务的若干规定》，强调要按照全国统一标准规范化编制政务服务事项办事指南，并实现电子证照跨地区、跨部门共享和全国范围内互信互认等。截至2021年1月，我国政务信息系统整合共享工作已实现71个中央部门、32个地方与国家共享平台对接，全国政务信息共享的“大通道”已经建成；42个垂直信息系统、694个数据项被逐一打通，人口、法人、学籍学历等508个数据服务接口，已开始向各级政务部门提供共享服务，支撑开展业务协同应用。国务院从教育、社保、医疗、养老、婚育和企业登记、经营许可办理等领域入手，加快推进政务服务“跨省通办”。高频事项已基本实现“跨省通办”。对现场核验、签字、领取等环节，多地探索实行电子认证、“快递+政务服务”等方式，不断提高“不见面”办事便利度。

第六，及时推行政务服务好差评制度。2019年，国务院办公厅印发《关于建立政务服务“好差评”制度提高政务服务水平的意见》，要求2020年底前，全面建成政务服务“好差评”制度体系，建成全国一体化在线政务服务平台“好差评”管理体系。各级政务服务机构（含大厅、中心、站点、窗口等）、各类政务服务平台（含业务系统、热线电话平台、移动服务端、自助服务端等）全部开展“好差评”，实现了政务服务事项全覆盖、评价对象全覆盖、服务渠道全覆盖。

“放管服”改革是推进政府治理体系和治理能力现代化的必然要求，也是激发市场活力、增强内生动力、释放内需潜力的战略举措，是营造良好营商环境、实现高质量发展的迫切需要。实践证明，不断向纵深推进的“放管服”改革推动了政府职能转变、政府管理方式转变，也推动了广大干部的思想观念和工作作风转变，对于优化我国营商环境、激发市场活力和社会创造力发挥了重要作用，为应对复杂多变的国内外环境、稳增长保就业惠民生防风险提供了体制保障。

一是群众和企业办事便利度显著提升，制度性交易成本大幅降低。“放管服”改革通过进一步取消和下放审批权限、减少审批环节、优化办事流程等措施，大大缩短了办结时限，为办事企业和群众节约了大量的时间成本，显著提升了群众和企业办事的便利度。例如，天津全面推行“马上办、网上办、就近办、一次办”服务，市、区、街乡镇三级共推出 1092 个“马上办”、2386 个“网上办”、1341 个“就近办”、2119 个“一次办”事项，实现了就近能办、多点可办、异地通办、少跑快办。滨海新区行政审批体制改革带来了审批效率的大幅提升。与改革前相比，滨海新区投资项目、企业设立、单办事项等行政审批用时分别减少了 1/2、2/3、3/4，平均审批速度提升了 75%。在减证便民方面，自 2018 年 6 月国务院办公厅发布《关于做好证明事项清理工作的通知》后，到 2019 年底，全国各地区各部门已取消证明事项 13000 多项，极大方便了企业和群众办事。从市场主体办事的便利化角度看，营商环境优化让市场主体创业更加便利，市场主体在经济活动中面临的制度性交易成本大大降低，市场主体的改革获得感显著增强。2017 年，国家行政学院组织开展的网络调查显示，96.7%的受访企业认为简政放权改革很有必要。93.5%的受访者对取消和下放行政审批事项改革表示“满意”和“基本满意”。从改革的成效看，大多数受访企业都表示对改革成效有切身感受。91.2%的受访者对改革表示“满意”和“基本满意”。74.5%的受访企业认为简政放权等改革“规范了政府行为，提高了政府效率”。62.8%的受访企业认为“与之前相比，审批事项少了，所需时间短了”。

二是营商环境明显改善，全球营商环境排名快速提升。从2003年起，世界银行每年发布营商环境报告，评价各国（地区）国内交易的便利程度和商业活动的活跃程度。报告最终结果以“营商便利度指数”的形式表现出来，指数排名靠前意味着该经济体的环境更有利于创业和企业经营。2013年以来，各级政府持续推进“放管服”改革，重要目的就是通过政府自我改革，着力降低制度性交易成本，营造良好的营商环境，激发市场活力和社会创造力。在改革中，各级各地立足于优化营商环境，着力破除制约企业和群众办事创业的体制机制障碍，切实提升政务服务质量和效率。通过这些年的改革，加快建立规范企业依法经营和诚信经营的制度，出台惩戒“为官不为”、鼓励“为官有为”的措施，使政府主动作为，靠前服务，引导帮助，解决困难，构建“亲”“清”的新型政商关系。切实加大对民营企业的财产权保护，对侵犯民营企业的行为加大惩处力度，依法甄别纠正一批历史形成的涉及民企的冤错案件，并向社会公告、消除影响。通过开展政府清债、清欠行动，对拖欠民企的工程款、材料款、保证金、奖励资金等制定清偿行动计划，切实取信于民、取信于企，诚信政府建设更有力度。这些做法营造了更加公平有序竞争的营商环境，激发了大众创业、万众创新的积极性。2019年10月，世界银行发布《2020年营商环境报告》。中国的全球营商便利度排名继2018年大幅提升32位后，2019年又跃升15位，连续两年位列营商环境改善幅度全球排名前十，升至全球第31位。与2013年的第96位相比，大幅跃升了65位。2020年7月，世界银行发布了《中国优化营商环境的成功经验——改革驱动力与未来改革机遇》，专门介绍和推广中国在优化营商环境方面的改革经验，强调由于“大力推进改革议程”，中国连续两年跻身全球优化营商环境改善幅度最大的十大经济体。

三是有力促进了市场主体发展壮大，激发了企业活力和创新力。减税降费是“放管服”改革的重要内容，是最直接、最有效、最公平的减负措施。近十年来，我国持续加大减税降费力度，仅“十三五”时期累计减税降费达7.6万亿元，2022年全年为市场主体新增减税降费超过2.6万亿元。小微市场主体量大面广，抗风险能力弱，既是创新和就业的重要载体，也是市场活力的“晴雨表”，自然成为减税降费的重点施策群体。近十年来，我国多次调整增值税起征点，2014年从之前的每月两万元提高至三万元，2019年再大幅提高至10万元，2022年又提高至15万元。增值税小规模纳税的征收率在2020年从3%降至1%，又于2022年免征增值税。连续多次降低小型微利企业所得税享受门槛，税负持续下降，政策覆盖面不断扩大。这就意味着，90%以上的市场主体无须缴纳增值税和企业所得税。2022年的增值税留抵退税支持政策重点更是聚焦于小微市场主体。2022年4月，共有145.2万户纳税人获得退税8015亿元，其中小微企业139.5万户，占比96.1%，共计退税4189亿元，退税规模占比52.3%，小微企业户均退税30万元。2019年实施个人所得税改革使2.5亿纳税人直接受益，尤其是中等以下收入群体的税负普遍降低。

近十年来持续的减税降费政策，使市场主体经营负担明显下降、市场主体活力得到空前释放，我国市场主体数量和规模在经济下行条件下实现逆势增长。据统计，2013 年到 2020 年，我国平均每年新增市场主体超过千万户，登记在册的市场主体总数由 2012 年的近 5500 万户，增加到 2021 年 9 月份的 1.46 亿户，增长了 1.65 倍。其中，企业从 1300 多万户增到 4500 多万户，个体工商户从 4000 多万户增到近 9600 万户，农民专业合作社从近 70 万家增到 220 多万家。目前，我国市场主体总量超过 1.6 亿户。十年来，全国新办涉税市场主体累计达 9315 万户，年均近千万户，增值税一般纳税人户数由 2015 年底的 544 万户增长至 2021 年底的 1238 万户。2020 年，面对全球经济下行压力和新冠疫情冲击，我国市场主体仍然实现了逆势大幅增长，新增市场主体 2500 万户左右，为带动吸纳新增就业提供了有力支撑，我国成为当年全球唯一正增长的主要经济体。

同时，减税降费减轻了企业负担，激发了创新动能潜能。2017 年，我国将科技型中小企业研发加计扣除比例从 50%提高至 75%，2018 年将 75%扣除比例扩大至所有企业，2021 年将制造业研发加计扣除比例提高至 100%，2022 年将 100%扣除比例适用范围扩大至科技型中小企业。政策的持续扩面和加码大大减轻了企业研发投入负担，激发了创新动能潜力。“十三五”期间，我国研发费用加计扣除减免税额由 726 亿元上升至 3600 亿元，2016—2019 年享受该政策的企业达 84.3 万户次。2021 年，我国全社会研发投入 2.79 万亿元，同比增长 14.2%，研发投入强度达到了 2.44%，国家创新能力综合排名上升至世界第 12 位。

减税降费等政策也涵养了税源，形成了“放水养鱼”“水深鱼归”的良性循环。“十三五”以来，新增涉税市场主体纳税大大超过减税数额，仅2021年新增市场主体纳税额就达到4.76万亿元。我国作为世界第二大经济体，持续保持中高速增长，2021年经济总量已突破114万亿元，比十年前翻了一番，全国财政收入超过20万亿元，十年翻了近一番，城镇新增就业平均在1300万人左右。

四是有力应对疫情冲击，保证我国经济和社会逆势发展。突如其来的新冠肺炎疫情，对经济增长形成了巨大的冲击。无论是中国经济，还是全球经济，在疫情的冲击下，呈现下行的发展态势，如何实现快速复苏，成为常态化疫情防控的重要任务。在“放管服”改革和优化营商环境措施的激励下，中国经济发展在世界经济发展总体趋势下正呈现强劲的复苏势头。2021年10月，国际货币基金组织（IMF）发布的《世界经济展望》显示，2021年全球经济增速预测值小幅下调至5.9%，将2022年的预测值保持在4.9%不变；主要经济体中，IMF预测2021年中国GDP增长8%，高于世界平均水平。从政策投入和产出角度看，优化营商环境和“放管服”改革的成本和投入是零成本或低成本的，所产生的经济收益是巨大的。在2020年初疫情最吃紧时，有关部门快速启动防疫和医疗物资应急审批，推动口罩、防护服等产能迅速增加，我国口罩日产量由疫情初期的600万只直线上升，高峰时期达到日产量超12亿只。同时，持续推进的“放管服”改革还为新业态发展提供了支撑、拓展了空间，网络购物、远程办公、线上教学、互联网医疗等无接触服务便利了群众生活、工作和学习，有效维护了正常生产生活秩序。

五是促进政府机关和工作人员作风不断改善，政府运行更为规范透明高效。围绕使市场在资源配置中起决定性作用和更好发挥政府作用，各级政府深化“放管服”改革，继续放权减权，加快制定完善并公开发布政府权责清单，继续压缩市场准入负面清单和外商投资准入负面清单，减少自由裁量权和行政权力“任性”空间，严肃追究政府机关和人员越权、不作为、滥权的法律和纪律责任。“放管服”改革进一步强化各级政府工作人员勤政为民理念，树立正确的政绩观，在推动发展、深化改革、维护稳定、应对突发事件等工作中，把实现好、维护好、发展好人民群众的利益作为出发点，奋发有为，勤勉尽责，受到人民群众的普遍认可。

按照决策权、执行权、监督权既相互制约又相互协调的要求，通过简政放权等改革，进一步优化了行政权力结构，规范了行政权力运行机制，初步形成了权责统一、分工合理、决策科学、执行顺畅、监督有力的行政管理体制，为形成科学、稳定、高效、廉洁的行政权力配置结构和运行机制奠定了基础。同时，互联网技术的应用，大幅提升政府服务效率和透明度，促进了层级间、部门间业务协同。2018 年 3 月，国务院修订的《国务院工作规则》把“以公开为原则，以不公开为例外”作为政府工作的基本原则。2019 年，国务院修订《中华人民共和国政府信息公开条例》，着力优化法定主动公开内容，完善公开程序，积极发挥信息化在推动政务公开方面的作用。各级政府完善相关制度，充分运用信息技术，促进媒体、社会、人民群众加强对政府监督。行政过程和政府行为置于“阳光”之下，有助于政府部门实现权力规范、高效、透明运转，带动了其他方面的相关改革，还有效促进了各层级、各部门的协调配合和业务联动，强化了制度衔接，有效推动构建跨部门、跨层级一体化的联合推进机制。

在政府组织机构持续优化的基础上，各地聚焦群众办事难点、痛点、堵点，以服务高质量发展为目标，积极投身到创新服务、利企便民的新实践中，政府办事效率明显提升。例如，广东省佛山市积极推行“一窗式”办理，服务窗口减少 15%，工作人员减少 30%，企业注册登记时间压减到 6 个工作日；工程报建审批时间由 200 多个工作日压缩至 45 个工作日，工程竣工验收时间从半年压缩至 13 个工作日以内。一些地方还把政府服务优化延伸，聚焦企业群众办事体验，进行全方位、多角度的优化调整和拓展延伸，政府服务质量和服务态度持续提升。

总的来看，党的十八大以来我国政府职能转变有以下几个基本经验：一是坚持党的统一领导，改革必须做到全国一盘棋，只有转变政府职能与其他领域和方面的改革协同推进、相互促进，只有条条、块块、条块之间都协同一致，改革才能发挥出最大效果。二是坚持以人民为中心，人民有所呼。践行坚持以人民为中心的发展理念是改革的逻辑起点，坚持以人民为中心是改革不断深入推进的巨大推动力，坚持以人民为中心保证了改革不走回头路。三是坚持抓住主要矛盾，坚持取消优先，抓住了权力下放这个核心命题，抓住“含金量”这个关键，坚持提高放权质量，敢于啃硬骨头，着力破除制度性体制性壁垒。四是坚持系统化、集成化、协同化策略，注重顶层设计和基层探索相结合，注重增强改革的整体性、协同性，注重增大社会力量对政府职能转变的“正激励”作用，注重发挥第三方评估的作用。五是坚持以法治思维和法治方式推进改革，习近平总书记强调，重大改革必须于法有据。党的十八届四中全会决议明确提出，全面推进依法治国，总目标是建设中国特色社会主义法治体系，建设社会主义法治国家。我们推进政府职能转变，必须做到有法可依，有法必依，以法治思维和法治方式推进改革，杜绝改革的随意性，强化改革的规范性。六是坚持运用互联网等技术手段，以建设数字政府为导向推进“互联网+审批”和“互联网+政务服务”，打造全面整合、上下左右贯通的枢纽式数字平台，通过大幅提升信息共享和互联网应用水平来提升行政审批和政府服务效率，降低企业和居民办事成本，使老百姓有更多的获得感。七是坚持发挥关键少数的作用，以改革成效作为考核评价标准，大胆起用那些想干事、能干事、干成事的干部。通过营造改革创新、使命担当的组织文化，让干部队伍始终保有解放思想、大胆创新的勇气，始终肩负使命感和担当精神，以此推动工作大踏步前进。

可见，改革开放40多年来，我国一直在调整政府和市场关系，从改革开放前政府是配置资源的唯一主体、完全排斥市场机制作用，到政府计划为主、市场为辅，到二者不分主辅，再到在政府宏观调控下发挥市场在资源配置中的基础性作用，最后发展到使市场在资源配置中起决定性作用，同时更好发挥政府作用。随着这一进程的深化，市场在资源配置中起的作用越来越大，政府发挥的作用越来越好。总结好、运用好既有行政体制改革经验，对新形势下更好适应党和国家事业发展新要求，继续深化行政体制改革，坚持和完善中国特色社会主义行政体制，构建职责明确、依法行政的政府治理体系具有十分重要的意义。

第三章
调整行政层级与行政区划

▼

行政区划是行政管理的基本空间单元，也是国家治理权力配置的结构形式，具有管理与空间双重属性。行政区划涉及社会稳定、权力关系、利益分配、行政效率等重大问题。改革开放以来，为适应经济社会发展和国家治理的需要，我国对行政层级和行政区划进行了稳步调整。回顾我国改革开放以来行政区划调整的历程，有助于我们更好地认识现实、把握未来，做好新时代行政区划调整工作，为全面实现社会主义现代化、不断提升国家治理现代化水平提供重要支撑保障。

第一节　恢复乡镇建制，设立经济特区

家庭联产承包责任制的推行，直接推动了人民公社体制的终结。1982 年《中华人民共和国宪法》规定：县、自治县分为乡、民族乡、镇。1983 年《中共中央　国务院关于实行政社分开建立乡政府的通知》规定：当前农村改变政社合一体制的首要任务是把政社分开，建立乡政府，同时按乡建立乡党委，并根据生产的需要和群众的意愿逐步建立经济组织。要尽快改变党不管党、政不管政和政企不分的状况。政社分开、建立乡政府的工作要与选举乡人民

代表大会代表的工作结合进行，大体上在一九八四年底以前完成。此后，由于不断合并乡镇、乡改镇或乡镇改为街道，乡镇数量逐年减少，从 1988 年的 49159 个下降到 2012 年的 31947 个，其中乡的数量下降得更快，从 2002 年的 18773 个下降到 2012 年的 12066 个。

这一时期，我国开始设立经济特区。1979 年 4 月，邓小平首次提出要开办“出口特区”，后于 1980 年 3 月将“出口特区”改名为“经济特区”，并在深圳加以实施。

依其实质，经济特区是世界自由港区的主要形式之一。以减免关税等优惠措施为手段，通过创造良好的投资环境，鼓励外商投资，引进先进技术和科学管理方法，以达促进特区所在国经济技术发展的目的。经济特区实行特殊的经济政策，灵活的经济措施和特殊的经济管理体制，并坚持以外向型经济为发展目标。

截至目前，中国大陆地区共有七个经济特区（见表 3–1）。中国经济特区诞生于 20 世纪 70 年代末 80 年代初，成长于 20 世纪 90 年代。经济特区的设置标志着中国改革开放进一步发展。1992 年中国加快改革开放后，经济特区模式移到国家级新区，上海浦东等国家级新区发展壮大，成为中国新一轮改革重要标志。

表 3–1　中国经济特区一览表

经济特区	设立时间	概况
深圳	1980 年 8 月	“深圳”地名始见史籍于1410年（明永乐八年），于清朝初年建墟。当地客家方言俗称田野间的水沟为“圳”或“涌”。深圳正因其水泽密布，村落边有一条深水沟而得名。深圳又称鹏城。 1979 年，中央和广东省决定成立深圳市。 1980 年 8 月 26 日，五届全国人大十五次会议通过了由国务院提出的《广东省经济特区条例》，批准在深圳设置经济特区。这一天，被称为“深圳生日”。

续表

经济特区	设立时间	概况
珠海	1980 年 8 月	珠海于 1980 年成为经济特区，是中国最早实行对外开放政策的四个经济特区之一。2008 年，国务院颁布实施《珠江三角洲地区改革发展规划纲要（2008—2020 年）》，并明确珠海为珠江口西岸的核心城市。1953 年建县，1979 年建市，1980 年设立经济特区，享有全国人大赋予的地方立法权。 1980 年 8 月 5 日，五届全国人大常委会第十五次会议批准在珠海设置经济特区，面积为 6.81 平方公里。
厦门	1980 年 10 月	1980 年 10 月 7 日，批复设立经济特区，厦门先后获批开发开放类国家综合配套改革试验区（即新特区）、自由贸易试验区，厦门已成为两岸新兴产业和现代服务业合作示范区、东南国际航运中心、两岸区域性金融服务中心和两岸贸易中心。
汕头	1981 年 10 月	1981 年 10 月 16 日，经国务院批准，在汕头市郊龙湖划出 22.6 平方公里土地建立汕头经济特区。1983 年 7 月，汕头地市合并，汕头市为省直辖市。
海南	1988 年 4 月	1988 年 4 月 13 日，海南行政区从广东省划出，独立建省，海南省和海南经济特区正式成立。海南经济特区是中国最大的，也是唯一的省级经济特区。
喀什	2010 年 5 月	喀什地区行政公署所在地为喀什市，是喀什地区的政治、经济、文化中心。2010 年，喀什经济开发区辟为中国第六个经济特区，成为中国内地第一个经济特区。
霍尔果斯	2010 年 5 月	2010 年 5 月，在中央新疆工作会议上，中央正式批准霍尔果斯设立经济特区。中央新疆工作座谈会将喀什、霍尔果斯两座西北边陲小城定为经济特区后，两座小城紧紧依托沿海地区及内地先进生产力要素，广泛集聚优势，加快超常规发展，力争早日形成面向东亚、南亚、西亚、中亚乃至欧洲的核心发展区。

此外，为了区别于 20 世纪 80 年代的经济特区，“综合配套改革试验区”常被称为“新特区”。截至 2011 年 12 月，国务院已经批准了上海浦东新区综合配套改革试点、天津滨海新区综合配套改革试验区、重庆市全国统筹城乡综合配套改革试验区、成都市全国统筹城乡综合配套改革试验区、武汉城市圈全国资源节约型和环境友好型社会建设综合配套改革试验区、长株潭城市群全国资源节约

型和环境友好型社会建设综合配套改革试验区、深圳市综合配套改革试点、沈阳经济区国家新型工业化综合配套改革试验区、山西省国家资源型经济转型综合配套改革试验区和厦门市深化两岸交流合作综合配套改革试验区 10 个国家级综合配套改革试验区。2011 年，国家发展和改革委员会表示，改革进入深化阶段，原则上不再接受新的综合配套改革试验区的申请。

此外，国务院还决定设立两个“综合改革试验区”（区别于“配套”）：义乌市国际贸易综合改革试点和温州市金融综合改革试验区。

第二节　优化省级、副省级行政区划设置

1979 年 5 月 30 日，中共中央、国务院下发《关于恢复内蒙古自治区原行政区划的通知》，恢复 1969 年 7 月以前行政区划，将黑龙江省呼伦贝尔盟和大兴安岭地区鄂伦春自治旗、莫力达瓦达斡尔族自治旗，吉林省哲里木盟和白城地区突泉县、科尔沁右翼前旗，辽宁省昭乌达盟，宁夏回族自治区阿拉善左旗，甘肃省额济纳旗、阿拉善右旗，从 7 月 1 日起划回内蒙古自治区。

1987 年 9 月 5 日，六届全国人大常委会第二十二次会议决定将国务院提请审议的关于设立海南省的议案，提请七届全国人大一次会议审议批准，并授权国务院成立海南省筹备组。

1988 年 4 月 13 日，七届全国人大一次会议通过了《关于设立海南省的决定》和《关于建立海南经济特区的决议》。决议将原属广东省的海南行政区和西沙、南沙、中沙群岛的岛礁及其海域划归

海南省管辖。4 月 26 日，海南省委、省政府正式挂牌。这样，中华人民共和国又多了一个省，包括台湾省在内，有 23 个省、五个自治区、三个中央直辖市，共计 31 个行政区划。

1997 年 3 月 14 日，八届全国人大五次会议通过《关于批准设立重庆直辖市的决定》。决定批准设立重庆直辖市，撤销原重庆市。重庆直辖市管辖原重庆市、万县市、涪陵市和黔江地区所辖行政区域。重庆市成为我国第四个中央直辖市。

1997 年，香港特别行政区成立；1999 年，澳门特别行政区成立。香港、澳门相继回归祖国后，根据《中华人民共和国宪法》，全国人民代表大会已分别于 1990 年、1993 年制定了《中华人民共和国香港特别行政区基本法》和《中华人民共和国澳门特别行政区基本法》，授权香港特别行政区和澳门特别行政区依照基本法的规定实行高度自治，享有行政管理权、立法权、独立的司法权和终审权。

至此，我国共形成包含 23 个省、五个自治区、四个直辖市、两个特别行政区在内共 34 个省级行政区。

这一时期，我国在副省级行政区划优化设置方面的主要工作包括以下内容。

（1）设立第一个副省级行政区——海南行政区。

1984 年 5 月 31 日，六届全国人大二次会议通过关于海南行政区建置的决定，设立海南行政区，为副省级地方国家机关，仍归广东省领导。1988 年，撤销副省级海南行政区，设立海南省。现辖两个地级市（海口、三亚）、六个县级市、四个县、六个自治县、四个市辖区，省会海口市。

（2）设立唯一的副省级自治州——伊犁哈萨克自治州。

1986年3月，国务院授权明确伊犁哈萨克自治州为副省级地方国家机关。全州总面积35万平方公里，人口440.8万人。现管辖塔城地区和阿勒泰地区，以及直辖两个县级市、七个县、一个自治县；境内驻有新疆生产建设兵团农业第四、七、八、九、十师五个师60个团场和新疆矿冶局、天西林业局、阿山林业局等单位。州府伊宁市。

（3）设立计划单列市和副省级市。

计划单列市为中华人民共和国行政区名之一，出现在20世纪80年代，是让一些大城市在国家计划中实行单列，享有省一级的经济管理权限，而不是省一级行政级别。设立计划单列市之初，也并未对行政级别做明确解释。具有雄厚工商业基础和科技力量，社会总产值150亿元以上，人口100万人以上，具有开放搞活重要地位，在中国经济发展中有特别作用的特大城市计划单列，在国家计划中单列户头，由国家直接下达计划，在经济上享有相当于省一级的计划决策权和经济管理权。设立计划单列市的目的是要解决条块分割、城乡分割，逐步探索出一条建设以大城市为依托的经济区，政治与经济适当分开来发展经济的路子。

副省级城市为中华人民共和国行政区名之一，受省级行政区管辖，副省级市的市长与副省长行政级别相同。最初的16个副省级城市是经中共中央、国务院同意，根据1994年2月25日中央机构编制委员会的发文成为副省级城市的。副省级城市与地级市或地级行政区一起纳入各省的直接管辖之下，没有被单列。

计划单列市的设立是分批的，到1993年共先后设立计划单列市14个：沈阳、大连、长春、哈尔滨、南京、宁波、厦门、青岛、武汉、广州、深圳、成都、重庆、西安。1993 年 3 月，八届全国人大一次会议通过了《中华人民共和国宪法修正案》，将《中华人民共和国宪法》第 15 条“国家在社会主义公有制基础上实行计划经济。国家通过经济计划的综合平衡和市场调节的辅助作用，保证国民经济按比例地协调发展”，“禁止任何组织或者个人扰乱社会经济秩序，破坏国家经济计划”修改为：“国家实行社会主义市场经济”，“国家加强经济立法，完善宏观调控”，“国家依法禁止任何组织或者个人扰乱社会经济秩序”。这意味着，计划单列市赖以存在的计划经济体制即将让位，计划单列市面临新一轮的调整与变革。经过改革计划单列市只剩六个，中央机构编制委员会宣布，原先 14 个计划单列市和杭州、济南两市行政级别为副省级，包括十个副省级省会城市和六个计划单列市，而这些城市统称副省级城市。1997 年，重庆设立直辖市，不再是计划单列市。因此，中国目前一共有五个计划单列市：深圳、宁波、青岛、大连、厦门；十个副省级省会城市：沈阳、长春、哈尔滨、南京、杭州、济南、武汉、广州、成都、西安。

（4）设立上海浦东新区和天津滨海新区。

1992 年 10 月 11 日，国务院批准设立上海市浦东新区，撤销川沙县，浦东新区的行政区域包括原川沙县，上海县的三林乡，黄浦区、南市区、杨浦区的浦东部分。1993 年 1 月，浦东新区正式成立。

2009 年 11 月 8 日，国务院批复了天津市报送的《关于调整天津市部分行政区划的请示》，同意撤销天津市塘沽区、汉沽区、大港区，设立天津市滨海新区，以原塘沽区、汉沽区、大港区的行政区域为滨海新区的行政区域。

第三节　撤县设市、撤县设区、撤乡并镇

一、撤县设市

撤县设市，即撤销县，设立行政建制与县相同的市（即县级市），以原县的行政区域为新设立县级市的行政区域。简而言之，就是将县改设为县级市。

地级市管辖的县在撤县设市后，在法律上被称为省辖市，但实际上仍由原地级市代管。改革开放以来，我国撤县设市大致经历了以下阶段：

1. **快速调整期**（1983—1997 年）

“撤县改市”的序幕，最早于 1983 年拉开。背景是在 1981 年，当年的国务院政府工作报告中，有关“中国经济体制改革的基本方向”的论述中提出，以大中城市为依托，形成各类经济中心，组织合理的经济网络。

1983 年，“撤县改市”序幕正式拉开，有 31 个县域改为县级市，并新设了七个县级市。其中，江苏省苏州地区下辖的常熟县改设为市，标志着第一个真正意义上的县级市诞生。

1986 年，《关于调整设市标准和市领导县条件的报告》规定，非农业人口六万以上，年国民生产总值两亿元以上，已成为该地经济中心的镇，可以设置市的建制。从 1983 年到 1986 年，是“撤县改市”的第一波高潮。

1993 年，国务院同意民政部《关于调整设市标准的报告》，即在 1986 年国务院批准试行的撤县设市标准基础上另作修改，明确了适用范围、人口总数、经济指标等。“县改市”正式进入井喷期。

截至1997年底，探索高潮期共有391个县进行了撤县设市，当年中国的县级市数量增加到442个，达到撤县设市正式开展之前的三倍之多。

2. 基本冻结期（1998—2012年）

1997年3月，湖北省汉川县改设汉川市，成为当时最后一例获批的县改市。同年，国务院暂停了实施11年多的撤县设市政策。原因在于：当时许多地方盲目追求“县改市”，造成县级市市区农村人口比重过大，城郊比例失调，城乡概念模糊等“假性城市化”问题。从此，中国县级市的数目基本上是处于逐步减少的状态。

自此，国务院正式冻结撤县设市政策的实施，开启了长达12年的空窗期（1998—2009年撤县设市数量均为0）。一部分原本计划设市的县转而通过撤县设区成为既有城市的一部分，以此进行城市化转型。直至2010年，云南省蒙自县、文山县获批撤县设市，意味着政策冻结状态开始有所松动。

资料显示，2010年中国有县级市370个，占全部城市总数的56%，年末总人口2.48亿人，占城镇总人口的37%。

3. 科学推进期（党的十八大以后）

2012年，党的十八大胜利召开，中国特色社会主义进入新时代。适应新时代国内外形势的变化、党和国家事业发展需要，县级行政区划调整再次成为关注焦点。

2013年11月，党的十八届三中全会提出，优化行政区划设置，完善设市标准，严格审批程序，对具备行政区划调整条件的县可有序改市。

贯彻落实党中央决策部署，我国对县级行政区划进行了稳步调整优化。2013年，徐绍史在向全国人大常委会报告城镇化工作情况时表示，要把有条件的东部地区中心镇、中西部地区县城和重要边境口岸逐步发展成为中小城市。2014年，国家发改委向国务院上报城镇化改革方案，明确提出推进行政区划创新，完善城市行政区划设置和布局。

2016年2月，国务院发布《关于深入推进新型城镇化建设的若干意见》，指出加快培育中小城市和特色小城镇，完善设市标准和市辖区设置标准，规范审核审批程序，加快启动相关工作，将具备条件的县和特大镇有序设置为市。适当放宽中西部地区中小城市设置标准，加强产业和公共资源布局引导，适度增加中西部地区中小城市数量。

2017年5月，民政部有关部门答记者问指出，有序撤县设市，是党中央、国务院针对中国城市设置存在的突出问题，立足全局、着眼长远作出的重大决策部署。撤县设市的总体要求是积极稳妥、规范有序，防止一哄而上、盲目设市，并将适度向中西部地区倾斜。

2018年3月13日，国家发改委网站公布的《国家发展改革委关于实施2018年推进新型城镇化建设重点任务的通知》提到，2018年要加快培育新生中小城市，稳妥有序增设一批中小城市，继续开展撤县设市、撤地设市，推动城市群及国家新型城镇化综合试点地区范围内符合条件的县和非县级政府驻地特大镇率先设市。

直至今天，县级行政区划调整仍在科学有效地推进。2021年1月，经国务院批准，民政部批复同意撤销沙湾县，设立县级沙湾市，以原沙湾县的行政区域为沙湾市的行政区域，沙湾市人民政府驻三道河子镇世纪大道南路29号；同月，经国务院批准、民政部批复，同意撤销禄丰县，设立县级禄丰市，以原禄丰县的行政区域为禄丰市的行政区域，禄丰市人民政府驻金山镇北辰街 82 号。禄丰市由楚雄彝族自治州管辖；3 月，经国务院批准，民政部批复同意撤销黔西县，设立县级黔西市，以原黔西县的行政区域为黔西市的行政区域。黔西市人民政府驻莲城街道迎宾路 168 号。黔西市由贵州省直辖，毕节市代管。截至 2021 年，全国共撤县设市七个，相比于 2020 年三个、2019 年 10 个、2018 年 12 个等，撤县设市工作正在科学有效地推进。

二、撤县设区

撤县设区一般是指直辖市或地级市将其所辖的县改设为市辖区。撤县设区必须经省、自治区、直辖市和地级市政府同意，最后经过民政部和国务院实地考察，各方面达标后方能批准行政区划调整方案。

撤县设区是有条件的，主要依靠国务院批转民政部 1993 年 38 号文件《国务院批转民政部关于调整设市标准报告的通知》。由于近十多年来经济发展速度很快，各地撤县设区的申请越来越多，为了适应形势发展，民政部出台了一个《市辖区设置标准》（征求意见稿），允许直辖市和地级市设立市辖区，其中市域总人口在 300 万人以上的城市，平均每 60 万人可设立一个市辖区。最小的市辖区人口不得少于 25 万人，其中非农业人口不得少于十万人。对于中心城市郊县（县级市）改设市辖区，须该县（市）就业人口中从事非农业人口不得低于 70%；第二、三产业产值在国内生产总值中的比重达到 75%以上。改设市辖区的县（市），全县（市）国内生产总值、财政收入不得低于上一年本市市辖区对应指标的平均水平。

我国行政区划的调整经过了切块设市、整县改市、地市合并、撤县设市、撤县设区等阶段，县、县级市与市辖区三者的数量也随着政策的变化而增减。从总体上看，我国市辖区的数量不断上升，县的数量不断下降，而县级市的数量则先快速上升随后缓慢下降。

从时间和数量变化上看，改革开放至今，撤县设区的改革持续推进，但并非处于一直上升的过程，而是经历了几个由增长到回落的阶段。改革开放以来，撤县设区的实践在 2000 年左右迎来了第一波小高潮，在随后的三年里，撤县设区数量呈现爆发式增长态势，直至 2003 年回落走低；而另一个明显的节点在 2011 年，自这一年起，撤县设区数量迎来了新一轮的爆发式增长，且撤县设区数量远远超过了 2000 年之后的第一波高潮。

20 世纪 90 年代初期，我国撤县设区的实践相对零散，主要原因是各地都在实行大规模的“撤县改市”政策，此时，我国的县级市数量不断增加，大多数县由此升级为县级市。此外，1993 年的政府工作报告再次明确了“地市合并”的市管县体制，因此撤县设区的实践相对较少。直到第一个转折点前的 1997 年，撤县改市政策被中央叫停，县级市的数量开始趋于稳定并缓慢下降。面对大城市亟待发展与扩张的冲动，撤县设区的政策选择很好地契合了这一需求，并成为大都市区发展的可行策略。由此，撤县设区的实践逐渐进入高峰期，但撤县设区在 2002 年达到最高点之后又开始下降，并在 2008 年前后近乎停滞。第二个转折点发生在 2011 年，此轮撤县设区的实践呈现出爆发式增长的态势。2009 年，财政部在《关于推进省直接管理县财政改革的意见》中强调，改革的总体目标是，2012 年底之前，力争全国除民族自治地区之外全面推进省直接管理县财政改革。官方统计数据也表明，在2010年下半年之前，全国已在27个省970个县推行了省直管县财政体制。财政省管县意味着县级财政由原来的市级管理转变为省级统筹，改革的初衷是为了“强县扩权”，但事实上却极大地削弱了地级市的财政能力，由此，地级市在巨大的财政压力下引发了第二轮强大的撤县设区冲动。

如表3-1所示，从整体比例上看，直辖市、副省级城市与省会城市的撤县设区案例占到了很大比例，但总体趋势在趋于稳定并逐步缩小，这表明直辖市、副省级城市与省会城市撤县设区时间相对较早、强度较大，撤县设区的重心开始转向蓬勃发展的二、三线城市，特别是崛起中的普通地级市。总之，经过40年的改革开放，我国城市化总体上突破了以大城市与中心城市为主的第一阶段，开始转向全面城市化与区域协调发展的深化阶段。

表3-1　2015—2021年全国撤县设区变更统计

年份	数量	批复日期	原县名称	隶属直辖市/地级市	批复文号	市辖区名称
2015	23个	2月16日	武鸣县	广西壮族自治区南宁市	国函〔2015〕36号	武鸣区
			广丰县	江西省上饶市	国函〔2015〕37号	广丰区
			平安县	青海省海东市	国函〔2015〕38号	平安区
			陕县	河南省三门峡市	国函〔2015〕39号	陕州区
		3月16日	林芝县	西藏自治区林芝市	国函〔2015〕51号	巴宜区
		4月28日	满城县	河北省保定市	国函〔2015〕73号	满城区
			清苑县			清苑区
			徐水县			徐水区

续表

年份	数量	批复日期	原县名称	隶属直辖市/地级市	批复文号	市辖区名称
2015	23个	4月28日	潼南县	重庆市	国函〔2015〕74号	潼南区
			荣昌县			荣昌区
		7月23日	宁河县	天津市	国函〔2015〕19号	宁河区
			静海县			静海区
			抚宁县	河北省秦皇岛市	国函〔2015〕121号	抚宁区
			洞头县	浙江省温州市	国函〔2015〕122号	洞头区
			新建县	江西省南昌市	国函〔2015〕123号	新建区
		10月13日	密云县	北京市	国函〔2015〕182号	密云区
			延庆县			延庆区
			堆龙德庆县	西藏自治区拉萨市	国函〔2015〕185号	堆龙德庆区
			华县	陕西省渭南市	国函〔2015〕186号	华州区
		12月3日	铜陵县	安徽省铜陵市	国函〔2015〕206号	义安区
			双流县	四川省成都市	国函〔2015〕207号	双流区
			江川县	云南省玉溪市	国函〔2015〕208号	江川区
			横山县	陕西省榆林市	国函〔2015〕209号	横山区
2016	27个	1月7日	宣化县	河北省张家口市	国函〔2016〕5号	宣化区
			万全县			万全区
			崇礼县			崇礼区
			辽中县	辽宁省沈阳市	国函〔2016〕6号	辽中区
			定陶县	山东省菏泽市	国函〔2016〕7号	定陶区
			乃东县	西藏自治区山南市	国函〔2016〕8号	乃东区
		3月20日	大洼县	辽宁省盘锦市	国函〔2016〕53号	大洼区
			沾益县	云南省曲靖市	国函〔2016〕54号	沾益区
			柳江县	广西壮族自治区柳州市	国函〔2016〕55号	柳江区
			遵义县	贵州省遵义市	国函〔2016〕56号	播州区
			安县	四川省绵阳市	国函〔2016〕57号	安州区

续表

年份	数量	批复日期	原县名称	隶属直辖市 / 地级市	批复文号	市辖区名称
2016	27 个	6 月 8 日	崇明县	上海市	国函〔2016〕97 号	崇明区
2016	27 个	6 月 8 日	蓟县	天津市	国函〔2016〕98 号	蓟州区
2016	27 个	6 月 8 日	开县	重庆市	国函〔2016〕99 号	开州区
2016	27 个	6 月 8 日	洪泽县	江苏省淮安市	国函〔2016〕100 号	洪泽区
2016	27 个	6 月 8 日	安塞县	陕西省延安市	国函〔2016〕104 号	安塞区
2016	27 个	6 月 8 日	垦利县	山东省东营市	国函〔2016〕105 号	垦利区
2016	27 个	9 月 14 日	赣县	江西省赣州市	国函〔2016〕156 号	赣县区
2016	27 个	9 月 14 日	肥乡县	河北省邯郸市	国函〔2016〕157 号	肥乡区
2016	27 个	9 月 14 日	永年县	河北省邯郸市	国函〔2016〕157 号	永年区
2016	27 个	11 月 24 日	梁平县	重庆市	国函〔2016〕185 号	梁平区
2016	27 个	11 月 24 日	武隆县	重庆市	国函〔2016〕185 号	武隆区
2016	27 个	11 月 24 日	郫县	四川省成都市	国函〔2016〕186 号	郫都区
2016	27 个	11 月 24 日	户县	陕西省西安市	国函〔2016〕188 号	鄠邑区
2016	27 个	11 月 24 日	晋宁县	云南省昆明市	国函〔2016〕187 号	晋宁区
2016	27 个	11 月 24 日	许昌县	河南省许昌市	国函〔2016〕189 号	建安区
2016	27 个	11 月 24 日	东乡县	江西省抚州市	国函〔2016〕191 号	东乡区
2017	5 个	7 月 18 日	九江县	江西省九江市	国函〔2017〕104 号	柴桑区
2017	5 个	7 月 18 日	罗江县	四川省德阳市	国函〔2017〕106 号	罗江区
2017	5 个	7 月 18 日	达孜县	西藏自治区拉萨市	国函〔2017〕107 号	达孜区
2017	5 个	7 月 18 日	南郑县	陕西省汉中市	国函〔2017〕108 号	南郑区
2017	5 个	7 月 18 日	那曲县	西藏自治区那曲市	国函〔2017〕109 号	色尼区
2018	8 个	2 月 9 日	大同县	山西省大同市	国函〔2018〕22 号	云州区
2018	8 个	2 月 9 日	余江县	江西省鹰潭市	国函〔2018〕23 号	余江区
2018	8 个	2 月 9 日	马龙县	云南省曲靖市	国函〔2018〕24 号	马龙区
2018	8 个	6 月 19 日	济阳县	山东省济南市	国函〔2018〕86 号	济阳区
2018	8 个	6 月 19 日	长治县	山西省长治市	国函〔2018〕87 号	上党区
2018	8 个	6 月 19 日	屯留县	山西省长治市	国函〔2018〕87 号	屯留区
2018	8 个	6 月 19 日	株洲县	湖南省株洲市	国函〔2018〕88 号	渌口区
2018	8 个	6 月 19 日	宜宾县	四川省宜宾市	国函〔2018〕89 号	叙州区

续表

年份	数量	批复日期	原县名称	隶属直辖市/地级市	批复文号	市辖区名称
2019	6个	6月27日	上饶县	江西省上饶市	国函〔2019〕59号	广信区
			茌平县	山东省聊城市	国函〔2019〕60号	茌平区
			淮阳县	河南省周口市	国函〔2019〕61号	淮阳区
			田阳县	广西壮族自治区百色市	国函〔2019〕62号	田阳区
		11月6日	太谷县	山西省晋中市	国函〔2019〕104号	太谷区
			湟中县	青海省西宁市	国函〔2019〕106号	湟中区
2020	6个	6月5日	任县	河北省邢台市	国函〔2020〕78号	任泽区
			南和县			南和区
			芜湖县	安徽省芜湖市	国函〔2020〕80号	湾沚区
			繁昌县			繁昌区
			新津县	四川省成都市	国函〔2020〕82号	新津区
			水城县	贵州省六盘水市	国函〔2020〕83号	水城区
2021	4个	1月29日	凤翔县	陕西省宝鸡市	不详	凤翔区
		2月3日	长泰县	福建省漳州市	不详	长泰区
			沙县	福建省三明市	不详	沙县区
		3月18日	孟津县	河南省洛阳市	不详	孟津区

资料来源：根据2015—2021年全国撤县设区变更相关文件整理。

三、撤乡并镇

乡镇撤并始于1986年中共中央、国务院颁布的《关于加强农村基层政权建设工作的通知》，开始乡镇撤并。

2004年，中共中央、国务院发布《关于促进农民增加收入若干政策的意见》，要求进一步精简乡镇机构和财政供养人员，积极稳妥地调整乡镇建制，有条件的可实行并村，提倡干部交叉任职。

各地再次进行乡镇撤并改革。

2009年，在总结过去二十年来乡镇改革经验的基础上，中共中央办公厅、国务院办公厅转发《中央机构编制委员会办公室关于深化乡镇机构改革的指导意见》，总结以往经验。

2013年，中央新型城镇化工作会议召开，提出推进城镇化的六项主要任务：一是推进农业转移人口市民化，二是提高城镇建设用地利用效率，三是建立多元可持续的资金保障机制，四是优化城镇化布局和形态，五是提高城镇建设水平，六是加强对城镇化的管理。这是改革开放以来中央召开的第一次城镇化工作会议。

2014年，中共中央、国务院印发了《国家新型城镇化规划（2014—2020年）》，对乡村发展提出了更高、更具体的要求：加快推进城乡规划、基础设施和公共服务一体化，提升乡镇村庄规划管理水平，推动城乡发展一体化等。

直至今天，撤乡并镇工作仍在有序推进。

2019年11月8日，陕西省榆林市定边县石洞沟撤乡设镇揭牌。

2019年10月17日，重庆市人民政府批复：同意撤销黔江区白石乡、中塘乡、沙坝乡，分别设立白石镇、中塘镇、沙坝镇。

2020年6月28日，福建省人民政府批复：同意撤销连江县潘渡乡、江南乡、下宫乡，设置潘渡镇、江南镇、下宫镇。

2021年1月14日，经河北省人民政府批复，唐山市的路北区：撤销果园乡，设立果园镇。乐亭县：撤销大相各庄乡，设立大相各庄镇。玉田县：撤销陈家铺乡，设立陈家铺镇。遵化市：撤销崔家庄乡，设立崔家庄镇。迁安市：撤销上射雁庄乡，设立上射雁庄镇；撤销太平庄乡，设立太平庄镇；撤销扣庄乡，设立扣庄镇。

据民政部统计，截至2020年12月31日，全国共有38741个乡镇行政区划单位，该数据相比于2012年的40446个，减少了1705个。

1979—2021年，全国地级、县级行政单位数量变化情况见表3-2。

表3-2　全国地级和县级行政单位数量变化（1979—2021年）

时期	主要特征	地级区划		县级区划		
		地级市	除地级市（以地区为主）	市辖区	县级市	除市辖区、县级市（以县为主）
1979—1982	恢复和设立县级市	+12	0	—	+40	–5
1983—1985	调整	+53	–45	+93	+26	–87
1986—1996	撤县设市	+56	–48	+97	+286	–349
1997—2004	地市合并	+65	–67	+135	–71	–61
2005—2012	停滞	+2	–2	+8	–6	–12
2013—2018	撤县设区（市）	+9	–8	+111	+6	–118
2019—2021	撤县设市	+0	+0	+7	+19	–34

资料来源：胡若函、赵星烁：《我国行政区划调整的时空分布特征及启示》，《2019中国城市规划年会论文集》，2019年，第154-164页；2019—2021年数据根据《中华人民共和国二〇二一年县级以上行政区划变更情况》整理。

第四节　推进省直管县体制改革

2005年，全国农村税费改革工作会议召开。会议指出，改革县乡财政的管理方式，具备条件的地方，可以推进“省直管县”和“乡财乡用县管”的改革试点。

2006年，国家“十一五”规划提出，完善中央和省级政府的财政转移支付制度，理顺省级以下财政管理体制，有条件的地方可实行省级直接对县的管理体制。

2007 年，党的十七大报告指出，精简和规范各类议事协调机构及其办事机构，减少行政层次，降低行政成本，着力解决机构重叠、职责交叉、政出多门问题，这为省直管县行政体制改革提出了总体要求。

2008 年 10 月，《中共中央关于推进农村改革发展若干重大问题的决定》指出，推进省直接管理县市财政体制改革，优先将农业大县纳入改革范围。有条件的地方可依法探索省直接管理县市的体制。

2009 年 2 月 2 日，新华社发布的中央“一号文件”明确提出，推进省直接管理县（市）财政体制改革，将粮食、油料、棉花和生猪生产大县全部纳入改革范围。稳步推进扩权强县改革试点，鼓励有条件的省份率先减少行政层次，依法探索省直接管理县市的体制。这是中央鼓励地方政府大胆探索、推进行省直管县的行政管理体制改革。2009 年 7 月 9 日，财政部在其网站发布了《关于推进省直接管理县财政改革的意见》，明确提出了省直管县财政体制改革的总体目标：2012 年底前，力争全国除民族自治地区外全面推进省直接管理县财政改革，近期首先将粮食、油料、棉花、生猪生产大县全部纳入改革范围。

2011 年，国家“十二五”规划指出，继续优化政府结构、行政层级、职能责任，坚定推进大部门制改革，着力解决机构重叠、职责交叉、政出多门问题。在有条件的地方探索省直接管理县（市）的体制。

2012 年，党的十八大报告再次强调：优化行政层级和行政区划设置，有条件的地方可探索省直接管理县（市）改革，深化乡镇行政体制改革。

2013年，党的十八届三中全会通过的《中共中央关于全面深化改革若干重大问题的决定》明确提出，优化行政区划设置，有条件的地方探索推进省直接管理县（市）体制改革。

省直管县实施以来，取得了较好的效果。2004年，湖北省委、省政府决定在全省除恩施自治州所属的各县外实行“省直管县”的财政管理体制，原实行省管县的武汉市、襄樊市等各行政区划继续实行省直接管理，对原实行省管市、市管县财政体制的各县、县级市实行“省直管县”财政体制。改革的内容涉及预算管理体制、转移支付及专项资金补贴、财政结算、债务偿还等方面，由省对县、市（县级市）实行信贷直达、项目直达、资金直达、财政直达。2005年7月，湖北省政府又增加了12个县为扩权县。2006年4月再次增设10个县为扩权县。湖北省的扩权县占了全省县级数目的大多数，省直管县改革在湖北省已经大规模地实行。2011年1月开始，湖北省所有省级共享税收入全部下划到市、县，作为市、县的固定收入，增加了市县财政权限。

浙江省是我国县域最发达的省份。为了满足经济强县随着经济发展的加快而随之产生对经济社会事务管理权限的需要，更进一步促进县域经济快速发展，浙江省先后于1992年、1997年、2002年、2006年和2009年五次出台相关政策，扩大经济强县在财政、经济管理和社会事务管理等方面的权力。1992年，浙江省对所辖的13个经济发展较快的县、市（县级市）进行扩权，把基本技术改造和外商投资项目的审批权等项权力下放给这13个经济发展较快的县、市（县级市）行使。1997年，浙江省赋予萧山、余杭等县、市（县级市）享受地级市的部分经济管理权限。2002年8月，浙江省委办公厅下发的“浙委办〔2002〕40号”文件，涵盖了计划、国土资源、经贸、外经贸、交通、建设等12大类扩权事项，几乎囊括了省、市（地级市）两级政府经济管理权限的所有方面，直接下放了313项经济管理权限给绍兴、温岭、慈溪等17个县级政府和三个区政府。这次下放县、市（县级市）权力遵循了“能放都放”的原则，只要不违反国家法律法规，即除国家法律、法规有明文规定的外，须经市（地级市）审批或由市（地级市）管理的，由扩权县、市（县级市）自行审批、管理须经市（地级市）审核、报省审批的，由扩权县直接报省审批，报市（地级市）备案。2006年，浙江省实施第四轮强县扩权改革，即在义乌市进行扩大经济社会管理权限试点。2009年6月，浙江省人民政府制定了《浙江省加强县级人民政府行政管理职能若干规定》，以政府规章形式将上级政府部分管理权限赋予县级政府，将审批权限一次性下放给县级政府行使，标志着浙江“扩权强县”迈上法制化。

第五节　设立经济新区

国家级新区，是由国务院批准设立，承担国家重大发展和改革开放战略任务的综合功能区。国家级新区是中国于20世纪90年代初期设立的一种新开发开放与改革的大城市区。

1992年后，国家级新区成为新一轮开发开放和改革的新区。国家级新区的行政级别通常为副省级，部分为正厅级。

1992年10月，上海浦东新区成立；2009年11月，天津滨海新区成立；2009年12月，珠海横琴新区成立；2010年6月，重庆两江新区成立；2011 年 6 月，浙江舟山群岛新区成立；2012 年 8 月，甘肃兰州新区成立；2012 年 9 月，广州南沙新区成立；2014 年 1 月，陕西西咸新区成立、贵州贵安新区成立；2014 年 6 月，青岛西海岸新区成立、大连金普新区成立；2014 年 10 月，四川天府新区成立；2015 年 4 月，湖南湘江新区成立；2015 年 6 月，南京江北新区成立；2015 年 8 月，福建福州新区成立；2015 年 9 月，云南滇中新区获批成立；2015 年 12 月，黑龙江哈尔滨新区成立；2016 年 2 月，吉林长春新区成立；2016 年 6 月，江西赣江新区成立；2017 年 4 月，河北雄安新区成立。

截至 2018 年 12 月，中国国家级新区共有 19 个，其中八个在东部，两个在中部，六个在西部，三个在东北。

2015 年 4 月 15 日，国家发展和改革委员会、国土资源部、环境保护部、住房和城乡建设部等四部委联合下发《关于促进国家级新区健康发展的指导意见》，提出国家级新区是由国务院批准设立，承担国家重大发展和改革开放战略任务的综合功能区（见表 3–3）。

表 3–3　国家级新区一览表

时间	国家级新区	时间	国家级新区
1992 年 10 月	上海浦东新区	2014 年 6 月	大连金普新区
2009 年 11 月	天津滨海新区	2014 年 10 月	四川天府新区
2009 年 12 月	珠海横琴新区	2015 年 4 月	湖南湘江新区
2010 年 6 月	重庆两江新区	2015 年 6 月	南京江北新区
2011 年 6 月	浙江舟山群岛新区	2015 年 8 月	福建福州新区
2012 年 8 月	甘肃兰州新区	2015 年 9 月	云南滇中新区
2012 年 9 月	广州南沙新区	2015 年 12 月	黑龙江哈尔滨新区
2014 年 1 月	陕西西咸新区	2016 年 2 月	吉林长春新区

续表

时间	国家级新区	时间	国家级新区
2014 年 1 月	贵州贵安新区	2016 年 6 月	江西赣江新区
2014 年 6 月	青岛西海岸新区	2017 年 4 月	河北雄安新区

1978 年以来，新中国行政区划变革围绕党在各个时期的中心工作，服从和服务于党的总路线和相应的方针政策，为促进国家政治稳定、社会和谐，为建立和完善社会主义市场经济体制、发展社会主义经济、推进改革开放，解放思想，更新观念，不断探索，取得了显著成就。

第一，及时修订市镇设置标准，合理调整城市行政区划，初步改变了城市过度集中在东部沿海的不合理局面，促进了城镇化健康发展。

1983 年，国务院批准的民政部和劳动人事部《关于地市机构改革中的几个主要问题的请示报告》提出了县改市的内部掌握条件，1984 年国务院批转了民政部《关于调整建镇标准的报告》，1986 年和 1993 年，国务院两次批准了民政部有关调整设市标准的报告。这一系列改革举措，促进了我国市镇的发展，特别是改革开放以后的新标准，在指导思想上，由控制、紧缩转向积极稳妥发展，适当放宽了条件，适应了经济社会发展的需要。

20 世纪 80 年代中期开始，为适应城市快速发展的新形势，充分发挥中心城市的辐射功能，合理调整了城市内部行政区划。国家先后对成都、湘潭、青岛、济南、重庆、上海、吉林、哈尔滨、长春、杭州、太原、广州、海口等多个城市的市辖区进行了调整，实行新的扇形划分模式，解决了长期以来市辖区同心圆划分模式形成的“郊区管城里，城区管理城外”、城郊犬牙交错的矛盾，促进了城乡协调发展。

经过40多年的发展，我国市镇空间布局日趋合理，西部地区、少数民族地区、边境地区的市镇得到较快发展，很大程度上改变了新中国成立前城镇过分集中在东部沿海的局面，促进了边远地区和民族地区经济繁荣。城镇群体框架初见端倪，形成了京津冀、长三角、粤港澳、成渝、长江中游等城市群和沿江、沿海、沿铁的城市带，促进了生产力合理布局。城镇体系日趋完善，基本形成了大中小城市以及县城、镇、集镇协调发展的城镇体系，促进了市场经济网络的形成和完善。

第二，贯彻党的民族政策，设置民族自治地方，促进了民族地区经济发展和各民族大团结。

1984年，《中华人民共和国民族区域自治法》颁布，使民族区域自治制度进一步完善。其中，在20世纪80年代形成设置民族自治地方的高潮。截至2020年底，全国共设置五个自治区、30个自治州、120个自治县（旗），共155个民族自治地方，另有966个民族乡，153个苏木，一个民族苏木。民族自治地方的面积已占全国总面积的60%以上，民族自治地方的少数民族人口占全国少数民族总人口的90%以上。这些民族自治地方的建立，对于巩固和加强各民族大团结，进一步调动少数民族的积极性，促进当地经济文化发展，起到了积极的促进作用。

第三，整合基层政区，减少行政管理层次，优化了行政区划层级。

一是从1986年开始在全国范围内逐步开展撤区（县辖）并乡建镇工作。县辖区从1984年底的8119个减少到2020年底的两个，基本取消了县辖区这个层次，乡级政区从1985年底的96992

个减少到 2020 年底的 38741 个，减少了 60.06%。二是设置海南省，进行减少层次、提高管理效率的试点，实行省直管县。实践证明，这种体制符合建立社会主义市场经济体制的客观要求，适应政治体制改革和经济体制改革的需要，促进了海南岛的开发建设。三是设置重庆中央直辖市。这既是划小四川省的举措，也是优化中央直辖市布局的重大举措，提高了重庆市对区域经济发展的辐射力和影响力，促进了西南地区区域经济发展。

第四，注重经济产业建设，优化基础设施指标，促进了经济社会可持续发展。

2016 年，民政部公布《行政区划管理条例（草案征求意见稿）》，明确提出市的设立标准由民政部会同国务院其他部门共同拟订并报国务院批准。同年 5 月和 11 月，国务院相继出台了设立县级市标准及县级市申报审核程序（以上合称“2016 新标准”），所有符合标准的县均可按照标准和程序申请，意味着撤县设市正式解冻。2016 新标准共计 21 项，涉及常住人口、经济产业、资源环境与基础设施、公共服务四大类指标。程序上则要求 2016 年及以前已提交但未批复的撤县设市申报全部作废，必须按照新的标准重新提交材料。2019 年 1 月，《行政区划管理条例》（国务院令第 704 号）正式开始实施。

此次全新标准主要有五大亮点，强调经济产业、人文环境建设。一是定量与定性指标相结合。除 16 项定量指标外，还有五项定性指标。二是按不同地区制定各自相应的设市标准。在以人口密度作为衡量尺度的基础上，人口和经济指标再按东部地区、中部和东北地区、西部地区分别设立三类标准。三是增加相对水平考核。不仅考核指标绝对量，更将相关指标在本省所辖县中进行排位比较，并且不得低于全国平均水平。四是丰富并优化基础设施指标。不仅关注污水处理率、生活垃圾无害化处理率、社区综合服务设施覆盖率、家庭宽带接入率，对建成区绿地、平均路网、道路面积等进行量化要求，还规定了应急避难场所、公共交通网络、市政公用和安全设施需符合的标准。五是引入资源环境、基本公共服务等新指标。设立县级市不仅要以地质地理条件适宜为前提，还要求城市用地和布局须符合土地利用规划，以及实现城镇低保、公共就业服务全覆盖，并且在教育、医疗、养老、文化和体育等方面都需达到相应指标。

第五，坚持城乡统筹和区域协调，打破了传统一亩三分地的思维惯式，以全国一盘棋思路推动了区域协调发展。

1988 年，邓小平提出了“两个大局”的战略思想。按照这一战略思想，通过设立经济特区、开放沿海城市等一系列对外开放举措，形成了沿海地区先走一步、进而带动内地发展的格局，实质上是用不均衡的区域发展带动了全局的赶超式发展。1995 年，党的十四届五中全会提出，应当把缩小地区差距作为一条长期坚持的重要方针。党中央在鼓励东部地区率先发展的同时，先后作出了实施西部大开发、东北地区等老工业基地振兴、促进中部地区崛起的决策部署，形成了以“四大板块”为支撑的区域发展总体思路。

党的十八大以来，以习近平同志为核心的党中央对促进区域协调发展作出了新的重大战略决策，部署实施区域协调发展战略，建立更加有效的区域协调发展新机制，推动实施京津冀协同发展、长江经济带发展、长江三角洲区域一体化发展、粤港澳大湾区建设、海南全面深化改革开放等重大战略，把支持革命老区、民族地区、边疆地区、贫困地区发展放在更加重要位置，部署打赢精准脱贫攻坚战。2020 年 4 月，国家发展改革委发布了《2020 年新型城镇化建设和城乡融合发展重点任务》，继续提出要优化行政区划设置，统筹新生城市培育，有序推进“县改市”等。

至此，中国特色社会主义新时代的区域发展格局基本形成：从东向西看，是东部、中部、西部、东北四大板块；从南向北看，是粤港澳大湾区、长江三角洲、京津冀等重点区域；从经济发展程度上看，是老少边穷四个特殊区域；从改革开放深度上看，是自贸试验区、国家级新区、国家级开发区等一批重要功能平台。

第四章
创新政府管理方式

▼

创新政府管理方式是行政体制改革的重要内容。改革开放40多年来，按照党中央的决策部署，各级政府大力推进政务公开，通过建设政务服务中心实行集成化政务服务，加快数字政府建设，创新政府管理方式，使行政效率和效能显著提高。

第一节 深入推进政务公开

政务公开是实行全过程人民民主、推进政府治理现代化的必然要求，对于规范行政权力运行、加强对行政权力和主体的制约和监督、提高行政效率和效能、防治腐败具有重要意义。改革开放以来，特别是党的十八大以来，党中央、国务院和各级地方党委政府将政务公开作为行政体制改革的重要组成部分，给予高度重视并不断向纵深推进。

40多年来，我国推进政务公开经历了一个从基层探索到顶层推动、局部实践到全面推行的过程，这一过程大体上可分为三个阶段：第一阶段，20世纪80年代至党的十六大之前的探索起步；第二阶段，党的十六大至党的十八大之前的大力推进；第三阶段，党的十八大以来的全面深入推进。

一、第一阶段：探索起步

我国的政务公开是在农村村民委员会开展村务公开实践的基础上起步的。根据 1982 年《中华人民共和国宪法》规定，全国各地农村撤销人民公社，恢复设立乡镇政权，建立村民委员会和村民小组。村民委员会是村民自我管理、自我教育、自我服务的基层群众性自治组织，负责办理本村的公共事务和公益事业。为规范村民委员会的运行，保障村民的民主权利和利益，不少地方提出了村务公开的要求，并进行了探索实践。

1987 年 10 月，党的十三大提出，发扬“从群众中来，到群众中去”的优良传统，提高领导机关活动的开放程度，重大情况让人民知道，重大问题经人民讨论。1987 年 11 月，六届全国人大常委会第二十三次会议通过《中华人民共和国村民委员会组织法（试行）》，其中多项条款直接或间接涉及村务公开。如第十条规定，村民会议的决定，由十八周岁以上的村民的过半数通过，或者由户的代表的过半数通过；第十一条规定，村民委员会向村民会议负责并报告工作……涉及全村村民利益的问题，村民委员会必须提请村民会议讨论决定。这些条款实际上都对村务公开提出了要求。该法律第十七条更是明确规定，村民委员会办理本村的公共事务和公益事业所需的费用……收支账目应当按期公布，接受村民和本村经济组织的监督，对村级财务公开直接提出要求。

1998 年 11 月，九届全国人大常委会第五次会议修订通过的

《中华人民共和国村民委员会组织法》对实行村务公开制度制定了专门条款，即第二十二条“村民委员会实行村务公开制度”规定，村民委员会应当及时公布下列事项，其中涉及财务的事项至少每六个月公布一次，接受村民的监督：（一）本法第十九条规定的由村民会议讨论决定的事项及其实施情况；（二）国家计划生育政策的落实方案；（三）救灾救济款物的发放情况；（四）水电费的收缴以及涉及本村村民利益、村民普遍关心的其他事项。村民委员会应当保证公布内容的真实性，并接受村民的查询。村民委员会不及时公布应当公布的事项或者公布的事项不真实的，村民有权向乡、民族乡、镇人民政府或者县级人民政府及其有关主管部门反映，有关政府机关应当负责调查核实，责令公布；经查证确有违法行为的，有关人员应当依法承担责任。

1998 年 4 月，中共中央办公厅、国务院办公厅联合发布《关于在农村普遍实行村务公开与民主管理制度的通知》，决定在全国农村普遍实行村务公开和民主管理制度，并对村务公开的内容和方法、制度建设、组织领导等作出部署，特别指出村务公开的重点是财务公开，对村级财务公开的内容、形式和方法进行规范。该通知还要求，积极探索在乡镇机关建立政务公开的途径，先行试点，培植典型，逐步推广，要以乡镇机关的政务公开，促进村务公开和民主管理的广泛深入开展。此后，中纪委、农业部和民政部等部门都把推行村务公开作为一项重要工作，给予重视并大力推进。此后，全国绝大部分地区都开展了民主选举、村务公开、建章立制等村民自治活动。虽然村务公开不属于政务公开范畴，但由于其直接服务于人口众多的农村群众，为后来的自下而上推行政务公开奠定了基础。

在村务公开和村民自治取得较好效果的情况下，作为基层政权的乡镇政府机关的政务公开被提上日程。1988 年，我国开始在河北藁城市开展“两公开一监督”工作，即公开办事制度、公开办事结果、接受群众监督的行政机关及其办事人员的工作制度，将程序和结果进行公开，并由公众监督。随后，浙江、河北、山东等省在基层政府纷纷推行“两公开一监督”制度，受到了群众的普遍欢迎。

1996 年 1 月，十四届中央纪委六次全会确定，要实行政务公开制度。县（市）、乡镇及行政村、基层站所，要实行政务公开制度，凡是可以公开的办事内容、办事程序和结果，特别是与群众利益直接有关的财务等事项都应公开，以便群众监督。1997 年 1 月，十四届中央纪委七次全会要求，要继续推行政务公开制度，地方各级政府特别是乡（镇）、基层站所及“窗口”行业，办理与群众利益密切相关的事项，属于国家保密的事项以外，都应当采取适当方式向群众和社会公开，以接受群众监督。

1997 年 9 月，党的十五大报告指出，城乡基层政权和基层群众性组织，都要健全民主选举制度，实行政务和财务公开，让群众参与讨论和决定基层公共事务和公益事业，对干部实行民主监督。要深化改革，完善监督法制，建立健全依法行使权力的制约机制。坚持公平、公正、公开的原则，直接涉及群众切身利益的部门要实行公开办事制度。政务公开被确定为党的基本政策。

2000 年 12 月，中共中央办公厅、国务院办公厅印发《关于在全国乡镇政权机关全面推行政务公开制度的通知》，决定在全国乡镇政权机关和派驻乡镇的站所全面推行政务公开制度，指出要从人民群众普遍关心和涉及群众切身利益的实际问题入手，对群众反映强烈的问题、容易出现不公平、不公正甚至产生腐败的环节以及本乡镇经济和社会发展的重大问题，都应当公开。其中，重点是财务公开，把政务公开的类型分为对群众、企事业单位公开和对本机关干部职工公开。通知要求城市街道办事处参照本通知的规定做好政务公开工作，县（市）级以上政权机关也要积极探索实行政务公开的有效途径，逐步推行政务公开制度，标志着中国政务公开进入基层政府日常的工作日程。

二、第二阶段：大力推进

2002 年，国务院启动了《中华人民共和国政府信息公开条例》的起草工作。在国家层面逐步推进立法的过程中，很多地方政府先行一步开始地方法规建设的尝试。2002 年，广州市政府率先公布《广州市政府信息公开规定》，规定了应当公开的事权、财权、人事权等政府信息。规定坚持“政府信息公开是公民权利、政府义务”的立法理念，进行了一系列制度创新，明确了“以公开为原则，以不公开为例外”的原则；首次使用了政府信息公开权利人和义务人的概念；创设了重大决策预公开制度，要求涉及个人或组织的重大利益或有重大社会影响的事项在作出决定前应公开听取意见；创设了公开权利人申请政府信息公开的程序；创设了政府信息公开的评议考核机制等，开中国地方政府信息公开立法的先河。

2002 年 11 月，党的十六大报告提出，建立行为规范、运转协调、公正透明、廉洁高效的行政管理体制，认真推行政务公开制度，使政务公开成为中国行政管理改革的一项重要内容。

2003 年 6 月，国务院成立全国政务公开领导小组，加强对全国政务公开工作的领导，主要职责包括：（一）贯彻落实党中央、国务院关于政务公开工作的方针政策，研究制定落实措施。（二）研究提出全国政务公开工作的发展规划、政策措施和年度工作重点。（三）对全国政务公开工作作出具体安排部署，提出实施方案。（四）协调各地区各部门抓好政务公开工作任务落实，并加强督促检查。（五）完成党中央、国务院交办的其他事项。

2004年3月，国务院印发《全面推进依法行政实施纲要》，把行政决策、行政管理和政府信息公开作为推进依法行政的重要内容，明确除涉及国家秘密和依法受到保护的商业秘密、个人隐私的事项外，行政机关应当公开政府信息。

2005年1月，中共中央公布《建立健全教育、制度、监督并重的惩治和预防腐败体系实施纲要》，从惩治和预防腐败的角度要求健全政务公开、厂务公开、村务公开制度，制定规范电子政务的法律法规。2005年3月，中共中央办公厅、国务院办公厅印发《关于进一步推行政务公开的意见》，提出政务公开的工作目标，要与深化行政管理体制改革和全面推进依法行政、建设法治政府的目标和进程相一致，使政务公开成为各级政府施政的一项基本制度，明确了进一步推行政务公开的主要任务、重点内容和形式，提出抓紧制定《中华人民共和国政府信息公开条例》，建立健全主动公开和依申请公开制度、政务公开评议制度、政务公开责任追究制度等法规制度。

2006年10月，十六届六中全会从构建社会主义和谐社会的高度，把政务公开作为促进和谐社会的重要制度保证，提出了深化政务公开，依法保障公民的知情权、参与权、表达权、监督权，把人民群众普遍关心、涉及人民群众切身利益的各类事项作为政务公开的重点，推动政务公开工作深入开展。

2007年4月5日，温家宝签署了第492号国务院令，公布了《中华人民共和国政府信息公开条例》，自2008年5月1日起施行。该条例从总则、公开的范围、公开的方式和程序、公开的监督和保障等各个方面对政府的信息公开做了基本规范，为全国范围内推行政府信息公开工作提供了准绳和依据。条例的公布，标志着我国政务公开进入了一个全国推行、全面深入，并且实现了走向法制化、制度化、经常化的全新阶段，呈现以下四个特征。

第一，政务公开的责任主体开始实体化、全面化。根据要求，所有的行政机关都成为政府信息的主体，也就是政府信息公开的义务主体。在主要责任主体方面，条例把国务院办公厅及各级人民政府办公厅定为信息公开工作的主管机构，还要求设立专门机构负责这项工作。

第二，明确了政府信息公开的内容和范围，并扩展了相关内容。条例确定了“以公开为原则，以不公开为例外”的基本原则，并规定行政机关对符合下列基本要求之一的政府信息应当主动公开：（1）涉及公民、法人或者其他组织切身利益的；（2）需要社会公众广泛知晓或者参与的；（3）反映本行政机关机构设置、职能、办事程序等情况的；（4）其他依照法律、法规和国家有关规定应当主动公开的。这些规定对于原先仅以“办事公开”为基本内容的公开范围有了更大的扩展。此外，还增加了申请需要公开的相关事项。

第三，公开的方式和公开的程序走向制度化和规范化。条例规定，每年的政务公开主管机构都要编制政务信息公开指南、政府信息公开目录、公开年度报告，实际上已经将政务公开工作作为一个制度化的行政管理内容，政府信息公开成为政府向社会和公众提供的一种公共服务和公共物品，成为人们日常生活决策不可缺少的部分。

第四，政务公开中政府与社会公众的互动逐步强化。自条例明确了信息公开的义务主体，并规定了依申请公开的具体程序之后，公民的知情权得到了保障，公民、法人等可以根据需要而向有关部门申请可以公开的内容，这种信息交换机制使得政务公开由政府单方面的公开开始走向政府部门与社会互动发展。

2007年10月，党的十七大报告指出，深化乡镇机构改革，加强基层政权建设，完善政务公开、村务公开等制度，实现政府行政管理与基层群众自治有效衔接和良性互动。完善各类公开办事制度，提高政府工作透明度和公信力。

2008年3月，“推进政务公开”被写进《国务院工作规则》，要求国务院及各部门要大力推进政务公开，健全政府信息发布制度，完善各类公开办事制度，提高政府工作透明度。

2010年10月，修订后的《中华人民共和国保守国家秘密法》就政府信息公开的安全涉密作出进一步规定，要求凡法律、行政法规规定公开的事项，应当依法公开，既确保国家秘密安全，又便利信息资源合理利用。

2011年，《关于深化政务公开加强政务服务的意见》明确提出，要推行行政决策公开，逐步扩大行政决策公开的领域和范围，推进行政决策过程和结果公开；要推进行政权力公开透明运行；重点公开行政机关在实施行政许可、行政处罚、行政收费、行政征收等执法活动中履行职责情况，积极探索执法投诉和执法结果公开制度；要加大行政审批公开力度。公布本地区本部门不涉及国家秘密、商业秘密和个人隐私的行政审批项目目录，继续清理、调整和减少行政审批事项；要健全公共企事业单位办事公开制度，所有面向基层服务的医院、学校、公交等公共企事业单位，都要全面推行办事公开；要加强行政机关内部事务公开。加大干部工作、机关财务预决算、政府采购、基建工程等信息的公开力度；要抓好重大突发事件和群众关注热点问题的公开，客观公布事件进展、政府举措、公众防范措施和调查处理结果，及时回应社会关切，正确引导社会舆论，并对以改革创新精神深化政务公开工作作出安排和部署。

2011 年 9 月，国务院办公厅转发全国政务公开领导小组《关于开展依托电子政务平台加强县级政府政务公开和政务服务试点工作的意见》，指出直接面向群众的政务服务大多数由县级政府提供，提出在全国选择 100 个县（市、区）开展试点工作，用一年左右时间，建立和完善统一的电子政务平台，充分利用平台全面、准确发布政府信息公开事项，实时、规范办理主要行政职权和便民服务事项，并实现电子监察全覆盖，为在全国全面推行奠定基础、积累经验。2012 年，确定了北京东城等 100 个县市区开展试点，有效地推进了政务公开在全国范围内的深化和开展。

2012 年 5 月，国务院召开全国政府信息公开工作电视电话会议，会议强调推进政府信息公开是人民政府的本质要求，是建设法治政府和服务政府的重要内容，是加强反腐倡廉建设的重要举措。同年印发的《2012 年政府信息公开重点工作安排》也提出具体要求，2012 年各级政府要重点围绕推进财政预算决算、“三公”经费和行政经费、保障性住房、食品安全、环境保护、征地拆迁、价格和收费等热点问题开展信息公开。

《中华人民共和国政府信息公开条例》自 2008 年施行以来，各地区各部门坚持“以公开为原则，以不公开为例外”，建立和完善政府信息公开工作机制，扎实有序地推进主动公开和依申请公开，满足了社会公众依法获取和利用政府信息的需求。2010 年至 2011 年，各地区主动公开政府信息 5145 万多条，国务院各部门主动公开政府信息 266 万多条。各地区各部门普遍建立了多种形式的受理渠道。2011 年，各地区办理依申请公开事项 130 多万件，中央部门办理依申请公开事项 3000 多件。一些重点领域的信息公开取得阶段性进展，2011 年有 92 个中央部门公开了年度预决算，98 个中央部门和北京、上海、广东、陕西等省市公开了“三公经费”使用情况。经过 4 年发展，政府网站成为政府信息公开的主要平台，政府信息公开工作年报常态化，政府社会管理和公共服务成为公众关注的焦点，政府信息公开目录和指南体系初步建成。[①]

三、第三阶段：全面深入推进

党的十八大后，习近平总书记就政务公开工作发表了一系列重要论述，成为深入推进政务公开的重要遵循。2013 年 2 月 28 日，习近平总书记在党的十八届二中全会第二次全体会议上的讲话中指出，要推进法治政府建设，坚持用制度管权管事管人，完善政务公开制度，做到有权必有责、用权受监督、违法要追究。2014 年 9 月 21 日，习近平总书记在庆祝中国人民政治协商会议成立 65 周年大会上的讲话中强调，要推进权力运行公开化、规范化，完善党务公开、政务公开、司法公开和各领域办事公开制度，让人民监督

① 朱锐勋：《中国政府信息公开的历史演进及其制度完善——〈政府信息公开条例〉颁布五周年回顾与展望》，《电子政务》，2013 年 07 期。

权力，让权力在阳光下运行。2014 年 10 月 20 日，习近平总书记在关于《中共中央关于全面推进依法治国若干重大问题的决定》的说明中提出，全面推进政务公开，推进决策公开、执行公开、管理公开、服务公开、结果公开，重点推进财政预算、公共资源配置、重大建设项目批准和实施、社会公益事业建设等领域的政府信息公开。2014 年 10 月 23 日，习近平总书记在党的十八届四中全会第二次全体会议上的讲话中强调，要全面推进政务公开，强化对行政权力的制约和监督，建立权责统一、权威高效的依法行政体制。习近平总书记关于政务公开的系列重要论述为全面深入地推进政务公开工作指明了方向。

2012 年起，国务院办公厅每年印发《政府信息公开工作要点》或《政务公开工作要点》，对当年的政务公开重点工作作出部署。

2016 年，中共中央办公厅、国务院办公厅印发了《关于全面推进政务公开工作的意见》，指出公开透明是法治政府的基本特征。全面推进政务公开，让权力在阳光下运行，对于发展社会主义民主政治，提升国家治理能力，增强政府公信力执行力，保障人民群众知情权、参与权、表达权、监督权具有重要意义。这是对政务公开性质、意义及其法理基础的一次精确阐述，反映了国家党政领导机关对政务公开和政府信息公开制度建设认识的深化与理念的提升。意见提出，紧紧围绕经济社会发展和人民群众关注关切，以公开促落实，以公开促规范，以公开促服务。加快推进权力清单、责任清单、负面清单公开。推行“互联网+政务”，把政务公开工作目标设定为到 2020 年，政务公开工作总体迈上新台阶，依法积极稳妥实行政务公开负面清单制度，公开内容覆盖权力运行全流程、政务服务全过程。为更好地贯彻落实意见，2016 年 11 月，国务院办公厅印发《〈关于全面推进政务公开工作的意见〉实施细则》，加强政策解读、回应社会关切，进一步推进决策公开、执行公开、管理公开、服务公开、结果公开（统称“五公开”）。该细则的制定为各级各地人民政府和国务院各部委、各直属机构及地方政府的组成部门推进全面政务公开提供了很好的指导，有力地推进了下一步的政务公开改革。此后，环境保护部等部委制定了本部门贯彻落实《〈关于全面推进政务公开工作的意见〉实施细则》的方案。

2017 年，为了推进重点领域信息公开工作，国务院办公厅先后出台了《关于推进重大建设项目批准和实施领域政府信息公开的意见》《关于推进公共资源配置领域政府信息公开的意见》和《关于推进社会公益事业建设领域政府信息公开的意见》。

2019 年 4 月，《中华人民共和国政府信息公开条例》修订后发布，明确了政务公开“以公开为原则，以不公开为例外”的原则，扩大了主动公开的范围与深度，明确了不公开政府信息的具体情形，降低了依申请公开信息的门槛，建立健全了政府信息管理动态调整机制、依申请公开向主动公开的转化机制，增加了公开政府信息的方式，特别强调了互联网在信息公开中的地位，要求建设政府信息公开互联网平台。该条例总结梳理了现行条例实施中遇到的突出问题，将行之有效的经验和做法上升为法律规定，研究借鉴了国外政府信息公开的新经验、新做法，增强了制度的针对性、操作性和实效性。此后，国务院各部门相继依据该条例修订了各自部门的政府信息公开相关制度文件。

第二节　以政务服务中心为平台推行集成式政务服务

为更好地服务人民群众和各类市场主体，提高行政效率，各级政府积极创新行政服务方式和手段，其中一个重要方面，就是从20世纪90年代以来，各级各地建立和不断发展政务服务中心，推行集成式政务服务。

我国政务服务中心的建立和发展始于20世纪90年代中期，20多年来，经历了一个从少数地方和基层先行探索，到众多地方跟进，再到国家层面予以肯定和推广，全国蓬勃发展和越来越规范的过程。这一过程总体上可分为三个阶段。

一、政务服务中心的萌芽探索期（1995—2000年）

我国政务服务中心最早起步可追溯到20世纪90年代。1995年，深圳市首次把18个政府部门集中起来成立了一个专业性联合审批服务中心，专门为外商投资项目服务，这是政府服务中心的雏形。1999年，在深圳经验的基础上，浙江省金华市创新“服务投资、方便市民、并联审批、全程代理、强化监督”的理念，率先采用“一站式”审批模式，开了国内政务服务中心的先河。同年，浙江省上虞市将分散在不同部门的审批、审核、办证、办照事项分离出来，集中到一个大厅进行办理，建立了全国第一家真正意义上的政务服务中心（大厅）。

此后至2000年，不少地方都尝试建立政务服务中心，特别是一些经济特区、经济开发区，为服务区内企业和投资者，将有关审批部门集中起来提供政务服务。这一时期的政务服务中心大部分是

“前店后厂”的运行模式，办事大厅在很大程度上发挥了“收发室”的作用。相关政府职能部门虽然进驻了中心，但通常对派驻政务服务中心的工作人员只是给予“形式上”的授权，派驻人员主要是受理办事申请、接收相关材料，而一些与部门重要权力紧密相关的行政审批事项仍留在本部门。与之前各部门分散办理相比，采用这种“一站式”政务服务业务模式，办事企业和群众无须跑多个部门，降低了政务服务办理成本、提高了行政效率。

二、政务服务中心的蓬勃发展期（2001—2012年）

2001—2004年，政务服务中心的发展进入推广期。在这一时期，随着国家推进行政审批制度改革的步伐加快，各地陆续出台政策文件，使政务服务中心的建设有了政策依据。2000年底召开的十五届中央纪委五次全会，明确把“改革行政审批制度，规范行政审批权力”作为三项重点工作之一。2001年9月24日，国务院决定成立国务院行政审批制度改革工作领导小组，组长由李岚清担任；2001年10月9日，国务院批准了监察部、国务院法制办、国务院体改办、中央编办联合制定的《关于行政审批制度改革工作的实施意见》，提出要合理划分和调整部门之间的行政审批职能。一个部门应当实行一个“窗口”对外；涉及几个部门的行政审批，应当由国务院规定的主要负责部门牵头，会同其他有关部门共同研究决定后办理。由此，全国范围内兴起了一股行政审批制度改革浪潮，各地在清理审批项目的同时，纷纷成立了政务服务中心，如银川、济南、长沙等地，用以简化审批环节、规范审批程序。2001年四川省人民政府建立了四川省人民政府政务服务中心，集中受理公民、法人和其他组织向省政府各部门申请办理的行政审批事项，成为我国首个省级政务服务中心。同年，安徽省、吉林省也成立了省级政务服务中心。

伴随着政务服务中心的迅速发展，中心的功能和作用得到充分的认识和提升，2004 年《行政许可法》正式施行，其中第 25 条规定，经国务院批准，省、自治区、直辖市人民政府根据精简、统一、效能的原则，可以决定一个行政机关行使有关行政机关的行政许可权；第 26 条规定，行政许可需要行政机关内设的多个机构办理的，该行政机关应当确定一个机构统一受理行政许可申请，统一送达行政许可决定。行政许可依法由地方人民政府两个以上部门分别实施的，本级人民政府可以确定一个部门受理行政许可申请并转告有关部门分别提出意见后统一办理，或者组织有关部门联合办理、集中办理。这两条规定为政务服务中心的建立和运行提供了法律上的依据，促进了全国政务服务中心的蓬勃发展。

2004—2012 年，全国范围内很多区（县）级地方政府纷纷建立行政服务中心。2008 年，《中华人民共和国政府信息公开条例》正式施行，政府信息公开在全国范围内推行开来，这为政务服务中心的发展与规范运行提供了新的重要机遇。从此，“政务公开”成为政务服务中心的一项重要职能和应尽职责，越来越受到重视。2011 年 8 月，中共中央办公厅、国务院办公厅印发了《关于深化政务公开加强政务服务的意见》，提出按照建设服务型政府的要求，将政府及其部门的政务服务体系建设纳入基本公共服务体系建设的范畴，指出服务中心是实施政务公开、加强政务服务的重要平台。其中解释了政务服务中心的性质是“政务公开”和“政务服务”，因而政务服务中心的定位应为为政府部门集中提供服务的

“重要平台”，要求各地要因地制宜规范和发展各级各类服务中心。凡与企业和人民群众密切相关的行政管理事项，包括行政许可、非行政许可审批和公共服务事项均应纳入服务中心办理。这是对以往十多年政务服务中心的发展成果进行的系统总结和提炼，并对下一步政务服务中心的发展进行了制度设计。该意见对明确服务中心职能、规范服务中心运行、推进基层便民服务、建立统一规范的公共资源交易平台、整合政务服务资源等方面进行了规范。此后，各级党政机关对政务服务中心在深化政务公开、加强政务服务等方面的功能给予了充分重视，为政务服务中心迈向规范化、功能多样化的发展道路做好了铺垫。2012 年 9 月，国务院发布了《关于第六批取消和调整行政审批项目的决定》，要求继续推进政务中心建设，健全省市县乡四级联动的政务服务体系，并逐步向村和社区延伸。加强行政审批绩效管理，推行网上审批、并联审批和服务质量公开承诺等做法，不断提高行政审批服务水平。审批项目较多的部门要建立政务大厅或服务窗口。

根据 2012 年 12 月底政府网站统计数据，我国省级以下地方政府共设立政务（行政）服务中心 3151 个，约占地方政府总数的 96.0%；333 个地市级政府和直辖市下设 68 个区级政府，共设立政务服务中心 392 个，约占地市级政府总数的 97.7%；2862 个县级政府和市辖区共设立政务服务中心 2758 个，约占县级政府总数的 96.4%；全国 43218 个乡镇（街道）共设立 30615 个便民服务中心，约占乡镇和街道总数的 70.8%。

这一时期，在地方政府的强力推动下，政务服务中心所搭建的第三方平台的优势效应得到发挥，拓展了整合领域、扩大了服务功能，有的还将政务公开、热线电话、行政投诉、公共资源交易等直接面向社会和公众的事务，同时又有着内在联系的政务服务事项，纳入政务服务中心实施整体规范、统筹管理。在此基础上，建立协同一致、互补一体的运作机制，打造统一的政务服务界面，在大幅节约行政成本的同时，为社会和市场提供了更优质的公共服务产品。

三、政务服务中心的提质增效期（党的十八大以来）

党的十八大以来，党中央和国务院持续大力推进简政放权、放管结合和优化服务改革。党的十八大报告提出，深化行政审批制度改革，继续简政放权，推动政府职能向创造良好发展环境、提供优质公共服务、维护社会公平正义转变。党的十九大报告提出，深化简政放权，创新监管方式，增强政府公信力和执行力，建设人民满意的服务型政府。2013 年 7 月，习近平总书记视察武汉市民之家，对提高便民服务质量提出要求。在中央领导同志的重视推动下，在“放管服”改革的不断向纵深推进中，政务服务中心迎来了提质增效的快速发展期。各级政务服务中心不仅在功能上从最初单纯的投资项目审批，逐步扩展到便民服务、政务公开、热线电话、公共资源交易、行政投诉等直接面向社会公众的政务服务领域，成为集行政权力运行、政务公开、便民服务、法制监督、效能监察、政民互动等于一体的综合性政务服务平台，而且在运行模式和方式手段上向集成化、标准化、网络化转变，服务质量和效能大幅提升，呈现以下特点。

一是从“两集中、两到位”向“三集中、三到位”转变。自 2004 年江苏省镇江市率先在全国推出“两集中、两到位”改革以来，全国很多地方行政服务中心都进行了以职权配置为突破口，探索破解制约政务服务中心发展的体制性障碍的改革。“两集中”是指在不增加人员编制、不增设内设机构和领导职数的前提下，清理和归并行政职能部门的审批和服务职能，部门审批、服务职能向一个处室集中，成立集中行使审批、服务职能的行政服务处（室）。在此基础上，行政服务处（室）成建制集中进驻政务服务中心，实行窗口办公。“两到位”是指各部门的审批、服务事项进驻政务服务中心到位，部门对进驻政务服务中心的处（室）的授权要到位。所有进驻中心的单位专门刻制行政审批（许可）专用章，供窗口办理审批（许可）事项使用，而无须再加盖单位行政印章。这种做法增强了窗口的直接审批功能，在一定程度上解决了审批体外循环问题。

实施“两集中、两到位”以后，进驻政务服务中心的行政审批处（室）具有四项基本职权：受理权、直接审批权、分办权（对涉及需要转后台处理的事项，有对机关各职能处室分办的权力）和督办权（对整个办事过程和结果负责，拥有全程监督的权力）。而后台的相关处（室）则从具体的审批事务中解放出来，转而负责相关业务和政策法规的研究、工作规范和标准的制定、审批监管以及重大或复杂事项的决策和办理。这种部门内部的职能重新分工是基于现行行政体制的一种创新性改革，一定程度上实现了行政审批权的决策、执行与监督的有效分离，也避免了一些部门将执行环节连同审批权力盲目集中到政务服务中心，导致后台职能处（室）无所事事，甚至引发前后台之间不必要的矛盾冲突。“两集中、两到位”破解了政务服务中心的发展瓶颈，强化了政务服务中心公共服务的主体地位，也提高了政务服务中心的整体运行质量。政务服务中心权力配置改革的“镇江模式”取得成功之后，“两集中、两到位”

成为国内政务服务中心的发展共识和行政审批权力重新配置的共同要求，并得到积极推广和响应。在此基础上，一些地方进一步深化改革，实行“三集中、三到位”，即一个职能部门的行政审批事项向一个处室集中、相关职能部门的行政审批处室向政务服务中心集中、政务服务中心的行政审批职能向一个服务窗口甚至电子政务平台集中，审批服务事项进驻到位、审批服务授权到位、对审批服务的监察到位，行政审批服务通过政务服务中心由“一站式”向“一窗式”“一网式”提升。

二是实现审批事项由串联向并联发展。2007年，成都市设立加快行政审批制度改革暨推进并联审批工作小组，率先在全市范围内整体推进政务服务中心并联审批改革。工作小组根据现行审批项目之间的因果关系，提出了对各审批项目之间存在法定因果关系的实行串联审批，对各审批项目之间无法定因果关系的实行并联审批的原则。并联审批的改革按照“许可预告、服务前移、一窗受理、内部运转、并行审批、限时办结、监控测评”七个步骤进行。所谓“服务前移”，是指在流程优化之前，对审批环节进行细分，将其中可以不纳入审批环节的工作，转为审批部门的服务工作，前移到审批启动之前开展。通过将服务事项从审批环节中剥离，为精简审批环节、提高审批效率创造了重要条件。所谓“一窗受理”，是指行政服务大厅设立“并联审批综合窗口”，对并联审批流程内的各审批项目统一受理申请，统一发放证照，实行“一个窗口对外”的服务，并联审批内的各审批部门原则上不再独立接办此类审批事件。所谓“内部运转”，是指综合窗口受理并联审批事项的申请后，将企业的申请材料转发给各相关审批窗口，申请人不需要再到各审批窗口逐一办理相关手续。所谓“并行审批”，是指各相关行政机关收到从综合窗口转来的申请资料后，同时启动对申请的审核工作，提出具体审批意见。所谓“监控测评”，是指并联审批流程启动之后，各部门的审批工作由行政服务大厅的“并联审批综合窗口”进行监控。“并联审批综合窗口”通过内部运作监督、限时办结监督和公众投诉监督等方式，及时统计分析审批部门工作情况并予以测评考核。

并联审批改革通过实施流程优化和再造，精简了审批环节，缩短了工作时限，提高了审批效率和服务效能，逐步成为各地政务服务中心的工作重点，越来越多的政务服务中心学会了按主题、按项目实施流程再造，通过并联审批压缩时限，不断优化流程，提升公共服务品质。

三是通过设立行政审批局实行相对集中行政许可权改革。2008年，成都市武侯区设立“行政审批局”，将区级政府多个职能部门行使的行政审批权集中到“行政审批局”，为通过设立行政审批局实行相对集中行政许可权改革进行了初步探索。2014 年 5 月，天津滨海新区创新行政审批体制，成立行政审批局，将原先由 18 个部门行使的区级行政审批职权整合集中，实行“一颗印章管审批”。这种模式通过对审批事项和审批部门的优化整合和合理配置，实现了相关部门审批“小并联”向所有事项审批“大并联”转变，在审批局一个部门内部就能做到对所有审批事项的并联审批，在“单一窗口”就能做到统一接件和出证，有效减少了审批环节，增强了审批的协调性和时效性；通过实行“受理、审查、批准”三分立，由过去“接办不分”变为“接办分离”，由过去“单人单岗”变为“团队审批”，各内设机构联动办理、各环节相互监督，同时制定并执行标准化操作规程，保证了审批的专业性和公平性。天津滨海新区的这种改革使行政审批模式发生了质变，使行政审批服务的效率和便捷性大幅提升，行政运行成本和企业办事成本明显下降。2014 年 9 月 11 日，李克强到滨海新区行政审批局视察，亲自见证了 109 枚公章的封存，对滨海新区审批制度改革探索给予高度评价。2015 年 3 月 27 日，中央编办和国务院法制办联合下发《关于印发〈相对集中行政许可权试点工作方案〉的通知》，天津、河北、山西、江苏、浙江、广东、四川、贵州八省（市）被列为试点开展相对集中行政许可权改革，探索相对集中行政许可权的内容、范围和实现形式，探索行政审批部门与承担管理职能部门的职责定位、工作机制，探索优化审批流程、规范审批行为，逐步实现行政审批程序化、标准化、科学化，探索健全审批、管理、监督运行机制，加强事中事后监管，建立健全内外部监督制约机制。2016 年 6 月 23 日，中央编办和国务院法制办又印发了《关于进一步做好相对集中行政许可权改革试点的通知》，将试点审批权下放各省。此后，各地纷纷行动，如天津市在前期“三集中、三到位”的基础上，市级 37 个委办局全部成立行政审批处，16 个区全部成立了行政审批局，形成了“市级审批处+区级行政审批局”的新型行政审批体制。在总结试点地区改革经验基础上，这项改革在全国很多地方推广。

四是推进政务服务标准化。为解决政务服务中心建设、管理、运行不规范，政务服务事项办理要件、程序、时限、收费等缺乏统一标准问题，浙江、山东等地在政务服务中心试点推行政务服务标准化。通过制定标准，将政务大厅涉及审批和服务的内容、流程、行为、评价等环节进行标准化，进一步规范大厅内部管理、提升事项办理质量，推进事项协同办理和集成服务。为规范和指导各级政务服务中心有序推进标准化建设，国家标准化管理委员会于2010年、2011年分别下达国家标准制修订项目计划，确定由山东省新泰市公共行政服务中心、山东省质监局、山东省标准化研究院、北京市西城区综合政务服务中心、福建省龙岩政务服务中心、安徽省广德县政务服务中心等单位，承担《政务服务中心标准化工作指南》《政务服务中心运行规范》两大系列六项国家标准起草制定任务，由中国标准化研究院现代服务标准化发展研究中心与江苏省镇江市行政服务中心共同承担《政务服务中心网上服务规范》国家标准起草制定任务。2015年10月，国家质量监督检验检疫总局、国家标准化管理委员会批准了《政务服务中心运行规范 第1部分：基本要求》《政务服务中心运行规范 第2部分：进驻要求》《政务服务中心运行规范 第3部分：窗口服务提供要求》《政务服务中心运行规范第4部分：窗口服务评价要求》《政务服务中心标准化工作指南 第1部分：基本要求》《政务服务中心标准化工作指南 第2部分：标准体系》《政务服务中心网上服务规范》七项国家标准，对政务服务中心标准体系建设、运行管理基本要素和网上服务的建设与管理等进行了全面、系统阐述。该系列国家标准是我国在政务服务层面推出的首批国家标准，开创了我国政务服务标准化建设、发展的新局面。2016年，国务院行政审批制度改革工作领导小组和国家标准化管理委员会发布《行政许可标准化指引（2016版）》，要求行政许可实施机关内只有一个机构承担审批工作且行政许可事项数量少的，应在本机构内设置一个固定场所作为窗口统一受理申请、统一送达决定。行政许可实施机关多个内设机构承担审批工作但行政许可事项数量少的，应当确定一个固定场所或一个机构作为窗口统一受理申请，统一送达决定，同时提出行政许可实施机关根据场地、设备等实际情况，可设立实体性服务大厅。现场平均日受理量达到10件的（日受理应该是现场受理量，而不应该包括网上受理的量），应设立实体性服务大厅，将所有行政许可事项纳入服务大厅集中受理。2018年，国家质量监督检验检疫总局、国家标准化管理委员会批准了《政务服务中心服务投诉处置规范》《政务服务中心服务现场管理规范》《政务服务中心进驻事项服务指南编制规范》。

2020年10月29日，党的十九届五中全会通过的《中共中央关于制定国民经济和社会发展第十四个五年规划和二〇三五年远景目标的建议》明确提出，推进政务服务标准化、规范化、便利化。按照党中央的部署。2022年2月，国务院印发《关于加快推进政务服务标准化规范化便利化的指导意见》。该意见提出，2022年底前，国家、省、市、县、乡五级政务服务能力和水平显著提升；国家政务服务事项基本目录统一编制、联合审核、动态管理、全面实施机制基本建立；政务服务中心综合窗口全覆盖，全国一体化政务服务平台全面建成，“一网通办”服务能力显著增强，企业和群众经常办理的政务服务事项实现“跨省通办”。2025年底前，政务服务标准化、规范化、便利化水平大幅提升，高频政务服务事项实现全国无差别受理、同标准办理；高频电子证照实现全国互通互认，“免证办”全面推行；集约化办事、智慧化服务实现新的突破，“网上办、掌上办、就近办、一次办”更加好办易办，政务服务线上线下深度融合、协调发展，方便快捷、公平普惠、优质高效的政务服务体系全面建成。

为推动政务服务标准化工作，2022年2月9日，国家标准化管理委员会发布《关于成立全国行政管理和服务标准化技术委员会等3个标准化技术组织的公告》，成立了全国行政管理和服务标准化技术委员会、全国行政管理和服务标准化技术委员会行政管理分技术委员会、全国行政管理和服务标准化技术委员会政务服务分技术委员会。

五是与“互联网+政务服务”相融合。2016年9月，《国务院关于加快推进“互联网+政务服务”工作的指导意见》提出推进实体政务大厅与网上服务平台融合发展。适应“互联网+政务服务”发展需要，进一步提升实体政务大厅服务能力，加快与网上服务平台融合，形成线上线下功能互补、相辅相成的政务服务新模式。推进实体政务大厅向网上延伸，整合业务系统，统筹服务资源，统一服务标准，做到无缝衔接、合一通办。完善配套设施，推动政务服务事项和审批办理职权全部进驻实体政务大厅，实行集中办理、一站式办结，切实解决企业和群众办事在政务大厅与部门之间来回跑腿的问题。2018年6月，《国务院办公厅关于印发进一步深化“互联网+政务服务”推进政务服务“一网、一门、一次”改革实施方案的通知》发布，为深化“互联网+政务服务”提出系列要求。其一，推动实体大厅“多门”变“一门”，优化提升政务服务大厅“一站式”功能，完善省、市、县、乡镇综合性政务大厅集中服务模式，将垂直管理部门在本行政区域办理的政务服务事项纳入综合性政务大厅集中办理，加快实现前台综合受理、后台分类审批、综合窗口出件，使企业和群众必须到现场办理的事项“只进一扇门”。除因安全等特殊原因外，原则上不再保留各地政府部门单独设立的服务大厅。其二，推动更多政务服务事项网上办理，切实提高政务服务事项网上办理比例，除法律法规另有规定或涉密等外，原则上各级政务服务事项均应纳入网上政务服务平台办理，并按照国家政务服务平台相关标准规范组织实施。其三，推进“最多跑一次”向基层延伸，按照推进审批服务便民化，“马上办、网上办、就近办、一次办”的要求，加强乡镇（街道）便民服务中心、村庄（社区）服务站点建设，推动基于互联网、自助终端、移动终端的政务服务入口全面向基层延伸，打造基层“一站式”综合便民服务平台，进一步提高基层响应群众诉求和为民服务的能力，推动实现“最多跑一次”省市县乡村全覆盖。

以上这些重大部署和重要举措，将有力推动政务服务中心建设、管理、运行的规范化、标准化，提升政务服务的效率和质量。

第三节　建设数字政府

随着信息技术的不断发展，我国对推进电子政务、加快政府信息化建设高度重视，国家相关部门牢牢把握经济、社会和信息技术的发展趋势，在电子政务建设和管理方面总体规划、科学统筹，对电子政务建设和发展做出了一系列制度化安排，电子政务建设在发展环境、基础网络设施、网站建设、应用系统、数据治理、标准规范等方面取得了长足进展。我国电子政务建设在不同发展阶段呈现不同特点。改革开放40多年来，我国电子政务的发展历程可以分为四个主要阶段。

一、电子政务的萌芽孕育阶段（1978—1992年）

我国电子政务萌芽最早应追溯到20世纪80年代，甚至往前可追溯到1973年第四机械工业部召开的电子计算机专业会议，把“计算机的普及应用”提到电子工业部门的工作任务中。从那时开始，中国政府将计算机技术应用于电力、地震、气象、地质、人口等领域的统计和科学计算工作中，1982年第三次全国人口普查时，开始用电子计算机进行普查工作。党中央、国务院洞察国际高新技术飞速发展趋势，做出了大力开展国民经济信息化建设的战略决策。1983年，国务院正式批准组建了国家计划委员会经济信息管理办公室，负责全国经济信息管理系统建设规划和信息技术方案的制订工作。该部门的设立，标志着政府对计算技术的运用从数据统计发展到宏观经济管理。从1984年开始，国务院先后批准经济、金融、铁道、电力等十多个关系到国家经济命脉的国家级信息系统建设。为迎接世界新技术革命的挑战，加快我国社会主义现代化建设进程，国务院于1986年批准建设国家经济信息系统，在国家计划委员会下组建国家经济信息中心（后改为国家信息中心）专门负责国家经济信息系统建设。同年，国务院召开国民经济信息化工作会议，在国务院综合部门和业务部门部署了12个大型信息系统建设。到“七五”时期，我国建设了包括国家经济信息系统等十余个信息系统，1990年注册顶级域名“CN”，43个部委建立了信息中心，中央政府安装的大中型计算机已经达到1300多台、微机超过三万台，建设数据库约170个。

1992年，国务院办公厅提出建设全国行政首脑机关办公决策服务系统的目标和具体实施方案，并在全国政府系统推行办公自动化。同年5月，在全国政府办公厅系统自动化工作指导协调小组的领导下，集体编制了《全国政府办公厅系统办公自动化规划纲要》，国务院办公厅印发《关于进一步加强全国行政首脑机关办公决策服务系统建设的通知》，文件明确提出要利用 3~5 年时间，在全国范围内初步建成全国行政首脑机关办公决策服务系统，这是国务院办公厅下发的第一个关于政府首脑机关必须开展办公自动化建设的文件。但总的来看，这一时期，我国尚未正式提出“电子政务”的概念，早期信息化主要是“经济管理信息化”。政府信息化多以“办公自动化”“部门信息化”的形式表现出来，主要特点就是办公自动化的普及应用，基本的办公自动化系统日趋成熟，微型计算机应用逐渐普及，综合采用图形、文字、图像、声音的通信网络得到广泛应用。

二、电子政务开始起步阶段（1993—2001 年）

在全球快速建设信息高速公路的潮流中，1993 年底，国务院批准成立了国家层面第一个信息化管理机构，即国家经济信息化联席会议，由邹家华任主席。同时，中国政府正式启动了国民经济信息化的起步工程，即金桥（经济信息通信网）工程、金关（对外贸易）工程、金卡（金融）工程和金税工程。其中，金桥工程建设政府专用基础通信网，实现不同政府部门之间的互联互通，进而直接为国家宏观经济调控和决策服务。这些重大经济信息化工程的启动，也标志着我国政府信息化在基础设施、业务系统、信息网络建设方面开始发力。1994 年，中国正式接入国际互联网。1996 年，成立国务院信息化工作领导小组。1997 年，在第一次全国信息化工作会议上，邹家华在工作报告中要求：加快（当时）已经启动的金字工程建设和加快国民经济重要领域的信息化建设。虽然当时未讲政务信息化或电子政务，但在会议上提出信息化建设要遵循“统筹规划、国家主导，统一标准、联合建设，互联互通、资源共享”重要原则。1998 年，首次出现地方政府网站，也是中国第一个严格意义上的政府网站——青岛政务信息公众网。

1999 年 1 月，由 40 多家部委（办、局）信息主管部门联合发起的“政府上网”工程，将目标定于 1999 年实现 60%以上的部委和各级政府部门上网，在 2000 年实现 80%以上的部委和各级政府部门上网。这一年，国务院信息化工作领导小组又升格为国家信息化工作领导小组，由吴邦国担任组长（见《国务院办公厅关于成立国家信息化工作领导小组的通知》），我国网络已呈现中国科技网、中国公用计算机互联网、中国教育和科研计算机网、中国金桥网以及中国联通公用计算机互联网“五网奔腾”的局面。截至 2002 年 12 月 31 日，.cn下的gov注册域名数已达 7796 个，占国内域名总数的 4.3%，开通的以gov.cn为域名的WWW政府网站 6148 个，80%以上的地市级政府在网上设立了办事窗口。全国政府网站建设范围已经延伸到乡镇级政府，并开始向社会发布政府部门信息，数字北京、数字福州等具有典型创新的电子政务发展模式开始涌现，极大推动了公共信息基础设施建设，政府专网、业务系统建设开始铺开。至此，中国政府电子政务大幕正式拉开。2001 年，国务院办公厅制定了全国政府系统政务信息化建设的五年规划，对我国政府信息化的指导思想、方针和政策等作出了明确规定。规划指出，我国推动政府信息化以“以需求为导向，以应用促发展，统一规划，协同发展，资源共享，安全保密”为指导原则，提出了政府信息化的任务主要集中的七个领域，计划大体用 3—5 年建设以“三网一库”为基本的政府系统的政务信息化枢纽框架，即政府机关内部的办公业务网，国务院办公厅与各地区、各部门连接的办公业务网，以因特网为依托的政府公众信息网，政府系统共建共享的电子资源库。

总的来说，这一时期政府业务系统建设被归入信息化范畴。一批大型业务系统逐步按照“条条”模式建立起来，从中央一直延伸到地方甚至基层，逐步建立起全国上下贯通的信息通道。

三、电子政务全面建设阶段（2002—2011 年）

随着现代信息的普及应用和电子政务的加快推进，我国进入构建电子政府和全面实施电子政务阶段。党的十六大报告明确提出，进一步转变政府职能，改进管理方式，推行电子政务，提高行政效率，降低行政成本。从 2002 年开始，政府网站从初建时期的形象展示阶段向深化应用阶段转变。但同时，我国数字政府建设和电子政务发展中面临的顶层设计缺失、统筹协调不力、制度和标准规范亟待建立完善等问题越来越突出，亟须国家有关部门重点围绕框架设计、机构安排、工程项目管理、网络设施建设、信息资源管理、政府网站发展、信息安全保障等进行统一部署，出台相关政策文件，明确电子政务发展方向、基本原则、重点任务、推进思路和保障机制等。

因此，加强我国电子政务发展中的顶层设计和统筹协调机构是势之所趋。2001 年，国家信息化领导小组成立并由朱镕基同志担任组长，常设办事机构是国务院信息化工作办公室，负责制定电子政务总体规划，协调、指导和推进电子政务建设，并负责建立科学的审议和评估机制。同时，中国政府开始注重电子政务顶层设计，2002 年的国务院政府工作报告将“推行电子政务”列为“转变政府职能”的重要任务。2002 年 8 月，中共中央办公厅、国务院办公厅联合发出《国家信息化领导小组关于我国电子政务建设指导意见》，指出电子政务对加快政府职能改变，提高行政质量和效率，增强政府监管和服务能力具有重要意义，提出的中国电子政务的基本框架，即“一站”“两网”“四库”“十二金”，对应中央和地方综合门户网站、政府内网和外网、四大基础信息库和十二个重要领域业务系统。这是首次以中共中央办公厅、国务院办公厅名义印发的电子政务全局性指导文件，第一次系统提出了我国电子政务建设的指导意见、建设目标和原则、主要任务，并规划了“两网四库十二金”作为后续一段时间重点建设的信息化工程。这一文件从战略高度谋划了电子政务发展方向，成为我国电子政务发展历程中里程碑式的文件。

2003 年，在电子政务建设实践中，首次出现数字政府的概念。在世界银行的援华项目《邯郸市数字城市建设研究》中，作为“数字邯郸”项目的一部分，“数字政府”概念首次被提及。2006 年 1 月 1 日，我国中央人民政府门户网站正式开通。2006 年，国家信息化领导小组印发《国家电子政务总体框架》，这是时隔四年之后我国有关电子政务的新的思路和方案，明确电子政务范围覆盖党和国家机构，为党委、人大、政府、政协、法院、检察院提供了电子政务技术支持。同年，中共中央办公厅、国务院办公厅联合印发《2006—2020 年国家信息化发展战略》，进一步谋划了此后 15 年我国电子政务未来发展的整体方向、基本路径、基本框架、重点领域。围绕这些顶层设计，国务院办公厅电子政务办公室等电子政务主管部门围绕统筹协调、网络建设、信息共享、业务应用、安全保密、标准规范、法律法规和绩效考核等领域，相继出台了多份电子政务文件，为电子政务健康发展提供了强有力的制度保障。但根据对历年国务院政府工作报告的检索，“数字政府”的概念在这一时期国务院政府工作报告中尚未被提及。2008 年，国务院信息化工作办公室的职责被整合并入工业和信息化部（以下简称工信部）。2011 年，工信部发布《国家电子政务“十二五”规划》，旨在指导和推动全国的电子政务建设，概括了从应用、服务、共享、基础设施到安全等方面的建设内容。该规划提出，紧紧围绕全面建设小康社会的总目标，以电子政务科学发展为主题，以深化应用和注重成效为主线，转变电子政务发展方式，充分发挥电子政务应用成效，服务经济结构战略性调整，服务保障和改善民生，服务加强和创新社会管理，促进服务型政府、责任政府、法治政府和廉洁政府建设，走一条立足国情、讲求实效、面向未来的电子政务发展道路。该规划认真总结了近年来中国电子政务建设与发展取得的显著成绩，分析了进入“十二五”以后面临的新形势，新机遇和新挑战；阐述了新时期电子政务发展的基本思路，提出了新时期电子政务发展的基本原则；首次从顶层设计的角度，基于中国电子政务系统的基本框架，提出新时期中国电子政务的发展目标；特别关注了新时期中国电子政务的发展重点，将关注公共服务和惠及民生作为今后最重要的发展方向，强调统筹协调发展，突出通过电子政务发展促进社会管理创新，并对新技术尤其是云计算促进电子政务的发展提出了明确要求。2012 年 5 月 5 日，国家发展和改革委员会印发《“十二五”国家政务信息化工程建设规划》。该规划分现状和形势、总体要求、重点任务、保障措施四部分。主要目标是：通过实施国家政务信息化工程，到“十二五”期末，形成统一完整的国家电子政务网络，基本满足政务应用需要；初步建成共享开放的国家基础信息资源体系，支撑面向国计民生的决策管理和公共服务，显著提高政务信息的公开程度；基本建成国家网络与信息安全基础设施，网络与信息安全保障作用明显增强。

四、全面建设数字政府新阶段（2012年至今）

党的十八大以来，随着大数据、云计算、人工智能等新兴信息技术的蓬勃发展，运用这些技术发展电子政务、建设数字政府，推进政府治理和服务数字化，成为实现国家治理体系和治理能力现代化目标的重要内容和条件。以习近平同志为核心的党中央就如何发展信息化、加快数字政府建设作出一系列新的重大部署，采取一系列重要举措，我国数字政府建设进入新发展阶段。

（一）发展电子政务成为推进国家治理现代化的重要组成部分

党的十八大以来，以习近平同志为核心的党中央以深邃的历史眼光和宽广的时代视野，着力推进国家治理体系和治理能力现代化。2014年2月27日，中央网络安全和信息化领导小组正式成立，中央网信办（信息化发展局）成为国家电子政务建设的统筹领导部门。习近平总书记在中央网络安全和信息化领导小组第一次会议上指出，没有网络安全就没有国家安全，没有信息化就没有现代化。2019年初，中央网信办联合中共中央办公厅、国务院办公厅、国家发展改革委、工信部、国家标准委印发了《关于开展国家电子政务综合试点的通知》，部署在有关地方和部门开展综合试点工作，涉及基础设施集约化、政务信息资源共享、“互联网+政务服务”和电子文件应用等四个方面。

2016 年 12 月，国务院印发《“十三五”国家信息化规划》，提出支持善治高效的国家治理体系构建、形成普惠便捷的信息惠民体系等重点工作，电子政务被列入 12 项优先行动。2017 年，党的十九大报告对数字中国、网络强国、智慧社会建设作出重大部署。2017 年 12 月 8 日，习近平总书记在中央政治局就实施国家大数据战略进行第二次集体学习时强调：要运用大数据促进保障和改善民生。要坚持以人民为中心的发展思想，推进“互联网+教育”“互联网+医疗”“互联网+文化”等，让百姓少跑腿、数据多跑路，不断提升公共服务均等化、普惠化、便捷化水平。到 2017 年底，党中央、国务院相继出台《国家信息化发展战略纲要》《“十三五”国家信息化规划》等重大战略规划，明确数字中国建设发展的路线图和时间表，指出新时代数字中国建设的总目标是坚持与实现“两个一百年”奋斗目标同步推进，全面支撑党和国家事业发展，促进经济社会均衡、包容和可持续发展，为国家治理体系和治理能力现代化提供坚实支撑；明确数字中国建设要贯彻以人民为中心的发展思想，把增进人民福祉作为信息化发展的出发点和落脚点，让信息化更好造福人民。各地区、各部门围绕数字中国建设，着力提升以信息基础设施体系为支撑、信息技术产业生态体系为牵引、数据资源体系为核心的国家信息化发展能力，着力提高信息化在驱动经济转型升级、推进国家治理体系和治理能力现代化、推动信息惠民、促进军民深度融合发展等重点领域的应用水平，着力优化支持网信企业全球发展、网络空间治理、网络安全保障等的发展环境，加快推动我国信息化水平和安全支撑能力大幅提升。

习近平总书记在 2018 年全国网络安全和信息化工作会议上要

求：加快推进电子政务，构建全流程一体化在线服务平台。李克强在 2018 年政府工作报告中明确提出，要深入推进“互联网+政务服务”，使更多事项在网上办理，必须到现场办的也要力争“只进一扇门”“最多跑一次”。加快政府信息系统互联互通，打通信息孤岛。上述诸多建立现代政府的历史使命，既是对中国电子政务建设提出的新要求，也是新时代建设数字政府的重要内容。

习近平总书记高度重视数字中国建设，强调加快数字中国建设，就是要适应我国发展新的历史方位，全面贯彻新发展理念，以信息化培育新动能，用新动能推动新发展，以新发展创造新辉煌。2019 年 5 月 26 日，习近平总书记在 2019 中国国际大数据产业博览会开幕式贺信中指出，中国高度重视大数据发展。我们秉持创新、协调、绿色、开放、共享的发展理念，围绕建设网络强国、数字中国、智慧社会，全面实施国家大数据战略，助力中国经济从高速增长转向高质量发展。2020 年，习近平总书记在中央财经委员会第七次会议上强调，加快数字经济、数字社会、数字政府建设，推动各领域数字化优化升级，积极参与数字货币、数字税等国际规则制定，塑造新的竞争优势。2021 年，习近平总书记在致世界互联网大会乌镇峰会的贺信中指出，数字技术正以新理念、新业态、新模式全面融入人类经济、政治、文化、社会、生态文明建设各领域和全过程，给人类生产生活带来广泛而深刻的影响。要激发数字经济活力，增强数字政府效能，优化数字社会环境，构建数字合作格局，筑牢数字安全屏障，让数字文明造福各国人民。从战略部署看，党和国家出台了《网络强国战略实施纲要》《数字经济发展战略纲要》以及《“十四五”数字经济发展规划》等，从国家层面部署推动数字政府建设，地方政府、部门也制定出台了相关规划、配套政策并推动落地实施。其中《“十四五”数字经济发展规划》明确提出持续提升公共服务数字化水平，提高“互联网+政务服务”效能。全面提升全国一体化政务服务平台功能，加快推进政务服务标准化、规范化、便利化，持续提升政务服务数字化、智能化水平，实现利企便民高频服务事项“一网通办”。建立健全政务数据共享协调机制，加快数字身份统一认证和电子证照、电子签章、电子公文等互信互认，推进发票电子化改革，促进政务数据共享、流程优化和业务协同。推动政务服务线上线下整体联动、全流程在线、向基层深度拓展，提升服务便利化、共享化水平。开展政务数据与业务、服务深度融合创新，增强基于大数据的事项办理需求预测能力，打造主动式、多层次创新服务场景。聚焦公共卫生、社会安全、应急管理等领域，深化数字技术应用，实现重大突发公共事件的快速响应和联动处置。同时，还提出要健全完善数字经济治理体系，其中多项举措涉及建设数字政府，如强化协同治理和监管机制。探索建立与数字经济持续健康发展相适应的治理方式，制定更加灵活有效的政策措施，创新协同治理模式。明晰主管部门、监管机构职责，强化跨部门、跨层级、跨区域协同监管，明确监管范围和统一规则，加强分工合作与协调配合。深化“放管服”改革，优化营商环境，分类清理规范不适应数字经济发展需要的行政许可、资质资格等事项，进一步释放市场主体创新活力和内生动力。鼓励和督促企业诚信经营，强化以信用为基础的数字经济市场监管，建立完善信用档案，推进政企联动、行业联动的信用共享共治。加强征信建设，提升征信服务供给能力。加快建立全方位、多层次、立体化监管体系，实现事前事中事后全链条全领域监管，完善协同会商机制，有效打击数字经济领域违法犯罪行为。加强跨部门、跨区域分工协作，推动监管数据采集和共享利用，提升监管的开放、透明、法治水平。探索开展跨场景跨业务跨部门联合监管试点，创新基于新技术手段的监管模式，建立健全触发式监管机制。加强税收监管和税务稽查。包括增强政府数字化治理能力。加大政务信息化建设统筹力度，强化政府数字化治理和服务能力建设，有效发挥对规范市场、鼓励创新、保护消费者权益的支撑作用。建立完善基于大数据、人工智能、区块链等新技术的统计监测和决策分析体系，提升数字经济治理的精准性、协调性和有效性。推进完善风险应急响应处置流程和机制，强化重大问题研判和风险预警，提升系统性风险防范水平。探索建立适应平台经济特点的监管机制，推动线上线下监管有效衔接，强化对平台经营者及其行为的监管。

从地方实践层面看，依托电子政务已成为推动构建数字政府的重要路径。广东省以建设数字中国、智慧社会为导向，在全国率先打造“数字政府”，重点推进政务信息系统整合，破除“信息孤岛”，打造统一安全的政务云平台、数据资源整合和大数据平台、一体化网上政务服务平台，建成省级统筹、整体联动、部门协同、一网通办的“互联网+政务服务”体系。浙江省把数字政府建设作为构建推动浙江经济高质量发展的体制机制、再创营商环境新优势、引领数字时代政府改革与治理能力建设的着力点和突破口。青岛市针对网络联通难、系统贯通难、数据汇通难等各地数字政府建设普遍面临的关键基础性障碍，以数据整合共享开放为核心，统筹电子政务、大数据、公共信用、政务公开、政府网站和信息资源“六位一体”发展。

（二）以数字政府带动阳光政府建设

早在2002年8月，中共中央办公厅、国务院办公厅联合下发的《国家信息化领导小组关于我国电子政务建设指导意见》中便提出以电子政务推动法治政府、阳光政府建设。2006年国务院办公厅发布的《关于加强政府网站建设和管理工作的意见》提出，通过政府网站进行信息发布、在线办事和开展公益性便民（信息）服务等事项。2009年以后，政务微博、政务微信和政务小程序（App）的相继出现，结束了政府网站作为网络信息服务唯一渠道的时代。2016年，中共中央办公厅、国务院办公厅在《关于全面推进政务公开工作的意见》中提出，要充分利用政务微博微信、政务客户端等新平台，扩大信息传播。2018年，国务院办公厅又专门发布《关于推进政务新媒体健康有序发展的意见》，将政务新媒体定位为党和政府联系群众、服务群众、凝聚群众的重要渠道，由此形成一个多元化、多平台的政务信息发布体系。

在地方层面，各地通过深化电子政务应用，推进了现代政府治理进程。浙江、江苏、贵州等地针对政务服务运行的事前、事中、事后各个环节，从事项信息完整性、事项办理时效性、流程合法性和内容规范性等方面厘清监督规则，制定对应监督机制，对各部门政务服务运行进行实时监控、提前预警、统计分析。沈阳96家行政审批中介机构进入网上“超市”，申请人可在网上自行选择中介服务，服务从选取、竞价到成交、评价等环节全程线上运行。电子政务针对“不作为、乱作为”的权力“任性”，循因施策，打造网上电子监察、权力运行平台，亮出权力清单、责任清单，通过信息化网络技术把政府权力运行进一步关在制度笼子里，很大程度上解决了“该干什么”“如何干”“干不好怎么办”的政府治理难题。

（三）以“互联网+政务服务”推进服务型政府建设

电子政务推动了政府职能转变，助力以“互联网+”为核心的网上政务服务快速发展，大大加快了我国政府职能转变进程，驱动着“放管服”改革向纵深推进，在大数据、云计算等新型信息技术的催化下，“放”出了含金量、“管”得更智慧、“服”高了获得感。2014年，国务院办公厅印发了《关于加强政府网站信息内容建设的意见》，明确政府网站是网络时代政府履行职责的重要平台，建好管好政府网站是各级政府及其部门的重要职责，（为）推进国家治理体系和治理能力现代化发挥积极作用等，首次将政府网站提升到国家治理层面，并提出推进集约化建设，在确保安全的前提下，各省（区、市）要建设本地区统一的政府网站技术平台等。此后，国务院办公厅开展对全国政府网站进行普查（抽查）和集约化治理。2017年，国务院办公厅印发《政府网站发展指引》，指导全国各级政府网站的规范发展。

“互联网+政务服务”是以简政放权、创新监管、提升服务为核心，以政府权力清单为基础，以信息化技术为支撑，实现从“群众跑腿”到互联网“数据跑路”的服务管理新模式。各地“最多跑一次”“一网通办”“一枚印章管审批”“不见面审批”等实践探索和创新，进一步优化了营商环境，有效降低了制度性交易成本，在很大程度上实现了便企利民，真正激发了市场活力和社会创造力。据国家网信办发布的《数字中国发展报告（2020年）》显示，全国一体化政务服务平台已基本建成。截至2020年底，平台已发布53个国务院部门的数据资源9942项，为各地区各部门提供共享调用服务达540余亿次。

（四）推进政府数据开放

党和政府非常重视政府数据资源的开发利用。2004年，中央印发《关于加强信息资源开发利用工作的若干意见》，明确加强信息资源开发利用工作的指导思想、主要原则和总体任务，并鼓励加强信息资源的公益性开发利用和服务。党的十八大以来，各地区各部门大数据管理机构如雨后春笋般涌现。2014年2月，广东省大数据管理局成立，拉开了成立大数据局的帷幕。2015年12月，山西省人民政府办公厅发布《关于运用大数据加强对市场主体服务和监管的实施意见》。中国信通院数据显示，截至2020年底，全国共有20个省级政府和80个以上的副省级和地级市政府成立了专门的职能机构，对政府内部的数据资源进行统一协调管理。2016年9月，国务院印发了《政务信息资源共享管理暂行办法》，提出要组织编制国家政务信息资源目录、建设国家数据共享交换平台，以解决多年未能彻底解决的国家层面政务数据共享问题，其中制定指南、汇总目录、推动平台及体系建设和工作评价等任务都由国家发改委负责，具体建设则由国家发改委主管的国家信息中心负责。该办法是国家推进政务信息资源管理制度建设的重大举措，也是我国第一份关于政务信息资源共享的规范性文件。办法不仅明确了政务信息资源的定义和分类，提出了“以共享为原则，以不共享为例外”等原则，界定了信息共享的范围和责任，明晰了信息共享的权利和义务，而且对政务信息资源目录、国家数据共享交换平台体系构建以及信息共享工作的管理、协调、评价和监督等做出了硬性规定和要求。作为当前和今后一个时期国家推进政务信息共享的主要政策依据，这份纲领性文件具有里程碑意义，改变了我国政务信息共享“无据可依”的历史，有效打破“信息孤岛”和“数据烟囱”，大大提升了政务信息共享管理和约束效力，使政务信息共享工作进一步制度化、规范化和程序化，推动我国政务信息化建设进入集约整合、全面互联、开放共享、协同共治的新阶段，有效加快国家治理体系和治理能力现代化进程。中国政府数据开放的时代浪潮已经来临。

第五章
推进法治政府和廉洁政府建设

▼

法治政府和廉洁政府是现代国家治理所追求的主要目标，更是中国特色社会主义制度的必然要求。改革开放 40 多年来，适应经济社会发展和推进国家治理现代化的需要，在党的领导下，我国大力加强法治政府和廉洁政府建设，取得了显著成效。

第一节　积极推进法治政府建设

40 多年来，在中国特色社会主义法治理论的指导下，我国法治政府建设的伟大实践历程可以划分为四个阶段。

一、法治政府建设的酝酿期

自 1949 年 10 月中华人民共和国成立以来，法治问题一直或隐或现、持续不断地存在于国人的生活之中，存在于我国国家治理的生动实践之中，尤其是“文化大革命”结束、实行改革开放以来，法治更成为人民关注的热门话题。理论界和实践界经历了对法律阶级性本质的反思，改革开放的总设计师邓小平基于历史经验教训深刻论述了人与制度之间的关系、社会主义法治与我国社会转型的必然联系。由此确立了法治在当今中国社会的价值正当性，我们党确立了全面依法治国的基本方略。

1978 年，党的十一届三中全会召开。以邓小平同志为核心的党的第二代中央领导集体，深刻总结“文化大革命”的教训，在作出把党和国家工作重心转移到经济建设上来、实行改革开放历史性决策的同时，明确提出为了保障人民民主，必须加强社会主义法制，强调必须使社会主义民主制度化、法律化，使这种制度和法律具有稳定性、连续性和极大的权威，不因领导人的改变而改变，不因领导人看法和注意力的改变而改变，并提出了“有法可依、有法必依、执法必严、违法必究”的十六字方针，开辟了社会主义民主法制建设蓬勃发展的新时期。

十六字方针的提出，虽然没有特别提及政府法制工作，但是表明了法治的意向，显示了党和国家进行法制建设的坚定决心。这个时期我国法治建设刚刚起步，“法治政府”建设主要体现为“法制政府”建设，就是围绕经济建设这个中心加强法制建设，包括与政府行为相关的法律建设和行政立法工作。立法工作的重点是，恢复和重建国家秩序，实行和推进改革开放。例如，1979 年政府工作报告中提出要加强社会主义民主和社会主义法制；1983 年政府工作报告明确指出，要继续抓紧经济立法和行政立法的工作，国务院准备陆续制定一批经济法规，以适应现代化建设的需要。1980 年至 1992 年的政府工作报告中几乎都提及了加强经济立法和经济司法。

1979 年 6 月，五届全国人大二次会议召开，会议主要任务是讨论和决定国民经济的调整、改革、整顿、提高，以及加强社会主义民主和社会主义法制问题。会议通过《关于修正〈中华人民共和国宪法〉若干规定的决议》，审议并通过《中华人民共和国地方各级人民代表大会和地方各级人民政府组织法》《中华人民共和国全国人民代表大会和地方各级人民代表大会选举法》《中华人民共和国人民法院组织法》《中华人民共和国人民检察院组织法》《中华人民共和国刑法》《中华人民共和国刑事诉讼法》《中华人民共和国中外合资经营企业法》等七个重要法律，拉开了新时期中国大规模立法工作的序幕。其中，《中华人民共和国地方各级人民代表大会和地方各级人民政府组织法》是宪法性法律，规定了地方各级人民政府的职权。同年 12 月，五届全国人大常委会第十二次会议通过《关于中华人民共和国建国以来制定的法律、法令效力问题的决议》，确定从 1949 年 10 月 1 日新中国成立以来国家制定的法律、法令，除了同现行宪法、法律、法令相抵触的以外，继续有效。1982 年，五届全国人大五次会议通过《中华人民共和国国务院组织法》，将国务院组织活动重新纳入法制轨道。

1984 年，党中央提出了从依政策办事，逐步转变为既要依政策办事，又要依法律办事的方针，其中蕴含了法治政府的基本含义和要求。1987 年，党的十三大提出，为了巩固机构改革的成果并使行政管理走上法制化的道路，必须加强行政立法，为行政活动提供基本的规范和程序。要完善行政机关组织法，制定行政机关编制法，用法律手段和预算手段控制机构设置和人员编制。要层层建立行政责任制，提高工作质量和工作效率。要制定行政诉讼法，加强对行政工作和行政人员的监察，追究一切行政人员的失职、渎职和其他违法违纪行为。改革开放到党的十三大，我国立法工作取得了很大的成就，以宪法为统帅，以宪法相关法、民法商法、行政法、经济法、社会法、刑法、诉讼与非诉讼程序法等多个法律部门为主干，初步形成了由法律、行政法规、地方性法规构成的多层次法律规范。为此，党的十三大报告向全世界宣布：社会主义民主和法制的建设逐步发展。以宪法为基础的社会主义法律体系初步形成。

1989 年，《中华人民共和国行政诉讼法》出台，这是我国行政法治发展史上的第一个里程碑事件。《中华人民共和国行政诉讼法》确立了“民告官”制度，对于倒逼行政机关依法行政、促进民主政治建设，发挥了不可替代的重要作用。1990 年国务院颁布了《行政复议条例》，与《中华人民共和国行政诉讼法》共同构成我国行政救济的重要法律依据。1991 年最高人民法院工作报告在官方文件中首次提出“依法行政”的概念，“做好民事、行政审判和告诉申诉工作，保护公民、法人的合法权益，维护国家行政机关依法行政”。依法行政的具体实践开始具备法理性的指导和依据，“依法行使职权”成为对所有行政活动的规范性要求。

这一时期，我国法治政府建设主要集中在“有法可依”目标的切实推进上，为开启法治政府建设奠定了基础。

二、从“法制”到“法治”的历史性转变

1992 年召开的党的十四大明确提出建设中国特色社会主义市场经济体制，我国法治政府建设进入新阶段。1993 年政府工作报告中提出，各级政府都要依法行政，严格依法办事，首次在政府文件中提出“依法行政”，从而正式确定了依法行政的原则。同年，党的十四届三中全会通过《中共中央关于建立社会主义市场经济体

制若干问题的决定》，其中明确要求各级政府都要依法行政、依法办事，“依法行政”正式出现在党的纲领性文件中。至此，我国“法治政府”建设的“依法行政”之路正式开启。

1995 年 2 月 28 日，八届全国人大常委会第十二次会议对《中华人民共和国地方各级人民代表大会和地方各级人民政府组织法》第三次修正，提出地方各级人民政府必须依法行使行政职权。

基于我国在民主法制建设方面已经取得的巨大成就和今后社会发展的需要，1997 年 9 月，在党的十五大上，以江泽民同志为核心的党的领导集体丰富和发展了中国特色社会主义民主法制建设思想，在系统总结以往实践经验和前瞻今后我国社会发展大势的基础上，提出了“依法治国，建设社会主义法治国家”的跨世纪目标，第一次把“依法治国”确定为党领导人民治理国家的基本方略，把“建设社会主义法治国家”作为社会主义现代化建设的重要内容，开启了社会主义民主法制建设的新阶段。大会决议中提出：一切政府机关都必须依法行政，切实保障公民权利，实行执法责任制和评议考核制。

1999 年，九届全国人大二次会议通过了宪法修正案，把“依法治国，建设法治国家”写入宪法，明确提出法治的目标和要求。

从“法制”到“法治”的历史性转变，标志着我们党的法治理论和法治实践进入一个新阶段和新高度，使我国的法治建设从单纯的制度建设扩展到状态建设，使我们对法的功能认识从单纯的“专政工具”扩展到以“公平正义”治理社会的平衡器。政府建设是国家建设的关键一环，虽然“法治政府”没有被作为一个概念提出，但“依法治国”和“法治国家”目标的提出，也包含着“法治政府”的建设目标。

1999年11月，国务院召开全面推进依法行政大会，出台首个专门性依法行政文件《国务院关于全面推进依法行政的决定》。决定提出，各级政府和政府各部门要统一思想，更新观念，提高对依法行政重要性的认识，强调依法行政作为依法治国基本方略的重要组成部分，反映了行政机关运作方式的基本特征，本身就是体现党的执政地位和执政作用的重要方面，同样是从全局上、长远上统管各级政府和政府各部门的各项工作的，要求各级政府和政府各部门的工作人员特别是领导干部，要从巩固我们党的执政地位、维护国家政权的高度，根据我国人民民主专政的社会主义国家性质，全面、深刻地领会依法行政的精神实质，充分认识依法行政的重大意义，增强依法行政的自觉性，不断提高依法行政的能力和水平。

《国务院关于全面推进依法行政的决定》强调了各级政府和政府各部门领导的历史责任，要把依法行政作为关系改革、发展、稳定大局的一件大事，真正落实到行政活动的各个方面、各个环节，强调了县乡两级行政机关在落实依法行政方面的特殊性，提出要充分发挥法制工作机构在政府法制建设、依法行政中的参谋、助手作用。该决定从立法、执法、监督三个方面提出全面推进依法行政的具体举措，强调要进一步加强政府立法工作，提高政府立法质量，为依法行政奠定坚实的基础；要加大行政执法力度，确保政令畅通；要强化行政执法监督。

2000年《中共中央关于制定国民经济和社会发展第十个五年计划的建议》明确提出，推进政府工作法制化，从严治政，依法行政。

2002年11月，党的十六大把发展社会主义民主政治，建设社会主义政治文明，作为全面建设小康社会的重要目标之一，并明确提出加强对执法活动的监督，推进依法行政。

2003 年 3 月，国务院修订《国务院工作规则》，将依法行政正式确立为政府工作的基本准则，并明确规定：依法行政的核心是规范行政权力。国务院及各部门要严格依照法定权限、程序行使行政权，强化政府责任，不断提高依法行政的能力和水平。

这一时期，政府法制建设的重要表现是法律规范的不断完善，包括《中华人民共和国国家赔偿法》（1994 年）、《中华人民共和国行政处罚法》（1996 年）、《中华人民共和国行政监察法》（1997 年）、《中华人民共和国行政复议法》（1999 年）、《中华人民共和国立法法》（2000 年）、《中华人民共和国行政许可法》（2003 年）等法律法规陆续出台。1996 年《中华人民共和国行政处罚法》对行政处罚的设定和实施做了严格规定，规范了行政权力行使的边界和方式，有力地保障公民、法人或者其他组织的合法权益。1997 年通过并施行的《中华人民共和国行政监察法》*，在保证政令畅通、维护行政纪律，加强权力制约和监督，促进廉政建设方面起到了有利作用，标志着中国特色的行政监察制度正式确立。1999 年公布的《中华人民共和国行政复议法》对解决行政争议、建设法治政府具有巨大促进作用。“法制政府”的规范体系不断丰富发展，为“依法行政”提供了更加完备的法律依据。

* 2018 年 3 月 20 日，《中华人民共和国监察法》公布并施行，《中华人民共和国行政监察法》同时废止。

三、从依法行政到法治政府

党的十六大以后，以胡锦涛同志为总书记的党中央全面实施依法治国基本方略，强调发展社会主义民主政治最根本的是坚持党的领导、人民当家作主、依法治国有机统一，开创了社会主义民主法治建设的新局面。

为了贯彻落实依法治国的基本方略和党的十六大、党的十六届三中全会精神，适应全面建设小康社会的新形势和依法治国的进程，国务院于 2004 年 3 月制定并发布了《全面推进依法行政实施纲要》(以下简称《纲要》)，首次将全面推进依法行政，经过十年左右坚持不懈的努力，基本实现建设法治政府，确立为全面推进依法行政的目标，并从十一个方面对全面推进依法行政、建设法治政府进行了部署。这是继 2004 年国务院政府工作报告首次提出“法治政府”概念后，第一次以纲领性文件专门对“法治政府”作出顶层设计。该纲要的发布正式开启了我国法治政府建设的征程。理论界围绕法治政府进行了大量的理论探讨，各级政府积极投身法治政府建设并开展各种制度实践。

《纲要》规定了今后十年全面推进依法行政的指导思想和具体目标、基本原则和要求、主要任务和措施，是进一步推进我国社会主义政治文明建设的重要政策文件。《纲要》第三条确立了法治政府建设的七项具体目标，概括起来是要建设有限政府、法制统一政府、透明廉洁政府、公正诚信政府、服务效能政府、责任政府，这也是建设法治政府的六条判断标准。第五条就如何建设法治政府提出六项总体要求，即合法行政、合理行政、程序正当、高效便民、诚实守信、权责统一。可以看到，《纲要》将法治政府的衡量标准等同于依法行政的基本要求。法治政府建设工作主要是依法行政，但依法行政工作并不是法治政府建设工作的全部，法治政府建设工作比依法行政工作广得多、全面得多。

2004 年 9 月，党的十六届四中全会作出《中共中央关于加强党的执政能力建设的决定》(以下简称《决定》)，明确必须坚持科学执政、民主执政、依法执政三大执政原则，不断完善党的领导方式和执政方式，要坚持依法治国、领导立法、带头守法、保证执法，不断推进国家经济、政治、文化、社会生活的法制化、规范化。《决定》指出，党委要支持政府依法充分履行职责，推动政府依法行政；督促、支持和保证国家机关依法行使职权，在法治轨道上推动各项工作的开展。

2006 年 12 月，党的十六届六中全会决议《中共中央关于构建社会主义和谐社会若干重大问题的决定》，明确将“全面推进依法行政”作为“加快建设法治政府”的重要内容。

2007 年，党的十七大报告将“法治政府建设取得新成效”作为实现全面建设小康社会奋斗目标的重要内容之一，这标志着法治政府建设在我国整体建设中具备了战略意义。[①] 报告还提出，全面落实依法治国基本方略，加快建设社会主义法治国家，要求推进依法行政。

2008 年 3 月，中共中央、国务院公布的《关于深化行政管理体制改革的意见》提出，要建设服务政府、责任政府、法治政府和廉洁政府的要求，着力转变职能、理顺关系、优化结构、提高效能，为全面建设小康社会提供体制保障。

党的十七大把依法治国基本方略深入落实，全社会法制观念进一步增强，法治政府建设取得新成效。为全面落实依法治国基本方略，加快建设法治政府，2008 年，国务院发布《关于加强市县政府依法行政的决定》（以下简称《决定》），对切实解决法治政府建

① 曹鎏：《论我国法治政府建设的目标演进与发展转型》，《行政法学研究》，2020 年 04 期。

设重点和难点在基层的现实难题具有对症下药的全局性意义。《决定》指出，要充分认识加强市县政府依法行政的重要性和紧迫性，从大力提高市县行政机关工作人员依法行政意识和能力、完善市县政府行政决策机制、建立健全规范性文件监督管理制度、严格行政执法、强化对行政行为的监督、增强社会自治功能等方面，督促各地区、各部门加强领导、完善制度、明确责任，采取有效措施加快推进市县政府依法行政的进程。

《决定》强调，加强市县政府依法行政是建设法治政府的重要基础。市县两级政府在我国政权体系中具有十分重要的地位，处在政府工作的第一线，是国家法律法规和政策的重要执行者。实际工作中，直接涉及人民群众具体利益的行政行为大多数由市县政府作出，各种社会矛盾和纠纷大多数发生在基层并需要市县政府处理和化解。市县政府能否切实做到依法行政，很大程度上决定着政府依法行政的整体水平和法治政府建设的整体进程。经过坚持不懈的努力，近些年来我国市县政府依法行政已经取得了重大进展，但是与形势发展的要求还有不小差距，一些行政机关及其工作人员依法行政的意识有待增强，依法办事的能力和水平有待提高；一些地方有法不依、执法不严、违法不究的状况亟须改变。依法行政重点在基层，难点在基层。因此，必须把加强市县政府依法行政作为一项基础性、全局性工作，摆在更加突出的位置。这一决定提高了认识，明确了责任，进一步夯实了依法行政的基础。

在2004年《纲要》和《决定》的指导下，地方各级人民政府积极组织制定落实具体办法和配套措施，进行法治一体建设标准的实践探索，法治政府建设取得了丰硕成果和丰富经验。

这些实践探索主要包括两种类型：一是一些领域的法治建设专

项评价标准探索，例如依法行政、政府透明度、社会治安综合治理、公正司法等方面的评价指标体系。2008 年，深圳市政府法制办、市法制研究所经过近两年的研究后拟定了《深圳市法治政府建设指标体系（试行）》。该指标体系是全国第一个法治政府量化评估体系，一经公布即引起巨大反响。2009 年 4 月，湖北省政府与国务院法制办签署了关于共同推进湖北省法治政府建设和武汉城市圈“两型社会”建设的合作协议，商定共同研究制定湖北省建设法治政府的指标体系，同年 11 月，湖北省政府推出了全国第一个省级法治政府指标体系。2009 年 1 月 1 日，地方政府规章《江苏省依法行政考核办法》正式施行，这是国内首部对政府依法行政考核进行规范的省级政府规章。此后，有 17 个省、自治区、直辖市先后制定了依法行政考核（监督）办法。在总结地方实践经验的基础上，2009 年国务院法制办组织起草了《关于推行法治政府建设指标体系的指导意见（讨论稿）》。二是一些地区的法治建设综合评价标准探索，例如法治湖南、法治江苏、法治无锡建设的评价指标体系，北京的法治建设状况综合评价指标体系研究，产生广泛社会影响的余杭法治指数也属于这一类。这些指标体系贯彻落实 2004 年国务院发布的《全面推进依法行政实施纲要》和 2008 年发布的《国务院关于加强市县政府依法行政的决定》精神，从政府职能、行政决策、行政执法、社会矛盾、行政监督、行政能力建设或组织领导等六个方面构建了评价指标体系。

2010 年，在 2004 年纲要实施五年后的阶段性节点，国务院出台《关于加强法治政府建设的意见》（以下简称《意见》），对新形势下如何与时俱进推进法治政府建设具有指引作用。该《意见》回顾了 2004 年《纲要》实施六年以来，法治政府建设取得的重要进展，指出当前我国经济社会发展进入新阶段，环境复杂、挑战增多，为在新形势下深入贯彻落实依法治国基本方略，解决执法不公、行政不作为乱作为等突出问题，应进一步深化改革，加强制度建设，强化对行政权力运行的监督和制约。《意见》延续了 2004 年《纲要》中提出的“依法行政”建设路径，在建设内容方面增加了政务公开的内容。《意见》特别注重具体机制的建设，在“提高制度建设质量”中就如何提高政府立法的质量提出具体意见，如完善公众参与政府立法的制度和机制、向社会公开征求意见并以适当方式反馈意见采纳情况、建立健全专家咨询论证制度等；在“健全规范性文件制定程序”中，要求制定对公民、法人或者其他组织的权利义务产生直接影响的规范性文件时遵循公开程序，未经公开征求意见、合法性审查、集体讨论的，不得发布施行；要建立规章和规范性文件定期清理制度，对规章一般每隔五年、规范性文件一般每隔两年清理一次，清理结果要向社会公布等。

这一时期我国正式提出建设“法治政府”目标，核心内容主要围绕 2004 年《纲要》展开，集中表现在依法行政层面。在这一目标的指引下，法治政府的理论研究和实践探索蓬勃展开。各地开始尝试提出法治政府建设的主要内容及评估体系，开启了依法行政考核指标建设的热潮。

四、法治国家、法治政府、法治社会一体建设

党的十八大以来，以习近平同志为核心的党中央高度重视法治政府建设，把法治政府建设作为全面依法治国的重点任务和主体工程部署推进。

2012年11月，党的十八大围绕全面建成小康社会的奋斗目标，首次提出“全面推进依法治国”的战略举措，首次确立“科学立法、严格执法、公正司法、全民守法”的社会主义法治建设新十六字方针，强调要更加注重发挥法治在国家治理和社会管理中的重要作用。党的十八大首次明确将“法治政府基本建成”确立为“全面建成小康社会”的重要目标之一，并确定了完成这一重任的时间表，即到2020年“法治政府基本建成”。新十六字方针的提出，对在新的历史方位下推进法治政府建设具有重要指导意义，标志着从立法、执法、司法和守法四个维度加强对法治政府建设研究，在立法、执法和司法各个层面推进法治政府综合性改革。

党的十八届二中、三中、四中、五中全会对加快法治政府建设提出了新要求，作出了新部署。法治政府建设的中国方案不断丰富完善。

2013年2月，党的十八届二中全会审议通过了《国务院机构改革和职能转变方案》，要求深入推进政企分开、政资分开、政事分开、政社分开，健全部门职责体系，建设职能科学、结构优化、廉洁高效、人民满意的服务型政府，丰富了法治政府的内涵。2013年3月20日，李克强主持召开新一届国务院第一次全体会议，提出建设法治政府，各项工作都要依法行政，对不符合科学发展、有碍社会公正的法规政策和规则进行清理。

2013年11月，党的十八届三中全会召开，党中央提出了“法治中国”建设的新目标，围绕这一目标，明确建设法治中国，必须坚持依法治国、依法执政、依法行政共同推进，坚持法治国家、法治政府、法治社会一体建设的新路径。党的十八届三中全会通过了《中共中央关于全面深化改革若干重大问题的决定》，将完善和发展中国特色社会主义制度，推进国家治理体系和治理能力现代化，确定为全面深化改革的总目标，提出了建设法治政府和服务型政府的任务。推进国家治理体系和治理能力现代化，要高度重视法治问题，采取有力措施全面推进依法治国，建设社会主义法治国家，建设法治中国。

法治中国的提出，表明我们党对社会主义法治建设有了更加完整系统的规划。[①]依法治国，是治理国家的基本方略；依法执政，是执政党的基本执政方式；依法行政，是政府行政权运行的基本原则。全面推进依法治国，就是要更加注重发挥法治在国家治理和社会管理中的重要作用，维护国家法制的统一、尊严、权威，保证人民依法享有广泛的权利和自由。

2014 年 10 月，党的十八届四中全会召开，这是党的历史上第一次专题研究法治的中央全会，是第一次对全面推进依法治国作出重大决定的中央全会，是第一次确定全面推进依法治国总目标的中央全会。全会作出了《中共中央关于全面推进依法治国若干重大问题的决定》（以下简称《决定》），把深入推进依法行政，加快建设法治政府作为“全面推进依法治国”的重大任务进行全面部署。《决定》指出，各级政府必须坚持在党的领导下、在法治轨道上开展工作，创新执法体制，完善执法程序，推进综合执法，严格执法责任，建立权责统一、权威高效的依法行政体制，加快建设职能科学、权责法定、执法严明、公开公正、廉洁高效、守法诚信的法治政府。

① 胡建淼：《全面依法治国：实现奋斗目标的战略举措》，载魏礼群主编：《“四个全面”：新布局、新境界》，北京：人民出版社，2015 年版，第 13 页。

《决定》提出，加快建设职能科学、权责法定、执法严明、公开公正、廉洁高效、守法诚信的法治政府，确定了法治政府的内涵。该《决定》就建设法治政府提出了一系列具体要求，包括：（1）依法全面履行政府职能；（2）健全依法决策机制；（3）深化行政执法体制改革；（4）坚持严格规范公正文明执法；（5）强化对行政权力的制约和监督；（6）全面推进政务公开。

在这些具体项下作出了更为细致的规定，如：深化行政执法体制改革、整合执法主体、相对集中执法权、推进综合执法等；减少行政执法层级，加强食品药品等重点领域基层执法力量等。《中共中央关于全面推进依法治国若干重大问题的决定》针对长期存在的依法行政薄弱环节，重点提出了理顺和改善执法体制、基层执法、城管执法、执法程序、执法衔接的具体要求。

2014 年 10 月 24 日，国务院党组会议研究部署推进依法行政建设法治政府工作，指出要按照党的十八届四中全会关于依法治国的总体部署，落实依法治国首先是依宪治国、依法执政首先是依宪执政的要求，依法全面履行政府职能，深入推进依法行政，加快建设职能科学、权责法定、执法严明、公开公正、廉洁高效、守法诚信的法治政府。不断提高法治意识和依法行政能力，用法治引领改革发展、推动民生改善和社会公正，增强政府的执行力和公信力，在法治轨道上推动政府各项工作迈上新台阶。

2015 年 10 月，党的十八届五中全会审议通过了《中共中央关于制定国民经济和社会发展第十三个五年规划的建议》，进一步提出了运用法治思维和法治方式推动发展。加强法治政府建设，依法设定权力、行使权力、制约权力、监督权力，依法调控和治理经济，推行综合执法，实现政府活动全面纳入法治轨道。

为适应协调推进“四个全面”战略布局的新形势、新要求，切实解决当前依法行政面临的突出问题，实现到2020年基本建成法治政府的奋斗目标，亟须对法治政府建设作出总体设计和全面规划，确定法治政府建设的总蓝图、路线图和施工图。2015年12月，中共中央、国务院印发《法治政府建设实施纲要（2015—2020年）》（以下简称2015年《纲要》）。该纲要共分三个部分，确立了法治政府建设的指导思想、总体目标、基本原则、衡量标准和44项工作措施。这是我国“十三五”期间的一个法治建设纲要，是党和国家在顶层设计的层面上对法治政府更加全面的阐释，迈出了依法行政理论发展的重要一步，是中华人民共和国成立以来党和国家第一次制定和五年规划（计划）同步同期的法治规划。它既是对党的十八大及党的十八届二中、三中、四中、五中全会所确立的法治政府建设目标任务的具体落实，又是对未来五年法治政府建设工作的系统部署。

法治政府建设的纲领性文件首次以中共中央、国务院联合印发的形式，对于强化党委对法治政府建设的领导，实现法治政府建设的党政同责，具有战略意义。与2004年的《全面推进依法行政实施纲要》相比，2015年《纲要》的提出表明：法治政府建设是一项系统工程，它不仅是政府的事，也是全党、全国、全社会的事。这也表明，党的十八大以后的法治政府建设已经上升为党和国家的中心工作，不再是单纯的政府系统的内部任务了。2015年《纲要》以2020年为目标导向，对今后五年法治政府建设的目标、路径、施工图和路线图作了全面部署，成为当前各级行政机关尽职守责的基本遵循。

2015年《纲要》指出，坚持依法治国、依法执政、依法行政共同推进，坚持法治国家、法治政府、法治社会一体建设，深入推进依法行政，加快建设法治政府，推进国家治理体系和治理能力现代化，为实现“两个一百年”奋斗目标、实现中华民族伟大复兴的中国梦提供有力的法治保障。该纲要确立了法治政府建设的总体目标：经过坚持不懈的努力，到 2020 年基本建成职能科学、权责法定、执法严明、公开公正、廉洁高效、守法诚信的法治政府。

该纲要还确立了建设法治政府所必须坚持的基本原则：一是必须坚持中国共产党的领导；二是坚持人民主体地位；三是坚持法律面前人人平等；四是坚持依法治国和以德治国相结合；五是坚持从我国实际出发；六是坚持依宪施政、依法行政、简政放权；七是把政府工作全面纳入法治轨道；八是实行法治政府建设与创新政府、廉洁政府、服务型政府建设相结合。上述八项原则中，第一项至第五项是由《中共中央关于全面推进依法治国若干重大问题的决定》所确立的全面推进依法治国的基本原则，建设法治政府作为全面推进依法治国的重要构成部分，自然应当遵循这五项原则；第六项至第八项是建设法治政府的特有原则。建设法治政府，既应当遵循全面推进依法治国的一般原则，同时也必须遵循法治政府建设的特有原则。

2015 年《纲要》第一次确立了法治政府是否建成的衡量标准，那就是：（1）政府职能依法全面履行；（2）依法行政制度体系完备；（3）行政决策科学民主合法；（4）宪法法律严格公正实施；（5）行政权力规范透明运行；（6）人民权益切实有效保障；（7）依法行政能力普遍提高。

这七项做到了，法治政府也就基本建成了。2015 年《纲要》其中还有一个亮点就是把党政主要负责人确定为履行推进法治建设的第一责任人，将建设法治政府摆在工作全局的重要位置。

2017年10月18日，习近平总书记在党的十九大报告中，充分肯定了过去五年来民主法治建设领域迈出的重大步伐，科学立法、严格执法、公正司法、全民守法深入推进，法治国家、法治政府、法治社会建设相互促进，中国特色社会主义法治体系日益完善，全社会法治观念明显增强。报告作出了中国特色社会主义进入了新时代的重大论断，并提出新时代坚持和发展中国特色社会主义的十四个基本方略，其中在"坚持全面依法治国"中重申了坚持依法治国、依法执政、依法行政共同推进，坚持法治国家、法治政府、法治社会一体建设。党的十九大报告提出从二〇二〇年到二〇三五年，在全面建成小康社会的基础上，再奋斗十五年，基本实现社会主义现代化，到那时，人民平等参与、平等发展权利得到充分保障，法治国家、法治政府、法治社会基本建成，各方面制度更加完善，国家治理体系和治理能力现代化基本实现。报告还强调，深化依法治国实践，全面依法治国是国家治理的一场深刻革命，必须坚持厉行法治，推进科学立法、民主立法、依法立法，以良法促进发展、保障善治；建设法治政府，推进依法行政，严格规范公正文明执法。

党的十九大之后，党中央组建中央全面依法治国委员会，从全局和战略高度对全面依法治国又作出一系列重大决策部署，推动我国社会主义法治建设发生历史性变革、取得历史性成就，全面依法治国实践取得重大进展。2018年8月，在中央全面依法治国委员会第一次会议上，习近平总书记强调，要加强法治政府建设，健全依法决策机制，深化行政执法体制改革，完善党政主要负责人履行推进法治建设第一责任人职责的约束机制。2019年2月，在中央全面依法治国委员会第二次会议上，习近平总书记指出，法治政府建设是重点任务，对法治国家、法治社会建设具有示范带动作用。要加强法治政府建设，加强对示范创建活动的指导，杜绝形式主义，务求实效。会议审议通过了《关于开展法治政府建设示范创建活动的意见》等文件稿。

2019 年 4 月，中共中央办公厅、国务院办公厅印发了《法治政府建设与责任落实督察工作规定》，划定了地方各级党委、政府和地方当值主要负责人推进本地区法治政府建设的职责*，明确了督查的主要内容、组织实施和责任追究，确立了法治政府建设年度报告制度。

*《法治政府建设与责任落实督察工作规定》第六条：地方各级党委履行推进本地区法治建设领导职责。地方各级政府和县级以上政府部门履行推进本地区、本部门法治政府建设主体职责。地方各级政府以及政府部门的党组织领导和监督本单位做好法治政府建设工作。

2019 年 5 月，中央全面依法治国委员会办公室正式印发《关于开展法治政府建设示范创建活动的意见》，在全国范围启动法治政府建设示范创建活动，同时公布《市县法治政府建设示范指标体系》（2019 年版），作为开展示范创建活动评估标准。可以看到，在 2015 年《法治政府建设实施纲要（2015—2020 年）》中在组织保障和落实机制中就提到，积极开展建设法治政府示范创建活动，大力培育建设法治政府先进典型。开展法治政府建设示范创建活动，是深入贯彻落实党中央、国务院关于法治政府建设决策部署，不断把法治政府建设向纵深推进的重要抓手，对各地区各部门找差距、补短板、激发内生动力具有重要的引领、带动作用。

2020 年 11 月 16—17 日，中央全面依法治国工作会议召开，明确习近平法治思想在全面依法治国工作中的指导地位。习近平总书记在会上发表重要讲话，精辟概括“十一个坚持”，系统阐述了新时代全面依法治国的战略思想和工作部署，深刻回答了新时代为什么实行全面依法治国、怎样实行全面依法治国等一系列重大问题，是新时代全面依法治国的根本遵循和行动指南。

习近平总书记指出，要坚持在法治轨道上推进国家治理体系和治理能力现代化。他强调，要坚持依法治国、依法执政、依法行政共同推进，法治国家、法治政府、法治社会一体建设。全面依法治国是一个系统工程，要整体谋划，更加注重系统性、整体性、协同性。法治政府建设是重点任务和主体工程，要率先突破，用法治给行政权力定规矩、划界限，规范行政决策程序，加快转变政府职能。要推进严格规范公正文明执法，提高司法公信力。

2021 年 7 月，中国法学会发布《中国法治建设年度报告（2020）》，其中提到，2020 年，中国政府坚持依法全面履行职能，深入推进法治政府建设，为统筹推进疫情防控和经济社会发展提供坚强法治保障和优质法律服务，法治政府建设各项工作取得新成效、实现新发展。关于依法行政工作，报告指出，继续开展党政主要负责人履行推进法治建设第一责任人职责及法治政府建设督察。开展法治政府建设示范创建活动，完成第一批全国法治政府建设示范创建评估、命名工作，组织开展示范地区和项目宣传交流活动。

2021 年 8 月，党中央、国务院印发了《法治政府建设实施纲要（2021—2025 年）》（以下简称 2021 年《纲要》）。这是继 2015 年《纲要》后，党中央、国务院出台的新的法治政府建设纲领性文件，既是对“十三五”时期法治政府建设成就经验重要成果的深入总结，也是“十四五”时期全面推进法治政府建设的路线图和施工图。这也是继 2020 年 12 月中共中央印发《法治社会建设实施纲要（2020—2025 年）》和 2021 年 1 月中共中央印发《法治中国建设规划（2020—2025 年）》之后，当代中国法治建设领域的又一份纲领性文件，标志着法治中国建设整体已经正式迈进“规划引领”的新时代。[①]

2021 年《纲要》提出，加快构建职责明确、依法行政的政府治理体系，全面建设职能科学、权责法定、执法严明、公开公正、智能高效、廉洁诚信、人民满意的法治政府，首次将“人民满意”明确为法治政府建设的奋斗目标。

2021 年《纲要》更加凸显党的全面领导和以人民为中心，确保法治政府建设的政治方向和人民立场；更加彰显内部系统整合和外部全面融贯，激发法治政府建设的内生动力和外生动力；更加顺应科技创新时代的发展趋势，提升法治政府建设的数字化水平，体现了鲜明的时代特色，彰显了新发展阶段法治政府建设的新要求、新目标、新任务。2021 年《纲要》着眼法治国家、法治政府、法治社会一体建设，着力实现与《法治中国建设规划（2020—2025 年）》《法治社会建设实施纲要（2020—2025 年）》的衔接协调，力争以“重点突破”带动“整体提升”，确保“十四五”时期“一规划两纲要”的有机统一，为到 2035 年基本建成法治国家、法治政府、法治社会，推进国家治理体系和治理能力现代化奠定坚实基础。

2021 年《纲要》深入研判法治政府建设的新形势、新任务、新挑战，为着力解决制约法治政府建设推进中的突出问题，提出九个方面的重大措施：第一，健全政府机构职能体系，推动更好发挥政府作用；第二，健全依法行政制度体系，加快推进政府治理规范

---

① 马怀德：《迈向“规划”时代的法治中国建设》，《中国法学》，2021 年 03 期。

化程序化法治化；第三，健全行政决策制度体系，不断提升行政决策公信力和执行力；第四，健全行政执法工作体系，全面推进严格规范公正文明执法；第五，健全突发事件应对体系，依法预防处置重大突发事件；第六，健全社会矛盾纠纷行政预防调处化解体系，不断促进社会公平正义；第七，健全行政权力制约和监督体系，促进行政权力规范透明运行；第八，健全法治政府建设科技保障体系，全面建设数字法治政府；第九，加强党的领导，完善法治政府建设推进机制。

为加强对法治政府建设和责任落实的督促，2019 年四五月间，《法治政府建设与责任落实督察工作规定》《关于开展法治政府建设示范创建活动的意见》两个文件印发后，中央依法治国办随即启动法治政府建设与责任落实督察工作和法治政府建设示范创建活动。2020 年 12 月，中央依法治国办启动法治政府建设实地督察，督察为期七天，分为八个组对河北、山西、浙江、江西、贵州、云南、陕西、甘肃等省的法治政府建设展开实地督察，督促推动各地法治政府建设与责任落实。督察工作由省部级领导带队，中央有关部门干部和专家学者、律师、媒体记者等共同参加。2021 年 10 月，中央依法治国办对全国八个省区市启动为期一周的法治政府建设实地督察，了解各地法治政府建设、解决法治领域突出问题等情况。2021 年《纲要》的结尾处再次就抓好法治政府建设责任落实作出部署，明确提出中央依法治国办要抓好督促落实，确保纲要各项任务措施落到实处。

中央依法治国办根据《法治政府建设实施纲要（2021—2025 年）》以及党中央、国务院关于法治政府建设的一系列重大决策部署，深入总结第一批全国法治政府建设示范创建活动的成功经验，坚持问题导向、目标导向，突出针对性、引领性、可操作性，对《市县法治政府建设示范指标体系》（2019 年版）的部分指标作了修改、调整和优化，修订形成《市县法治政府建设示范指标体系》（2021 年版），作为开展示范创建活动的评估标准，作为建设法治政府的具体指引，使法治政府建设更加可量化、可证明、可比较并与时俱进。指标体系各项指标的分值、权重和评测方式由中央依法治国办组织专家研究确定。

第二节　持续推进廉洁政府建设

改革开放 40 多年来，我国大力加强廉洁政府建设，其历程大致可以分为四个阶段。

一、在拨乱反正中探索起步

从 1978 年党的十一届三中全会召开到 1992 年党的十四大之前，这一时期廉洁政府建设主要是冲破高度集中的计划经济体制和行政体制，对建设廉洁政府进行积极探索，在拨乱反正、正本清源中端正党风、严肃党纪政纪，保障改革开放和社会主义现代化建设顺利起航。党的十一届三中全会以后，面对十年内乱所造成的党的部分组织和党员思想混乱、党风不正、纪律废弛的情况，全党的一个重要任务是要尽快把林彪、“四人帮”破坏的党风恢复过来，适应全党工作重点向社会主义现代化建设转移。以邓小平同志为核心的党的第二代中央领导集体，在开辟中国特色社会主义新道路的历史进程中，作出执政党的党风问题是有关党的生死存亡的问题的重大论断，把端正党风、严肃党纪作为加强执政党建设的头等大事，提出要紧紧围绕经济建设这个中心，一手抓改革开放、一手抓惩治腐败，两手都要抓、两手都要硬，把反腐败贯穿于改革开放全过程。

1978 年 12 月，党的十一届三中全会决定重新组建并选举产生了中央纪律检查委员会，陈云任第一书记，加强党内监督。中央纪委成立后，认真贯彻党中央要求，大规模开展冤假错案的复查平反工作，领导和组织审理林彪、江青反革命集团案件，在党中央领导下，1980 年 2 月研究起草和制定实施《关于党内政治生活的若干准则》，推动党内政治生活逐步恢复正常。1982 年 9 月，党的十二大通过的《中国共产党章程》专门写了“党的纪律”和“党的纪律检查委员会”两章，对纪检机关的产生、领导体制、任务和职权等根本性问题作出规定，奠定了改革开放以来党的纪律检查工作的制度基础。党的中央纪律检查委员会在党的中央委员会领导下进行工作。党的地方各级纪律检查委员会在同级党的委员会和上级纪律检查委员会的双重领导下进行工作。随后几年里，地方、军队和国务院部委陆续建立了党的纪检机构。为了保证党的路线方针政策得到有效贯彻落实，各级纪委着重对抵制落实干部政策、反对经济调整的案件进行检查和处理。各级纪检机关严厉打击走私、套汇、投机倒把、贪污受贿等严重经济犯罪活动，保证和促进社会主义经济体制改革。

为强化对行政机关及其工作人员的监督，1986 年 12 月，国务院及地方政府重新设立了行政监察机关。在这一阶段，纪检监察机关从拨乱反正、正本清源，到整顿党风、严肃党纪，再到惩治腐败，探索出了一条不搞群众运动，靠正面教育，靠改革和制度建设，靠严格执行党的纪律来建设廉洁政府的新路子。

二、加快建设廉洁政府阶段

这一阶段，主要是按照发展社会主义市场经济的要求不断深化改革，并在建立社会主义市场经济体制过程中加强建设廉洁政府，深入开展党风廉政建设和反腐败斗争，提高拒腐防变和抵御风险能力。党的十三届四中全会后，面对国际国内形势的重大考验，面对市场经济条件下腐败现象在一些地方和领域滋生蔓延的严峻形势，以江泽民同志为核心的党中央提出，治国必先治党、治党务必从严，紧紧围绕提高党的领导水平和执政水平、提高拒腐防变和抵御风险能力两大历史性课题，作出反腐败斗争形势是严峻的重大判断，明确坚决遏制腐败蔓延的目标任务，提出“八个坚持，八个反对”的作风建设要求，不断加大党风廉政建设和反腐败斗争力度。

1992 年，党的十四大确立了建立社会主义市场经济体制的目标。随着经济体制改革加快推进，廉洁政府建设也向适应建立社会主义市场经济体制的要求加快推进。这一时期行政体制改革的重点是，加快实行政企分开、转变政府职能。其中重要内容之一是下放权力，减少行政审批事项，预防腐败发生，各级政府都较多地减少了对企业生产经营活动的直接干预和管理，实行党政机关与所办经济实体脱钩，这为建设廉洁政府奠定了基础。

党的十四大后，我们党积极探索在发展社会主义市场经济的条件下有效开展党风廉政建设和反腐败斗争的新路径。将坚持不懈地反对腐败，加强党风建设和廉政建设等内容写入党章，确立“标本兼治、综合治理”的反腐败方针。

1993年1月，党中央、国务院决定中央纪律检查委员会与监察部合署办公，实行一套工作机构、两个机关名称，履行党的纪律检查和政府行政监察两项职能。实行中纪委机关和监察部合署办公，进一步理顺了纪检检查与行政监察的关系。1993年实行中纪委机关和监察部合署办公，是统筹党政机构设置的重要方式之一，更是在党的集中统一领导下推进廉洁政府的重要举措。

党的十四大以后，党中央提出要加强党内监督，相继制定廉洁从政若干准则、党纪处分条例、党风廉政建设责任制规定、领导干部报告个人重大事项规定和行政监察法等一批党内法规和国家法律，健全对领导干部自上而下、自下而上以及党委内部的监督体系。中央和各省区市党委逐步建立巡视制度，中央纪委向中央一级党和国家机关派驻纪检组，搭建起党内监督基本框架。中央纪委、监察部在党中央领导下，坚持标本兼治、综合治理，探索建立领导干部廉洁自律、查处违纪违法案件、纠正部门和行业不正之风三项工作格局，推动形成党委统一领导、党政齐抓共管、纪委组织协调、部门各负其责、依靠群众的支持和参与的反腐败领导体制及工作机制。在严肃查处陈希同、成克杰、胡长清等腐败分子的同时，把反腐败寓于各项改革和重要政策措施之中，着力从源头上预防和解决腐败问题，积极推动军队、武警部队停止生产经营活动，政法机关与所办经营性企业彻底脱钩。在这一阶段，纪检监察工作从侧重治标、着力遏制，到标本兼治、综合治理，初步探索在社会主义市场经济条件下，把改革、发展、稳定同推进反腐败斗争结合起来，依靠党的坚强领导和人民群众积极参与，加强对权力运行的监督制约，有效开展反腐败斗争的新模式。

三、深入推进廉洁政府建设阶段

2002年党的十六大之后，党中央深刻认识到党面临的考验与风险，充分认识反腐败斗争的长期性、复杂性、艰巨性，坚持以改革创新精神推进党的建设新的伟大工程，大力加强党的执政能力建设和先进性建设；提出标本兼治、综合治理、惩防并举、注重预防的反腐倡廉方针，作出建立健全教育、制度、监督并重的惩治和预防腐败体系的重要决策，要求拓展从源头上防治腐败工作领域。胡锦涛提出，加强反腐倡廉建设，必须按照改革创新、惩防并举、统筹推进、重在建设的基本要求，重点推进惩治和预防腐败体系建设，逐步建立思想道德教育的长效机制、反腐倡廉的制度体系、权力运行的监控机制。这一时期我国行政体制改革的主要任务是推进服务型政府和法治政府建设。党中央不断深化行政审批制度、财政管理体制、干部人事制度、司法体制和工作机制、投资体制、国有资产经营管理体制、金融体制等重大改革，制定行政许可法、招标投标法、政府采购法等法律法规，努力减少滋生腐败的土壤和条件，加快建设廉洁政府。

2003年3月10日，十届全国人大一次会议第三次全体会议通过的《关于国务院机构改革方案的决定》，提出了“决策、执行、监督”三权相协调的要求。这次改革旨在进一步转变政府职能，改进管理方式，推进电子政务，提高行政效率，降低行政成本，逐步形成行为规范、运转协调、公正透明、廉洁高效的行政管理体制。其中一项重要任务，就是抓住当时部分领域和地方存在的突出腐败问题，通过加快转变政府职能、推进政务公开、加强反腐倡廉，致力建设廉洁政府。

2005年10月27日，全国人大常委会批准了我国政府签署的《联合国反腐败公约》。其中第六条明确规定，各缔约国均应当根据本国法律制度的基本原则，确保设有一个或酌情设有多个机构……预防腐败，并赋予机构必要的独立性，使其能够有效地履行职能和免受任何不正当的影响，同时提供必要的物资和专职工作人员，并为这些工作人员履行职能提供必要的培训。为履行《联合国反腐败公约》成员国的义务，加快建设廉洁政府，我国加快筹备组建国家预防腐败局。

2006年1月，《中华人民共和国公务员法》正式实施。这是我国干部人事管理第一部具有总章程性质的法律，在我国干部人事制度发展史上具有里程碑意义。颁布并实施该法的一个基本目的就是依法规范公务员的管理，保障公务员的合法权益，加强对公务员的监督，促进公务员正确履职尽责，建设信念坚定、为民服务、勤政务实、敢于担当、清正廉洁的高素质专业化公务员队伍。该法在总则、公务员权利与义务、录用与考核、奖励激励与惩戒、任用与交流等部分，均对公务员的“清正廉洁、公道正派”作出明确规定，对公务员的“贪污贿赂，利用职务之便为自己或者他人谋取私利”等行为做明确禁止性规定。为配合公务法实施，一些因现实情况变化而适用性降低的法律被废止或修改，为廉洁政治生态的优化创造了良好条件，为防治腐败现象创造了良好的文化环境。

2007年1月召开的十六届中央纪委七次全会，重申了“坚持标本兼治、综合治理、惩防并举、注重预防”的战略方针。2007年9月成立负责全国的预防腐败工作的国家预防腐败局，该局属于国务院直属机构，在监察部加挂牌子，局长由监察部部长兼任。

党的十七大把反腐倡廉建设纳入党的建设布局，并把巡视制度写入党章。中央纪委、监察部认真履行纪检监察职责，督促各相关部门推进反腐败治本抓源头工作，着力完善惩治和预防腐败体系。2008 年 2 月，党的十七届二中全会通过《关于深化行政管理体制改革的意见》。按照该意见精神，通过制定和完善“三定”规定，在赋予部门职权的同时，规定了相关部门应当承担的责任，共明确和强化了 200 多项责任，力求做到有权必有责、权责对等。2008 年 4 月，中央下发了《建立健全惩治和预防腐败体系 2008—2012 年工作规划》，据统计，到 2008 年，全国省（部）级以上机构共制定反腐倡廉法律法规及其他规范性文件 2000 多项，其中中央纪委制定 120 多项，为建立健全符合中国国情、科学完备的廉洁政府法律法规和制度体系奠定了良好基础。

四、以自我革命精神推进廉洁政府建设新阶段

党的十八大以来，中国特色社会主义进入新时代。以习近平同志为核心的党中央把全面从严治党作为“四个全面”战略布局的重要组成部分，把建设廉洁政府纳入建设廉洁政治全局和推进国家治理现代化全过程，在贯彻全面从严治党的总体部署中，大力全面加强廉洁政府建设，取得历史性成就、发生历史性变革。习近平总书记指出，党风廉政建设和反腐败斗争，是党的建设的重大任务。党风廉政建设和反腐败斗争是一项长期的、复杂的、艰巨的任务，反腐倡廉必须常抓不懈，拒腐防变必须警钟长鸣，关键就在“常”“长”二字，一个是要经常抓，一个是要长期抓。要把权力关进制度的笼子里，形成不敢腐的惩戒机制、不能腐的防范机制、不易腐的保障机制。

1．以“零容忍”的态度坚决惩治腐败

党的十八大以来，我们党以“零容忍”的态度坚定不移惩治腐败，以“恶竹应须斩万竿”的坚定意志，坚如磐石的决心，与腐败作斗争，“老虎”“苍蝇”一起打。一是打虎无禁区，2014年6月30日，中央政治局会议给予徐才厚开除党籍处分；2014年7月29日，中央决定对周永康严重违纪问题立案审查；2014年12月22日，令计划涉嫌严重违纪接受组织调查；2015年7月30日，中央政治局会议给予郭伯雄开除党籍处分。截至2021年5月，在党中央的坚强领导下，中央纪委共立案审查调查中管干部453人。二是拍蝇零容忍，在党中央的坚强领导下，中央纪委运用监督执纪四种形态批评教育帮助和处理883.4万人，查处了违反中央八项规定精神问题62.6万件。查处形式主义、官僚主义问题21.7万件，处理了32.2万人。党的十九大以来，以习近平同志为核心的党中央继续坚持反腐败无禁区、全覆盖、零容忍，坚定不移、驰而不息地强力反腐，依据党纪国法严厉打击和惩治腐败分子。2018年，各级法院审结贪污贿赂、渎职等案件2.8万件、3.3万人。2019年，各级法院审结贪污贿赂、渎职等案件2.5万件、2.9万人。2020年，各级法院审结贪污贿赂、渎职等案件2.2万件、2.6万人。从每年审理的案件数量来看，职务违法犯罪的数量呈现下降趋势；2019年，全国纪检监察机关接受信访举报量、立案数和处分数与2018年相比开始下降；同时腐败分子主动投案数大幅增加。查处涉及民生领域的问题、侵害群众利益的问题39万余件，处理了35.9万人。查处扶贫领域问题28万件，处分18.8万人。在扫黑除恶的过程中，打击黑恶势力保护伞，查处了9.3万个案件，处理了8.4万人。在党中央领导下，谱写了新时代反腐败斗争的新篇章。

2．以法律制度建设约束行政权力

腐败问题不是一朝一夕就能够彻底解决的，党中央深刻认识到反腐工作的长期性。按照习近平总书记提出的“把权力关进制度的笼子里”的要求，为构建不敢腐、不能腐、不想腐的体制机制，党和国家陆续制定修订和实施了一系列法律制度，对行政权力形成有力的约束。

一是制定反腐败工作规划，制定了一系列反腐工作规划与安排，2013 年 12 月 20 日，中央印发《建立健全惩治和预防腐败体系 2013—2017 年工作规划》，明确反腐败工作的时间表和路线图，这些安排、规划具有很强的计划性和前瞻性，也表明反腐败只有进行时，没有完成时。

二是对建设廉洁政府的法律制度进行了补充和完善，进一步扎牢制度笼子，清除滋生腐败的一切条件，为预防腐败提供基础。在法制方面，刑事法律的修改为反腐败提供了更加科学的法律支撑。2015 年 8 月 29 日，十二届全国人大常委会第十六次会议通过了《中华人民共和国刑法修正案（九）》，修订完善了腐败量刑标准，变以数额为以“数额+情节”为标准；一定程度上加重了对腐败行为的法律惩处，杜绝了死缓犯人减刑、假释的现象；对于行贿犯罪增加了财产刑，并扩大了行贿认定的范围。完善后的法律更加适应我国当前的腐败现状和建设廉洁政府的趋势和要求，形成了很强的震慑力，为我国依法反腐提供了坚实的后盾。2018 年 3 月 20 日，十三届全国人大一次会议表决通过了《中华人民共和国监察法》，对包括政府系统在内的各类公职人员的监察工作作出法律规定。作为反腐败国家立法，监察法的制定出台，使党的主张通过法定程序成为国家意志，对于构建集中统一、权威高效的中国特色国家监察体制，具有重大而深远的影响，体现了全面从严治党、全面深化改革、全面依法治国的有机统一。2018 年 12 月，十三届全国人大常委会第七次会议修订《中华人民共和国公务员法》，增加了加强公务员监督和公务员应当遵守的纪律等规定，修改完善了回避情形、责令辞职、离职后从业限制等规定，增加了在录用、聘任等工作中违纪违法有关法律责任的规定。2020 年 6 月 20 日，十三届全国人大常委会第十九次会议通过了《中华人民共和国公职人员政务处分法》，这是中华人民共和国成立以来第一部全面系统规范公职人员惩戒制度的国家法律。2021 年 9 月 20 日，国家监察委员会发布公告，公布《中华人民共和国监察法实施条例》（以下简称《条例》），这是国家监委根据《全国人民代表大会常务委员会关于国家监察委员会制定监察法规的决定》制定的第一部监察法规，《条例》明确监察机关调查范围，分别对监察机关调查违法和犯罪职责作出规定，列出了职务违法的客观行为类型，列举了监察机关有权管辖的 101 个职务犯罪罪名。这 101 个罪名既是监察机关调查职务犯罪的责任清单，也是对公职人员特别是领导干部履行职责的最底线要求和负面清单，是约束公权力行使的制度笼子，有利于教育警示公职人员特别是领导干部敬畏纪法、尊崇纪法，做到依法用权、秉公用权、廉洁用权。各级政府依据党和国家相关法律制度也陆续制定了约束行政权力运行和行政人员行为的制度。

3．对政府工作人员加强党纪党规约束

2015 年 10 月，根据党的十八大以来全面从严治党新的实践需要，在 2010 年《中国共产党党员领导干部廉洁从政若干准则》基础上，党中央修订印发《中国共产党廉洁自律准则》，厘清了纪律和法律之间的关系，实现了制度上的“纪法分开”。2018 年 8 月，新修订的《中国共产党纪律处分条例》实施，明确规定：党组织在纪律审查中发现党员有贪污贿赂、滥用职权、玩忽职守、权力寻租、利益输送、徇私舞弊、浪费国家资财等违反法律涉嫌犯罪行为的，应当给予撤销党内职务、留党察看或者开除党籍处分。党中央大力健全完善干部人事制度，约束党政领导干部和公职人员的行为。2014 年 1 月 16 日，中共中央印发《党政领导干部选拔任用工作条例》，规定配偶已移居国（境）外，或者没有配偶，子女均已移居国（境）外（“裸官”）等六种情形人员不得列为考察对象，并从严把握破格提拔，防止用人上的腐败。2015 年 6 月 26 日，中共中央政治局会议审议通过《推进领导干部能上能下若干规定（试行）》。2019 年 3 月，中共中央印发了修订后的《党政领导干部选拔任用工作条例》。这一系列干部人事制度的制定和完善，有力遏制了选人用人方面的腐败，预防了贿选、跑官、暗箱操作、“带病提拔”“高分低能”等现实问题，形成了能者上、庸者下、劣者汰，激励各级党政领导干部和公职人员担当作为、廉洁从政的良好政治生态。

4．大力推进反腐败体制改革

党的十八届三中全会对党的纪律检查体制改革作出全面部署，党的十九大和十九届三中全会要求推开国家监察体制改革，组建国家、省、市、县监察委员会，同党的纪律检查机关合署办公，强化上级纪委监委对下级纪委监委的领导。中央纪委国家监委充分发挥党内监督和国家监察专责机关作用，切实强化政治监督，严肃党内政治生活，持续“打虎”“拍蝇”“猎狐”，坚决遏制腐败蔓延势头；牵头抓总、组织协调国家监察体制改革，构建集中统一、权威高效的监察体系，实现对所有行使公权力的公职人员监察全覆盖。在这一阶段，纪检监察机关在党中央集中统一领导下，走出了一条依靠健全党和国家监督体系，持续深化全面从严治党，一体推进不敢腐、不能腐、不想腐，不断增强党自我净化能力的新路径。在全党全社会共同努力下，全面从严治党成效卓著，反腐败斗争取得压倒性胜利，党内政治生活气象更新，廉洁政府建设取得压倒性胜利。

2016 年 10 月，党的十八届六中全会作出深化国家监察体制改革的决策部署，通过整合行政监察、预防腐败机构和检察机关反腐败相关职责，组建与纪委合署办公的监察委员会，依法赋予监察委员会职责权限和调查手段，用留置取代“两规”措施，实现了对所有行使公权力的公职人员监察全覆盖，提升了反腐败工作规范化、法治化水平。

2016 年 11 月，中共中央办公厅印发《关于在北京市、山西省、浙江省开展国家监察体制改革试点方案》，部署在北京市、山西省、浙江省设立各级监察委员会，从体制机制、制度建设上先行先试、探索实践，试点地区将人民政府的监察厅（局）、预防腐败局及人民检察院查处贪污贿赂、失职渎职以及预防职务犯罪等部门的相关职能整合至监察委员会，试点省市的省级监察委员会由同级人大产生，与党的纪律检查委员会合署办公。在体制机制、制度建设等方面先行先试成熟后在全国推广，形成符合形势要求的新的监督监察组织架构，实现对所有行使公权力的公职人员监察全覆盖。2017 年 10 月 23 日，中共中央办公厅印发《关于在全国各地推开国家监察体制改革试点方案》。2017 年 11 月，十二届全国人大常委会第三十次会议通过在全国各地推开国家监察体制改革试点工作的决定。

2018年3月，十三届全国人大一次会议审议通过了宪法修正案，设立中华人民共和国国家监察委员会，不再保留国家预防腐败局，并入国家监察委员会。3月23日上午8时58分，中央纪委机关大院的机关大楼门柱上，一块红色绸布覆盖的牌匾在掌声中被揭开，中华人民共和国国家监察委员会正式揭牌，至此，国家、省、市、县四级监察委员会全部组建产生，标志着监察体制改革由试点迈入全面深化新阶段，党和国家反腐败工作新的篇章就此开启。国家监察体制改革强化了对公职人员的日常监督，改变了过去对公权力监督乏力的状况，党员干部受监督，非中共党员的公职人员也受到监督，更为重要的是，监察体制改革弥补了因纪法衔接不畅导致的空白地带，改革之后，不仅要对严重违纪违法、涉嫌犯罪的行为进行审查调查，还要对轻微违纪违法、尚未构成犯罪的行为进行监督检查和监察调查。在以习近平同志为核心的党中央坚强领导下，国家监察体系总体框架初步建立，党统一指挥、全面覆盖、权威高效的监督体系已经形成，走出了一条中国特色的监察道路。

5．强化监督体系建设

建设廉洁政府，既加强党的自我监督，又加强对国家机器的监督。党的十八大以来，党中央从全面从严治党战略全局高度看待党内监督问题，围绕权力、责任、担当设计制度，努力构建科学严密的监督体系。一是建立健全了党中央统一领导，党委（党组）全面监督，纪律检查机关专责监督，党的工作部门职能监督，党的基层组织日常监督，党员民主监督的党内监督体系。二是完善党内监督法规，扎紧制度的笼子。2013年11月1日，《监察机关特邀监察员工作办法》开始实行。此条例允许监察机关根据工作需要，在国家行政机关、企业、事业单位、社会团体中聘请特邀监察员以了解情况、反映问题。2013 年 12 月 7 日，中共中央组织部印发了《关于进一步做好领导干部报告个人有关事项工作的通知》(以下简称《通知》)，对进一步做好领导干部报告个人有关事项工作提出明确要求，将领导干部报告个人有关事项工作落到实处。2014 年修订了《党政领导干部选拔任用工作条例》；2015 年修订了《中国共产党巡视工作条例》，以制度的形式将巡视工作固定下来。2016 年修订了《中国共产党党内监督条例》。这些条例放在一起就是一个衔接紧密、相互补充的有机整体，共同构成了党内监督的框架体系。另外，2013 年 10 月，中共中央组织部印发《关于进一步规范党政领导干部在企业兼职(任职)问题的意见》(以下简称《意见》)，《意见》以《中华人民共和国公务员法》《中国共产党党员领导干部廉洁从政若干准则》等法律法规为依据，在以往政策规定的基础上，对党政领导干部在企业兼职（任职），进一步规范完善管理制度，也从制度上规范了领导干部退休后去企业兼职的条件，降低了退休领导干部的廉洁风险。2014 年 5 月以后，浙江、河北、四川、辽宁等十多个省份启动了针对裸官的摸底清查。7 月，中央印发新修订的《配偶已移居国(境)外的国家工作人员任职岗位管理办法》，明确包括党委、人大、政府、政协等领导成员岗位在内的五类岗位，将不得由裸官担任。要么其配偶（没有配偶的情况下，其子女)主动回国，要么接受岗位调整。这在一定程度上切断了腐败官员的后路，有利于抑制其腐败动机，也可有效防止“裸官外逃”。

党的十八大以来，党中央和地方党组织把巡视作为加强党内监督、维护党纪党规、建设廉洁政府的重要抓手，明确巡视职责，积极开展巡视工作。2015 年出台的《中国共产党巡视工作条例》强调要实现巡视全覆盖，做到全国一盘棋。福建省委制定了《关于建立市县党委巡察制度的意见》，四川绵阳设立巡察办、巡察组共 47 个，实现巡察工作有组织、有机构、有场所；浙江慈溪创新建立区域联动巡察机制，对 14 个村开展巡察，发现各类问题 133 个。监督制度的不断完善大大提高了腐败行为被发现的概率，有力地约束了公职人员的行为，推动了廉洁政府建设。

6．以深化“放管服”改革从源头治理腐败

党的十八大以来，按照以习近平同志为核心的党中央作出的重大决策部署，国务院及各级地方政府以壮士断腕的勇气，刀刃向内，持续深入推进“放管服”改革。通过不断深化行政审批制度改革，取消和下放行政审批等事项，建立权力清单、责任清单、市场准入负面清单，大力推进商事制度改革，着力减税降费，创新和规范市场监管，优化政务服务，开展“放管服”改革落实情况专项督查和第三方评估，不仅激发了市场和社会活力，而且限制和规范了公职人员手中的权力，减少了相关行政部门和人员自由裁量权和“任性”空间，同时严肃追究政府机关和人员越权、不作为、滥权的法律和纪律责任，从源头上大幅减少了行政权力腐败的空间。国务院每年召开廉政工作会议，研究部署年度廉政建设和反腐败工作，持续推动政府系统党风廉政建设和反腐败工作向纵深发展。每年开展一次国务院大督查，对落实中央决策部署不力、政风不正、廉洁政府建设等问题开展督查。

7．严格控制行政成本

2012 年 12 月，在党的十八大胜利闭幕不久，《中共中央政治局关于改进工作作风、密切联系群众的八项规定》出台，着力加强作风建设。贯彻落实中央八项规定精神，2013 年底，中共中央办公厅、国务院办公厅制定了《党政机关国内公务接待管理规定》

和《党政机关厉行节约反对浪费条例》，要求切实压减不必要的公务接待，加强接待费报销结算管控，实行县以上接待信息公开并强化对接待问题的问责，从制度上让大吃大喝“报销无门”。2018年6月，《国务院工作规则》规定：严格控制差旅、会议经费等一般性支出，切实降低行政成本，建设节约型机关。严格控制因公出国（境）团组数量和规模。严格控制和规范国际会议、论坛、庆典、节会等活动。各类会议活动经费要全部纳入预算管理。随着这些规定的落实，“三公”经费总量大幅压缩。2017—2020年，中央本级因公出国（境）经费预算安排分别为18.82亿元、17.63亿元、18.69亿元、6.78亿元；公务用车购置及运行费预算安排分别为35.04亿元、33.15亿元、55.37亿元、45.79亿元；公务接待费分别为7.61亿元、6.28亿元、7.01亿元、2.6亿元。2020年，中央本级“三公”经费财政拨款预算安排降至55.17亿元，同比减少25.9亿元，降幅为31.9%。

40多年来，在党中央统一领导下，按照全面从严治党的要求，围绕建设人民满意的服务型政府目标，我国在不断深化行政体制改革的总体进程中，从多个方面采取措施，持续推进廉洁政府建设，取得重大进展和显著成效，得到广大人民群众和国际社会的普遍认可。

第六章

确立并完善公务员制度

▼

公务员制度是我国干部人事制度的重要内容，并伴随改革开放的进程逐步确立、发展并不断改革完善，为干部队伍建设提供了坚实的制度保障。总体而言，公务员制度的建设历程可以划分为三个主要阶段：一是 1978—1993 年，关于公务员制度的研究论证和试点探索阶段；二是 1993—2012 年，公务员制度的确立实施和规范完备阶段；三是 2012 年以来，公务员制度的深化改革和优化完善阶段。

第一节　公务员制度的研究论证和试点探索

1978 年召开的党的十一届三中全会明确了全党工作的着重点转移到社会主义现代化建设上来。为适应经济体制改革和社会发展形势的需要，中央要求改变一切不适应的管理方式、活动方式和思想方式，改革干部管理体制。党的十一届三中全会指明了我国干部人事制度改革的方向，此后，以党和国家领导体制改革为突破口，中央推动研究论证和试点探索国家公务员制度，开启了干部管理制度改革的新时期。

一、根据中央改革精神研究论证实行国家公务员制度

党的十一届三中全会指出，全党工作的着重点应该转移到社会主义现代化建设上来；这也就必然要求多方面地改变同生产力发展不适应的生产关系和上层建筑，改变一切不适应的管理方式、活动方式和思想方式，因而是一场广泛、深刻的革命。[①] 为适应经济体制改革和社会发展形势的需要，改革开放初期，中央着手研究推进干部人事制度改革。

1979 年 9 月，中共中央组织部召开全国组织工作座谈会，会议研究制定了《关于加强领导班子建设的几点意见》《关于干部教育工作的通知》和《关于干部制度改革的意见》等重要文件，对加强领导班子建设、推进干部制度改革等问题进一步统一了认识，明确了改革干部结构、建立干部考试和考核制度、精简机构等改革任务，以适应四化建设的要求。

1980 年 8 月，邓小平发表了《党和国家领导制度的改革》的重要讲话，明确提出要勇于改革不合时宜的组织制度、人事制度，强调干部人事制度改革的关键是要健全干部的选举、招考、任免、考核、弹劾、轮换制度，对各级各类领导干部职务的任期以及离休等制度，要按照不同情况，作出适当的明确的规定。[②] 邓小平关于干部

---

① 《中国共产党第十一届中央委员会第三次全体会议公报》，北京：人民出版社，1978 年版，第 5 页。

② 邓小平：《党和国家领导制度的改革》，《邓小平文选》（第二卷），北京：人民出版社，1994 年版，第 331 页。

人事制度改革的重要论述，实质上涉及公务员制度建设的主要内容。

随着干部制度改革的推进，加强干部管理工作的制度化建设提上了议事日程。1984 年，中共中央组织部和劳动人事部组织有关单位的工作人员及一部分专家、学者着手起草《国家工作人员法》。1985 年，中共中央书记处讨论《国家工作人员法》草案，会议讨论决定改名为《国家行政机关工作人员条例》。同年 12 月，根据中央政治体制改革研讨小组的统一部署，成立了干部人事制度改革专题研讨小组。研讨小组在多次调查研究的基础上逐步形成了建立国家公务员制度的思路，并在《国家行政机关工作人员条例》第十稿的基础上修改形成了《国家公务员暂行条例》的第一稿，此稿对第十稿主要进行了六个方面的修改，包括总则中关于立法目的、公务员范围、公务员分类的表述，增加了一项公务员权利的保障，修改了考试录用的具体规定，强化调任转任回避的操作规定，增加了工资保险福利中对定期开展工资水平调查和适时调整的规定，增加了关于人事机构的规定。此外，还对考核和奖惩制度、功绩晋升制度、培训制度等内容进行了一些文字上的修改。①

二、明确建立国家公务员制度的改革任务

经过一个阶段的研究论证，到党的十三大召开前夕，实行国家公务员制度的思路得到了中央认可。1987 年 5 月，中央政治体制改革研讨小组听取了干部人事制度改革专题组汇报，认为在我国建

① 侯建良:《公务员制度发展纪实》，北京：中国人事出版社，2007 年版，第 38–40 页。

立国家公务员制度的考虑基本可行，并经中央同意，将《国家行政机关工作人员条例》修改为《国家公务员暂行条例》，对政府机关干部从“进、管、出”各环节的相关管理制度作出明确规定。

1987 年 10 月，党的十三大报告针对“国家干部”概念过于笼统、缺乏科学分类等干部管理制度方面的问题，明确指出进行干部人事制度的改革，就是要对“国家干部”进行合理分解，改变集中统一管理的现状，建立科学的分类管理体制。当前干部人事制度改革的重点，是建立国家公务员制度，即制定法律和规章，对政府中行使国家行政权力、执行国家公务的人员，依法进行科学管理，并明确要求当前要抓紧制定国家公务员条例及相应的配套措施，组建国家公务员管理机构。

三、设立人事部负责建立和推行国家公务员制度

为落实中央关于干部人事制度改革的精神，建立和推行国家公务员制度，推动人事制度分类改革，1988 年召开的七届全国人大一次会议决定，撤销劳动人事部，分设国家劳动部和国家人事部，人事部的主要职责是：建立和推行国家公务员制度，研究拟定国家公务员的职位分类、考试录用、考核、职务升降、培训、奖惩、工资福利、退休退职、权利保障和工作纪律等项法规，并负责组织实施。

为更好地推行国家公务员制度，中央决定将《国家公务员暂行条例》交由新成立的人事部继续修改完善。人事部专门成立了条例修改小组，一方面对条例进行反复修改，另一方面抓紧制定配套措施。在此基础上，从 1989 年 4 月开始，此项工作首先在国务院六

个部门，即审计署、海关总署、国家统计局、国家环保局、国家税务局、国家建材局进行试点；从 1990 年下半年开始，在哈尔滨、深圳两个副省级城市进行公务员制度试点。[①] 根据人事部的部署，这些试点的目标为：全面进行公务员制度的试验、摸索和总结公务员管理各个环节的经验；通过试点，进一步检验和修改《国家公务员暂行条例》及各项配套法规；探索现有政府机关工作人员过渡为国家公务员的办法等；[②] 经过几年的试点工作，尽管各试点单位和地方由于发展基础等各种原因的影响，试点推进情况也有所不同，但总体而言收到了良好的效果，为正式建立公务员制度积累经验、奠定基础。

1992 年初，邓小平发表南方谈话，推进我国改革开放和现代化建设事业进入新的阶段。同年 10 月召开的党的十四大报告提出，要加快人事劳动制度改革，逐步建立健全符合机关、企业和事业单位不同特点的科学的分类管理体制和有效的激励机制；要尽快推行国家公务员制度。

第二节　公务员制度的确立实施和规范完备

《国家公务员暂行条例》于 1993 年 8 月正式颁布实施，标志着公务员制度的正式确立。随后，人事部陆续制定了多项配套政策，

① 徐颂陶、孙建立：《中国人事制度改革三十年》，北京：中国人事出版社，2008 年版，第 43 页。
② 田培炎：《公务员制度试点的回顾与反思》，《法学研究》，1994 年 01 期。

推动公务员制度稳步实施并不断发展。2005年，《中华人民共和国公务员法》（以下简称《公务员法》）的制定和颁布，进一步提升了公务员制度的规范化，相关部门先后出台关于公务员管理各方面的相关法规政策，公务员制度体系快速发展并日益完备。2008年，国务院机构改革专门设立了国家公务员局，专职负责公务员管理的有关工作，推进公务员队伍建设和相关制度建构持续发展。

一、公务员制度正式确立及实施发展

1993年8月，国务院正式颁布《国家公务员暂行条例》，决定从1993年10月1日起，开始在各级国家行政机关实行国家公务员制度，到1998年底全部到位。至此，我国公务员制度正式建立起来了。[①]

《国家公务员暂行条例》共有18章88条。在第一章“总则”部分规定，条例适用范围为各级国家行政机关中除工勤人员以外的工作人员，各级人民政府组成人员的产生和任免，依照国家有关法律规定办理；要求国家公务员制度贯彻以经济建设为中心，坚持四项基本原则，坚持改革开放的基本路线；坚持为人民服务的宗旨和德才兼备的用人标准；贯彻公开、平等、竞争、择优的原则。在第二、三章分别规定公务员的“义务与权利”及“职位分类”之后，第四章至第十六章按照公务员的“进管出”各个管理环节，逐章对“录用”“考核”“奖励”“纪律”“职务升降”“职务任免”“培训”“交

① 徐颂陶、孙建立：《中国人事制度改革三十年》，北京：中国人事出版社，2008年版，第44页。

流”“回避”“工资保险福利”“辞职辞退”“退休”“申诉控告”进行了规定。在第十七章“管理与监督”中明确，国务院人事部门负责国家公务员的综合管理工作；县级以上地方人民政府人事部门，负责本行政辖区内国家公务员的综合管理工作。最后的“附则”部分规定，本条例由国务院人事部门负责解释；条例自 1993 年 10 月 1 日起施行，施行的具体部署和步骤由国务院规定。

《国家公务员暂行条例》继承我国干部人事制度的优良传统，总结了干部人事制度改革的成功经验，借鉴国外公职人员管理的有益做法，适应了建设社会主义市场经济体制的需要，是我国政府机关人事管理的总章程，标志着我国各级国家行政机关中实施国家公务员制度的开始。[①]《国家公务员暂行条例》颁布后，为扎实推进条例的实施，1993 年 11 月 15 日，国务院印发《国家公务员制度实施方案》，要求各级各地结合机构改革和工资制度改革，有计划、有步骤地进行；争取用三年或更多一点时间，在全国范围内基本建立起国家公务员制度，然后再逐步加以完善。

随后，人事部陆续出台了多项配套规定和实施办法，主要有：《国家公务员考核暂行规定》(1994 年)、《国家公务员录用暂行规定》(1994 年)、《国家公务员职位分类工作实施办法》(1994 年)、《关于实施国家公务员考核制度有关问题的通知》(1995 年)、《国家公务员辞职辞退暂行规定》(1995 年)、《国家公务员奖励暂行规定》(1995 年)、《国家公务员申诉控告暂行规定》(1995 年)、《国家公务员职务任免暂行规定》(1995 年)、《关于实施国家公务员考

① 吴江、张敏：《我国公务员制度的发展历程与改革》，《中国人事科学》，2018 年 01–02 期合刊。

核制度有关问题的补充通知》(1996年)、《国家公务员被辞退后有关问题的暂行办法》(1996年)、《国家公务员培训暂行规定》(1996年)、《国家公务员任职回避和公务回避暂行办法》(1996年)、《国家公务员职位轮换(轮岗)暂行办法》(1996年)、《国家公务员职务升降暂行规定》(1996年)等。这些涉及公务员管理各环节的配套政策，为《国家公务员暂行条例》的实施提供了具体的操作基础，公务员制度在中央和地方各级相关部门的推动下稳步发展。

1997年，党的十五大报告提出，要深化人事制度改革，引入竞争激励机制，完善公务员制度，建设一支高素质的专业化国家行政管理干部队伍，进一步推动了公务员制度的发展。2000年，中共中央办公厅印发《深化干部人事制度改革纲要》，要求抓紧研究制定公务员法，对公务员制度的进一步规范完备提出了明确要求。

二、逐步形成较完备的公务员制度体系

进入21世纪，国际形势发生了广泛而深刻的变化，对我国干部制度建设提出了新的要求。为此，中央于2000年发布《深化干部人事制度改革纲要》，明确了21世纪头10年干部人事制度改革的任务和举措，要求加强对《国家公务员暂行条例》等法律法规执行情况的监督检查，抓紧研究制定《公务员法》等法律法规，逐步健全党政机关干部人事管理的法规体系。党的十六大报告也强调指出，要改革和完善干部人事制度，健全公务员制度。

《公务员法》研究起草工作从2000年8月启动，历时近五年，

草案经过20余次修改。[①] 2005年4月，十届全国人大常委会第十五次会议审议通过了《公务员法》，于2006年1月开始实施。《公务员法》是我国干部人事管理第一部具有总章程性质的法律，在我国干部人事制度发展史上具有里程碑意义。[②]

在《国家公务员暂行条例》基础上制定的《公务员法》，内容分为18章107条，主要是两方面规定：一是关于公务员制度和公务员管理的总括性规定，包括公务员制度的指导思想、基本原则，公务员的范围、条件、义务与权利，公务员的职务与级别，公务员管理机构以及违反公务员法的法律责任等；二是关于公务员管理各个环节的基本管理制度的单项性规定，包括公务员的录用、考核、职务任免、职务升降、奖励、处分、培训、交流回避、工资福利保险、退休、申诉控告、职位聘任等。

与《国家公务员暂行条例》相比，《公务员法》主要有以下几方面的发展和创新：一是扩大调整了公务员的范围。《公务员法》第二条规定，公务员是指依法履行公职、纳入国家行政编制、由国家财政负担工资福利的工作人员。这就将公务员范围由行政机关工作人员扩大到中国共产党机关、人大机关、政协机关、审判机关、检察机关和各民主党派机关的工作人员。二是确立了分类管理原则。《公务员法》第八条规定，国家对公务员实行分类管理；第十四条规定，国家实行公务员职位分类制度。公务员职位类别按照公务员职位的性质、特点和管理需要，划分为综合管理类、专业技

---

① 张柏林：《推进干部人事工作科学化、民主化、制度化的重大举措——学习贯彻〈中华人民共和国公务员法〉》，《求是》，2005年20期。
② 侯建良：《公务员制度发展纪实》，北京：中国人事出版社，2007年版。

术类和行政执法类等类别。国务院根据本法，对于具有职位特殊性，需要单独管理的，可以增设其他职位类别。各职位类别的适用范围由国家另行规定。三是改革完善了职务级别制度。按照党的十六大关于完善干部职务和职级相结合的制度的要求，《公务员法》改革完善了现行的职务级别制度，使职务和级别的关系更加合理，改变了单一化的职务设置，为公务员提供多样化的职业发展阶梯。四是对职位聘任制度作出了明确规定。《公务员法》设专章对职位聘任专门作出规定，第十六章第九十五条规定，机关根据工作需要，经省级以上公务员主管部门批准，可以对专业性较强的职位和辅助性职位实行聘任制。另外，《公务员法》还对一些制度作了较大的补充完善，创设了执行公务责任规定、公务员辞职或退休后的从业限制、人事争议仲裁等制度，进一步丰富和健全了各项管理制度。①

为保障《公务员法》的顺利实施，2006年4月，中共中央、国务院下发《关于印发〈中华人民共和国公务员法〉实施方案》的通知，实施方案还附发了五项法规性文件：《公务员范围规定》《公务员登记实施办法》《公务员职务与级别管理规定》《综合管理类公务员非领导职务设置管理办法》《参照〈中华人民共和国公务员法〉管理的单位审批办法》，为正确理解和执行《公务员法》提供了权威的法律依据。②

---

① 张柏林：《推进干部人事工作科学化、民主化、制度化的重大举措——学习贯彻〈中华人民共和国公务员法〉》，《求是》，2005年20期。

② 徐颂陶、孙建立：《中国人事制度改革三十年》，北京：中国人事出版社，2008年版，第45页。

为贯彻中央关于实施《公务员法》的相关要求，中共中央组织部和人事部加快制定了相应的配套法规政策。2007 年 1 月，中共中央组织部、人事部印发《公务员考核规定（试行）》；4 月，中共中央组织部、人事部、总政治部印发《人事争议处理规定》；11 月，中共中央组织部、人事部又下发了《公务员录用规定（试行）》。2008 年，中共中央组织部、人事部先后印发《公务员奖励规定（试行）》《公务员调任规定（试行）》《公务员职务任免与职务升降规定（试行）》。人力资源和社会保障部成立后，与中共中央组织部一起下发了《公务员申诉规定（试行）》，公务员管理的相关制度逐步形成较完备的体系。以《公务员法》为核心，中国特色公务员法律法规体系基本形成，公务员管理机制日益健全，激发了队伍的生机与活力。[①]

三、设立国家公务员局专职负责公务员管理工作

2008 年 7 月，按照《国务院机构改革方案》新成立的国家公务员局对外办公。根据国务院批准的国家公务员局主要职责、内设机构和人员编制规定，国家公务员局主要承担以下职责：会同有关部门起草公务员分类、录用、考核、奖惩、任用、培训、辞退等方面的法律法规草案，拟订事业单位工作人员参照公务员法管理办法和聘任制公务员管理办法，并组织实施和监督检查；拟订公务员行为规范、职业道德建设和能力建设政策，拟订公务员职位分类标准

---

① 吴江、张敏：《我国公务员制度的发展历程与改革》，《中国人事科学》，2018 年 01–02 期合刊。

和管理办法，依法对公务员实施监督，负责公务员信息统计管理工作；完善公务员考试录用制度，负责组织中央国家机关公务员、参照公务员法管理单位工作人员的考试录用工作；完善公务员考核制度，拟订公务员培训规划、计划和标准，负责组织中央国家机关公务员培训工作；完善公务员申诉控告制度和聘任制公务员人事争议仲裁制度，保障公务员合法权益；等等。从 1988 年组建人事部，设立相应内设机构负责建立和推行国家公务员制度，到 2008 年组建国家公务员局，在国家一级设置综合管理全国行政机关公务员工作的职能机构，公务员管理体制的变迁发展，充分体现了党中央、国务院对公务员管理工作的高度重视。

2009 年，中央发布《2010—2020 年深化干部人事制度改革规划纲要》，明确提出要完善公务员职位分类制度，健全综合管理类公务员管理办法，建立专业技术类、行政执法类公务员职务序列和管理办法；继续推进规范公务员津贴补贴工作，实施地区附加津贴制度，推进公务员福利制度改革，改革完善公务员社会保障制度；研究制定聘任制公务员管理办法，明确聘任职位，规范聘任条件、程序、待遇及聘期管理等。

第三节　公务员制度的深化改革和优化完善

党的十八大以来，中央深化推进公务员分类管理改革，探索推行公务员职务职级并行制度，进一步修改完善《公务员法》，公务员制度体系更加完善；调整党和国家干部管理机构，优化干部管理体制机制，建立健全统一规范高效的公务员管理体制。

一、深化公务员管理制度改革

2012 年，党的十八大报告提出了“完善公务员制度”的总体任务。党的十八届三中全会通过的《中共中央关于全面深化改革若干重大问题的决定》进一步明确要求，深化公务员分类改革，推行公务员职务与职级并行、职级与待遇挂钩制度，加快建立专业技术类、行政执法类公务员和聘任人员管理制度。完善基层公务员录用制度，在艰苦边远地区适当降低进入门槛。相关部门根据中央要求陆续出台了多项公务员管理的相关制度，涵盖公务员管理的诸多方面和环节。

一是制定公务员选用、考核等日常管理办法，进一步规范公务员管理工作。2013 年 1 月，中共中央组织部、人力资源和社会保障部出台了《公务员公开遴选办法（试行）》，对公开遴选的原则、程序与权限、纪律与监督等作出了明确规定。2014 年 9 月，中共中央组织部、人力资源和社会保障部、国家公务员局发布《关于做好艰苦边远地区基层公务员考试录用工作的意见》，提出了一系列旨在解决当前艰苦边远地区基层岗位招人难、留人难的改革措施，旨在增加新录用人员的稳定性；同月还印发了《关于深入开展公务员平时考核试点工作的通知》，明确了公务员平时考核的原则、内容和指标，规范了平时考核的程序和方法，并对平时考核结果使用进行了规定。2015 年 11 月，中共中央组织部、人力资源和社会保障部、国家公务员局印发《公务员录用面试组织管理办法（试行）》。2016 年 8 月，人力资源和社会保障部公布《公务员考试录用违纪违规行为处理办法》，进一步规范了公务员录用组织管理和违纪违规行为处理程序。2017 年 4 月，中共中央组织部、人力资源和社会保障部、国家工商总局、国家公务员局联合印发《关于规范公务员辞去公职后从业行为的意见》，明确了公务员辞职后从业行为的相关规定。

二是探索实施公务员职务职级并行制度，拓展公务员的职业发展通道。2015 年 1 月，《关于县以下机关建立公务员职务与职级并行制度的意见》实施。经过几年实践，中央办公厅于 2019 年 3 月印发《公务员职务与职级并行规定》，《关于县以下机关建立公务员职务与职级并行制度的意见》以及 2006 年 4 月中共中央、国务院印发的《公务员法》实施方案附件四《综合管理类公务员非领导职务设置管理办法》同时废止。

《公务员职务与职级并行规定》在第一章“总则”中明确，国家根据公务员职位类别和职责设置公务员领导职务和职级序列。职级是公务员的等级序列，是与领导职务并行的晋升通道，体现公务员政治素质、业务能力、资历贡献，是确定工资、住房、医疗等待遇的重要依据，不具有领导职责；公务员可以通过领导职务或者职级晋升。担任领导职务的公务员履行领导职责，不担任领导职务的职级公务员依据隶属关系接受领导指挥，履行职责。

《公务员职务与职级并行规定》在第二章至第六章分别就“职务与职级序列”“职级设置与职数比例”“职级确定与升降”“职级与待遇”以及“管理与监督”作出了明确规定，为推行公务员职务与职级并行、职级与待遇挂钩制度，健全公务员激励保障机制，建设忠诚干净担当的高素质专业化公务员队伍提供了制度保障。

三是推进公务员分类管理制度建设，提升公务员管理科学化水平。实行干部分类管理是提升干部管理工作的重要基础。1993 年颁布的《国家公务员暂行条例》就提出要实行“职位分类”，在国家行政机关实行职位分类制度；2005 年制定的《公务员法》进一步明确，公务员职位类别按照公务员职位的性质、特点和管理需要，划分为综合管理类、专业技术类和行政执法类等类别。国务院根据本法，对于具有职位特殊性，需要单独管理的，可以增设其他职位类别。各职位类别的适用范围由国家另行规定。

党的十八大以来，相关部门根据中央要求，进一步推进不同类别公务员分类管理制度。2015 年 9 月，中央深改组通过了《法官、检察官单独职务序列改革试点方案》；12 月，又通过了《公安机关执法勤务警员职务序列改革试点方案》和《公安机关警务技术职务序列改革试点方案》，以促进法官、检察官和警察队伍的专业化。2016 年 7 月，《行政执法类公务员管理规定（试行）》《专业技术类公务员管理规定（试行）》正式印发，分别对两类公务员的“职位设置”“职务与级别”“职务任免与升降”以及“管理与监督”等相关制度作出了细化规定，推进公务员分类管理制度加快落实。2017 年 9 月，中央全面深化改革领导小组发布《聘任制公务员管理规定（试行）》，明确聘任制公务员是指以合同形式聘任、依法履行公职、纳入国家行政编制、由国家财政负担工资福利的工作人员，并对聘任制公务员的“职位设置与招聘”“聘任合同”“日常管理”和“纪律监督”等管理工作进行了规定，为规范管理聘任制公务员提供了依据。

二、修订完善《公务员法》

随着中国特色社会主义进入新时代，党和国家事业取得了历史性成就，发生了历史性变革，对公务员队伍建设和公务员工作提出了许多新要求,《公务员法》的一些规定也需要与时俱进地加以修订完善。[①] 为此，中央结合中国特色社会主义进入新时代的形势需要，在总结近年来干部选拔任用制度、公务员分类管理、职务职级并行以及聘任制改革等制度改革经验的基础上，进一步修订完善《公务员法》。

2017 年 3 月,《公务员法》修订工作正式启动。中共中央组织部、人力资源和社会保障部、原国家公务员局开展专题调研，组织课题研究，广泛征求意见，邀请立法部门有关专家和部分省级公务员主管部门的业务骨干组成修法工作小组进行深入研讨，研究起草《公务员法》修订草案初稿。2018 年 12 月 29 日，修订后的《公务员法》经十三届全国人大常委会第七次会议审议通过，并于 2019 年 6 月 1 日开始实施。

修订后的《公务员法》由原来的 18 章 107 条调整为 18 章 113 条，增加六条，实质性修改 49 条，个别文字修改 16 条，条文顺序调整两条，主要在以下几个方面作了补充调整和完善：一是突出了政治要求。把习近平新时代中国特色社会主义思想作为公务员制度必须长期坚持的指导思想。把坚持和加强党的领导、坚持中国特色社会主义制度等一系列政治要求，体现到立法目的、管理原则、条件义务等规定中，把落实好干部标准贯穿公务员管理全过程和主要环节，进一步彰显了中国特色。二是调整完善公务员职务、职级等有关规定。进一步推进公务员分类改革，改造非领导职务为职级，实行职务与职级并行制度，对领导职务与职级的任免、升降以及与

① 《中华人民共和国公务员法（修订对照版）》，北京：党建读物出版社，2019 年版，第 47 页。

此相关的条文进行了修改。三是调整充实从严管理干部有关规定。将第九章章名“惩戒”调整为“监督与惩戒”，增加了加强公务员监督和公务员应当遵守的纪律等规定，修改完善了回避情形、责令辞职、离职后从业限制等规定，增加了在录用、聘任等工作中违纪违法有关法律责任的规定。四是贯彻落实党中央关于加强正向激励的要求，健全完善公务员激励保障机制，加强了对公务员合法权益的保护。五是根据公务员管理实践需要，对分类考录、分类考核、分类培训等进一步提出明确要求，对公务员考核方式、宪法宣誓、公开遴选等方面作了修改。[①]

新修订的《公务员法》充分体现了党的十八大以来中央关于干部工作的新精神新要求，旗帜鲜明地把公务员制度坚持中国共产党的领导，坚持以习近平新时代中国特色社会主义思想为指导，贯彻落实新时代党的组织路线，坚持党管干部原则，落实好干部标准等一系列政治要求写入法中。明确公务员是干部队伍的重要组成部分，是社会主义事业的中坚力量，是人民的公仆，强化了公务员的政治属性。在公务员的条件、义务、任用、考核、培训等重要环节突出政治标准、强化政治素质。这些修改和完善，集中体现了公务员政治性、先进性、示范性的要求，为建设高素质专业化的公务员队伍提供了法律保障。[②]

① 《中华人民共和国公务员法（修订对照版）》，北京：党建读物出版社，2019 年版，第 54 页。

② 《建设高素质专业化公务员队伍的法律保障》，《人民日报》，2018 年 12 月 30 日。

三、健全统一规范高效的公务员管理体制

为适应新时代全面深化改革任务的新要求，2018 年 2 月召开的党的十九届三中全会通过了《中共中央关于深化党和国家机构改革的决定》，随后，中共中央发布了《深化党和国家机构改革方案》，对深化党和国家机构改革作出了全面系统的具体安排。

《深化党和国家机构改革方案》指出，为更好落实党管干部原则，加强党对公务员队伍的集中统一领导，更好统筹干部管理，建立健全统一规范高效的公务员管理体制，将国家公务员局并入中共中央组织部。调整后，中共中央组织部在公务员管理方面的主要职责是，统一管理公务员录用调配、考核奖惩、培训和工资福利等事务，研究拟订公务员管理政策和法律法规草案并组织实施，指导全国公务员队伍建设和绩效管理，负责国家公务员管理国际交流合作等。

国家公务员局并入中共中央组织部后，中共中央组织部充分发挥公务员管理职能，以 2018 年最新修订的《公务员法》为依据，集中修订和制定了多项公务员管理的相关制度规定。2019 年 8 月，制定《公务员平时考核办法（试行）》；同年 10 月，修订《公务员录用规定》《公务员调任规定》《公务员培训规定》；同年 12 月，制定《公务员范围规定》《公务员登记办法》《公务员职务、职级与级别管理办法》《参照〈中华人民共和国公务员法〉管理的单位审批办法》。2020 年 12 月，制定《公务员转任规定》，修订《公务员考核规定》《公务员奖励规定》《公务员辞退规定》《公务员辞去公职规定》。2021 年 8 月，制定《公务员录用考察办法（试行）》《公务员初任培训办法（试行）》《行政执法类公务员培训办法（试

行）》，修订《公务员录用违规违纪行为处理办法》《公务员公开遴选办法》等，以《公务员法》为核心的公务员管理制度体系更加完善。

第七章

构建应急管理体系

▼

应急管理体系是一个国家应对突发事件的理念立场、制度安排与各类资源的总和，其构成和演变决定了一个国家应对突发事件的能力和效率。新中国成立以来，伴随经济社会不断发展变化，国家治理模式的调整优化，中国的应急管理体系也发生了重大变化，经历了一系列建设与调整历程：分类管理为主、临时机构牵头的现代应急管理体系转型萌芽时期；以“一案三制”为核心的现代应急管理体系初创建设时期；中国现代应急管理体系的实践、完善与反思时期以及新时代中国特色应急管理体系建设时期。

第一节　向现代应急管理体系转型

中华人民共和国成立后，在应对各种天灾和人祸的过程中，我国积累了丰富的灾害管理经验，建立起应对各种突发事件和重大灾害的工作体系。中华人民共和国成立初期，我国的灾害管理主要是单灾种管理为主的体制，实行多头管理，分部门应对各类自然灾害和传染性疾病。例如，1949 年在政务院文化教育委下设卫生部，主管全国卫生防疫。1975 年，成立国家劳动总局，内设劳动保护局、锅炉压力容器安全监察局等机构，主管安全生产、职工保护等。

这个时期，针对一些特别突出的灾害事务，中央成立少量日常性跨部门协调机构，设立临时性应急指挥部，依靠非常设机构来协调不同部门开展工作。例如，1950 年成立中央救灾委，作为全国救灾工作的领导协调机构，办公室设在内政部（后改为民政部）农村救灾司。1950 年，为加强重大水旱灾处置的指挥协调工作，成立中央防汛总指挥部。1952 年，改组成立新的中央防疫委员会，不久改称中央爱国卫生运动委员会。1953 年，成立中央防治血吸虫病领导小组等特定疫病防治领导机构，政务院批准在全国范围内建立卫生防疫站，地方各级成立防疫委员会。表 7–1 列出了改革开放前部分中央层级的日常性跨部门协调机构。

表 7–1　改革开放前部分中央层级的日常性跨部门协调机构

机构	成立时间	主要领导	备注
中央防疫委员会	1949 年 10 月 27 日	周恩来任主任，郭沫若、聂荣臻任副主任委员	1952 年底改称爱国卫生运动委员会
中央救灾委员会	1950 年 2 月 27 日	董必武任主任，包括内务部、财政部等 12 个有关部委组成	1958 年“大跃进”后取消
中央防汛总指挥部	1950 年 6 月 7 日	董必武任主任，水利部部长傅作义、军事委员会部长李涛任副主任	1972 年改为中央防汛抗旱总指挥部
中央地震工作小组	1969 年 7 月 18 日	周恩来总理指示成立中央地震工作小组，国家科委地震办公室和地质部地震地质办公室组成中央地震工作小组办公室	1971 年 8 月，撤销中央地震工作小组办公室，成立国家地震局，作为中央地震工作小组的办事机构，统管全国地震工作，由中国科学院代管，该管理体制一直延续到 1988 年

1949 年到改革开放前，我国应急管理长期处于单灾种分类管理为主时期。与当时的计划经济体制相适应，我国应急管理的组织机构以部门分割、单灾种管理为典型特征，按照不同灾种单独设置

救灾机构，管理体制是以纵向单灾种为主，抗灾救灾分别隶属多个职能部门，各自承担相关职责。这种体制专业分割明显，具有专业化、单一化特点，针对特定灾种的管理具有较高效率。

虽然这个时期的管理体制还不具备现代应急管理的综合协调特征，但是积累了丰富的经验、知识，奠定了中国现代应急管理体系的基础。例如，这个时期创设的集中力量办大事的中国特色举国动员体制。面对重大自然灾害和其他重特大突发事件，按照“一方有难，八方支援”的原则，党中央发挥举国体制下力量和资源集中、组织动员能力强、救灾快速高效的优势，建立应急抢险救援和灾后重建资源在短时间内高度集中统一的应急管理模式。这种全国动员、举国救灾的应急管理模式以作为执政党的中国共产党的坚强领导为政治基础，以党对国家机构的有力控制为组织基础，以党对重要资源的掌握为物质基础。20 世纪 60 年代发生在山西省平陆县的“为了六十一个阶级兄弟”的故事，是当时举国动员体制高效运作的一个真实写照。

以 1978 年 12 月召开的党的十一届三中全会为标志，中国开启了被称为“第二次革命”的改革开放历史征程。改革开放使中国经济社会结构发生了翻天覆地的变化，推动中国实现从政治主导向经济主导的转型，从计划经济向市场经济的转型，从封闭型国家向开放型国家的转型，从农业社会向工业社会的转型。随着改革开放后中央对地方的权力下放和市场化改革的不断推进，政府设立越来越多的部门，以承担经济社会发展过程中新出现的职责。随着整个社会系统变得日益复杂开放，各种要素之间的流动性不断增强，需要进行跨界协调的事项日益增多。为此，在分类管理的大格局下，国家成立了很多由国务院领导兼任主要负责人，成员单位几乎涵盖国务院各部委的议事协调机构。这些以任务为导向的议事协调机构属于典型的任务型组织，是典型的赋能型机构。[①]统计表明，改革开放后，中国的议事协调机构进入了一个蓬勃发展的“黄金期”。国务院的议事协调机构在1982年国务院机构改革之前有44个，1992年底有85个，1993年国务院机构改革后减为26个。[②]改革开放后的中国控制性放权与综合性协调的发展趋势也反映在应急管理领域。在应急管理工作中，政府逐步对社会有限放权，党委向政府有限放权，中央向地方有限放权；部门间不断强化统筹协调，以协同应对各类跨界复合型突发事件。

从改革开放到2003年“非典”事件前的25年间，影响我国范围最广泛、影响人群最多、经济损失最大的灾害和突发事件仍然是洪涝、地震、传染病疫情等传统的自然灾害和公共卫生事件。其间，全国曾多次发生全流域性大洪水、七级以上强地震和较大范围传染病疫情。尤其是1998年全流域洪水、上海甲肝疫情等重特大突发事件，给我国应急管理工作带来了巨大挑战。这一时期，应急管理充分吸收了新中国成立以来应对各类突发事件的成功做法，恢复了“文化大革命”中曾一度被取消的一些机构设置，全面适应了农村改革、城市改革，尤其是政府行政管理体制改革需要，全面调整应急管理体制机制，并为进一步转型进行了充分准备。与之同时，随着中国经济的飞速发展，日益频发的生产安全事故以及逐年

---

① 王伟、曹丽媛:《作为任务型组织的政府议事协调机构》,《中共中央党校学报》,2013年04期。

② 何艳玲:《中国国务院（政务院）机构变迁逻辑——基于1949—2007年间的数据分析》,《公共行政评论》，2008年01期。

增加的自然灾害，对分类管理的应急管理体制提出了新的挑战。为应对日益多发的风险，中国采取了在原有常设分类管理机构之外设立诸多非常设机构的方法，这些非常设机构被赋予承担重特大突发事件跨部门组织协调和临时性应急处置的职责职能。

在公共卫生领域，1978 年，中央重新成立中央爱国卫生运动委员会，后改为全国爱国卫生运动委员会。1998 年机构改革，卫生部设疾病控制司，作为全国爱国卫生运动委员会办事机构；2002 年，组建中国疾病预防控制中心。在自然灾害领域，1988 年，为响应联合国“减灾十年”倡议，成立中国“国际减灾十年”委员会，由民政部牵头。后来，中国“国际减灾十年”委员会更名为中国国际减灾委员会，2005 年又更名为国家减灾委。2000 年，成立了国务院抗震救灾指挥部。在社会安全领域，1990 年，中央决定恢复设立中央政法委员会，把安全部、公安部等部门以及社会治安、社会稳定等工作统筹起来。1991 年开始，各级都建立社会治安综合治理领导机构，与同级政法委合署办公；各级还设立维护稳定工作领导小组及其办公室。在安全生产领域，1982 年，依据《矿山安全条例》和《矿山安全监察条例》，在国家劳动总局下设矿山安全监察局。1999 年 12 月，设立国家经贸委管理的煤矿安全监察局，与国家煤炭工业局“一个机构、两块牌子”。2000 年 11 月设立国家煤矿安全监察机构，2001 年成立国家安全生产监督管理局，与国家煤矿安全监察局“一个机构、两块牌子”。2002 年，原国家环境保护总局成立环境应急与事故调查中心。

据统计，截至 2003 年底，这段时期中国共出现 16 个与应急管理相关的国务院议事协调机构，其中包括七个指挥部、五个领导小组和四个委员会，与此同时还建立了九个联席会议制度。[①] 从应急效果看，这个时期我国的应急管理机构虽然膨胀很快，但有效性与当时的灾害应对实际需求还不够匹配与适用，效率还比较低。

1978—2003 年，我国分部门、单灾种的应急管理模式与改革开放前相比有了不少改革与进展，呈现出现代应急管理体制的转型萌芽特点。该体制最突出的特征是部门分割，权责独立。从单一事件、单一灾种的角度看，测、报、防、抗、救全链条是闭合的。各相应职能部门在垂直管理上比较完备，上下指挥通畅，单部门的专业化程度较高，独立执行任务的能力较强。不过，这种分部门的单灾种管理体制没有完全脱离沿袭自原来计划经济体制的底色，存在体制性缺陷。由于平时条块分割，各自为政，不同部门掌握着各种资源和权力，缺少部门、地区之间联动性，没有一个综合职能部门和健全的系统来组织、协调实施抢险救灾工作，应急管理体制呈现出碎片化、部门分割的景象。这种体制不仅协调能力不足、协同性较差，而且降低了防灾救灾决策的科学性和全面性，也导致了资源分散，影响了财力投入的有效性。

以 2003 年“非典”疫情为例，此事件是中国应急管理发展的一个里程碑，对中国应急管理体系建设有着深远影响。“非典”暴发期间，公共卫生事件引起了长时间、广泛的社会恐慌，也暴露出中国应急管理存在重大缺陷，在应对重大突发事件的前期准备、灾害预警、应急预案、信息整合、应急响应和灾后恢复等方面都存在薄弱环节。“非典”疫情之后，党和政府痛定思痛，提出要建

① 钟开斌:《从强制到自主：中国应急协调机制的发展与演变》,《中国行政管理》,2014 年 08 期。

立突发公共卫生事件反应机制，提高公共卫生服务水平，提高突发性公共卫生事件应急能力。2003 年“非典”疫情，凸显突发事件应急管理的必要性，也暴露了传统应急管理体制行业性、分散性弊端，改革应急管理体系，提升政府应急统筹协调能力提上议事日程。

第二节　初步建设以“一案三制”为基本框架的应急管理体系

2002 年底至 2003 年上半年抗击“非典”疫情的过程，暴露了我国经济社会发展短板、政府管理诸多问题以及应急管理薄弱环节，在给我国应急管理能力带来巨大冲击的同时，还促使中央政府下定决心，在全国范围内全面加强和推动应急管理工作，全面促进我国应急管理体系建设和制度创新。

在取得抗击“非典”疫情的胜利之后，我国开始由单一突发事件应对向综合应急治理转变，建设的核心是“一案三制”，即制定修订应急预案，建立健全应急体制、机制和法制。通过几年努力，以“一案三制”（“一案”指应急预案，“三制”指应急管理体制、机制和法制）为基本框架的应急管理体系建设工作全面起步，并按“每年一个台阶”、分“五步走”的发展脉络稳步推进。[①]

① 闪淳昌、周玲：《从SARS到大雪灾：中国应急管理体系建设的发展脉络及经验反思》，《甘肃社会科学》，2008 年 05 期。

一、起草国家突发事件总体预案

应急预案是应急管理的重要基础，也是中国应急管理体系建设的首要工作。2003年10月，党的十六届三中全会提出提高公共卫生服务水平和突发性公共卫生事件应急能力。2003年11月，国务院办公厅成立应急预案工作小组，推动应急预案体系建设。2004年是中国应急预案编制之年，编制、修订应急预案，建立健全各种预警和应急机制，成为2004年政府工作的一项重要任务。2004年4月6日和5月22日，国务院办公厅分别印发《国务院有关部门和单位制定和修订突发公共事件应急预案框架指南》和《省（区、市）人民政府突发公共事件总体应急预案框架指南》[①]。2005年1月26日，国务院召开常务会议，审议并原则通过了《国家突发公共事件总体应急预案》。2005年4月17日，国务院印发《国家突发公共事件总体应急预案》。其后，各部门按照国务院的要求纷纷制定应急预案，从突发公共卫生事件做起，又延伸到社会安全、自然灾害、安全生产，预案一个一个地编制出来。2005年5—6月，应对自然灾害、事故灾难、突发公共卫生事件和社会安全事件的四大类若干专项应急预案以及部门预案也陆续着手制定。截至2005年底，全国应急预案编制工作已基本完成，包括国家总体应急预案、25件专项应急预案、80件部门应急预案，共计106件预案编制完成对社会发布。这些预案基本覆盖了中国经常发生的突发事件的主要方面，其中大多数是根据经济社会发展变化和客观形势的要求

① 《我国突发公共事件应急预案编制取得阶段性成果》，《人民日报》，2005年1月27日。

新制定的。此外，地方总体应急预案的编制工作也陆续完成，许多市、区（县）也制定了应急预案，全国应急预案框架体系初步建立。据统计，截至 2007 年 11 月，全国已制定各级各类应急预案 130 多万件，所有的省一级政府、97.9%的市级政府、92.8%的县级政府都已经编制了总体应急预案，同时还因地制宜地编制了大量专项及部门应急预案，全国“纵向到底、横向到边”的应急预案体系基本形成。同时，按照国家的统一规划和要求，到 2008 年底，所有街道社区、乡镇及有条件的行政村和各类企事业单位都基本完成应急预案编制工作[1]。中央企业总体预案做到了全覆盖，矿山、危险化学品、建筑施工等高危行业和重点行业绝大部分规模以上企业已制定应急预案。这个阶段应当视为我国现代应急管理的起步阶段，它由“非典”这个重大突发事件推动，是一个典型事件推动型现代应急事业的起步模式。

二、建立综合应急管理体制

（一）建立政府应急管理组织体制

应急管理体制主要是指应急管理机构的组织形式，主要包括应急管理的领导指挥机构、专项应急指挥机构、日常办事机构、工作机构、地方机构及专家组等不同层次。战胜“非典”之后，我国的应急管理体制建设，在充分利用现有政府行政管理机构资源的情况

① 华建敏：《依法全面加强应急管理工作——在全国贯彻实施突发事件应对法电视电话会议上的讲话》，《中国应急管理》，2007 年 10 期。

下，一个依托于政府办公厅（室）的应急办发挥枢纽作用，协调若干个议事协调机构和联席会议制度的综合协调型应急管理新体制初步确立。

这个新体制一方面从政府层面建立了综合性的应急管理领导体制与工作体制，另一方面促进各级各部门建立了党政机关对突发事件的领导、决策、指挥体制。

2003 年的政府机构改革，是在加入世界贸易组织的大背景之下进行的。3 月 10 日，十届全国人大第一次会议第三次全体会议通过了《关于国务院机构改革方案的决定》，开启新一轮大部制改革。方案特别提出了“决策、执行、监督”三权相协调的要求。这次改革的目的是进一步转变政府职能，改进管理方式，推进电子政务，提高行政效率，降低行政成本。目标是逐步形成行为规范、运转协调、公正透明、廉洁高效的行政管理体制。这次改革重大的历史进步，在于抓住当时社会经济发展阶段的突出问题，进一步转变政府职能，厘清不同部门之间权责，避免职能交叉、多头管理。这次大部制改革，在国务院组成部门减少至 28 个的大背景下，还在政府部门中增设了应急办，将其作为应急体系中的重要部门，可见国家对于突发事件应对综合协调统筹工作的高度重视，希望通过设置应急协调部门，打破部门、央地隔断，建立完善应急管理体制，增强应对突发事件的能力。

为成立国务院应急办，国务院做了大量准备工作，研究制定应急预案，筹备协调机构的设立。2005 年 7 月，全国应急管理工作会召开。2006 年 4 月，为进一步加强应急管理工作，全面履行政府职能，根据《国务院关于实施国家突发公共事件总体应急预案的决定》和中编办《关于增设国务院办公厅国务院应急管理办公室的批复》，国务院办公厅发布《关于设置国务院应急管理办公室（国务院总值班室）的通知》，设置国务院应急管理办公室（国务院总值班室），承担国务院应急管理的日常工作和国务院总值班工作，履行值守应急、信息汇总和综合协调职能，发挥运转枢纽作用。在此期间，国家层面一些专业应急管理机构也相继成立，有些专业应急管理机构甚至成立得更早。例如，国务院安全生产委员会于2003年成立，其办事机构设在国家安全生产监督管理局（国家煤矿安全监察局）。2004年，卫生部成立卫生应急办公室。2005年，国务院将国家安全生产监督管理局升格调整为国家安全生产监督管理总局。

国务院办公厅正式设立国务院应急管理办公室后，各级地方政府及其部门也陆续建立应急办。各级各地政府值班制度虽然一直存在，但是在初期并未实行专门的值班机构和工作人员，由政府办工作人员轮流承担。随着政府与社会联系加强以及公共事务复杂程度的提高，需要迫切建立专业化、专人化的值班制度，于是总值班制度开始建立起来。各级政府办内部设立专门机构、人员，负责政府值守工作，很多地方将政府热线、市长公开电话等也整合进值班室职能中。后来，随着突发公共事件的增多及复杂化，迫切需要建立政府应急管理办事机构，承担专门的应急值守、综合协调等工作。各级政府将政府值班室承担的值班职责和值守平台进行整合，组建新的政府应急办（总值班室）。各地政府总值班室与应急办多实行“一套人马、两块牌子”甚至“多块牌子”的管理体制，如应急管理、政府总值班、城市政府的市长热线、政府公开电话等。作为政府办的内设机构，对外可以使用“××政府应急办”的名称，履行值守应急、信息汇总和综合协调职责，发挥运转枢纽作用。据统计，截至2007年底，所有的省级政府和96%的市级政府、81%的县级政府，都成立或明确了应急管理办事机构[①]。关于应急办职责，中编办在《关于增设国务院办公厅国务院应急管理办公室的批复》中规定，国务院办公厅设置国务院应急管理办公室（国务院总值班室），承担国务院应急管理的日常工作和国务院总值班工作，履行值守应急、信息汇总和综合协调职能，发挥运转枢纽作用。具体来说，国务院和各级政府应急办的主要职责包括：

（1）承担国务院或地方各级政府总值班工作，及时掌握和报告全国及所辖区域相关重大情况和动态，办理向上级政府报送的紧急重要事项，保证与下级人民政府、同级政府各部门之间的信息联络畅通，指导政府系统值班工作。

（2）办理国务院或各级政府有关决定事项，督促落实国务院或各级政府领导批示、指示，承办国务院、各级政府应急管理的专题会议、活动和文电等工作。

（3）负责协调和督促检查下级人民政府、本级政府各部门应急管理相关工作，协调、组织有关方面研究提出国家或各地应急管理的政策、法规和规划建议。

（4）负责组织编制国家或本地突发公共事件总体应急预案和审核专项应急预案，协调指导应急预案体系和应急体制、机制、法制建设，指导下级人民政府、本级政府有关部门应急体系、应急信息平台建设等方面的工作。

（5）协助国务院或各级政府领导处置特别重大突发公共事件，

---

① 钟开斌：《回顾与前瞻：中国应急管理体系建设》，《政治学研究》，2009年01期。

协调指导本级政府处置范围内的各类突发公共事件的预防预警、应急演练、应急处置、调查评估、信息发布、应急保障和国际救援等项工作。

（6）组织开展应急管理的相关信息调研和宣传培训工作，协调应急管理方面的国际交流与合作。

（7）承办国务院或各级政府领导交办的其他相关事项。

这个时期，中国建立了政府应急管理的五个层次机构：一是全国领导机构，国务院为其最高行政领导机关；二是办事机构，国务院办公厅设国务院应急管理办公室，履行值守应急、信息汇总和综合协调职责，发挥运转枢纽作用；三是工作机构，国务院有关部门依据有关法律、行政法规和各自的职责，负责相关类别突发事件的应急管理工作；四是地方机构，地方各级人民政府是本行政区域应急管理工作的行政领导机构；五是各级应急管理专家组，国务院、各级政府应急管理机构建立各类专业人才库，为应急管理提供决策建议，必要时参加突发公共事件的应急处置工作。

（二）发挥以部际联席会议为主的赋能型协调的作用

随着经济和社会的发展，我国生产安全事故呈现不断波动的特点。伴随城市化进程加快，城市生命线、地上工程、地下空间建设加速，人员集聚度增加，城市安全风险日益凸显。随着经济快速发展，生产安全事故逐步进入高发期，安全生产工作得到高度重视。国内存在的日益复杂的风险要求应急管理的综合化、协同化，国家治理中分权化、部门化、碎片化现象也要求应急管理主体转变治理方式。国家在这段时期加强了突发事件应对协调联动组织的建设，开始采取依托政府应急管理办公室和部际联席会议为主的赋能型协调模式。

一方面，中央层面设立的国家减灾委员会、国务院安全生产委员会、国家防汛抗旱总指挥部、国务院抗震救灾指挥部继续发挥减灾救灾和处置事故灾难的协调与组织工作。另一方面，由主办部门牵头进行协商的部际联席会议得到迅猛发展，成为跨部门沟通协调的重要工作机制。作为对在2003年和2008年两次国务院机构改革中议事协调机构被大幅撤销的一种替代，由主办部门牵头进行协商的部际联席会议得到迅猛发展，成为各成员单位及时进行沟通协调的重要工作机制。2003年7月18日，国务院办公厅发出《关于部际联席会议审批程序等有关问题的通知》，明确部际联席会议是为了协商办理涉及多个部门职责的事项而建立的一种工作机制。各成员单位按照共同商定的工作制度，及时沟通情况，协调不同意见，以推动各项工作任务的落实。作为行政机构最高层次的联席会议制度，部际联席会议一般由部委主要负责人牵头召集，相关部委作为成员单位参与。早在20世纪90年代中后期，中国就陆续建立了全国森林防火部际联席会议（1994年）、国家核事故应急协调委员会（1995年）、国务院防震减灾工作联席会议制度（2000年）等部际联席会议。进入21世纪以来，随着议事协调机构被大幅撤销而涉及多个部门职责的事项又不断增多，部际联席会议进入了一个快速发展的时期。据统计，自国务院2003年10月22日批准同意由公安部牵头建立全国道路交通安全工作部际联席会议制度以来，全国建立了近20个与应急管理相关的部际联席会议，涉及境外中国公民和机构安全保护、防震减灾、道路交通安全、海上搜救、水污染防治、社会救助等各个方面。同时，在组建政府应急管理领导机构、工作机构、办事机构的基础上，依托政府系统办公厅（室）的综合性、权威性开展跨部门力量和资源整合，成为进行赋能型协调最主要的手段。

三、建立应急管理机制

应急管理机制是指突发事件发生、发展和变化全过程中各种制度化、程序化的应急管理方法与措施，主要包括预防准备、监测预警、信息报告、决策指挥、危机沟通、社会动员、恢复重建、调查评估、应急保障等内容。2004 年 9 月，党的十六届四中全会提出要建立健全社会预警体系，形成统一指挥、功能齐全、反应灵敏、运转高效的应急机制，从机制上来入手推动突发事件应对工作。2006 年 7 月，《国务院关于全面加强应急管理工作的意见》指出，要构建统一指挥、反应灵敏、协调有序、运转高效的应急管理机制。这一时期，党中央、国务院和中央军委发布了很多有关监测预警、信息报告、决策指挥、信息发布、调查评估、恢复重建等具体应急管理机制建设的文件。例如，在监测与预警方面，国家加强了气象、地震、水文、海洋、地质灾害、森林火灾、农林病虫害、煤矿瓦斯等灾害预测预警系统的构建。在风险评估方面，2007 年 9 月 18 日，国务院办公厅发出《关于开展重大基础设施安全隐患排查工作的通知》。在信息报告方面，2007 年 12 月 30 日，国务院办公厅发出《关于印发突发公共事件信息报告情况通报办法（试行）的通知》。在信息发布方面，2004 年 2 月 11 日，国务院召开第三十九次常务会议，原则通过《关于改进和加强国内突发事件新闻发布工作的实施意见》。在军地协同方面，2005 年 6 月 7 日，国务院、中央军委公布《军队参加抢险救灾条例》；2005 年 6 月 20

日，国务院办公厅发出《国务院中央军委关于〈军队参加抢险救灾条例〉实行中有关问题的通知》；2006 年 9 月 20 日，国务院办公厅、中央军委办公厅联合发出《关于进一步加强自然灾害信息军地共享机制建设的通知》。

四、构建应急管理法律法规体系

应急管理法制是一个国家在非常规状态下实行法治的基础，是一个国家实施应急管理行为的依据。早在抗击“非典”疫情期间，国务院于 2003 年 5 月审议通过《突发公共卫生事件应急条例》，开启依法抗疫。用法律来规范应急管理行为，是 2003 年“非典”危机带来的重要启示。长期以来，中国应急管理法制存在的主要问题是部门立法繁多，但统一法规欠缺，部门色彩浓厚。据统计，在 2007 年 11 月 1 日《中华人民共和国突发事件应对法》施行之前，中国已制定涉及突发事件应对的法律 35 件、行政法规 37 件[①]。但这些法律法规只适用于特定领域突发事件的应对工作，专业性与部门性强，不具广泛、通用的指导意义。在“非典”疫情暴发初期，原有立法提供的法制资源严重不足，导致政府反应速度慢、信息不畅、协调不力、低效无序、无法可依。2003 年 5 月 12 日，《突发公共卫生事件应急条例》正式颁布。这部法规从开始起草到国务院常务会议审议，一共只用了 20 天时间，开创了新中国成立以来法

① 韩大元、莫于川主编：《应急法制论——突发事件应对机制的法律问题研究》，北京：法律出版社，2005 年版，第 12–14 页。

规出台速度最快的纪录[①]。这一条例的出台，标志着中国卫生应急处理工作进入法制化轨道，卫生应急处理机制进一步完善。

2007 年 8 月 30 日，十届全国人大常委会第二十九次会议审议通过《中华人民共和国突发事件应对法》(以下简称《突发事件应对法》)，这是新中国第一部应对各类突发事件的综合性法律。这部自 2007 年 11 月 1 日起正式施行的应急管理法律，被称为“非常时期的小宪法”“龙头法”和“兜底法”。该法明确了突发事件的内涵外延、法律调整范围以及应当遵循的法治原则，确立了突发事件应急管理体制，建立了一个比较系统的包含预防与应急准备、监测与预警、应急处置与救援、恢复与重建等方面内容的应对突发事件制度体系，并与宪法规定的紧急状态制度和有关突发事件应急管理的其他法律作了衔接。根据当时我国应急管理体系建设的实践，该法对已经形成或正在建设的体制、机制和制度予以明确和固化，实现了应对活动从个别调整向规范调整转变。同时，针对我国突发事件应对缺乏系统规划，注重被动反应，治标不治本的弊病，采用了分章节对各类应急活动主体在不同阶段职责进行安排的立法体例，使各类主体的活动能够覆盖到突发事件发生、发展直至完结的整个过程，实现对突发事件的全过程管理。《突发事件应对法》的施行标志着中国规范应对各类突发事件共同行为的基本法律制度已确立，为有效实施应急管理提供了更加完备的法律依据和法制保障。据统计，党的十六大以后的五年间，我国制定了《突发公共卫生事件应急条例》《重大动物疫情应急条例》等应对自然灾害、事

① 《国务院法制办负责人就〈突发公共卫生事件应急条例〉答记者问》,《人民日报》, 2003 年 5 月 13 日。

故灾难、突发公共卫生事件和社会安全事件的单行法律与行政法规60多部，修订了《传染病防治法》《动物防疫法》等法律；北京等一些地方也根据其各自的特点，出台了相关的地方应急管理法规和规章。

这个阶段，中国基本建立了以《宪法》为依据、以《突发事件应对法》为核心、以相关单项法律法规为配套的应急管理法律体系，应急管理工作也逐渐进入了制度化、规范化、法制化的轨道。《突发事件应对法》等法律法规通过法律形式，集中表述了统一领导、综合协调、分类管理、分级负责、属地管理为主的应急管理体制，并建立了涵盖中央与地方两个层面，上下统一、层级分明、职责明确的应急管理机构体系，来承担突发事件应急管理统一组织、协调、指挥等方面的行政领导职能，并建立事前、事中、事后的全过程应急管理机制框架，形成了新型应急管理体系，保障了应急管理的全过程有章可循、有法可依。

从2003年到2008年，我国应急管理开疆拓土、快速发展，一年一个重点，一年一个台阶，一年一大步，发展脉络十分清晰。2003年是总结“非典”经验教训的一年，也是我国全面加强应急管理工作的起步之年；2004年是全国应急预案编制年；2005年是应急预案落实年；2006年是深入推进“一案三制”建设和应急管理进企业的一年；2007年是推进应急管理体系建设和应急管理进基层的一年。以《突发事件应对法》的颁布施行为标志，我国应急管理事业全面开创的基础——“一案三制”基本成型。

总的来说，这个时期我国有关应急管理工作的最大成就是建立了成体系的“一案三制”，基本完成了中国现代应急管理体系框架构建。“一案三制”被嵌入原有的部门机构，作为不同层级和职能部门行动的指导和标准。以“一案三制”为基本框架的应急管理体系的建立，为中国应急管理工作提供了明确的行动指南，推动中国应急管理体系建设的全面发展，中国应对突发事件的能力和效率也有了质的飞跃。因此，中国在2008年政府工作报告中郑重宣布，全国应急管理体系基本建立。

第三节　应急管理体系建设的实践与完善

以“一案三制”为核心框架和主要内容的应急管理体系建设，是中国应急管理事业发展的重要举措和巨大突破，揭开了中国应急管理工作新的历史篇章。尤其是《突发事件应对法》的颁布实施，标志着中国规范应对突发事件基本法律制度的确立，对于提高全社会应对突发事件的能力，及时有效地控制、减轻和消除突发事件引起的严重社会危害，保护人民生命财产安全，都具有重要意义。经过努力，我国应急预案体系全面建立，应急管理体制不断健全，应急管理机制不断完善，应急管理法制更加完备，应对突发事件能力全面提升，实现了我国应急管理体系建设的历史性跨越，应急管理工作取得了引人注目的成效。

以汶川地震抗震救灾为例，党和国家创造了三个历史之最：中国历史上救援速度最快、动员范围最大、投入力量最大的抗震救灾斗争，最大限度地挽救了受灾群众生命，最大限度地降低了灾害造成的损失。地震发生后，国务院仅用五天时间就紧急出台了《汶川地震灾后恢复重建条例》，再次刷新了我国法规出台时间最快的纪录，充分体现了国家把应急管理纳入法治范畴的魄力和能力。在应对这些突发事件的过程中，中国既取得了举世瞩目的成就，也暴露出应急管理工作中存在的问题，如事前预警的缺乏，等等。经过不断地反思与完善，中国应急管理进入了质量提升时期。2009 年 3 月 2 日，经中华人民共和国国务院批准，自 2009 年起，每年 5 月 12 日为全国“防灾减灾日”。

从 2012 年开始，中国应急管理体系的主要特征转向以总体国家安全观为统领，统筹应对国内外全灾种、全领域的突发事件，编织全方位、立体化的公共安全网，加强、优化、统筹国家应急能力建设。以 2012 年党的十八大为开端，以习近平同志为核心的党中央提出了一系列治国理政的新理念、新思想、新战略，形成了新时代中国特色社会主义思想，为深化应急管理体制改革指明了方向。2013 年中央国家安全委员会的成立，2014 年“总体国家安全观”的提出，标志着我国开始从国家战略的高度来决策部署应急管理工作。2016 年，中共中央、国务院出台《关于推进安全生产领域改革发展的意见》《关于推进防灾减灾救灾体制机制改革的意见》。随后，一系列相关措施相继推出，中央在一些文件和会议中开始有意识地融合自然灾害和事故灾难的处理机制，进一步深化了各界对应急管理的认识，为后续开展应急管理体制改革奠定了坚实的基础，做了观念上和思想上的准备。

这一阶段，中国政府开始着眼全局，将公共安全整体纳入国家发展战略框架，从而实现应急管理模式从被动反应到主动保障的积极转变。自 2007 年《中华人民共和国国民经济和社会发展第十一个五年规划纲要》将公共安全建设列为专节开始，应急管理工作被列入国家经济社会发展规划。随后，国家《“十一五”期间国家突发公共事件应急体系建设规划》《“十二五”期间国家突发公共事件应急体系建设规划》《“十三五”期间国家突发公共事件应急体系建设规划》相继出台，安全生产、国家综合减灾等“十一五”“十二五”“十三五”规划，《国家防震减灾规划（2006—2020年）》《全国山洪灾害防治规划》《地质灾害防治规划》《全国森林防火中长期发展规划》《七大流域防洪规划》等相关总体规划和专项规划，都将应急管理同经济社会发展有机结合起来，并对应急管理建设的具体内容提出了更加明确的要求和指南，为应急管理工作向更基础层面的纵深推进奠定了扎实的基础。

这一时期，党和国家加强了应急管理组织体制建设，各级各类应急管理组织机构建设获得了全面充足发展。除了国家和地方各级人民政府普遍建立健全综合应急管理领导机构与办事机构，进行统一领导外，各专业部门的分类管理也得到大幅增强。我国突发事件应急管理工作实行的是在各级党委的统一领导下，各级政府对各部门实行统一领导和综合协调，部门实行分类管理的应急管理体制。即按照自然灾害、事故灾难、公共卫生事件和社会安全事件四类突发事件的不同特性，划分各部门之间的职责，实施应急管理工作。具体包括以下内容。

自然灾害类突发事件应急管理主要部门和机构包括：民政部、国土资源部、环境保护部、水利部、农业部、林业局、地震局、气象局等。

事故灾难类突发事件应急管理主要部门和机构包括：安监总局（煤监局）、国资委、教育部、工信部（航天局、原子能机构）、住建部、交通部、铁道部、环保部（核安全局）、质检总局、电监会、国防科工局、民航总局等。

公共卫生类突发事件应急管理主要部门和机构包括：卫生部、

农业部、海关总署、质检总局、中医药局、食品药品局、食安委等。

社会安全类突发事件应急管理主要部门和机构包括：公安部、外交部、民委、安全部、司法部、宗教局、信访局等。

按照以上分工，国务院、地方政府以及有关部门，依据有关法律、法规和各自职责的有关规定，负责相关类别突发公共事件的应急管理工作，负责相关类别的突发公共事件专项和部门应急预案的起草与实施，贯彻落实同级政府应急管理有关决定事项。2008 年后，这些专业化的政府工作部门逐步建立了专门的应急管理办公室，或在办公厅、业务相近的职能司局加挂应急办牌子，负责本部门值守应急、信息报送、综合协调等相关应急管理工作（见表 7–2）。

表 7–2　中央政府部分工作部门应急管理机构建设情况

部委	机构性质	内设应急机构名称	依据	职能
卫生部	国务院组成部门	卫生应急办，加挂突发公共卫生事件应急指挥中心牌子	国务院办公厅文件	拟订卫生应急和紧急医学救援规划、制度、预案等；指导突发公共卫生事件的预防准备、监测预警、处置救援、分析评估等；指导地方实施预防控制和紧急医学救援；组织实施对突发急性传染病防控和应急；对相关突发事件组织实施紧急医学救援；发布突发公共卫生事件应急处置信息
国家安全生产监督管理总局	国务院直属机构	国家安全生产应急救援指挥中心	中央机构编制委员会文件、国务院办公厅文件	履行全国安全生产应急救援综合监督管理的行政职能；按照国务院安全生产突发事件应急预案的规定，协调、指挥安全生产事故灾难应急救援工作
国土资源部	国务院组成部门	地质环境司加挂地质灾害应急管理办公室的牌子	中央机构编制委员会办公室文件	承担地质灾害应急值守、信息接报、编制应急预案、应急处置等组织协调工作，承担国务院应急办交办的工作

续表

部委	机构性质	内设应急机构名称	依据	职能
民政部	国务院组成部门	设在部办公厅综合处	民政部文件	部领导处置突发事件的参谋助手；协调制定并实施应急预案；民政部总值班工作；及时收集、汇总、分析、上报应急信息，协调配合突发事件预防预警、应急演练、应急处置、调查评估、信息发布、应急保障等工作；民政应急网络及应急平台建设等
环境保护部	国务院组成部门	环境应急与事故调查中心对外加挂部环境应急办公室牌子	环境保护部文件	负责重、特大突发环境事件应急、信息通报及应急预警；受理12369电话投诉和网上投诉；承担重大环境污染与生态破坏及重大建设项目环境违法案件与事故调查；协助科技标准司组织重、特大突发环境事件损失评估；参与环监局组织的环境执法检查工作
国家海洋局	部委管理的国家局	海洋预报减灾司	国务院办公厅文件	拟订海洋防灾减灾的政策、规划和规范；指导地方海洋防灾减灾工作；组织编制实施海洋灾害应急预案；组织开展海洋灾害风险评估，拟订灾害区划；承担海洋灾害信息发布，编制海洋灾害公报和海平面变化公报；组织开展重大自然海洋灾害调查和评估

这段时期，应急管理议事协调机构在职能、机构和组成人员上都得到了规范和充实（见表 7–3）。

表 7–3　国务院议事协调机构

名称	工作机构	名称	工作机构
国家国防动员委员会	国家发改委、三总部	国家禁毒委员会	公安部
国务院中央军委空管委	总参	国务院西部开发领导小组	国家发改委

续表

名称	工作机构	名称	工作机构
全国爱国卫生运动委员会	卫生部	国务院振兴东北领导小组	国家发改委
全国绿化委员会	国家林业局	国务院抗震救灾指挥部	中国地震局
国务院学位委员会	教育部	国家信息化领导小组	工信部
国家防汛抗旱总指挥部	水利部	国家应对气候变化及节能减排工作领导小组	国家发改委
国务院妇女儿童工作委员会	全国妇联	国家能源委员会	国家能源局
全国拥军优属拥政爱民工作领导小组	民政部、总政	国务院安全生产委员会	安监总局
国务院残疾人工作委员会	中国残联	国务院防治艾滋病工作委员会	卫生部
国务院扶贫开发领导小组	单设办事机构	国家森林防火指挥部	国家林业局
国务院关税税则委员会	财政部	国务院三峡工程建设委员会	完后撤销
国家减灾委员会	民政部	国务院南水北调工程建设委员会	完后撤销
国家科技教育领导小组	国务院办公厅	国务院纠风办公室	监察部
国务院军队转业干部安置工作小组	人社部		

这一时期，我国的应急管理机制进一步健全。2007 年 6 月，国务院下发了《国家应急平台体系建设指导意见》，我国开始加快建设应急平台。截至 2015 年，我国陆续建设完成了八个国家陆地搜寻与救护基地以及 19 个国家空中紧急运输服务基地，国家应急平台体系初步建成。2013 年，依托中央人民广播电台，成立了国家应急广播中心，开展公共安全知识科普宣教，开展灾害预警和应急救援服务。2015 年，依托中国气象局成立国家预警信息发布中心，为国务院发布预警信息提供权威统一的发布渠道。隐患排查和监测预警机制进一步建立健全。安全、民政、卫生、环保、交通运

输、水利、农业、安全监管、地震、气象等部门相继建立了部门间的信息共享机制和应急联动机制。2009 年 9 月，泛珠三角内地九省（区）——福建、江西、湖南、广东、广西、海南、四川、贵州、云南在广西南宁签署了《泛珠三角区域内地九省（区）应急管理合作协议》，标志着全国首个省际区域性应急管理联动机制正式建立。随后，沪苏浙、苏皖鲁豫、东北四省、黄渤海、中部六省等地也陆续建立了区域应急联动机制。2008 年 6 月，商务部、外交部、国务院国有资产监督管理委员会联合召开“全国处理境外纠纷及突发事件电视电话会议”，提出健全处置机制的要求，外交部、公安部、交通运输部、商务部、民政部、卫生部、地震局、总参等部门和单位以及各级政府相继建立健全涉外突发事件防范处置机制。一系列法规政策相继出台。《突发事件应对法》颁布实施后，国家与地方制定修订涉及自然灾害、安全生产、公共卫生与社会安全等方面的法律法规 70 余部。在中央和部门层面，制定或修订了《气象灾害防御条例》《食品安全法实施条例》等防范应对突发事件的法规、规章。在地方层面，北京、辽宁、湖南、广东、山东等多地相继出台了贯彻实施应对法的地方性法规。2016 年 12 月，中共中央、国务院印发了《关于推进安全生产领域改革发展的意见》，指出要坚守“发展决不能以牺牲安全为代价”这条不可逾越的红线，构建党政同责、一岗双责、齐抓共管、失职追责的安全生产责任体系，推进安全监管体制改革。这是新中国成立以来第一个以党中央、国务院名义出台的安全生产工作的纲领性文件，对推动我国安全生产工作具有里程碑式的重大意义。2016 年 12 月，中共中央、国务院出台了《关于推进防灾减灾救灾体制机制改革的意见》，对推进防灾减灾救灾体制机制改革明确了五项基本原则：坚持以人为本，切实保障人民群众生命财产安全；坚持以防为主、防抗救相结合；坚持综合减灾，统筹抵御各种自然灾害；坚持分级负责、属地管理为主；坚持党委领导、政府主导、社会力量和市场机制广泛参与。该文件的颁布实施，标志着我国防灾减灾救灾新格局基本形成。国家和地方还加强了预案编制工作。国家总体应急预案、专项预案和部门预案体系基本建立起来，制定各级各类应急预案550余万件，应对各类重特大突发事件基本可以做到有案可依。所有省、市级政府和90%以上的县级政府编制了总体应急预案。全国各级各类应急预案基本覆盖了各地常见的各类突发事件，其中高危行业企业安全生产应急预案覆盖率达到100%，为有效应对突发事件发挥了重要的基础性作用。

与此同时，救援队伍建设不断增强。根据国家《“十一五”期间国家突发公共事件应急体系建设规划》和《“十二五”期间国家突发公共事件应急体系建设规划》的部署，国家先后组建了国家核应急救援队、国家卫生应急救援队、国家矿山救援队、国家应急测绘保障队。各级政府及其有关部门组建的公安消防、地震救援、抗洪抢险、森林消防、海上陆地搜寻救助、应急通信、道路抢通、应急运输、铁路救援、电力抢修、矿山救护、危险化学品处置、医疗救治和卫生防疫及核事故处置等专业应急救援队伍不断壮大。综合应急救援队伍建设得到有力推进，截至2012年，全国31个省（区、市）以公安消防等为依托成立了综合应急救援总队，所有市（地）级城市全部成立综合应急救援支队，90%的县成立综合应急救援大队。此外，专兼职队伍和志愿者队伍也得到加强，各级政府积极推进企事业单位建立承担应急救援辅助任务的专兼职队伍；民政、交通、地震等部门和共青团中央、红十字会等单位积极推进应急志愿者队伍建设，注册志愿者近千万人。在此期间，军队应急队伍也开始纳入国家应急队伍体系。军队组建了抗洪抢险、地震救援、交通应急抢险、海上应急搜救、应急通信保障、医疗防疫救援、核生化应急救援、空中紧急运输服务队伍八个方面的应急队伍；武警专业救援力量也随之纳入了国家应急体系，建立了水电和交通专业应急救援队伍，进一步加强了反恐、反劫机和地震灾害紧急救援等应急专业队伍建设。

总体而言，这段时期的中国应急管理体系开始沿着规范化、法治化和科学化的轨道发展，进入了快速全面发展时期，工作取得了巨大的成就：应急管理体制不断健全，应急管理机制不断完备，应急法规体系不断健全，应急预案体系不断完善，应急保障能力不断增强，应急管理观念不断转变，中国特色的应急管理体系初步实现了从单一性到综合性、从临时性到制度性、从封闭性到开放性突发事件应对格局，实现了传统的行政应急管理体制从“事后型”体制向“循环型”体制转变，从“以条为主型”体制向“以块为主型”体制转变。

第四节　加强中国特色应急管理体系建设

2018 年，我国现代化建设深入推进，以应急管理部的组建为标志，面对政治、经济、社会、外部环境等领域的重大风险形势，以习近平同志为核心的党中央坚持以人民为中心的发展思想，从实现“两个一百年”奋斗目标和中华民族伟大复兴的战略高度，全面部署推进新时代应急管理工作，推动我国应急管理事业迈入新的历史发展阶段。习近平总书记站在新的历史方位，提出总体国家安全观重要思想，并发表了坚持底线思维，统筹发展和安全，建设平安中国、“两个至上”“两个坚持、三个转变”等系列重要论述。2019年11月29日，习近平总书记主持中共中央政治局第十九次集体学习时指出，要发挥我国应急管理体系的特色和优势，借鉴国外应急管理有益做法，积极推进我国应急管理体系和能力现代化。习近平总书记的这一系列新理念、新思想、新战略，深刻阐明了防灾减灾救灾工作的理念、原则、目标、路径、方法和要求，蕴含了丰富的国家治理现代化思想，拓展了我国应急管理体系工作的宏观视野，为新时代防灾减灾救灾事业融合发展指明了方向、明确了我国应急管理现代化的方向和路径。

一、改革优化应急管理机构

2018年4月16日，根据《中共中央关于深化党和国家机构改革的决定》《深化党和国家机构改革方案》《国务院机构改革方案》的要求，整合自然灾害、事故灾难等13项应急管理职能，组建应急管理部，作为国务院组成部门，承担自然灾害、事故灾难事件应急管理职能。公共卫生、社会安全类突发事件应急管理职能也进行了改革调整。发改、工信、水利、自然资源、交通、住建等部门应急管理职能逐步完善，各部门形成相互协作、协调配合的关系。各级地方政府也建立了各自应急管理部门，完善了部门间协调关系，初步确立了统一指挥、专常兼备、反应灵敏、上下联动的应急管理体制。

新组建的应急管理部整合了原来11个部门的13项应急救援职

责，以及五个国家指挥协调机构的职责，增强了应急管理工作的系统性、整体性、协同性。同时，在应急管理部组建了综合性消防救援队伍，全国公安消防部队和武警森林部队近20万名官兵整体转制，成为我国应急管理发展史上具有里程碑意义的事件。2018年11月9日，习近平总书记在人民大会堂亲自向国家综合性消防救援队伍授旗并致训词，明确提出了对党忠诚、纪律严明、赴汤蹈火、竭诚为民的方针，指引这支全新的人民队伍举旗定向、踏上征程。随后，各级党政机构改革顺利完成，省市县各级应急管理机构调整到位，为进一步推进我国应急管理现代化奠定了体制基础。应急管理部的设立，标志着中国现代应急管理体制设计进入了新的发展阶段。应急管理部作为践行中国总体国家安全观的首要职责部门，其职能架构、运作模式及发展方向受到广泛关注。

2018年3月13日，在十三届全国人大一次会议上，王勇在关于国务院机构改革方案的说明中指出，应急管理部主要职责是组织编制国家应急总体预案和规划，指导各地区各部门应对突发事件工作，推动应急预案体系建设和预案演练；建立灾情报告系统并统一发布灾情，统筹应急力量建设和物资储备并在救灾时统一调度，组织灾害救助体系建设，指导安全生产类、自然灾害类应急救援，承担国家应对特别重大灾害指挥部工作；指导火灾、水旱灾害、地质灾害等的防治；负责安全生产综合监督管理和工矿商贸行业安全生产监督管理等。

2018年7月，中共中央办公厅、国务院办公厅颁布了《应急管理部职能配置、内设机构和人员编制规定》，对应急管理部的内设机构进行了划分，除了设立应急指挥中心进行指挥协调，以及办公厅、人事司等负责行政事务外，还设立了16个司局负责应急管理的各个领域和阶段的相关工作。新组建的应急管理部有效整合优化应急资源，利于统筹谋划全过程应急管理，在此基础上整合进行的应急机制设计大大节约了原有成本，促进了机制创新。

2018年党和国家机构改革后，各地区、各有关部门认真贯彻落实党中央、国务院决策部署，推动应急管理事业改革发展取得重大进展，应急管理体系不断健全，应急救援效能显著提升，安全生产水平稳步提高，防灾减灾能力明显增强。新组建的应急管理部在改革难度大、任务重的困难面前，边改革、边应急、边建设，蹄疾步稳推进各项改革举措，顺利完成了机构组建、职能融合、人员转隶，基本理顺了应急管理统与分、防与救的关系，实现了从“物理相加”到“化学反应”的转变，达到了“1+1>2”的预期效果。其间，还组建了国家矿山安监局，加强危化品监管机构和力量建设，深化应急管理综合行政执法改革和消防执法改革，完善防汛抗旱、森林草原防灭火等体制机制，强化了应急工作的综合管理、全过程管理和力量资源的优化管理，增强了应急管理工作的系统性、整体性、协同性，基本形成了统一指挥、专常兼备、反应灵敏、上下联动的中国特色应急管理体制，探索构建了一套全新的应急管理工作体系。与此同时，应急管理部发挥综合统筹优势，不断提升国家综合应急能力水平。一方面，充分发挥统筹协调作用和综合优势，牵头建立健全风险研判、信息共享、协同处置、恢复重建等全过程跨部门联动机制，最大限度汇聚各方力量，解决了过去资源分散、各管一摊等突出问题，提高了应急管理的系统性、整体性和协同性，防抗救一体化工作合力明显增强。另一方面，积极推动实施自然灾害防治重点工程，建成部、省、市、县四级贯通的应急指挥信息网，搭建应急物资全程监管溯源平台，构建应急管理“一张图”、大数据平台和卫星监测系统，实现危化品重大危险源、煤矿等全面联网监测，灾害事故风险监测预警能力不断提高，自上而下的应急指挥体系基本建立，应急力量分布和统筹调动科学顺畅，全灾种、大应急综合救援能力明显提升。

二、进一步健全应急管理工作机制

转制期间，党和国家高度重视重特大突发事件防范与处置的机制建设，进一步完善了信息报告机制、应急联动及指挥协调工作机制、新闻宣传和信息发布机制、恢复重建机制、资金投入机制、风险分担机制、应急处置第三方评估等机制，提升了应急管理工作的效率效能。建立了自然灾害防治工作部际联席会议制度，应急管理、自然资源、气象、水利等 30 多个部门单位建立了联合会商研判机制。各地统筹推进应急管理部门与林草、水利、自然资源、气象、交通等部门的应急信息沟通共享、应急信息通报、应急联合处置、跨部门应急协同联动机制。健全多项军地、政企、央地协作的长效机制，形成京津冀、粤港澳等多个区域应急联动机制。各地方、各有关部门制定完善重特大灾害事故响应工作手册和应急行动方案等，探索形成扁平化组织指挥体系和防范救援救灾一体化运作体系，基本实现了对事前预防准备、事发监测预警、事中应急救援、事后恢复重建的全面管理。

三、持续加强应急管理法治体系建设

2018年党和国家机构改革后，面对应急管理体制改革初期艰巨繁重的应急管理立法任务，立法机关和有关部门齐心协力，努力克服新冠疫情带来的不利影响，推动应急管理基础性立法取得重大进展。国家抓紧制定了《核安全法》《生物安全法》《消防救援衔条例》《生产安全事故应急条例》《地质灾害防治条例》《建设工程抗震管理条例》等法律法规，组织修订了《安全生产法》《防洪法》《传染病防治法》《森林法》《消防法》《危险化学品安全管理条例》《自然灾害救助条例》《地震安全性评价管理条例》等法律法规，极大地充实完善了国家应急管理法律体系。初步构建了应急管理和减灾救灾标准体系，加快了基础通用标准以及安全生产等重点领域缺失标准的立项，集中发布了一批急需、重要的国家标准和行业标准。2018年，中共中央办公厅、国务院办公厅印发《地方党政领导干部安全生产责任制规定》，明确县级以上地方政府党政主要负责人及班子其他成员的职责任务，建立了党政同责、一岗双责、齐抓共管、失职追责的安全生产责任体系。2020年，中共中央办公厅、国务院办公厅印发《关于深化应急管理综合行政执法改革的意见》，作出加快构建权责一致、权威高效的监管执法体制的决策部署。推进“互联网+执法”“双随机、一公开”“四不两直”等监管执法方式，不断完善安全生产执法工作制度，执法信息系统全面运行，监管执法效能不断提升。

四、不断完善应急预案体系

2018 年以来，国家加强应急预案评估修订工作，组织开展国家突发事件总体应急预案和专项应急预案修订，规范突发事件分类分级、应急响应、现场指挥、应急处置和救援措施，加强和规范应急预案管理与衔接。强化重要目标物、重大危险源、重大活动保障等专项应急预案编制和管理，制定区域性、流域性突发事件联合应急预案，完善应急预案体系。截至 2021 年 5 月，全国已制修订各级各类应急预案 780 余万件。形成了应对特别重大灾害“1 个响应总册+15 个分灾种手册+7 个保障机制”的应急工作体系，探索形成了“扁平化”组织指挥体系、防范救援救灾“一体化”运作体系。加强应急预案的动态管理，持续推动信息技术的应用，推进应急预案电子化、数字化。完善应急预案演练机制，开展形式多样、节约高效的应急演练，加强演练后评估工作，每年开展各类生产安全事故应急演练 10 万余场次，参演人员 1000 万人次以上。

五、全面强化与创新应急管理体系建设

2019 年底，新冠疫情突然暴发，并持续在全球肆虐。新冠疫情不仅是新中国成立以来经历的最为严峻的一次公共卫生事件，也成为全球百年不遇的严峻公共危机事件。这次新冠疫情创造了人类灾难史之最：病毒以最快的速度传播到全球，在短短的三个月左右时间内，新冠肺炎就扩散到 200 多个国家。它对人类生命健康和正常生活的危害之重，传播范围之广，足可以称得上是全人类的重大灾难。新冠疫情给社会经济发展以及

国际国内环境带来严重冲击，我国应急管理体制遭受严重冲击与严峻考验。习近平总书记多次召开疫情防控专题会议，强调要放眼长远，总结经验、吸取教训，针对这次疫情暴露出来的短板和不足，抓紧补短板、堵漏洞、强弱项。我国以“一案三制”为基本框架的应急管理体系，需要从顶层设计与制度构建等各个方面进一步全面深化改革。

2020年2月，面对全球100多年来最严重的突发公共卫生事件，党中央统揽全局，建立集中统一领导的指挥体系。2020年2月14日，中央全面深化改革委员会第十二次会议明确要求健全重大疫情应急响应机制，建立集中统一高效的领导指挥体系，做到指令清晰、系统有序、条块畅达、执行有力，精准解决疫情第一线问题。在应对新冠疫情的过程中，党中央加强集中统一领导，在以习近平同志为核心的党中央坚强领导下，建立了中央统一指挥、统一协调、统一调度，各地方各方面各负其责、协调配合，集中统一、上下协同、运行高效的指挥体系。[①] 中央和国家层面的领导指挥体系主要由中央政治局常务委员会、中央应对新型冠状病毒感染肺炎疫情工作领导小组、国务院应对新型冠状病毒感染的肺炎疫情联防联控工作机制和中央指导组等决策层、领导层和执行层三个层级组成。决策层是中央政治局常务委员会，作为最高决策机构，由习近平总书记亲自领导；领导层是中央应对新型冠状病毒感染肺炎疫情工作领导小组，由李克强担任组长，在中央政治局常务委员会领导下开展工作；执行层是国务院应对新型

---

① 中华人民共和国国务院新闻办公室：《抗击新冠肺炎疫情的中国行动》，北京：人民出版社，2020年版，第13页。

冠状病毒感染的肺炎疫情联防联控工作机制和中央指导组，其中国务院应对新型冠状病毒感染的肺炎疫情联防联控工作机制是在中央政府层面建立的多部委协调工作机制平台，在疫情初期受国务院委托，由国家卫健委牵头组建，在疫情中期由孙春兰同志具体负责；中央指导组是中央派往湖北武汉等疫情严重地区，指导地方党委政府防控疫情的工作组，组长由孙春兰同志担任。

新型冠状病毒肺炎疫情应急指挥体制的特点是上下协同，从中央到地方上下联动、一竿子插到底[①]，在很大程度上是依托中国特色社会主义制度优势的政治驱动型国家重大突发公共卫生事件应急指挥体制，强调特殊时期实行集中统一领导，特事特办、急事急办。这种政治驱动型应急指挥体制在事件突发的早期应对中十分有效。[②] 这个指挥体制中的国务院联防联控机制，是在不打破现有行政组织架构和运行体系的前提下，通过加强顶层统筹实现高质量的“条块结合”，打破跨部门壁垒，最大限度地提升各项应急决策和执行效率。这一机制的快速建立、启动和有效运转，是我国在应急管理领域中的重大创新，为统筹做好疫情防控和经济社会发展各项工作提供了重要的机制保障，为今后进一步完善我国重大危机状态下的应急处置模式提供了成功经验。

抗击新冠疫情期间，习近平总书记多次强调依法防控、依法治 理的极端重要性，对完善疫情防控法律体系，健全国家公

① 《中央指导组成员、国务院副秘书长丁向阳：新冠肺炎疫情防控工作有五个突出特点》，环球网，2020 年 3 月 6 日。

② 薛澜、彭宗超、钟开斌、吕孝礼、黄严忠、胡颖廉、孔锋：《中国公共卫生应急指挥体系探析》，《中国工程科学》，2021 年 05 期。

共卫生应急管理体系，积极推进国家安全、生物安全、生态文明、防范风险等重要领域立法，健全国家治理急需的法律制度提出明确要求。新冠疫情的防控工作，推动了应急管理领域的新一轮立法、修法活动。立法机关以紧锣密鼓的立法、修法节奏，在立法史上留下了“抗疫”标记的独特轨迹。2020 年 4 月 17 日，全国人大常委会确定了“强化公共卫生法治保障立法修法工作计划”，将 30 部法律的制修订一揽子纳入，提出完善公共卫生领域相关法律，修改《动物防疫法》《野生动物保护法》《国境卫生检疫法》《传染病防治法》《突发事件应对法》等立修法计划。这是全国人大首次就专门领域制定的立法计划，标志着应急管理法律体系的整体重塑升级进入立法修法快车道。2021 年，我国在抗击新冠疫情过程中加快了公共卫生、应急管理领域立法，涉及应急管理的立法覆盖广、数量多、节奏快、要求高，与推进国家治理体系和治理能力现代化进程相适应的应急管理法律体系不断发展完善。围绕推进国家治理体系和治理能力现代化，全国人大常委会制定《数据安全法》《个人信息保护法》等，提升国家数据安全保障能力。修改《国防法》《军事设施保护法》等，为国家领土安全、军事安全、国民安全提供法律保障。围绕全面推进健康中国建设，织牢国家公共卫生防护网，修改《动物防疫法》《执业医师法》《传染病防治法》《国境卫生检疫法》，制定《突发公共卫生事件应对法》等。围绕防范和化解影响我国现代化进程的各种风险，建设更高水平的平安中国，修改《海上交通安全法》《突发事件应对法》《治安管理处罚法》《安全生产法》《道路交通安全法》，制定《反有组织犯罪法》《陆地国界法》《粮食安全保障法》等。围绕农业农村风险防范化解，修改《农产品质量安全法》《畜牧法》，制定《乡村振兴促进法》等。围绕推动生态文明与环境安全，修改《野生动物保护法》《环境噪声污染防治法》，制定《湿地保护法》等。围绕健全多层次社会保障体系，扎实风险治理社会基础，修改《妇女权益保障法》，制定《法律援助法》《社会救助法》等。

针对新冠疫情防控中暴露的应急物资保障短板问题，我国开始从应急管理财政体制、物流制度、物资储备体系等改革调整着手，建立有战略、有规划、有弹性的应急保障体系。2020年，经中央政治局常委会会议审议通过，《应急救援领域中央与地方财政事权和支出责任划分改革方案》由国务院办公厅正式印发。改革方案明确了应急救援领域中央与地方财政事权和支出责任划分的体制，这是应急管理体制改革以来首次进行的财政体制建设。各地也积极推进了省以下财政体制的改革调整，进一步提高了应急管理财政资源配置效率和使用效益。2020年，应急物资保障体制也进行了改革调整，应急管理部协调中央财政大幅增加中央应急物资储备规模，并优化物资储备布局，会同国家发展改革委等部门制定《关于印发健全我国应急物流体系实施方案的通知》《关于健全公共卫生应急物资保障体系的实施方案》，建立应急物流保障重点企业名单，健全应急物资社会动员保障机制，引导社会力量参与突发事件应急物资保障工作。我国应急物资保障能力快速提升，初步形成了以实物储备为基础，生产能力储备和协议储备相结合的储备机制。下一步，还将对标构建统一管理、科学储备、快速精准、全程监控、节约高效的现代化应急物资保障体系，进一步完善中央和地方应急物资储备布局，科学调整应急物资储备品类、规模和结构，健全实物储备、产能储备、社会储备和军民融合储备相结合的储备模式。

从 2018 年开始，历经近四年的应急管理体制改革是中国推进国家治理体系和治理能力现代化的重要组成部分。此次改革具有重大意义，标志着中国应急管理向“全灾种、大应急”的综合减灾模式发展。在这个过程中，应急管理工作格局发生了明显变化，取得了巨大成效：一是实现了防范、救援、救灾一体化管理，各个环节有序衔接。二是实现了全灾种大应急统筹应对。统筹各类自然灾害和安全生产风险应对工作，而不是各管各的灾。三是实现了应急力量的优化整合。目前，我国已经初步构建起以国家综合性消防救援队伍为主力、以专业救援队伍为协同、以军队应急力量为突击、以社会力量为辅助的中国特色应急救援力量体系。四是实现了救援行动更加有力高效。应急管理部成立以后，2018—2020 年全国因灾死亡失踪人数、倒塌房屋的数量的均值比 2015—2017 年均值分别下降了 36.6%和 63.3%，展现了应急管理新体制、新机制的新优势。

当前，我国应急管理改革取得了巨大成效，但新时代应急管理事业才刚刚起步，与党中央的要求和人民的期待相比，还有不少短板弱项，需要进一步深化改革加以解决。“十四五”时期，我国应急管理工作仍然面临严峻挑战，各类自然灾害易发高发，极端灾害事件增多，安全生产仍处于“事故多发”的爬坡过坎期，公共卫生与生物安全形势严峻，各种社会矛盾和安全风险交织叠加，公共安全风险的系统性、复杂性持续加剧；应急管理体制机制、应急处置与救援力量体系以及应急保障体系等方面仍存在较大短板。与之同时，全面深化改革、构建高水平社会主义市场经济体制，加快转变政府职能、建设职责明确依法行政的政府治理体系，为加快完善应急管理体制机制、优化整合应急管理资源配置提供了重要历史机遇；科技创新和信息化、智能化快速发展，将为应急管理领域的智能预警、精准防控、高效救援、智能决策支持等提供强大技术支撑。挑战与机遇并存，我们既要认清形势任务，坚持底线思维，增强忧患意识，也要顺势而为，更加积极主动地迎接国内外应急管理形势的变化，最大限度地发挥国家应急管理体系的制度效能，积极推进应急管理体系和能力现代化。

应急管理部、国家发展改革委牵头编制的《“十四五”国家应急体系规划》指出，到 2025 年，形成统一指挥、专常兼备、反应灵敏、上下联动的中国特色应急管理体制；到 2035 年，全面实现依法应急、科学应急、智慧应急，形成共建共治共享的应急管理新格局。作为应急管理部组建之后，针对应急管理领域编制的第一个五年发展规划，该规划专门提出要强化体制机制建设，构建优化、协同、高效的灾害应对机制，着力建立健全上下联动、统一的应急指挥部体系，进一步理顺防汛抗旱、抗震救灾、森林草原防灭火等指挥机制，强化地方属地责任落实，提高跨部门、跨领域和军地协同应对水平。《“十四五”国家应急体系规划》提出的明确要求，为下一步深化应急管理体系改革与发展明晰了方向和路径。

一部中华文明史也是中华民族抗灾救灾史。站在新的历史方位，我们清醒地认识到，未来还要面临诸多困难和挑战，应急管理事业任重道远。我们要坚持以习近平新时代中国特色社会主义思想为指导，深入贯彻落实习近平总书记关于应急管理的重要论述精神，坚持人民至上、生命至上，坚持统筹发展和安全，全力防控重大风险，不断夯实基层基础，不断深化应急管理体制改革正确的政治方向与价值取向，以系统思维和统筹方法持续推进改革发展，紧紧围绕国家应急管理体系与能力现代化目标，落实和巩固改革成果，把应急管理体制改革与发展的制度优势转化成治理效能，为全面建设社会主义现代化国家创造良好、安全环境。

主要参考资料

1. 习近平. 习近平谈治国理政[M]. 北京：外文出版社，2014.
2. 习近平. 习近平谈治国理政（第二卷）[M]. 北京：外文出版社，2017.
3. 习近平. 习近平谈治国理政（第三卷）[M]. 北京：外文出版社，2020.
4. 邓小平. 邓小平文选（第二卷）[M]. 北京：人民出版社，1994.
5. 邓小平. 邓小平文选（第三卷）[M]. 北京：人民出版社，1993.
6. 中共中央文献研究室. 邓小平年谱：一九七五——九九七（上）[M]. 北京：中央文献出版社，2004.
7. 中共中央文献研究室. 邓小平关于建设有中国特色社会主义的论述专题摘编[M]. 北京：中央文献出版社，1992.
8. 中央机构编制委员会办公室. 邓小平论行政管理体制和机构改革[M]. 北京：中央文献出版社，1996.
9. 中共中央文献研究室. 江泽民论有中国特色社会主义（专题摘编）[M]. 北京：中央文献出版社，2002.
10. 高尚全. 九年来的中国经济体制改革[M]. 北京：人民出版社，1987.
11. 高尚全. 中国改革开放四十年：回顾与思考（上、下）[M]. 北京：人民出版社，2018.
12. 吴敏. 民主建设论[M]. 北京：人民出版社，1993.
13. 江流. 有中国特色社会主义大事典[M]. 北京：人民出版

社，1994.

14. 郭成林. 转型时期的社会热点问题研究[M]. 北京：人民出版社，1999.

15. 张志坚. 中华人民共和国政府机构五十年[M]. 北京：党建读物出版社，2000.

16. 夏海. 政府的自我革命：中国政府机构改革研究[M]. 北京：中国法制出版社，2004.

17. 汪玉凯. 中国行政体制改革 30 年回顾与展望[M]. 北京：人民出版社，2008.

18. 张平. 中国改革开放：1978—2008 综合篇（下）[M]. 北京：人民出版社，2009.

19. 高小平、王立平. 服务型政府导论[M]. 北京：人民出版社，2009.

20. 许超. 新中国行政体制沿革[M]. 北京：世界知识出版社，2012.

21. 余兴安. 当代中国的行政改革[M]. 北京：中国社会科学出版社，2017.

22. 李忠杰. 改革开放关键词：中国改革开放历史通览[M]. 北京：人民出版社，2018.

23. 蒋硕亮. 新中国行政体制改革 70 年[M]. 上海：上海人民出版社，2019.

24. 沈亚平. 转型社会中的系统变革：中国行政发展四十年[M]. 天津：天津人民出版社，2019.

25. 胡仙芝. 新时代中国特色社会主义行政改革研究[M]. 北京：人民出版社，2020.

26. 魏礼群、王满传. 中国行政体制改革报告（2018—2021）[M]. 北京：社会科学文献出版社，2021.

27. 闪淳昌、薛澜. 应急管理概论：理论与实践（第二版）[M]. 北京：高等教育出版社，2021 .

28. 许耀桐. 行政体制改革：十年十成果[J]. 瞭望，2012（45）.

29. 宋世明、王君凯. 我国政府机构改革历程与取向观察[J]. 改革，2018（04）.

30. 吕志奎、曾荣. 改革开放以来中国政府机构改革的创新路径[J]. 社会主义研究，2018（05）.

CHINA'S REFORM AND OPENING UP

第二部分

史料篇

政策法规

▼

全国人民代表大会常务委员会关于国务院机构改革问题的决议①

（1982年3月8日）

第五届全国人民代表大会常务委员会第二十二次会议，审议了《关于国务院机构改革问题的报告》，对国务院机构改革工作的进展情况表示满意，并决定如下：

一、原则批准国务院机构改革初步方案。

二、国务院设国务委员若干人。国务委员的职位相当于国务院副总理级，是国务院常务会议组成人员。

三、将电力工业部和水利部合并，设立水利电力部，将商业部、全国供销合作总社和粮食部合并，设立商业部，将进出口管理委员会、对外贸易部、对外经济联络部和外国投资管理委员会合并，设立对外经济贸易部。

---

①《全国人民代表大会常务委员会关于国务院机构改革问题的决议》，《中华人民共和国国务院公报》，1982年06期。

四、设立国家经济体制改革委员会，由国务院总理兼主任。

会议认为，政府机构的改革工作，是关系到国家前途和社会主义现代化建设的一件大事。报告阐述的政府机构改革的基本方针和提出的几项主要工作，是正确的，切实可行的。国务院和经过批准在今年试点的地方人民政府，应该根据这个报告和国务院的部署，以高度负责的革命精神，做好深入细致的工作，保证把政府机构改革这件大事办好。决定一九八三年展开机构改革工作的各省、自治区、直辖市人民政府，也要抓紧做好准备工作。在改革过程中，一定要做到各项工作和生产建设有领导、有秩序地顺利进行，决不允许发生贻误工作和影响生产的现象。会议要求各级政府不断地完善政府工作制度，认真克服官僚主义，提高工作效率，更好地为人民服务，更有效地领导社会主义现代化建设事业。

全国人民代表大会常务委员会关于国务院部委机构改革实施方案的决议[①]

（1982年5月4日）

第五届全国人民代表大会常务委员会第二十三次会议，审议了国务院部委机构改革实施方案和关于国务院机构改革进展情况和三项议案的说明，对国务院机构改革工作表示满意，并决定如下：

一、将国家经济委员会、国家农业委员会、国家机械工业委员会、国家能源委员会、建筑材料工业部、国家标准总局、国家计量总局、专利局合并，设立国家经济委员会。

二、将农业部、农垦部、国家水产总局合并，设立农牧渔业部。

三、将国家基本建设委员会、国家城市建设总局、国家建筑工程总局、国家测绘总局合并，设立城乡建设环境保护部。

四、将地质部改名为地质矿产部。

五、将第一机械工业部、农业机械部、国家仪器仪表工业总局、国家机械设备成套总局合并，设立机械工业部。

六、将第二机械工业部改名为核工业部。

七、将第三机械工业部改名为航空工业部。

八、将第四机械工业部、国家广播电视工业总局、国家电子计算机工业总局合并，设立电子工业部。

九、将第五机械工业部改名为兵器工业部。

---

① 《全国人民代表大会常务委员会关于国务院部委机构改革实施方案的决议》，《中华人民共和国国务院公报》，1982年09期。

十、将第七机械工业部改名为航天工业部。

十一、将国家劳动总局、国家人事局、国务院科学技术干部局、国家编制委员会合并，设立劳动人事部。

十二、将文化部、对外文化联络委员会、国家出版事业管理局、国家文物事业管理局、外文出版发行事业局合并，设立文化部。

十三、设立广播电视部，撤销中央广播事业局。

十四、撤销第六机械工业部。

全国人民代表大会常务委员会关于批准国务院直属机构改革实施方案的决议[①]

（1982年8月23日）

第五届全国人民代表大会常务委员会第二十四次会议，审议了国务院直属机构改革实施方案，决定如下：

一、批准国务院保留下列直属机构：国家物资局、国家物价局、国家统计局、国家工商行政管理局、海关总署、国家气象局、中国民用航空局、国家海洋局、国家地震局、国家旅游局、中国文字改革委员会、国务院宗教事务局、国家档案局、国务院参事室、国务院机关事务管理局。

二、批准将国家有色金属工业管理总局、国家医药管理总局、国家外汇管理总局、国务院外国专家局、中国农业银行、中国人民建设银行、进出口商品检验总局、毛主席纪念堂管理局并入有关部门，不再作为国务院直属机构。

① 《全国人民代表大会常务委员会关于批准国务院直属机构改革实施方案的决议》，《中华人民共和国国务院公报》，1982年14期。

国务院批转民政部关于调整设市标准和市领导县条件报告的通知[①]

（1986 年 4 月 19 日）

各省、自治区、直辖市人民政府，国务院各部委、各直属机构：

国务院同意民政部《关于调整设市标准和市领导县条件的报告》，现转发给你们试行。

各地要认真总结设市和市领导县工作的经验，搞好规划，合理布局，严格按条件办理。应成熟一个搞一个，有计划有步骤地发展中小城市，促进城乡经济的发展。

关于调整设市标准和市领导县条件的报告

国务院：

近年来，由于城乡经济的蓬勃发展，城镇的产业结构和人口结构发生了很大变化。现行的设市标准和市领导县条件，已不适应城乡变化了的新情况。为了适应城乡经济发展的需要，贯彻“控制大城市规模，合理发展中等城市，积极发展小城市”的方针，我部会同国家体改委、城乡建设环境保护部、劳动人事部、公安部、国家统计局等有关部门，进行了广泛的调查研究，并多次征求了各省、

① 《国务院批转民政部关于调整设市标准和市领导县条件报告的通知》，中国政府网，2012 年 8 月 20 日。

自治区、直辖市的意见，建议对一九八三年提出、内部掌握执行的设市标准和市领导县条件作如下调整：

一、非农业人口（含县属企事业单位聘用的农民合同工、长年临时工，经工商行政管理部门批准登记的有固定经营场所的镇、街、村和农民集资或独资兴办的第二、三产业从业人员，城镇中等以上学校招收的农村学生，以及驻镇部队等单位的人员，下同）六万以上，年国民生产总值二亿元以上，已成为该地经济中心的镇，可以设置市的建制。少数民族地区和边远地区的重要城镇，重要工矿科研基地，著名风景名胜区，交通枢纽，边境口岸，虽然非农业人口不足六万、年国民生产总值不足二亿元，如确有必要，也可设置市的建制。

二、总人口五十万以下的县，县人民政府驻地所在镇的非农业人口十万以上、常住人口中农业人口不超过40%、年国民生产总值三亿元以上，可以设市撤县。设市撤县后，原由县管辖的乡、镇由市管辖。

总人口五十万以上的县，县人民政府驻地所在镇的非农业人口一般在十二万以上、年国民生产总值四亿元以上，可以设市撤县。

自治州人民政府或地区（盟）行政公署驻地所在镇，非农业人口虽然不足十万、年国民生产总值不足三亿元，如确有必要，也可以设市撤县。

三、市区非农业人口二十五万以上、年国民生产总值十亿元以上的中等城市（即设区的市），已成为该地区政治、经济和科学、文化中心，并对周围各县有较强的辐射力和吸引力，可实行市领导县的体制。一个市领导多少县，要从实际出发，主要应根据城乡之间的经济联系状况，以及城市经济实力大小决定。

四、有关设市的审批手续，仍按《国务院关于行政区划管理的规定》（国发〔1985〕8号）办理。

以上报告如无不妥，请批转各地试行。

国务院批转民政部关于调整设市标准报告的通知[①]

（1993年5月17日）

各省、自治区、直辖市人民政府，国务院各部委、各直属机构：

国务院同意民政部《关于调整设市标准的报告》，现转发给你们试行。

为了适应经济、社会发展和改革开放的新形势，适当调整设市标准，对合理发展中等城市和小城市，推进我国城市化进程，具有重要意义。各地要认真总结设市工作的经验，坚持实事求是的原则，搞好规划，合理布局，严格标准，有计划、有步骤地发展中小城市。已经设市和拟设市的地方，都要十分重视农村工作，十分重视农业生产，以使城乡经济协调发展。

新的设市标准由民政部负责解释。

关于调整设市标准的报告

国务院：

现行设市标准，是一九八六年经国务院批准试行的。从试行的情况看，现行设市标准贯彻了改革精神，方向是正确的。执行这一标准，使设市工作走出了新的路子，基本适应了近年来城乡经济和社会发展的客观要求。六年多来，我部认真贯彻国务院关于城市发

① 《国务院批转民政部关于调整设市标准报告的通知》，《中华人民共和国国务院公报》，1993年12期。

展的基本方针，按照现行设市标准，积极而稳妥地新设了一批市的建制，加快了这些地方的繁荣和发展，促进了具有中国特色的城市化进程，推动了我国城市总体布局逐步趋于合理。但是，在实施过程中，现行设市标准也反映出一些不足，主要是：有的指标统计难度较大，且难以核实；一些设市时需要考察的重要条件在现行标准中尚未体现；有些指标还不尽科学合理；分类指导的原则在标准中反映不充分；没有规定设置地级市的标准等。为了进一步适应经济、社会发展的需要，逐步完善设市标准，我部从一九八九年开始，即着手设市标准的调整和修改工作，在深入调查研究，形成修改稿的基础上，又征求了国务院有关部门，各省、自治区、直辖市以及有关科研单位的意见。“八五”计划公布后，又按“八五”计划中关于“城市发展要坚持实行严格控制大城市规模，合理发展中等城市和小城市的方针，有计划地推进我国城市化进程，并使之同国民经济协调发展”的精神，作了相应的修改。经过反复研究和论证，建议对一九八六年国务院批准试行的设市标准作以下调整：

一、设立县级市的标准

（一）每平方公里人口密度四百人以上的县，达到下列指标，可设市撤县：

1. 县人民政府驻地所在镇从事非农产业的人口（含县属企事业单位聘用的农民合同工、长年临时工，经工商行政管理部门批准登记的有固定经营场所的镇、街、村和农民集资或独资兴办的第二、三产业从业人员，城镇中等以上学校招收的农村学生，以及驻镇部队等单位的人员，下同）不低于十二万，其中具有非农业户口的从事非农产业的人口不低于八万。县总人口中从事非农产业的人口不低于30%，并不少于十五万。

2．全县乡镇以上工业产值在工农业总产值中不低于80%，并不低于十五亿元（经济指标均以一九九〇年不变价格为准，按年度计算，下同）；国内生产总值不低于十亿元，第三产业产值在国内生产总值中的比例达到20%以上；地方本级预算内财政收入不低于人均一百元，总收入不少于六千万元，并承担一定的上解支出任务。

3．城区公共基础设施较为完善。其中自来水普及率不低于65%，道路铺装率不低于60%，有较好的排水系统。

（二）每平方公里人口密度一百人至四百人的县，达到下列指标，可设市撤县：

1．县人民政府驻地镇从事非农产业的人口不低于十万，其中具有非农业户口的从事非农产业的人口不低于七万。县总人口中从事非农产业的人口不低于25%，并不少于十二万。

2．全县乡镇以上工业产值在工农业总产值中不低于70%，并不低于十二亿元；国内生产总值不低于八亿元，第三产业产值在国内生产总值中的比例达到20%以上；地方本级预算内财政收入不低于人均八十元，总收入不少于五千万元，并承担一定的上解支出任务。

3．城区公共基础设施较为完善。其中自来水普及率不低于60%，道路铺装率不低于55%，有较好的排水系统。

（三）每平方公里人口密度一百人以下的县，达到下列指标，可设市撤县：

1．县人民政府驻地镇从事非农产业的人口不低于八万，其中具有非农业户口的从事非农产业的人口不低于六万。县总人口中从事非农产业的人口不低于20%，并不少于十万。

2. 全县乡镇以上工业产值在工农业总产值中不低于60%，并不低于八亿元；国内生产总值不低于六亿元，第三产业产值在国内生产总值中的比例达到20%以上；地方本级预算内财政收入不低于人均六十元，总收入不少于四千万元，并承担一定的上解支出任务。

3. 城区公共基础设施较为完善。其中自来水普及率不低于55%，道路铺装率不低于50%，有较好的排水系统。

（四）具备下列条件之一者，设市时条件可以适当放宽：

1. 自治州人民政府或地区（盟）行政公署驻地。

2. 乡、镇以上工业产值超过四十亿元，国内生产总值不低于二十五亿元，地方本级预算内财政收入超过一亿元，上解支出超过50%，经济发达，布局合理的县。

3. 沿海、沿江、沿边境重要的港口和贸易口岸，以及国家重点骨干工程所在地。

4. 具有政治、军事、外交等特殊需要的地方。

具备上述条件之一的地方设市时，州（盟、县）驻地镇非农业人口不低于六万，其中具有非农业户口的从事非农产业的人口不低于四万。

（五）少数经济发达，已成为该地区经济中心的镇，如确有必要，可撤镇设市。设市时，非农业人口不低于十万，其中具有非农业户口的从事非农产业的人口不低于八万。地方本级预算内财政收入不低于人均五百元，上解支出不低于财政收入60%，工农业总产值中工业产值高于90%。

（六）国家和部委以及省、自治区确定予以重点扶持的贫困县和财政补贴县原则上不设市。

（七）设置市的建制，要符合城市体系和布局的要求，具有良好的地质、地理环境条件。

（八）县级市不设区和区公所，设市撤县后，原由县管辖的乡、镇，由市管辖。

二、设立地级市的标准

市区从事非农产业的人口二十五万人以上，其中市政府驻地具有非农业户口的从事非农产业的人口二十万人以上；工农业总产值三十亿元以上，其中工业产值占80%以上；国内生产总值在二十五亿元以上；第三产业发达，产值超过第一产业，在国内生产总值中的比例达35%以上；地方本级预算内财政收入二亿元以上，已成为若干市县范围内中心城市的县级市，方可升格为地级市。

设立县级市及地级市标准中的财政收入指标，将根据全国零售物价指数上涨情况，由民政部报经国务院批准适时调整。

以上报告如无不妥，请批转各地试行。

国务院机构改革方案[①]

（1998 年 3 月 10 日）

按照中国共产党第十五次全国代表大会和十五届二中全会的要求，这次国务院机构改革的目标是：建立办事高效、运转协调、行为规范的政府行政管理体系，完善国家公务员制度，建设高素质的专业化行政管理队伍，逐步建立适应社会主义市场经济体制的有中国特色的政府行政管理体制。改革的原则是：按照社会主义市场经济的要求，转变政府职能，实现政企分开；按照精简、统一、效能的原则，调整政府组织结构，实行精兵简政；按照权责一致的原则，调整政府部门的职责权限，明确划分部门之间职责分工，完善行政运行机制；按照依法治国、依法行政的要求，加强行政体系的法制建设。

这次国务院机构改革的具体方案是：

一、拟不再保留的有 15 个部、委

1. 中华人民共和国电力工业部
2. 中华人民共和国煤炭工业部
3. 中华人民共和国冶金工业部
4. 中华人民共和国机械工业部
5. 中华人民共和国电子工业部
6. 中华人民共和国化学工业部

---

① 《国务院机构改革方案》，中国政府网，2008 年 5 月 6 日。

7．中华人民共和国国内贸易部

8．中华人民共和国邮电部

9．中华人民共和国劳动部

10．中华人民共和国广播电影电视部

11．中华人民共和国地质矿产部

12．中华人民共和国林业部

13．中华人民共和国国家体育运动委员会

14．中华人民共和国国防科学技术工业委员会

（组建新的国防科学技术工业委员会，将原国防科工委管理国防工业的职能、国家计委国防司的职能以及各军工总公司承担的政府职能，统归新组建的国防科学技术工业委员会管理）

15．中华人民共和国国家经济体制改革委员会

（为了加强国务院对经济体制改革工作的领导，国家经济体制改革委员会改为国务院高层次的议事机构，总理兼主任，有关部长任成员，不再列入国务院组成部门序列）

二、拟新组建的有 4 个部、委

1．中华人民共和国国防科学技术工业委员会

2．中华人民共和国信息产业部

3．中华人民共和国劳动和社会保障部

4．中华人民共和国国土资源部

三、拟更名的有 3 个部、委

1．中华人民共和国国家计划委员会更名为中华人民共和国国家发展计划委员会

2．中华人民共和国科学技术委员会更名为中华人民共和国科学技术部

3．中华人民共和国国家教育委员会更名为中华人民共和国教育部

四、拟保留的有 22 个部、委、行、署

1．中华人民共和国外交部

2．中华人民共和国国防部

3．中华人民共和国国家经济贸易委员会

4．中华人民共和国国家民族事务委员会

5．中华人民共和国公安部

6．中华人民共和国国家安全部

7．中华人民共和国监察部

8．中华人民共和国民政部

9．中华人民共和国司法部

10．中华人民共和国财政部

11．中华人民共和国人事部

12．中华人民共和国建设部

13．中华人民共和国铁道部

14．中华人民共和国交通部

15．中华人民共和国水利部

16．中华人民共和国农业部

17．中华人民共和国对外贸易经济合作部

18．中华人民共和国文化部

19．中华人民共和国卫生部

20．中华人民共和国国家计划生育委员会

21．中国人民银行

22．中华人民共和国审计署

五、改革后除国务院办公厅外，列入国务院组成部门序列的共有 29 个部、委、行、署

1．中华人民共和国外交部

2．中华人民共和国国防部

3．中华人民共和国国家发展计划委员会

4．中华人民共和国国家经济贸易委员会

5．中华人民共和国教育部

6．中华人民共和国科学技术部

7．中华人民共和国国防科学技术工业委员会

8．中华人民共和国国家民族事务委员会

9．中华人民共和国公安部

10．中华人民共和国国家安全部

11．中华人民共和国监察部

12．中华人民共和国民政部

13．中华人民共和国司法部

14．中华人民共和国财政部

15．中华人民共和国人事部

16．中华人民共和国劳动和社会保障部

17．中华人民共和国国土资源部

18．中华人民共和国建设部

19．中华人民共和国铁道部

20. 中华人民共和国交通部
21. 中华人民共和国信息产业部
22. 中华人民共和国水利部
23. 中华人民共和国农业部
24. 中华人民共和国对外贸易经济合作部
25. 中华人民共和国文化部
26. 中华人民共和国卫生部
27. 中华人民共和国国家计划生育委员会
28. 中国人民银行
29. 中华人民共和国审计署

中共中央办公厅 国务院办公厅关于在全国乡镇政权机关全面推行政务公开制度的通知[①]

（2000 年 12 月 6 日）

各省、自治区、直辖市党委和人民政府，中央和国家机关各部委，军委总政治部，各人民团体：

为贯彻落实党的十五大关于扩大基层民主、保证人民群众直接行使民主权利的精神，推进依法治国的进程，加强对行政权力运行过程的监督，密切党和政府同人民群众的联系，党中央、国务院决定，在全国乡镇政权机关和派驻乡镇的站所全面推行政务公开制度。现就有关问题通知如下：

一、指导思想、基本原则和基本要求

乡镇政权机关是国家政权机关的基层组织，派驻站所是政府有关部门派驻乡镇的工作机构。在乡镇政权机关和派驻站所全面推行政务公开制度，有利于加强农村基层政权建设、党组织建设和干部队伍建设，提高乡镇政权机关依法行政的水平，增强权力运行的透明度，促进廉政勤政建设，推动党在农村各项政策的落实。各级党委、政府要按照江泽民同志关于“三个代表”的要求，充分认识在乡镇政权机关和派驻站所全面推行政务公开制度的重大意义，切实抓好这项工作。

推行政务公开制度的指导思想是：以邓小平理论、党的基本路

① 《中共中央办公厅 国务院办公厅关于在全国乡镇政权机关全面推行政务公开制度的通知》，《中华人民共和国国务院公报》，2001 年 01 期。

线和十五大精神为指导，围绕加强基层民主政治建设和依法行政，以公正、便民和廉政、勤政为基本要求，切实加强对行政权力的监督，进一步密切党群、干群关系，促进农村的改革、发展和稳定。

推行政务公开制度的基本原则是：（1）依法公开。乡镇政权机关和派驻站所政务公开工作应当依照国家法律、法规和有关政策规定进行。（2）真实公正。公开的内容应当真实可信，办事的结果应当公平公正。（3）注重实效。从实际出发，突出重点，循序渐进，讲求实效，不搞形式主义。（4）有利监督。要方便群众办事，便于群众知情，有利于人民群众行使监督权。

推行政务公开制度的基本要求是：（1）提高工作效率，方便群众和企业、事业单位办事。（2）提高依法行政水平，严格依法管理。（3）强化对行政权力运行的监督，有效遏制消极腐败现象。（4）进一步落实民主决策、民主管理、民主监督制度。

要通过扎实工作和不懈努力，使政务公开制度成为乡镇政权机关和派驻站所的一项基本工作制度。

二、主要内容和工作方法

乡镇政务公开要从人民群众普遍关心和涉及群众切身利益的实际问题入手，对群众反映强烈的问题、容易出现不公平、不公正甚至产生腐败的环节以及本乡镇经济和社会发展的重大问题，都应当公开。其中，重点是财务公开。政务公开包括对群众、企事业单位公开和对本机关干部职工公开。

对群众、企事业单位公开的主要内容是：

1. 乡镇政府行政管理、经济管理活动的事项。主要包括：乡镇政府及有关部门的年度工作目标及执行情况；乡镇年度财政预算及执行情况；上级政府或政府部门下拨的专项经费及使用情况；乡镇的债权债务情况；乡镇集体企业及其他经济实体承发包、租赁、拍卖等情况；乡镇工程项目招投标及社会公益事业建设情况等。

2. 与村务公开相对应的事项。主要包括：乡、村税费的收缴、使用情况；计划生育情况；征用土地及土地补偿费、安置补助费的发放、使用情况；各村宅基地审批情况；救灾救济款物发放、优待抚恤情况；水电费的收缴情况等。

3. 乡镇政府各部门和派驻站所公开的事项。主要包括：工作职责、办事依据、办事条件、办事程序、办事纪律、办事期限、监督办法和办事结果；执收执罚部门的收费、罚款标准和收缴情况；上级主管部门明确要求必须公开的其他事项。

对本机关干部职工公开的主要内容是：领导干部廉洁自律情况；机关内部财务收支情况；招待费、差旅费的开支使用情况；干部交流、考核、奖惩情况以及机关干部职工关心的其他重要事项。

公开要采取相应的形式。各乡镇和派驻站所必须设立固定的便于群众观看的政务公开栏，及时将应公开的内容张榜公布。各地还可以根据实际情况，通过会议、广播、电视、便民手册、电子触摸屏等有效形式，予以公开。

公开的时间要与公开的内容相适应。经常性工作定期公开，阶段性工作逐段公开，临时性工作随时公开。

对于涉及群众切身利益的重要事项，每次公开后，都要认真听取群众的意见。对群众提出的合理建议，要积极采纳；对群众反映的问题，要及时加以解决，暂时无法解决的，要做好说明解释工作。

三、监督保障制度

推行政务公开制度，核心是加强监督。要建立健全乡镇政权机关和派驻站所内部的监督制度，以保证公开内容的真实性。要把办事结果公开与事前、事中民主决策和民主监督结合起来，把内部监督与外部监督结合起来，建立起一套便利、管用、有约束力的监督制约机制。

乡镇人民政府要自觉接受乡镇人民代表大会的监督。政务公开的重要内容要向人大报告。乡镇当年的经济和社会发展计划、财政预算决算等，要经乡镇人民代表大会审议通过后公开。

要实行重大事项集体讨论决定制度。重大决策、重要干部任免、重要项目安排和大额度资金的使用，必须在广泛征求意见的基础上，经乡镇党委、政府集体讨论作出决定后公开。

要实行预公开制度。乡镇机关和派驻站所在决定或办理与群众利益密切相关的重要事项时，应当在正式决定或办理之前将方案公布。在充分听取群众意见并进行调整、修改后，再予以正式公布。

要实行定期审计制度。县（市）级政府审计机关要对乡镇财政预算的执行情况和决算以及政府部门管理和政府委托社会团体代管的各类基金、资金的收支情况，依法进行审计监督，并将审计结果公开。

乡镇要成立政务公开监督小组，由乡镇人大、纪委、村党支部、村民委员会、企业事业单位等方面的人员组成，乡镇人大主席或纪委书记任组长。监督小组要定期或不定期地开展民主评议活动，广泛听取群众意见和要求，及时提出工作建议。

要通过设立举报电话、政务监督信箱等渠道，认真收集群众意见，鼓励干部群众积极参与监督，对群众举报的问题，应及时调查处理。

要充分发挥舆论监督的作用。对乡镇政务公开工作的成功经验要广泛宣传报道，对消极抵制、弄虚作假的典型事例要予以曝光。

在坚持上述制度的同时，各地要从实际出发，积极探索，大胆实践，不断完善监督制约机制。

四、组织领导

乡镇政务公开政策性强、涉及部门多、公开的内容广，必须切实加强领导。乡镇政务公开工作由党委统一领导，政府主抓，人大监督实施。纪检、监察机关要协助政府加强督促检查，政府办公厅（室）要加强组织协调工作。

各级党委、政府要把在乡镇推行政务公开制度作为农村工作的一件大事，列入重要工作日程，切实加强领导。要明确牵头部门，认真落实责任制。县（市）级党委、政府在推行乡镇政务公开制度工作中起至关重要的作用，必须加强组织领导和具体指导，狠抓落实。乡镇党委、政府负责组织实施本乡镇的政务公开工作。各乡镇都要成立以乡（镇）长为第一责任人的政务公开领导小组，按照谁主管、谁负责的原则，切实把这项工作落到实处。

各地要把派驻站所政务公开纳入所在乡镇政务公开工作全局之中，派驻站所要自觉接受所在乡镇党委、政府的统一领导。同时，上级主管部门要对基层站、所的政务公开工作提出要求，针对本部门业务工作实际，制定有关规范，加强督促和指导。

推行乡镇政务公开，要同乡镇党的建设、政权建设以及村务公开相结合，同各项基础管理工作相结合，综合治理，整体推进。要及时发现和处理倾向性、苗头性问题，保证政务公开制度的顺利推行，确保社会稳定。

要把政务公开作为党风廉政建设责任制和党政领导干部年度工作考核的一项重要内容，并将考核结果作为干部奖惩的重要依据。对在推行政务公开制度中工作不力或不称职的领导干部，要批评教育，情节严重的要调整其工作岗位或免去其所任职务；对拒不推行政务公开制度或在政务公开中有弄虚作假、打击报复、侵犯群众民主权利等违纪行为的干部，纪检监察机关要追究其党纪政纪责任。

在推行政务公开制度时，必须加强思想政治工作和宣传教育工作。要教育广大干部尤其是基层干部增强民主意识，树立群众观念，自觉维护人民群众的民主权利和合法权益。同时，要教育和引导广大人民群众依法行使民主权利，维护国家的根本利益。

城市街道办事处要参照本通知的规定，做好政务公开工作。

在推行乡镇政务公开的同时，县（市）级以上政权机关也要积极探索实行政务公开的有效途径，逐步推行政务公开制度。

各省、自治区、直辖市和中央、国家机关有关部门应根据本通知精神，结合实际，制定具体实施办法。

第十届全国人民代表大会第一次会议关于国务院机构改革方案的决定①

（2003 年 3 月 10 日）

第十届全国人民代表大会第一次会议听取了国务委员兼国务院秘书长王忠禹关于国务院机构改革方案的说明，审议了国务院机构改革方案，决定批准国务院机构改革方案。

国务院机构改革方案

根据党的十六大提出的深化行政管理体制改革的任务和十六届二中全会审议通过的《关于深化行政管理体制和机构改革的意见》，这次国务院机构改革的主要任务是：

（一）深化国有资产管理体制改革，设立国务院国有资产监督管理委员会。

（二）完善宏观调控体系，将国家发展计划委员会改组为国家发展和改革委员会。

（三）健全金融监管体制，设立中国银行业监督管理委员会。

（四）继续推进流通管理体制改革，组建商务部。

（五）加强食品安全和安全生产监管体制建设，在国家药品监督管理局基础上组建国家食品药品监督管理局，将国家经济贸易委员会管理的国家安全生产监督管理局改为国务院直属机构。

（六）将国家计划生育委员会更名为国家人口和计划生育委员会。

---

① 《第十届全国人民代表大会第一次会议关于国务院机构改革方案的决定》，《中华人民共和国全国人民代表大会常务委员会公报》，2003 年 02 期。

（七）不再保留国家经济贸易委员会、对外贸易经济合作部。

改革后除国务院办公厅外，国务院组成部门如下：

1．中华人民共和国外交部

2．中华人民共和国国防部

3．中华人民共和国国家发展和改革委员会

4．中华人民共和国教育部

5．中华人民共和国科学技术部

6．中华人民共和国国防科学技术工业委员会

7．中华人民共和国国家民族事务委员会

8．中华人民共和国公安部

9．中华人民共和国国家安全部

10．中华人民共和国监察部

11．中华人民共和国民政部

12．中华人民共和国司法部

13．中华人民共和国财政部

14．中华人民共和国人事部

15．中华人民共和国劳动和社会保障部

16．中华人民共和国国土资源部

17．中华人民共和国建设部

18．中华人民共和国铁道部

19．中华人民共和国交通部

20．中华人民共和国信息产业部

21．中华人民共和国水利部

22．中华人民共和国农业部

23．中华人民共和国商务部

24. 中华人民共和国文化部

25. 中华人民共和国卫生部

26. 中华人民共和国国家人口和计划生育委员会

27. 中国人民银行

28. 中华人民共和国审计署

根据《国务院组织法》规定，国务院组成部门的调整和设置，由全国人民代表大会审议批准。设立国务院国有资产监督管理委员会、中国银行业监督管理委员会，组建国家食品药品监督管理局，调整国家安全生产监督管理局的体制，将由新组成的国务院审查批准。

中共中央办公厅 国务院办公厅关于进一步推行政务公开的意见①

（2005年3月24日）

为深入贯彻落实党的十六大和十六届四中全会精神，发展社会主义民主，保障人民群众的民主权利，提高依法行政水平，加强对行政权力的监督，经党中央、国务院同意，现就进一步推行政务公开提出如下意见。

一、提高对推行政务公开重要意义的认识

推行政务公开是实践“三个代表”重要思想，坚持立党为公、执政为民，加强党的执政能力建设的具体体现；是坚持和发展社会主义民主，建设社会主义政治文明，构建社会主义和谐社会的必然要求；是落实依法治国基本方略，推进依法行政，建设法治政府的重要举措；是建立健全惩治和预防腐败体系，形成行为规范、运转协调、公正透明、廉洁高效的行政管理体制的重要内容。

党中央、国务院对推行政务公开十分重视。党的十五大、十六大都明确提出要推行政务公开。2000年12月，中共中央办公厅、国务院办公厅发出《关于在全国乡镇政权机关全面推行政务公开制度的通知》（中办发〔2000〕25号），对乡（镇）政务公开作出部署，对县（市）级以上政务公开提出了要求。2004年3月，国务院印发《全面推进依法行政实施纲要》（国发〔2004〕10号），把行政

① 《中共中央办公厅 国务院办公厅关于进一步推行政务公开的意见》，《中华人民共和国国务院公报》，2005年18期。

决策、行政管理和政府信息的公开作为推进依法行政的重要内容。2005年1月，党中央印发《建立健全教育、制度、监督并重的惩治和预防腐败体系实施纲要》(中发〔2005〕3号)，明确提出“健全政务公开、厂务公开、村务公开制度”。各地区各部门按照中央的要求，结合实际，狠抓落实，积极探索，不断创新，政务公开稳步推行，发展势头良好。政务公开的推行，拓宽了群众参政议政的渠道，加强了对政府行政行为的监督，推进了依法行政，密切了党群干群关系，促进了勤政廉政建设，得到人民群众的拥护和支持。

当前，政务公开工作与完善社会主义市场经济体制、推进社会主义民主法制建设的要求在一些方面还不能完全适应，主要是：有的领导干部对政务公开的重要性认识不足，推行政务公开的力度不够；一些行政机关工作人员依法行政的观念和政务公开的意识还比较淡薄，依法行政的能力和水平有待进一步提高；有的地区和部门政务公开制度不健全，程序不规范，工作不落实，甚至存在形式主义倾向。这些问题在一定程度上影响了政务公开工作的落实，妨碍了人民群众知情权、参与权和监督权的行使。社会主义民主政治的不断发展和依法行政的全面推进，对政务公开工作提出了更高的要求，各级领导干部和行政机关工作人员要切实提高对进一步推行政务公开重要意义的认识，以与时俱进、求真务实的精神，进一步把政务公开工作抓紧抓好。

二、明确推行政务公开的指导思想、基本原则和工作目标

推行政务公开要以邓小平理论和“三个代表”重要思想为指导，深入贯彻党的十六大、十六届四中全会和《全面推进依法行政实施纲要》精神，以保障人民群众的民主权利、维护人民群众的根

本利益为出发点和落脚点，提高行政机关行政行为的透明度和办事效率，切实加强对行政权力的监督，推动行政管理体制改革，促进依法行政，更好地为改革发展稳定的大局服务。

推行政务公开要坚持严格依法、全面真实、及时便民的原则。要严格按照法律法规和有关政策规定，对各类行政管理和公共服务事项，除涉及国家秘密和依法受到保护的商业秘密、个人隐私之外，都要如实公开。要按照规定的制度和程序，对应该公开的事项，采用方便、快捷的方式及时公开。

推行政务公开的工作目标，要与深化行政管理体制改革和全面推进依法行政、建设法治政府的目标和进程相一致。经过不懈努力，使政务公开成为各级政府施政的一项基本制度，政府工作透明度不断提高，政府与群众沟通的渠道更加畅通，人民群众的知情权、参与权和监督权等民主权利得到切实保障。

三、进一步推行政务公开的主要任务、重点内容和形式

进一步推行政务公开要统筹规划，突出重点，切合实际，稳步实施。要适应经济社会发展和社会主义民主法制建设的要求，明确政务公开的内容和形式，增强政务公开的针对性和有效性。

各地区各部门要结合实际，确定进一步推行政务公开的主要任务。乡（镇）要继续贯彻中办发〔2000〕25号文件精神，切实把各项要求落到实处。县（市）和市（地）级行政机关要规范和完善政务公开的内容、程序、形式和监督保障措施，全面推行政务公开；省级人民政府及其工作部门和国务院各部门要明确政务公开的内容和形式，并加强对本地区本系统政务公开工作的规划和指导。

要把人民群众普遍关心、涉及人民群众切身利益的问题作为政

务公开的重点内容，围绕行政主体基本情况和行政决策、执行、监督的程序、方法、结果等事项，不断拓展政务公开的内容。乡（镇）要重点公开其贯彻落实中央有关农村工作政策，以及财政、财务收支，各类专项资金、财政转移支付资金使用，筹资筹劳等情况。县（市）、市（地）要重点公开本地区城乡发展规划，财政预决算报告，重大项目审批和实施，行政许可事项办理，政府采购，征地拆迁和经营性土地使用权出让，矿产资源开发和利用，税费征收和减免政策的执行，突发公共事件的预报、发生和处置等情况。省级人民政府及其工作部门要重点公开本地区本部门经济建设和社会发展的相关政策与总体规划，财政预决算报告，行政许可事项的设定、调整、取消以及行政许可事项办理，国有企业重组改制、产权交易等情况。国务院各部门要结合实际，确定公开的重点内容。各地区各部门要编制本地区本系统政务公开内容的详细目录，分类向社会或在单位内部公开。

要完善政府新闻发布制度，通过政府新闻发布会定期发布政务信息；继续通过政府公报、政务公开栏、公开办事指南和其他形式公开政务；充分利用报刊、广播、电视、网络等媒体，发挥其在政务公开中的作用；积极探索通过社会公示、听证和专家咨询、论证以及邀请人民群众旁听政府有关会议等形式，对行政决策的过程和结果予以公开；通过各类综合或专项行政服务中心，对行政许可、公共服务等事项予以公开；加强政府网站建设，推进电子政务，逐步扩大网上审批、查询、交费、办证、咨询、投诉、求助等服务项目的范围，为人民群众提供快捷、方便的服务。

四、建立健全政务公开的法规制度

要加强制度建设，严格按制度办事，保障政务公开规范运行。要积极探索和推进政务公开的立法工作，抓紧制定《政府信息公开条例》。条件成熟的地区和部门要研究制定地方性法规或规章，逐步把政务公开纳入法制化轨道。

要建立健全主动公开和依申请公开制度。对于应当让社会公众广泛知晓或参与的事项，要及时主动向社会公开。暂时不宜公开或不能公开的，要报上级主管机关备案。公开事项如变更、撤销或终止，要及时公布并作出说明。对于只涉及部分人和事的事项，要按照规定程序，向申请人公开，确实不能公开的要及时做好解释说明工作。

要建立健全政务公开评议制度。把政务公开纳入社会评议政风、行风的范围，组织人民群众对政务公开的内容是否真实、准确、全面，时间是否及时，程序是否符合规定，制度是否落实到位等进行评议。

要建立健全政务公开责任追究制度，明确政务公开工作各部门和单位的责任。对工作不力、搞形式主义的，要严肃批评，限期整改；对弄虚作假、侵犯群众民主权利、损害群众合法利益、造成严重后果的，要严肃查处。

五、切实加强对政务公开工作的组织领导

各级党委和政府要高度重视政务公开工作，切实加强领导，把政务公开工作列入议事日程，研究和解决工作中的重要问题。各地区各部门要设立政务公开工作领导机构及其办事机构，指导、协调政务公开的各项工作。地方各级人民政府和国务院各部门以及法律

法规授权或行政机关依法委托行使行政权力的组织，是实施政务公开的责任主体。实行垂直领导和双重领导的部门，要按照本系统的要求，在当地党委和政府的领导下开展政务公开工作。要加强对行政机关工作人员的培训，为推行政务公开提供智力和技术支持。要加强宣传教育，营造推行政务公开的氛围，引导人民群众正确行使民主权利，参与政务公开的实践活动。

地方各级人民政府和国务院各部门要自觉接受同级人大及其常委会和政协对政务公开工作的监督；认真听取群众团体和人民群众对政务公开的意见和建议，接受人民群众和新闻媒体的监督。上级行政机关要加强对下级行政机关政务公开工作的层级监督。监察、审计等机关要按照各自的职责，对政务公开工作实行专门监督。要把政务公开作为行政机关目标考核的重要内容，各地区各部门要制定具体考核办法，明确考核标准，定期考评检查，促进政务公开工作的落实。

中共中央 国务院印发《关于深化行政管理体制改革的意见》的通知①

（2008年3月3日）

各省、自治区、直辖市党委和人民政府，中央和国家机关各部委，军委总政治部，各人民团体：

《关于深化行政管理体制改革的意见》已经党的十七届二中全会审议通过，现予印发，请结合实际认真贯彻落实。

关于深化行政管理体制改革的意见

为贯彻落实党的十七大精神，中国共产党第十七届中央委员会第二次全体会议研究了深化行政管理体制改革问题，提出如下意见。

一、深化行政管理体制改革的重要性和紧迫性

党中央、国务院历来高度重视行政管理体制改革。改革开放特别是党的十六大以来，不断推进行政管理体制改革，加强政府自身建设，取得了明显成效。经过多年努力，政府职能转变迈出重要步伐，市场配置资源的基础性作用显著增强，社会管理和公共服务得到加强；政府组织机构逐步优化，公务员队伍结构明显改善；科学民主决策水平不断提高，依法行政稳步推进，行政监督进一步强

① 《中共中央 国务院印发〈关于深化行政管理体制改革的意见〉的通知》，《中华人民共和国国务院公报》，2008年11期。

化；廉政建设和反腐败工作深入开展。从总体上看，我国的行政管理体制基本适应经济社会发展的要求，有力保障了改革开放和社会主义现代化建设事业的发展。

当前，我国正处于全面建设小康社会新的历史起点，改革开放进入关键时期。面对新形势新任务，现行行政管理体制仍然存在一些不相适应的方面。政府职能转变还不到位，对微观经济运行干预过多，社会管理和公共服务仍比较薄弱；部门职责交叉、权责脱节和效率不高的问题仍比较突出；政府机构设置不尽合理，行政运行和管理制度不够健全；对行政权力的监督制约机制还不完善，滥用职权、以权谋私、贪污腐败等现象仍然存在。这些问题直接影响政府全面正确履行职能，在一定程度上制约经济社会发展。深化行政管理体制改革势在必行。

行政管理体制改革是政治体制改革的重要内容，是上层建筑适应经济基础客观规律的必然要求，贯穿我国改革开放和社会主义现代化建设的全过程。必须通过深化改革，进一步消除体制性障碍，切实解决经济社会发展中的突出矛盾和问题，推动科学发展，促进社会和谐，更好地维护人民群众的利益。

二、深化行政管理体制改革的指导思想、基本原则和总体目标

深化行政管理体制改革，要高举中国特色社会主义伟大旗帜，以邓小平理论和“三个代表”重要思想为指导，深入贯彻落实科学发展观，按照建设服务政府、责任政府、法治政府和廉洁政府的要求，着力转变职能、理顺关系、优化结构、提高效能，做到权责一致、分工合理、决策科学、执行顺畅、监督有力，为全面建设小康社会提供体制保障。

深化行政管理体制改革，必须坚持以人为本、执政为民，把维护人民群众的根本利益作为改革的出发点和落脚点；必须坚持与完善社会主义市场经济体制相适应，与建设社会主义民主政治和法治国家相协调；必须坚持解放思想、实事求是、与时俱进，正确处理继承与创新、立足国情与借鉴国外经验的关系；必须坚持发挥中央和地方两个积极性，在中央的统一领导下，鼓励地方结合实际改革创新；必须坚持积极稳妥、循序渐进，做到长远目标与阶段性目标相结合、全面推进与重点突破相结合，处理好改革发展稳定的关系。

深化行政管理体制改革的总体目标是，到2020年建立起比较完善的中国特色社会主义行政管理体制。通过改革，实现政府职能向创造良好发展环境、提供优质公共服务、维护社会公平正义的根本转变，实现政府组织机构及人员编制向科学化、规范化、法制化的根本转变，实现行政运行机制和政府管理方式向规范有序、公开透明、便民高效的根本转变，建设人民满意的政府。今后5年，要加快政府职能转变，深化政府机构改革，加强依法行政和制度建设，为实现深化行政管理体制改革的总体目标打下坚实基础。

三、加快政府职能转变

深化行政管理体制改革要以政府职能转变为核心。加快推进政企分开、政资分开、政事分开、政府与市场中介组织分开，把不该由政府管理的事项转移出去，把该由政府管理的事项切实管好，从制度上更好地发挥市场在资源配置中的基础性作用，更好地发挥公民和社会组织在社会公共事务管理中的作用，更加有效地提供公共产品。

要全面正确履行政府职能。改善经济调节，更多地运用经济手段、法律手段并辅之以必要的行政手段调节经济活动，增强宏观调控的科学性、预见性和有效性，促进国民经济又好又快发展。严格市场监管，推进公平准入，规范市场执法，加强对涉及人民生命财产安全领域的监管。加强社会管理，强化政府促进就业和调节收入分配职能，完善社会保障体系，健全基层社会管理体制，维护社会稳定。更加注重公共服务，着力促进教育、卫生、文化等社会事业健康发展，建立健全公平公正、惠及全民、水平适度、可持续发展的公共服务体系，推进基本公共服务均等化。

各级政府要按照加快职能转变的要求，结合实际，突出管理和服务重点。中央政府要加强经济社会事务的宏观管理，进一步减少和下放具体管理事项，把更多的精力转到制定战略规划、政策法规和标准规范上，维护国家法制统一、政令统一和市场统一。地方政府要确保中央方针政策和国家法律法规的有效实施，加强对本地区经济社会事务的统筹协调，强化执行和执法监管职责，做好面向基层和群众的服务与管理，维护市场秩序和社会安定，促进经济和社会事业发展。按照财力与事权相匹配的原则，科学配置各级政府的财力，增强地方特别是基层政府提供公共服务的能力。

合理界定政府部门职能，明确部门责任，确保权责一致。理顺部门职责分工，坚持一件事情原则上由一个部门负责，确需多个部门管理的事项，要明确牵头部门，分清主次责任。健全部门间协调配合机制。

四、推进政府机构改革

按照精简统一效能的原则和决策权、执行权、监督权既相互制约又相互协调的要求，紧紧围绕职能转变和理顺职责关系，进一步优化政府组织结构，规范机构设置，探索实行职能有机统一的大部门体制，完善行政运行机制。

深化国务院机构改革。合理配置宏观调控部门的职能，做好发展规划和计划、财税政策、货币政策的统筹协调，形成科学权威高效的宏观调控体系。整合完善行业管理体制，注重发挥行业管理部门在制定和组织实施产业政策、行业规划、国家标准等方面的作用。完善能源资源和环境管理体制，促进可持续发展。理顺市场监管体制，整合执法监管力量，解决多头执法、重复执法问题。加强社会管理和公共服务部门建设，健全管理体制，强化服务功能，保障和改善民生。

推进地方政府机构改革。根据各层级政府的职责重点，合理调整地方政府机构设置。在中央确定的限额内，需要统一设置的机构应当上下对口，其他机构因地制宜设置。调整和完善垂直管理体制，进一步理顺和明确权责关系。深化乡镇机构改革，加强基层政权建设。

精简和规范各类议事协调机构及其办事机构，不再保留的，任务交由职能部门承担。今后要严格控制议事协调机构设置，涉及跨部门的事项，由主办部门牵头协调。确需设立的，要严格按规定程序审批，一般不设实体性办事机构。

推进事业单位分类改革。按照政事分开、事企分开和管办分离的原则，对现有事业单位分三类进行改革。主要承担行政职能的，逐步转为行政机构或将行政职能划归行政机构；主要从事生产经营活动的，逐步转为企业；主要从事公益服务的，强化公益属性，整合资源，完善法人治理结构，加强政府监管。推进事业单位养老保险制度和人事制度改革，完善相关财政政策。

认真执行政府组织法律法规和机构编制管理规定，严格控制编制，严禁超编进人，对违反规定的限期予以纠正。建立健全机构编制管理与财政预算、组织人事管理的配合制约机制，加强对机构编制执行情况的监督检查，加快推进机构编制管理的法制化进程。

五、加强依法行政和制度建设

遵守宪法和法律是政府工作的根本原则。必须严格依法行政，坚持用制度管权、管事、管人，健全监督机制，强化责任追究，切实做到有权必有责、用权受监督、违法要追究。

加快建设法治政府。规范行政决策行为，完善科学民主决策机制。加强和改进政府立法工作。健全行政执法体制和程序。完善行政复议、行政赔偿和行政补偿制度。

推行政府绩效管理和行政问责制度。建立科学合理的政府绩效评估指标体系和评估机制。健全以行政首长为重点的行政问责制度，明确问责范围，规范问责程序，加大责任追究力度，提高政府执行力和公信力。

健全对行政权力的监督制度。各级政府要自觉接受同级人大及其常委会的监督，自觉接受政协的民主监督。加强政府层级监督，充分发挥监察、审计等专门监督的作用。依照有关法律的规定接受司法机关实施的监督。高度重视新闻舆论监督和人民群众监督。完善政务公开制度，及时发布信息，提高政府工作透明度，切实保障人民群众的知情权、参与权、表达权、监督权。

加强公务员队伍建设。完善公务员管理配套制度和措施，建立能进能出、能上能下的用人机制。强化对公务员的教育、管理和监督。加强政风建设和廉政建设，严格执行党风廉政建设责任制，扎实推进惩治和预防腐败体系建设。

六、做好改革的组织实施工作

深化行政管理体制改革意义重大、任务艰巨，各地区各部门要在党中央、国务院的领导下，精心组织，周密部署，狠抓落实。

要认真组织实施国务院机构改革方案，抓紧制定地方政府机构改革、议事协调机构改革、事业单位分类改革的指导意见和方案，制定和完善国务院部门“三定”规定，及时修订相关法律法规。

要严肃纪律，严禁上级业务主管部门干预下级机构设置和编制配备，严禁突击提拔干部，严防国有资产流失。重视研究和解决改革过程中出现的新情况、新问题，加强思想政治工作，正确引导舆论，确保改革顺利推进。

国务院机构改革方案[①]

（2008 年 3 月 15 日）

根据党的十七大和十七届二中全会精神，这次国务院机构改革的主要任务是，围绕转变政府职能和理顺部门职责关系，探索实行职能有机统一的大部门体制，合理配置宏观调控部门职能，加强能源环境管理机构，整合完善工业和信息化、交通运输行业管理体制，以改善民生为重点加强与整合社会管理和公共服务部门。

（一）合理配置宏观调控部门职能。国家发展和改革委员会要进一步转变职能，减少微观管理事务和具体审批事项，集中精力抓好宏观调控。财政部要改革完善预算和税政管理，健全中央和地方财力与事权相匹配的体制，完善公共财政体系。中国人民银行要进一步健全货币政策体系，加强与金融监管部门的统筹协调，维护国家金融安全。国家发展和改革委员会、财政部、中国人民银行等部门要建立健全协调机制，形成更加完善的宏观调控体系。

（二）加强能源管理机构。设立高层次议事协调机构国家能源委员会。组建国家能源局，由国家发展和改革委员会管理。将国家发展和改革委员会的能源行业管理有关职责及机构，与国家能源领导小组办公室的职责、国防科学技术工业委员会的核电管理职责进行整合，划入该局。国家能源委员会办公室的工作由国家能源局承担。不再保留国家能源领导小组及其办事机构。

（三）组建工业和信息化部。将国家发展和改革委员会的工业

① 《国务院机构改革方案》，新华网，2008 年 3 月 18 日。

行业管理有关职责，国防科学技术工业委员会核电管理以外的职责，信息产业部和国务院信息化工作办公室的职责，整合划入工业和信息化部。组建国家国防科技工业局，由工业和信息化部管理。国家烟草专卖局改由工业和信息化部管理。不再保留国防科学技术工业委员会、信息产业部、国务院信息化工作办公室。

（四）组建交通运输部。将交通部、中国民用航空总局的职责，建设部的指导城市客运职责，整合划入交通运输部。组建国家民用航空局，由交通运输部管理。国家邮政局改由交通运输部管理。保留铁道部，继续推进改革。不再保留交通部、中国民用航空总局。

（五）组建人力资源和社会保障部。将人事部、劳动和社会保障部的职责整合划入人力资源和社会保障部。组建国家公务员局，由人力资源和社会保障部管理。不再保留人事部、劳动和社会保障部。

（六）组建环境保护部。不再保留国家环境保护总局。

（七）组建住房和城乡建设部。不再保留建设部。

（八）国家食品药品监督管理局改由卫生部管理。明确卫生部承担食品安全综合协调、组织查处食品安全重大事故的责任。

改革后，除国务院办公厅外，国务院组成部门如下：

1. 中华人民共和国外交部
2. 中华人民共和国国防部
3. 中华人民共和国国家发展和改革委员会
4. 中华人民共和国教育部
5. 中华人民共和国科学技术部
6. 中华人民共和国工业和信息化部
7. 中华人民共和国国家民族事务委员会

8．中华人民共和国公安部

9．中华人民共和国国家安全部

10．中华人民共和国监察部

11．中华人民共和国民政部

12．中华人民共和国司法部

13．中华人民共和国财政部

14．中华人民共和国人力资源和社会保障部

15．中华人民共和国国土资源部

16．中华人民共和国环境保护部

17．中华人民共和国住房和城乡建设部

18．中华人民共和国交通运输部

19．中华人民共和国铁道部

20．中华人民共和国水利部

21．中华人民共和国农业部

22．中华人民共和国商务部

23．中华人民共和国文化部

24．中华人民共和国卫生部

25．中华人民共和国国家人口和计划生育委员会

26．中国人民银行

27．中华人民共和国审计署

根据《国务院组织法》规定，国务院组成部门的调整和设置，由全国人民代表大会审议批准。国务院其他机构的调整和设置，将由新组成的国务院审查批准。

财政部关于推进省直接管理县财政改革的意见[①]

（2009 年 6 月 22 日）

各省、自治区、直辖市财政厅（局）：

根据《中共中央 国务院关于地方政府机构改革的意见》（中发〔2008〕12 号）、《国务院关于编制 2009 年中央预算和地方预算的通知》（国发〔2008〕35 号）以及《中共中央 国务院关于 2009 年促进农业稳定发展农民持续增收的若干意见》（中发〔2009〕1 号）中关于“推进‘省直管县’财政管理方式改革，充实内容和形式，加强县（市）财政管理”和“将粮食、油料、棉花、生猪生产大县全部纳入改革范围”的要求，现就进一步推进省直接管理县财政改革提出如下意见。

一、总体思路

推进省直接管理县财政改革，要以邓小平理论和“三个代表”重要思想为指导，深入贯彻落实科学发展观，按照社会主义市场经济和公共财政的内在要求，理顺省以下政府间财政分配关系，推动市县政府加快职能转变，更好地提供公共服务，促进经济社会全面协调可持续发展。

推进省直接管理县财政改革，必须坚持因地制宜、分类指导，各地要根据经济发展水平、基础设施状况等有关条件，确定改革模式、步骤和进度，不搞“一刀切”；必须坚持科学规范、合理有

① 《财政部关于推进省直接管理县财政改革的意见》，《中华人民共和国国务院公报》，2010 年 04 期。

序，要按照分税制财政体制的要求，进一步理顺省以下政府间事权划分及财政分配关系，增强基层政府提供公共服务的能力；必须坚持积极稳妥、循序渐进，保证市县既得利益，尊重实际情况，妥善处理收支划分、基数划转等问题，确保改革的平稳过渡和顺利运行；必须坚持协调推进、共同发展，充分调动各方发展积极性，增强县域发展活力，提高中心城市发展能力，强化省级调控功能，推动市县共同发展。

改革的总体目标是，2012年底前，力争全国除民族自治地区外全面推进省直接管理县财政改革，近期首先将粮食、油料、棉花、生猪生产大县全部纳入改革范围。民族自治地区按照有关法律法规，加强对基层财政的扶持和指导，促进经济社会发展。

二、主要内容

实行省直接管理县财政改革，就是在政府间收支划分、转移支付、资金往来、预决算、年终结算等方面，省财政与市、县财政直接联系，开展相关业务工作。

（一）收支划分。在进一步理顺省与市、县支出责任的基础上，确定市、县财政各自的支出范围，市、县不得要求对方分担应属自身事权范围内的支出责任。按照规范的办法，合理划分省与市、县的收入范围。

（二）转移支付。转移支付、税收返还、所得税返还等由省直接核定并补助到市、县；专项拨款补助，由各市、县直接向省级财政等有关部门申请，由省级财政部门直接下达市、县。市级财政可通过省级财政继续对县给予转移支付。

（三）财政预决算。市、县统一按照省级财政部门有关要求，各自编制本级财政收支预算和年终决算。市级财政部门要按规定汇总市本级、所属各区及有关县预算，并报市人大常委会备案。

（四）资金往来。建立省与市、县之间的财政资金直接往来关系，取消市与县之间日常的资金往来关系。省级财政直接确定各市、县的资金留解比例。各市、县金库按规定直接向省级金库报解财政库款。

（五）财政结算。年终各类结算事项一律由省级财政与各市、县财政直接办理，市、县之间如有结算事项，必须通过省级财政办理。各市、县举借国际金融组织贷款、外国政府贷款、国债转贷资金等，直接向省级财政部门申请转贷及承诺偿还，未能按规定偿还的由省财政直接对市、县进行扣款。

三、工作要求

为确保顺利推进省直接管理县财政改革，各地要认真开展相关工作，妥善处理好各方面的利益关系。省级财政要会同有关部门抓紧调整管理制度，积极创新管理机制，将有关工作延伸到县；要逐步建立县级基本财力保障机制，加大对财力薄弱县的支持力度，实现“保工资、保运转、保民生”的目标；要规范财政预算外资金管理，全面清理预算外分配事项，理顺政府间预算外资金管理和分配关系；要加强财政管理信息化建设，构建省级与市、县的财政信息化网络，提高工作效率。市级财政要继续关心和帮助县级财政发展，加强对县乡财政工作的指导。县级财政要积极、主动配合省、市级财政做好有关改革工作，增强自我发展、自我约束意识，认真落实财政改革各项措施，提高财政管理的科学化、精细化水平。

省直接管理县财政改革涉及财政利益调整，政策性强，牵涉面广，各级财政部门要树立大局意识，加强组织领导，积极、主动、稳妥地推进改革，细化方案，精心实施。已经全面实行改革的地区，要密切跟踪改革进展，进一步规范和完善。正在进行试点的地区，要总结经验，加快推进。尚未开展试点的地区，除民族自治地区外，要尽快制定试点方案，积极推进改革。

以上意见，请遵照执行。

国务院关于加强法治政府建设的意见[1]

（2010 年 10 月 10 日）

各省、自治区、直辖市人民政府，国务院各部委、各直属机构：

2004 年 3 月，国务院发布《全面推进依法行政实施纲要》(以下简称《纲要》)，明确提出建设法治政府的奋斗目标。为在新形势下深入贯彻落实依法治国基本方略，全面推进依法行政，进一步加强法治政府建设，现提出以下意见。

一、加强法治政府建设的重要性紧迫性和总体要求

1. 加强法治政府建设的重要性紧迫性。贯彻依法治国基本方略，推进依法行政，建设法治政府，是我们党治国理政从理念到方式的革命性变化，具有划时代的重要意义。《纲要》实施 6 年来，各级人民政府对依法行政工作高度重视，加强领导、狠抓落实，法治政府建设取得了重要进展。当前，我国经济社会发展进入新阶段，国内外环境更为复杂，挑战增多。转变经济发展方式和调整经济结构的任务更加紧迫和艰巨，城乡之间、地区之间发展不平衡，收入分配不公平和差距扩大，社会结构和利益格局深刻调整，部分地区和一些领域社会矛盾有所增加，群体性事件时有发生，一些领域腐败现象仍然易发多发，执法不公、行政不作为乱作为等问题比较突出。解决这些突出问题，要求进一步深化改革，加强制度建设，强化对行政权力运行的监督和制约，推进依法行政，建设法治

---

① 《国务院关于加强法治政府建设的意见》，中国政府网，2010 年 10 月 10 日。

政府。各级行政机关及其领导干部一定要正确看待我国经济社会环境的新变化，准确把握改革发展稳定的新形势，及时回应人民群众的新期待，切实增强建设法治政府的使命感、紧迫感和责任感。

2. 加强法治政府建设的总体要求。当前和今后一个时期，要深入贯彻科学发展观，认真落实依法治国基本方略，进一步加大《纲要》实施力度，以建设法治政府为奋斗目标，以事关依法行政全局的体制机制创新为突破口，以增强领导干部依法行政的意识和能力、提高制度建设质量、规范行政权力运行、保证法律法规严格执行为着力点，全面推进依法行政，不断提高政府公信力和执行力，为保障经济又好又快发展和社会和谐稳定发挥更大的作用。

二、提高行政机关工作人员特别是领导干部依法行政的意识和能力

3. 高度重视行政机关工作人员依法行政意识与能力的培养。行政机关工作人员特别是领导干部要带头学法、尊法、守法、用法，牢固树立以依法治国、执法为民、公平正义、服务大局、党的领导为基本内容的社会主义法治理念，自觉养成依法办事的习惯，切实提高运用法治思维和法律手段解决经济社会发展中突出矛盾和问题的能力。要重视提拔使用依法行政意识强，善于用法律手段解决问题、推动发展的优秀干部。

4. 推行依法行政情况考察和法律知识测试制度。拟任地方人民政府及其部门领导职务的干部，任职前要考察其掌握相关法律知识和依法行政情况。公务员录用考试要注重对法律知识的测试，对拟从事行政执法、政府法制等工作的人员，还要组织专门的法律知识考试。

5. 建立法律知识学习培训长效机制。完善各级行政机关领导干部学法制度。要通过政府常务会议会前学法、法制讲座等形式，组织学习宪法、通用法律知识和与履行职责相关的专门法律知识。县级以上地方各级人民政府每年至少要举办2期领导干部依法行政专题研讨班。各级行政学院和公务员培训机构举办的行政机关公务员培训班，要把依法行政知识纳入教学内容。定期组织行政执法人员参加通用法律知识培训、专门法律知识轮训和新法律法规专题培训，并把培训情况、学习成绩作为考核内容和任职晋升的依据之一。

三、加强和改进制度建设

6. 突出政府立法重点。要按照有利于调动人民群众积极性和创造性、激发社会活力和竞争力、解放和发展生产力、维护公平正义、规范权力运行的要求，加强和改进政府立法与制度建设。重点加强有关完善经济体制、改善民生和发展社会事业以及政府自身建设方面的立法。对社会高度关注、实践急需、条件相对成熟的立法项目，要作为重中之重，集中力量攻关，尽早出台。

7. 提高制度建设质量。政府立法要符合经济社会发展规律，充分反映人民意愿，着力解决经济社会发展中的普遍性问题和深层次矛盾，切实增强法律制度的科学性和可操作性。严格遵守法定权限和程序，完善公众参与政府立法的制度和机制，保证人民群众的意见得到充分表达、合理诉求和合法利益得到充分体现。除依法需要保密的外，行政法规和规章草案要向社会公开征求意见，并以适当方式反馈意见采纳情况。建立健全专家咨询论证制度，充分发挥专家学者在政府立法中的作用。法律法规规章草案涉及其他部门职责的，要充分听取相关部门的意见；相关部门要认真研究，按要求及时回复意见。加强政府法制机构在政府立法中的主导和协调作用，涉及重大意见分歧、达不成一致意见的，要及时报请本级人民政府决定。坚决克服政府立法过程中的部门利益和地方保护倾向。积极探索开展政府立法成本效益分析、社会风险评估、实施情况后评估工作。加强行政法规、规章解释工作。

8. 加强对行政法规、规章和规范性文件的清理。坚持立“新法”与改“旧法”并重。对不符合经济社会发展要求，与上位法相抵触、不一致，或者相互之间不协调的行政法规、规章和规范性文件，要及时修改或者废止。建立规章和规范性文件定期清理制度，对规章一般每隔5年、规范性文件一般每隔2年清理一次，清理结果要向社会公布。

9. 健全规范性文件制定程序。地方各级行政机关和国务院各部门要严格依法制定规范性文件。各类规范性文件不得设定行政许可、行政处罚、行政强制等事项，不得违法增加公民、法人和其他组织的义务。制定对公民、法人或者其他组织的权利义务产生直接影响的规范性文件，要公开征求意见，由法制机构进行合法性审查，并经政府常务会议或者部门领导班子会议集体讨论决定；未经公开征求意见、合法性审查、集体讨论的，不得发布施行。县级以上地方人民政府对本级政府及其部门的规范性文件，要逐步实行统一登记、统一编号、统一发布。探索建立规范性文件有效期制度。

10. 强化规章和规范性文件备案审查。严格执行法规规章备案条例和有关规范性文件备案的规定，加强备案审查工作，做到有件必备、有错必纠，切实维护法制统一和政令畅通。要重点加强对违法增加公民、法人和其他组织义务或者影响其合法权益，搞地方或行业保护等内容的规章和规范性文件的备案审查工作。建立规范性文件备案登记、公布、情况通报和监督检查制度，加强备案工作信息化建设。对公民、法人和其他组织提出的审查建议，要按照有关规定认真研究办理。对违法的规章和规范性文件，要及时报请有权机关依法予以撤销并向社会公布。备案监督机构要定期向社会公布通过备案审查的规章和规范性文件目录。

四、坚持依法科学民主决策

11．规范行政决策程序。加强行政决策程序建设，健全重大行政决策规则，推进行政决策的科学化、民主化、法治化。要坚持一切从实际出发，系统全面地掌握实际情况，深入分析决策对各方面的影响，认真权衡利弊得失。要把公众参与、专家论证、风险评估、合法性审查和集体讨论决定作为重大决策的必经程序。作出重大决策前，要广泛听取、充分吸收各方面意见，意见采纳情况及其理由要以适当形式反馈或者公布。完善重大决策听证制度，扩大听证范围，规范听证程序，听证参加人要有广泛的代表性，听证意见要作为决策的重要参考。重大决策要经政府常务会议或者部门领导班子会议集体讨论决定。重大决策事项应当在会前交由法制机构进行合法性审查，未经合法性审查或者经审查不合法的，不能提交会议讨论、作出决策。

12．完善行政决策风险评估机制。凡是有关经济社会发展和人民群众切身利益的重大政策、重大项目等决策事项，都要进行合法性、合理性、可行性和可控性评估，重点是进行社会稳定、环境、经济等方面的风险评估。建立完善部门论证、专家咨询、公众参与、专业机构测评相结合的风险评估工作机制，通过舆情跟踪、抽样调查、重点走访、会商分析等方式，对决策可能引发的各种风险进行科学预测、综合研判，确定风险等级并制定相应的化解处置预案。要把风险评估结果作为决策的重要依据，未经风险评估的，一律不得作出决策。

13．加强重大决策跟踪反馈和责任追究。在重大决策执行过程中，决策机关要跟踪决策的实施情况，通过多种途径了解利益相关方和社会公众对决策实施的意见和建议，全面评估决策执行效果，并根据评估结果决定是否对决策予以调整或者停止执行。对违反决策规定、出现重大决策失误、造成重大损失的，要按照谁决策、谁负责的原则严格追究责任。

五、严格规范公正文明执法

14．严格依法履行职责。各级行政机关要自觉在宪法和法律范围内活动，严格依照法定权限和程序行使权力、履行职责。要全面履行政府职能，更加重视社会管理和公共服务，着力保障和改善民生，切实解决就业、教育、医疗、社会保障、保障性住房等方面人民群众最关心的问题。加大行政执法力度，严厉查处危害安全生产、食品药品安全、自然资源和环境保护、社会治安等方面的违法案件，维护公共利益和经济社会秩序。认真执行行政许可法，深化行政审批制度改革，进一步规范和减少行政审批，推进政府职能转变和管理方式创新。着力提高政府公信力，没有法律、法规、规章依据，行政机关不得作出影响公民、法人和其他组织权益或者增加其义务的决定；行政机关参与民事活动，要依法行使权利、履行义务、承担责任。

15．完善行政执法体制和机制。继续推进行政执法体制改革，合理界定执法权限，明确执法责任，推进综合执法，减少执法层级，提高基层执法能力，切实解决多头执法、多层执法和不执法、乱执法问题。改进和创新执法方式，坚持管理与服务并重、处置与疏导结合，实现法律效果与社会效果的统一。加强行政执法信息化建设，推行执法流程网上管理，提高执法效率和规范化水平。县级以上人民政府要建立相关机制，促进行政执法部门信息交流和资源共享。完善执法经费由财政保障的机制，切实解决执法经费与罚没收入挂钩问题。

16. 规范行政执法行为。各级行政机关都要强化程序意识，严格按程序执法。加强程序制度建设，细化执法流程，明确执法环节和步骤，保障程序公正。要平等对待行政相对人，同样情形同等处理。行政执法机关处理违法行为的手段和措施要适当适度，尽力避免或者减少对当事人权益的损害。建立行政裁量权基准制度，科学合理细化、量化行政裁量权，完善适用规则，严格规范裁量权行使，避免执法的随意性。健全行政执法调查规则，规范取证活动。坚持文明执法，不得粗暴对待当事人，不得侵害执法对象的人格尊严。加强行政执法队伍建设，严格执法人员持证上岗和资格管理制度，狠抓执法纪律和职业道德教育，全面提高执法人员素质。根据法律法规规章立、改、废情况及时调整、梳理行政执法依据，明确执法职权、机构、岗位、人员和责任，并向社会公布。充分利用信息化手段开展执法案卷评查、质量考核、满意度测评等工作，加强执法评议考核，评议考核结果要作为执法人员奖励惩处、晋职晋级的重要依据。严格落实行政执法责任制。

六、全面推进政务公开

17. 加大政府信息公开力度。认真贯彻实施政府信息公开条例，坚持以公开为原则、不公开为例外，凡是不涉及国家秘密、商业秘密和个人隐私的政府信息，都要向社会公开。加大主动公开力度，重点推进财政预算、公共资源配置、重大建设项目批准和实施、社会公益事业建设等领域的政府信息公开。政府全部收支都要纳入预算管理，所有公共支出、基本建设支出、行政经费支出的预算和执行情况，以及政府性基金收支预算和中央国有资本经营预算等情况都要公开透明。政府信息公开要及时、准确、具体。对人民群众申请公开政府信息的，要依法在规定时限内予以答复，并做好相应服务工作。建立健全政府信息公开的监督和保障机制，定期对政府信息公开工作进行评议考核。依法妥善处理好信息公开与保守秘密的关系，对依法应当保密的，要切实做好保密工作。

18. 推进办事公开。要把公开透明作为政府工作的基本制度，拓宽办事公开领域。所有面向社会服务的政府部门都要全面推进办事公开制度，依法公开办事依据、条件、要求、过程和结果，充分告知办事项目有关信息。要规范和监督医院、学校、公交、公用等公共企事业单位的办事公开工作，重点公开岗位职责、服务承诺、收费项目、工作规范、办事纪律、监督渠道等内容，为人民群众生产生活提供优质、高效、便利的服务。

19. 创新政务公开方式。进一步加强电子政务建设，充分利用现代信息技术，建设好互联网信息服务平台和便民服务网络平台，方便人民群众通过互联网办事。要把政务公开与行政审批制度改革结合起来，推行网上电子审批、“一个窗口对外”和“一站式”服务。规范和发展各级各类行政服务中心，对与企业和人民群众密切相关的行政管理事项，要尽可能纳入行政服务中心办理，改善服务质量，提高服务效率，降低行政成本。

七、强化行政监督和问责

20. 自觉接受监督。各级人民政府和政府部门要自觉接受人大及其常委会的监督、政协的民主监督和人民法院依法实施的监督。对事关改革发展稳定大局、人民群众切身利益和社会普遍关心的热点问题，县级以上人民政府要主动向同级人大常委会专题报告。拓宽群众监督渠道，依法保障人民群众监督政府的权利。完善群众举报投诉制度。高度重视舆论监督，支持新闻媒体对违法或者不当的行政行为进行曝光。对群众举报投诉、新闻媒体反映的问题，有关行政机关要认真调查核实，及时依法作出处理，并将处理结果向社会公布。

21. 加强政府内部层级监督和专门监督。上级行政机关要切实加强对下级行政机关的监督，及时纠正违法或者不当的行政行为。保障和支持审计、监察等部门依法独立行使监督权。审计部门要着力加强财政专项资金和预算执行审计、重大投资项目审计、金融审计、国有企业领导人员经济责任审计等工作，加强社会保障基金、住房公积金、扶贫救灾资金等公共资金的专项审计。监察部门要全面履行法定职责，积极推进行政问责和政府绩效管理监察，严肃追究违法违纪人员的责任，促进行政机关廉政勤政建设。

22. 严格行政问责。严格执行行政监察法、公务员法、行政机关公务员处分条例和关于实行党政领导干部问责的暂行规定，坚持有错必纠、有责必问。对因有令不行、有禁不止、行政不作为、失职渎职、违法行政等行为，导致一个地区、一个部门发生重大责任事故、事件或者严重违法行政案件的，要依法依纪严肃追究有关领导直至行政首长的责任，督促和约束行政机关及其工作人员严格依法行使权力、履行职责。

八、依法化解社会矛盾纠纷

23．健全社会矛盾纠纷调解机制。要把行政调解作为地方各级人民政府和有关部门的重要职责，建立由地方各级人民政府负总责、政府法制机构牵头、各职能部门为主体的行政调解工作体制，充分发挥行政机关在化解行政争议和民事纠纷中的作用。完善行政调解制度，科学界定调解范围，规范调解程序。对资源开发、环境污染、公共安全事故等方面的民事纠纷，以及涉及人数较多、影响较大、可能影响社会稳定的纠纷，要主动进行调解。认真实施人民调解法，积极指导、支持和保障居民委员会、村民委员会等基层组织开展人民调解工作。推动建立行政调解与人民调解、司法调解相衔接的大调解联动机制，实现各类调解主体的有效互动，形成调解工作合力。

24．加强行政复议工作。充分发挥行政复议在解决矛盾纠纷中的作用，努力将行政争议化解在初发阶段和行政程序中。畅通复议申请渠道，简化申请手续，方便当事人提出申请。对依法不属于复议范围的事项，要认真做好解释、告知工作。加强对复议受理活动的监督，坚决纠正无正当理由不受理复议申请的行为。办理复议案件要深入调查，充分听取各方意见，查明事实、分清是非。注重运用调解、和解方式解决纠纷，调解、和解达不成协议的，要及时依法公正作出复议决定，对违法或者不当的行政行为，该撤销的撤销，该变更的变更，该确认违法的确认违法。行政机关要严格履行行政复议决定，对拒不履行或者无正当理由拖延履行复议决定的，要依法严肃追究有关人员的责任。探索开展相对集中行政复议审理工作，进行行政复议委员会试点。健全行政复议机构，确保复议案件依法由 2 名以上复议人员办理。建立健全适应复议工作特点的激励机制和经费装备保障机制。完善行政复议与信访的衔接机制。

25．做好行政应诉工作。完善行政应诉制度，积极配合人民法院的行政审判活动，支持人民法院依法独立行使审判权。对人民法院受理的行政案件，行政机关要依法积极应诉，按规定向人民法院提交作出具体行政行为的依据、证据和其他相关材料。对重大行政诉讼案件，行政机关负责人要主动出庭应诉。尊重并自觉履行人民法院的生效判决、裁定，认真对待人民法院的司法建议。

九、加强组织领导和督促检查

26．健全推进依法行政的领导体制和机制。地方各级人民政府和政府部门都要建立由主要负责人牵头的依法行政领导协调机制，统一领导本地区、本部门推进依法行政工作。县级以上地方人民政府常务会议每年至少听取2次依法行政工作汇报，及时解决本地区依法行政中存在的突出问题，研究部署全面推进依法行政、加强法治政府建设的具体任务和措施。加强对推进依法行政工作的督促指导、监督检查和舆论宣传，对成绩突出的单位和个人按照国家有关规定给予表彰奖励，对工作不力的予以通报批评。加强依法行政工作考核，科学设定考核指标并纳入地方各级人民政府目标考核、绩效考核评价体系，将考核结果作为对政府领导班子和领导干部综合考核评价的重要内容。

27．强化行政首长作为推进依法行政第一责任人的责任。各级人民政府及其部门要把全面推进依法行政、加强法治政府建设摆在更加突出的位置。行政首长要对本地区、本部门依法行政工作负总责，切实承担起领导责任，将依法行政任务与改革发展稳定任务一起部署、一起落实、一起考核。县级以上地方人民政府每年要向同级党委、人大常委会和上一级人民政府报告推进依法行政情况，政府部门每年要向本级人民政府和上一级人民政府有关部门报告推进依法行政情况。

28. 加强法制机构和队伍建设。县级以上各级人民政府及其部门要充分发挥法制机构在推进依法行政、建设法治政府方面的组织协调和督促指导作用。进一步加强法制机构建设，使法制机构的规格、编制与其承担的职责和任务相适应。要加大对法制干部的培养、使用和交流力度，重视提拔政治素质高、法律素养好、工作能力强的法制干部。政府法制机构及其工作人员要努力提高新形势下做好政府法制工作的能力和水平，努力当好政府或者部门领导在依法行政方面的参谋、助手和顾问。

29. 营造学法尊法守法的良好社会氛围。各级人民政府及其部门要采取各种有效形式深入开展法治宣传教育，精心组织实施普法活动，特别要加强与人民群众生产生活密切相关的法律法规宣传，大力弘扬社会主义法治精神，切实增强公民依法维护权利、自觉履行义务的意识，努力推进法治社会建设。

各地区、各部门要把贯彻落实本意见与深入贯彻《纲要》和《国务院关于加强市县政府依法行政的决定》（国发〔2008〕17号）紧密结合起来，根据实际情况制定今后一个时期加强法治政府建设的工作规划，明确工作任务、具体措施、完成时限和责任主体，确定年度工作重点，扎扎实实地推进依法行政工作，务求法治政府建设不断取得新成效，实现新突破。

民政部关于严格行政区划建制表述等有关问题的通知[①]

（2010 年 10 月 14 日）

各省、自治区、直辖市民政厅（局）：

近来，有些地方在启动经济发达镇行政管理体制改革试点工作过程中，个别地方负责同志在讲话中提到，将强镇建设成为“镇级市”、“镇级小城市”等。这些不规范的提法，经新闻媒体相继报道后，在社会上造成了不良影响。为避免在行政区划建制上产生混乱和越权行为，现就有关问题通知如下：

一、要严格行政区划建制表述。《中华人民共和国宪法》和有关法律对我国行政区划建制有明确的规定，各地在开展经济发达镇行政管理体制改革试点工作中，要认真遵循宪法和法律有关规定，严格行政区划建制表述，统一宣传口径，确保宣传内容准确、规范，不得以任何形式出现不规范的行政区划建制表述。

二、要及时纠正违规表述和行为。“镇级市”、“镇级小城市”等提法是不规范的，是没有法律依据的。各地要对前一阶段开展经济发达镇行政管理体制改革试点工作情况进行专项检查，发现有关文件和领导讲话中存在不规范行政区划建制表述的，要明确指出并责令改正；对媒体报道中出现不规范提法的，要及时予以说明和澄清，避免引发混乱和歧义。

三、要严格执行行政区划调整审批程序。《国务院关于行政区

① 《民政部关于严格行政区划建制表述等有关问题的通知》，民政部官网，2010 年 10 月 19 日。

划管理的规定》(国发〔1985〕8号)对行政区划调整的审批权限等有明确的规定，各地在开展经济发达镇行政管理体制改革试点工作中，如涉及到行政区划调整，要严格按规定程序上报审批，不得超越权限擅自进行行政区划调整。

请将本通知精神及时报告同级党委和政府。

中共中央办公厅 国务院办公厅印发《关于全面推进政务公开工作的意见》[1]

（2016 年 2 月 17 日）

公开透明是法治政府的基本特征。全面推进政务公开，让权力在阳光下运行，对于发展社会主义民主政治，提升国家治理能力，增强政府公信力执行力，保障人民群众知情权、参与权、表达权、监督权具有重要意义。党中央、国务院高度重视政务公开，作出了一系列重大部署，各级政府认真贯彻落实，政务公开工作取得积极成效。但与人民群众的期待相比，与建设法治政府的要求相比，仍存在公开理念不到位、制度规范不完善、工作力度不够强、公开实效不理想等问题。为进一步做好当前和今后一个时期政务公开工作，现提出以下意见。

一、全面推进政务公开工作的总体要求

（一）指导思想。认真落实党的十八大和十八届三中、四中、五中全会精神，深入贯彻习近平总书记系列重要讲话精神，紧紧围绕“四个全面”战略布局，牢固树立创新、协调、绿色、开放、共享的发展理念，深入推进依法行政，全面落实党中央、国务院有关决策部署和政府信息公开条例，坚持以公开为常态、不公开为例外，推进行政决策公开、执行公开、管理公开、服务公开和结果公开，推动简政放权、放管结合、优化服务改革，激发市场活力和社

[1] 《中共中央办公厅 国务院办公厅印发〈关于全面推进政务公开工作的意见〉》，《中华人民共和国国务院公报》，2016 年 07 期。

会创造力，打造法治政府、创新政府、廉洁政府和服务型政府。

（二）基本原则。紧紧围绕经济社会发展和人民群众关注关切，以公开促落实，以公开促规范，以公开促服务。依法依规明确政务公开的主体、内容、标准、方式、程序，加快推进权力清单、责任清单、负面清单公开。坚持改革创新，注重精细化、可操作性，务求公开实效，让群众看得到、听得懂、能监督。以社会需求为导向，以新闻媒体为载体，推行“互联网+政务”，扩大公众参与，促进政府有效施政。

（三）工作目标。到2020年，政务公开工作总体迈上新台阶，依法积极稳妥实行政务公开负面清单制度，公开内容覆盖权力运行全流程、政务服务全过程，公开制度化、标准化、信息化水平显著提升，公众参与度高，用政府更加公开透明赢得人民群众更多理解、信任和支持。

二、推进政务阳光透明

（四）推进决策公开。把公众参与、专家论证、风险评估、合法性审查、集体讨论决定确定为重大行政决策法定程序。实行重大决策预公开制度，涉及群众切身利益、需要社会广泛知晓的重要改革方案、重大政策措施、重点工程项目，除依法应当保密的外，在决策前应向社会公布决策草案、决策依据，通过听证座谈、调查研究、咨询协商、媒体沟通等方式广泛听取公众意见，以适当方式公布意见收集和采纳情况。探索利益相关方、公众、专家、媒体等列席政府有关会议制度，增强决策透明度。决策作出后，按照规定及时公开议定事项和相关文件。

（五）推进执行公开。主动公开重点改革任务、重要政策、重大工程项目的执行措施、实施步骤、责任分工、监督方式，根据工作进展公布取得成效、后续举措，听取公众意见建议，加强和改进工作，确保执行到位。各级政府及其工作部门都要做好督查和审计发现问题及整改落实情况的公开，对不作为、慢作为、乱作为问责情况也要向社会公开，增强抓落实的执行力。

（六）推进管理公开。全面推行权力清单、责任清单、负面清单公开工作，建立健全清单动态调整公开机制。推行行政执法公示制度，各级政府要根据各自的事权和职能，按照突出重点、依法有序、准确便民的原则，推动执法部门公开职责权限、执法依据、裁量基准、执法流程、执法结果、救济途径等，规范行政裁量，促进执法公平公正。推进监管情况公开，重点公开安全生产、生态环境、卫生防疫、食品药品、保障性住房、质量价格、国土资源、社会信用、交通运输、旅游市场、国有企业运营、公共资源交易等监管信息。公开民生资金等分配使用情况，重点围绕实施精准扶贫、精准脱贫，加大扶贫对象、扶贫资金分配、扶贫资金使用等信息公开力度，接受社会监督。

（七）推进服务公开。把实体政务服务中心与网上办事大厅结合起来，推动政务服务向网上办理延伸。各地区各部门要全面公开服务事项，编制发布办事指南，简化优化办事流程，让群众不跑冤枉路，办事更明白、更舒心。公布行政审批中介服务事项清单，公开项目名称、设置依据、服务时限。推行政府购买公共服务、政府和社会资本合作（PPP）提供公共服务的公开。大力推进公共企事业单位办事公开，行业主管部门要加强分类指导，组织编制公开服务事项目录，制定完善具体办法，切实承担组织协调、监督指导职责。通过最大限度方便企业和群众办事，打通政府联系服务群众

"最后一公里"。

（八）推进结果公开。各级行政机关都要主动公开重大决策、重要政策落实情况，加大对党中央、国务院决策部署贯彻落实结果的公开力度。推进发展规划、政府工作报告、政府决定事项落实情况的公开，重点公开发展目标、改革任务、民生举措等方面事项。建立健全重大决策跟踪反馈和评估制度，注重运用第三方评估、专业机构鉴定、社情民意调查等多种方式，科学评价政策落实效果，增强结果公开的可信度，以工作实绩取信于民。

（九）推进重点领域信息公开。着力推进财政预决算、公共资源配置、重大建设项目批准和实施、社会公益事业建设等领域的政府信息公开，有关部门要制定实施办法，明确具体要求。各级行政机关对涉及公民、法人或其他组织权利和义务的规范性文件，都要按照政府信息公开要求和程序予以公布。规范性文件清理结果要向社会公开。加强突发事件、公共安全、重大疫情等信息发布，负责处置的地方和部门是信息发布第一责任人，要快速反应、及时发声，根据处置进展动态发布信息。

三、扩大政务开放参与

（十）推进政府数据开放。按照促进大数据发展行动纲要的要求，实施政府数据资源清单管理，加快建设国家政府数据统一开放平台，制定开放目录和数据采集标准，稳步推进政府数据共享开放。优先推动民生保障、公共服务和市场监管等领域的政府数据向社会有序开放。制定实施稳步推进公共信息资源开放的政策意见。支持鼓励社会力量充分开发利用政府数据资源，推动开展众创、众包、众扶、众筹，为大众创业、万众创新提供条件。

（十一）加强政策解读。将政策解读与政策制定工作同步考虑，同步安排。各地区各部门要发挥政策参与制定者，掌握相关政策、熟悉有关领域业务的专家学者和新闻媒体的作用，注重运用数字化、图表图解、音频视频等方式，提高政策解读的针对性、科学性、权威性。对涉及面广、社会关注度高、实施难度大、专业性强的政策法规，要通过新闻发布、政策吹风、接受访谈、发表文章等方式做好解读，深入浅出地讲解政策背景、目标和要点。各省（自治区、直辖市）政府和国务院各部门要充分利用新闻发布会和政策吹风会进行政策解读，领导干部要带头宣讲政策，特别是遇有重大突发事件、重要社会关切等，主要负责人要带头接受媒体采访，表明立场态度，发出权威声音，当好“第一新闻发言人”。新闻媒体、新闻网站、研究机构要做好党中央、国务院重大政策解读工作。

（十二）扩大公众参与。通过政务公开让公众更大程度参与政策制定、执行和监督，汇众智定政策抓落实，不断完善政策，改进工作。研究探索不同层级、不同领域公众参与的事项种类和方式，搭建政民互动平台，问政于民、问需于民、问计于民，增进公众对政府工作的认同和支持。充分利用互联网优势，积极探索公众参与新模式，提高政府公共政策制定、公共管理、公共服务的响应速度。

（十三）回应社会关切。建立健全政务舆情收集、研判、处置和回应机制，加强重大政务舆情回应督办工作，开展效果评估。对涉及本地区本部门的重要政务舆情、媒体关切、突发事件等热点问题，要按程序及时发布权威信息，讲清事实真相、政策措施以及处置结果等；认真回应关切。依法依规明确回应主体，落实责任，确保在应对重大突发事件及社会热点事件时不失声、不缺位。

（十四）发挥媒体作用。把新闻媒体作为党和政府联系群众的桥梁纽带，运用主要新闻媒体及时发布信息，解读政策，引领社会舆论。安排中央和地方媒体、新闻网站负责人参与重要活动，了解重大决策；畅通采访渠道，积极为媒体采访提供便利。同时也要发挥新闻网站、商业网站以及微博微信、移动客户端等新媒体的网络传播力和社会影响力，提高宣传引导的针对性和有效性。

四、提升政务公开能力

（十五）完善制度规范。建立健全政务公开制度，注重将政务公开实践成果上升为制度规范，对不适应形势要求的规定及时予以调整清理。修订政府信息公开条例，完善主动公开、依申请公开信息等规定。建立公开促进依法行政的机制，推动相关部门解决行政行为不规范等问题。建立健全政务公开内容、流程、平台、时限等相关标准。推进政务服务中心标准化建设，统一名称标识、进驻部门、办理事项、管理服务等。制定政府网站发展指引，明确功能定位、栏目设置、内容保障等要求。

（十六）建立政务公开负面清单。各省（自治区、直辖市）政府和国务院各部门要依法积极稳妥制定政务公开负面清单，细化明确不予公开范围，对公开后危及国家安全、经济安全、公共安全、社会稳定等方面的事项纳入负面清单管理，及时进行调整更新。负面清单要详细具体，便于检查监督，负面清单外的事项原则上都要依法依规予以公开。健全公开前保密审查机制，规范保密审查程序，妥善处理好政务公开与保守秘密的关系，对依法应当保密的，要切实做好保密工作。

（十七）提高信息化水平。积极运用大数据、云计算、移动互联网等信息技术，提升政务公开信息化、集中化水平。加快推进

“互联网＋政务”，构建基于互联网的一体化政务服务体系，通过信息共享、互联互通、业务协同，实行审批和服务事项在线咨询、网上办理、电子监察，做到利企便民。推动信用信息互联共享，促进“信用中国”建设。充分利用政务微博微信、政务客户端等新平台，扩大信息传播，开展在线服务，增强用户体验。

（十八）加强政府门户网站建设。强化政府门户网站信息公开第一平台作用，整合政府网站信息资源，加强各级政府网站之间协调联动，强化与中央和地方主要新闻媒体、主要新闻网站、重点商业网站的联动，充分运用新媒体手段拓宽信息传播渠道，完善功能，健全制度，加强内容和技术保障，将政府网站打造成更加全面的信息公开平台、更加权威的政策发布解读和舆论引导平台、更加及时的回应关切和便民服务平台。

（十九）抓好教育培训。各级政府要把政务公开列入公务员培训科目，依托各级党校、行政学院、干部学院等干部教育培训机构，加强对行政机关工作人员特别是领导干部的培训，增强公开意识，提高发布信息、解读政策、回应关切的能力。制定业务培训计划，精心安排培训科目和内容，分级分层组织实施，力争 3 年内将全国从事政务公开工作人员轮训一遍，支持政务公开工作人员接受相关继续教育。教育主管部门要鼓励高等学校开设政务公开课程，培养政务公开方面的专门人才。

五、强化保障措施

（二十）加强组织领导。各级党委和政府要高度重视政务公开工作。各级政府要在党委统一领导下，牵头做好政务公开工作，确定一位政府领导分管，建立健全协调机制，明确责任分工，切实抓好工作落实。各级政府及其工作部门办公厅（室）是政务公开工作的主管部门，具体负责组织协调、指导推进、监督检查本地区本系统的政务公开工作，要整合政务公开方面的力量和资源，加强与新闻媒体、新闻网站等的沟通协调，做好统筹指导；进一步理顺机制，明确工作机构，配齐配强专职工作人员。有条件的应把政务公开、政务服务、政府数据开放、公共资源交易监督管理等工作统筹考虑、协同推进。要加强政务公开工作经费保障，为工作顺利开展创造条件。鼓励通过引进社会资源、购买服务等方式，提升政务公开专业化水平。

（二十一）加强考核监督。把政务公开工作纳入绩效考核体系，加大分值权重。鼓励支持第三方机构对政务公开质量和效果进行独立公正的评估。指导新闻媒体和政府网站做好发布政府信息、解读政策、回应关切的工作。充分发挥人大代表、政协委员、民主党派、人民团体、社会公众、新闻媒体对政务公开工作的监督作用。强化激励和问责，对政务公开工作落实好的，按照有关规定予以表彰；对公开工作落实不到位的，予以通报批评；对违反政务公开有关规定、不履行公开义务或公开不应当公开事项，并造成严重影响的，依法依规严肃追究责任。

国务院办公厅根据本意见制定相关实施细则。各地区各部门要结合实际，制定具体实施办法，细化任务措施，明确责任分工，认真抓好落实。

深化党和国家机构改革方案[①]

（2018 年 3 月 21 日）

在新的历史起点上深化党和国家机构改革，必须全面贯彻党的十九大精神，坚持以马克思列宁主义、毛泽东思想、邓小平理论、“三个代表”重要思想、科学发展观、习近平新时代中国特色社会主义思想为指导，牢固树立政治意识、大局意识、核心意识、看齐意识，坚决维护以习近平同志为核心的党中央权威和集中统一领导，适应新时代中国特色社会主义发展要求，坚持稳中求进工作总基调，坚持正确改革方向，坚持以人民为中心，坚持全面依法治国，以加强党的全面领导为统领，以国家治理体系和治理能力现代化为导向，以推进党和国家机构职能优化协同高效为着力点，改革机构设置，优化职能配置，深化转职能、转方式、转作风，提高效率效能，积极构建系统完备、科学规范、运行高效的党和国家机构职能体系，为决胜全面建成小康社会、开启全面建设社会主义现代化国家新征程、实现中华民族伟大复兴的中国梦提供有力制度保障。

一、深化党中央机构改革

中国共产党领导是中国特色社会主义最本质的特征。党政军民学，东西南北中，党是领导一切的。深化党中央机构改革，要着眼于健全加强党的全面领导的制度，优化党的组织机构，建立健全党对重大工作的领导体制机制，更好发挥党的职能部门作用，推进职

① 《深化党和国家机构改革方案》，中国政府网，2018 年 3 月 21 日。

责相近的党政机关合并设立或合署办公，优化部门职责，提高党把方向、谋大局、定政策、促改革的能力和定力，确保党的领导全覆盖，确保党的领导更加坚强有力。

（一）组建国家监察委员会。为加强党对反腐败工作的集中统一领导，实现党内监督和国家机关监督、党的纪律检查和国家监察有机统一，实现对所有行使公权力的公职人员监察全覆盖，将监察部、国家预防腐败局的职责，最高人民检察院查处贪污贿赂、失职渎职以及预防职务犯罪等反腐败相关职责整合，组建国家监察委员会，同中央纪律检查委员会合署办公，履行纪检、监察两项职责，实行一套工作机构、两个机关名称。

主要职责是，维护党的章程和其他党内法规，检查党的路线方针政策和决议执行情况，对党员领导干部行使权力进行监督，维护宪法法律，对公职人员依法履职、秉公用权、廉洁从政以及道德操守情况进行监督检查，对涉嫌职务违法和职务犯罪的行为进行调查并作出政务处分决定，对履行职责不力、失职失责的领导人员进行问责，负责组织协调党风廉政建设和反腐败宣传等。

国家监察委员会由全国人民代表大会产生，接受全国人民代表大会及其常务委员会的监督。

不再保留监察部、国家预防腐败局。

（二）组建中央全面依法治国委员会。全面依法治国是中国特色社会主义的本质要求和重要保障。为加强党中央对法治中国建设的集中统一领导，健全党领导全面依法治国的制度和工作机制，更好落实全面依法治国基本方略，组建中央全面依法治国委员会，负责全面依法治国的顶层设计、总体布局、统筹协调、整体推进、督促落实，作为党中央决策议事协调机构。

主要职责是，统筹协调全面依法治国工作，坚持依法治国、依法执政、依法行政共同推进，坚持法治国家、法治政府、法治社会一体建设，研究全面依法治国重大事项、重大问题，统筹推进科学立法、严格执法、公正司法、全民守法，协调推进中国特色社会主义法治体系和社会主义法治国家建设等。

中央全面依法治国委员会办公室设在司法部。

（三）组建中央审计委员会。为加强党中央对审计工作的领导，构建集中统一、全面覆盖、权威高效的审计监督体系，更好发挥审计监督作用，组建中央审计委员会，作为党中央决策议事协调机构。

主要职责是，研究提出并组织实施在审计领域坚持党的领导、加强党的建设方针政策，审议审计监督重大政策和改革方案，审议年度中央预算执行和其他财政支出情况审计报告，审议决策审计监督其他重大事项等。

中央审计委员会办公室设在审计署。

（四）中央全面深化改革领导小组、中央网络安全和信息化领导小组、中央财经领导小组、中央外事工作领导小组改为委员会。为加强党中央对涉及党和国家事业全局的重大工作的集中统一领导，强化决策和统筹协调职责，将中央全面深化改革领导小组、中央网络安全和信息化领导小组、中央财经领导小组、中央外事工作领导小组分别改为中央全面深化改革委员会、中央网络安全和信息化委员会、中央财经委员会、中央外事工作委员会，负责相关领域重大工作的顶层设计、总体布局、统筹协调、整体推进、督促落实。

4个委员会的办事机构分别为中央全面深化改革委员会办公室、中央网络安全和信息化委员会办公室、中央财经委员会办公室、中央外事工作委员会办公室。

（五）组建中央教育工作领导小组。为加强党中央对教育工作的集中统一领导，全面贯彻党的教育方针，加强教育领域党的建设，做好学校思想政治工作，落实立德树人根本任务，深化教育改革，加快教育现代化，办好人民满意的教育，组建中央教育工作领导小组，作为党中央决策议事协调机构。

主要职责是，研究提出并组织实施在教育领域坚持党的领导、加强党的建设方针政策，研究部署教育领域思想政治、意识形态工作，审议国家教育发展战略、中长期规划、教育重大政策和体制改革方案，协调解决教育工作重大问题等。

中央教育工作领导小组秘书组设在教育部。

（六）组建中央和国家机关工作委员会。为加强中央和国家机关党的建设，落实全面从严治党要求，深入推进党的建设新的伟大工程，统一部署中央和国家机关党建工作，整合资源、形成合力，将中央直属机关工作委员会和中央国家机关工作委员会的职责整合，组建中央和国家机关工作委员会，作为党中央派出机构。

主要职责是，统一组织、规划、部署中央和国家机关党的工作，指导中央和国家机关党的政治建设、思想建设、组织建设、作风建设、纪律建设，指导中央和国家机关各级党组织实施对党员特别是党员领导干部的监督和管理，领导中央和国家机关各部门机关党的纪律检查工作，归口指导行业协会商会党建工作等。

不再保留中央直属机关工作委员会、中央国家机关工作委员会。

（七）组建新的中央党校（国家行政学院）。党校是我们党教育培训党员领导干部的主渠道。为全面加强党对干部培训工作的集中统一领导，统筹谋划干部培训工作，统筹部署重大理论研究，统筹指导全国各级党校（行政学院）工作，将中央党校和国家行政学院的职责整合，组建新的中央党校（国家行政学院），实行一个机构两块牌子，作为党中央直属事业单位。

主要职责是，承担全国高中级领导干部和中青年后备干部培训，开展重大理论问题和现实问题研究，研究宣传习近平新时代中国特色社会主义思想，承担党中央决策咨询服务，培养马克思主义理论骨干，对全国各级党校（行政学院）进行业务指导等。

（八）组建中央党史和文献研究院。党史和文献工作是党的事业的重要组成部分，在党和国家工作大局中具有不可替代的重要地位和作用。为加强党的历史和理论研究，统筹党史研究、文献编辑和著作编译资源力量，构建党的理论研究综合体系，促进党的理论研究和党的实践研究相结合，打造党的历史和理论研究高端平台，将中央党史研究室、中央文献研究室、中央编译局的职责整合，组建中央党史和文献研究院，作为党中央直属事业单位。中央党史和文献研究院对外保留中央编译局牌子。

主要职责是，研究马克思主义基本理论、马克思主义中国化及其主要代表人物，研究习近平新时代中国特色社会主义思想，研究中国共产党历史，编辑编译马克思主义经典作家重要文献、党和国家重要文献、主要领导人著作，征集整理重要党史文献资料等。

不再保留中央党史研究室、中央文献研究室、中央编译局。

（九）中央组织部统一管理中央机构编制委员会办公室。为加强党对机构编制和机构改革的集中统一领导，理顺机构编制管理和干部管理的体制机制，调整优化中央机构编制委员会领导体制，作为党中央决策议事协调机构，统筹负责党和国家机构职能编制工作。

中央机构编制委员会办公室作为中央机构编制委员会的办事机

构，承担中央机构编制委员会日常工作，归口中央组织部管理。

（十）中央组织部统一管理公务员工作。为更好落实党管干部原则，加强党对公务员队伍的集中统一领导，更好统筹干部管理，建立健全统一规范高效的公务员管理体制，将国家公务员局并入中央组织部。中央组织部对外保留国家公务员局牌子。

调整后，中央组织部在公务员管理方面的主要职责是，统一管理公务员录用调配、考核奖惩、培训和工资福利等事务，研究拟订公务员管理政策和法律法规草案并组织实施，指导全国公务员队伍建设和绩效管理，负责国家公务员管理国际交流合作等。

不再保留单设的国家公务员局。

（十一）中央宣传部统一管理新闻出版工作。为加强党对新闻舆论工作的集中统一领导，加强对出版活动的管理，发展和繁荣中国特色社会主义出版事业，将国家新闻出版广电总局的新闻出版管理职责划入中央宣传部。中央宣传部对外加挂国家新闻出版署（国家版权局）牌子。

调整后，中央宣传部关于新闻出版管理方面的主要职责是，贯彻落实党的宣传工作方针，拟订新闻出版业的管理政策并督促落实，管理新闻出版行政事务，统筹规划和指导协调新闻出版事业、产业发展，监督管理出版物内容和质量，监督管理印刷业，管理著作权，管理出版物进口等。

（十二）中央宣传部统一管理电影工作。为更好发挥电影在宣传思想和文化娱乐方面的特殊重要作用，发展和繁荣电影事业，将国家新闻出版广电总局的电影管理职责划入中央宣传部。中央宣传部对外加挂国家电影局牌子。

调整后，中央宣传部关于电影管理方面的主要职责是，管理电影行政事务，指导监管电影制片、发行、放映工作，组织对电影内容进行审查，指导协调全国性重大电影活动，承担对外合作制片、输入输出影片的国际合作交流等。

（十三）中央统战部统一领导国家民族事务委员会。为加强党对民族工作的集中统一领导，将民族工作放在统战工作大局下统一部署、统筹协调、形成合力，更好贯彻落实党的民族工作方针，更好协调处理民族工作中的重大事项，将国家民族事务委员会归口中央统战部领导。国家民族事务委员会仍作为国务院组成部门。

调整后，中央统战部在民族工作方面的主要职责是，贯彻落实党的民族工作方针，研究拟订民族工作的政策和重大措施，协调处理民族工作中的重大问题，根据分工做好少数民族干部工作，领导国家民族事务委员会依法管理民族事务，全面促进民族事业发展等。

（十四）中央统战部统一管理宗教工作。为加强党对宗教工作的集中统一领导，全面贯彻党的宗教工作基本方针，坚持我国宗教的中国化方向，统筹统战和宗教等资源力量，积极引导宗教与社会主义社会相适应，将国家宗教事务局并入中央统战部。中央统战部对外保留国家宗教事务局牌子。

调整后，中央统战部在宗教事务管理方面的主要职责是，贯彻落实党的宗教工作基本方针和政策，研究拟订宗教工作的政策措施并督促落实，统筹协调宗教工作，依法管理宗教行政事务，保护公民宗教信仰自由和正常的宗教活动，巩固和发展同宗教界的爱国统一战线等。

不再保留单设的国家宗教事务局。

（十五）中央统战部统一管理侨务工作。为加强党对海外统战工作的集中统一领导，更加广泛地团结联系海外侨胞和归侨侨眷，更好发挥群众团体作用，将国务院侨务办公室并入中央统战部。中央统战部对外保留国务院侨务办公室牌子。

调整后，中央统战部在侨务方面的主要职责是，统一领导海外统战工作，管理侨务行政事务，负责拟订侨务工作政策和规划，调查研究国内外侨情和侨务工作情况，统筹协调有关部门和社会团体涉侨工作，联系香港、澳门和海外有关社团及代表人士，指导推动涉侨宣传、文化交流和华文教育工作等。

国务院侨务办公室海外华人华侨社团联谊等职责划归中国侨联行使，发挥中国侨联作为党和政府联系广大归侨侨眷和海外侨胞的桥梁纽带作用。

不再保留单设的国务院侨务办公室。

（十六）优化中央网络安全和信息化委员会办公室职责。为维护国家网络空间安全和利益，将国家计算机网络与信息安全管理中心由工业和信息化部管理调整为由中央网络安全和信息化委员会办公室管理。

工业和信息化部仍负责协调电信网、互联网、专用通信网的建设，组织、指导通信行业技术创新和技术进步，对国家计算机网络与信息安全管理中心基础设施建设、技术创新提供保障，在各省（自治区、直辖市）设置的通信管理局管理体制、主要职责、人员编制维持不变。

（十七）不再设立中央维护海洋权益工作领导小组。为坚决维护国家主权和海洋权益，更好统筹外交外事与涉海部门的资源和力量，将维护海洋权益工作纳入中央外事工作全局中统一谋划、统一部署，不再设立中央维护海洋权益工作领导小组，有关职责交由中央外事工作委员会及其办公室承担，在中央外事工作委员会办公室内设维护海洋权益工作办公室。

调整后，中央外事工作委员会及其办公室在维护海洋权益方面的主要职责是，组织协调和指导督促各有关方面落实党中央关于维护海洋权益的决策部署，收集汇总和分析研判涉及国家海洋权益的情报信息，协调应对紧急突发事态，组织研究维护海洋权益重大问题并提出对策建议等。

（十八）不再设立中央社会治安综合治理委员会及其办公室。为加强党对政法工作和社会治安综合治理等工作的统筹协调，加快社会治安防控体系建设，不再设立中央社会治安综合治理委员会及其办公室，有关职责交由中央政法委员会承担。

调整后，中央政法委员会在社会治安综合治理方面的主要职责是，负责组织协调、推动和督促各地区各有关部门开展社会治安综合治理工作，汇总掌握社会治安综合治理动态，协调处置重大突发事件，研究社会治安综合治理有关重大问题，提出社会治安综合治理工作对策建议等。

（十九）不再设立中央维护稳定工作领导小组及其办公室。为加强党对政法工作的集中统一领导，更好统筹协调政法机关资源力量，强化维稳工作的系统性，推进平安中国建设，不再设立中央维护稳定工作领导小组及其办公室，有关职责交由中央政法委员会承担。

调整后，中央政法委员会在维护社会稳定方面的主要职责是，统筹协调政法机关等部门处理影响社会稳定的重大事项，协调应对和处置重大突发事件，了解掌握和分析研判影响社会稳定的情况动态，预防、化解影响稳定的社会矛盾和风险等。

（二十）将中央防范和处理邪教问题领导小组及其办公室职责划归中央政法委员会、公安部。为更好统筹协调执政安全和社会稳定工作，建立健全党委和政府领导、部门分工负责、社会协同参与的防范治理邪教工作机制，发挥政法部门职能作用，提高组织、协调、执行能力，形成工作合力和常态化工作机制，将防范和处理邪教工作职责交由中央政法委员会、公安部承担。

调整后，中央政法委员会在防范和处理邪教工作方面的主要职责是，协调指导各相关部门做好反邪教工作，分析研判有关情况信息并向党中央提出政策建议，协调处置重大突发性事件等。公安部在防范和处理邪教工作方面的主要职责是，收集邪教组织影响社会稳定、危害社会治安的情况并进行分析研判，依法打击邪教组织的违法犯罪活动等。

二、深化全国人大机构改革

人民代表大会制度是坚持党的领导、人民当家作主、依法治国有机统一的根本政治制度安排。要适应新时代我国社会主要矛盾变化，完善全国人大专门委员会设置，更好发挥职能作用。

（二十一）组建全国人大社会建设委员会。为适应统筹推进“五位一体”总体布局需要，加强社会建设，创新社会管理，更好保障和改善民生，推进社会领域法律制度建设，整合全国人大内务司法委员会、财政经济委员会、教育科学文化卫生委员会的相关职责，组建全国人大社会建设委员会，作为全国人大专门委员会。

主要职责是，研究、拟订、审议劳动就业、社会保障、民政事务、群团组织、安全生产等方面的有关议案、法律草案，开展有关调查研究，开展有关执法检查等。

（二十二）全国人大内务司法委员会更名为全国人大监察和司法委员会。为健全党和国家监督体系，适应国家监察体制改革需要，促进国家监察工作顺利开展，将全国人大内务司法委员会更名为全国人大监察和司法委员会。

全国人大监察和司法委员会在原有工作职责基础上，增加配合深化国家监察体制改革、完善国家监察制度体系、推动实现党内监督和国家机关监督有机统一方面的职责。

（二十三）全国人大法律委员会更名为全国人大宪法和法律委员会。为弘扬宪法精神，增强宪法意识，维护宪法权威，加强宪法实施和监督，推进合宪性审查工作，将全国人大法律委员会更名为全国人大宪法和法律委员会。

全国人大宪法和法律委员会在继续承担统一审议法律草案工作的基础上，增加推动宪法实施、开展宪法解释、推进合宪性审查、加强宪法监督、配合宪法宣传等职责。

三、深化国务院机构改革

深化国务院机构改革，要着眼于转变政府职能，坚决破除制约使市场在资源配置中起决定性作用、更好发挥政府作用的体制机制弊端，围绕推动高质量发展，建设现代化经济体系，加强和完善政府经济调节、市场监管、社会管理、公共服务、生态环境保护职能，结合新的时代条件和实践要求，着力推进重点领域、关键环节的机构职能优化和调整，构建起职责明确、依法行政的政府治理体系，增强政府公信力和执行力，加快建设人民满意的服务型政府。

（二十四）组建自然资源部。建设生态文明是中华民族永续发展的千年大计。必须树立和践行绿水青山就是金山银山的理念，统筹山水林田湖草系统治理。为统一行使全民所有自然资源资产所有者职责，统一行使所有国土空间用途管制和生态保护修复职责，着力解决自然资源所有者不到位、空间规划重叠等问题，将国土资源部的职责，国家发展和改革委员会的组织编制主体功能区规划职责，住房和城乡建设部的城乡规划管理职责，水利部的水资源调查和确权登记管理职责，农业部的草原资源调查和确权登记管理职责，国家林业局的森林、湿地等资源调查和确权登记管理职责，国家海洋局的职责，国家测绘地理信息局的职责整合，组建自然资源部，作为国务院组成部门。自然资源部对外保留国家海洋局牌子。

主要职责是，对自然资源开发利用和保护进行监管，建立空间规划体系并监督实施，履行全民所有各类自然资源资产所有者职责，统一调查和确权登记，建立自然资源有偿使用制度，负责测绘和地质勘查行业管理等。

不再保留国土资源部、国家海洋局、国家测绘地理信息局。

（二十五）组建生态环境部。保护环境是我国的基本国策，要像对待生命一样对待生态环境，实行最严格的生态环境保护制度，形成绿色发展方式和生活方式，着力解决突出环境问题。为整合分散的生态环境保护职责，统一行使生态和城乡各类污染排放监管与行政执法职责，加强环境污染治理，保障国家生态安全，建设美丽中国，将环境保护部的职责，国家发展和改革委员会的应对气候变化和减排职责，国土资源部的监督防止地下水污染职责，水利部的编制水功能区划、排污口设置管理、流域水环境保护职责，农业部的监督指导农业面源污染治理职责，国家海洋局的海洋环境保护职责，国务院南水北调工程建设委员会办公室的南水北调工程项目区环境保护职责整合，组建生态环境部，作为国务院组成部门。生态环境部对外保留国家核安全局牌子。

主要职责是，拟订并组织实施生态环境政策、规划和标准，统一负责生态环境监测和执法工作，监督管理污染防治、核与辐射安全，组织开展中央环境保护督察等。

不再保留环境保护部。

（二十六）组建农业农村部。农业农村农民问题是关系国计民生的根本性问题，必须始终把解决好“三农”问题作为全党工作重中之重。为加强党对“三农”工作的集中统一领导，坚持农业农村优先发展，统筹实施乡村振兴战略，推动农业全面升级、农村全面进步、农民全面发展，加快实现农业农村现代化，将中央农村工作领导小组办公室的职责，农业部的职责，以及国家发展和改革委员会的农业投资项目、财政部的农业综合开发项目、国土资源部的农田整治项目、水利部的农田水利建设项目等管理职责整合，组建农业农村部，作为国务院组成部门。中央农村工作领导小组办公室设在农业农村部。

主要职责是，统筹研究和组织实施“三农”工作战略、规划和政策，监督管理种植业、畜牧业、渔业、农垦、农业机械化、农产品质量安全，负责农业投资管理等。

将农业部的渔船检验和监督管理职责划入交通运输部。

不再保留农业部。

（二十七）组建文化和旅游部。满足人民过上美好生活新期待，必须提供丰富的精神食粮。为增强和彰显文化自信，坚持中国特色社会主义文化发展道路，统筹文化事业、文化产业发展和旅游资源开发，提高国家文化软实力和中华文化影响力，将文化部、国家旅游局的职责整合，组建文化和旅游部，作为国务院组成部门。

主要职责是，贯彻落实党的文化工作方针政策，研究拟订文化和旅游工作政策措施，统筹规划文化事业、文化产业、旅游业发展，深入实施文化惠民工程，组织实施文化资源普查、挖掘和保护工作，维护各类文化市场包括旅游市场秩序，加强对外文化交流，推动中华文化走出去等。

不再保留文化部、国家旅游局。

（二十八）组建国家卫生健康委员会。人民健康是民族昌盛和国家富强的重要标志。为推动实施健康中国战略，树立大卫生、大健康理念，把以治病为中心转变到以人民健康为中心，预防控制重大疾病，积极应对人口老龄化，加快老龄事业和产业发展，为人民群众提供全方位全周期健康服务，将国家卫生和计划生育委员会、国务院深化医药卫生体制改革领导小组办公室、全国老龄工作委员会办公室的职责，工业和信息化部的牵头《烟草控制框架公约》履约工作职责，国家安全生产监督管理总局的职业安全健康监督管理职责整合，组建国家卫生健康委员会，作为国务院组成部门。

主要职责是，拟订国民健康政策，协调推进深化医药卫生体制改革，组织制定国家基本药物制度，监督管理公共卫生、医疗服务和卫生应急，负责计划生育管理和服务工作，拟订应对人口老龄化、医养结合政策措施等。

保留全国老龄工作委员会，日常工作由国家卫生健康委员会承担。民政部代管的中国老龄协会改由国家卫生健康委员会代管。国家中医药管理局由国家卫生健康委员会管理。

不再保留国家卫生和计划生育委员会。不再设立国务院深化医药卫生体制改革领导小组办公室。

（二十九）组建退役军人事务部。为维护军人军属合法权益，加强退役军人服务保障体系建设，建立健全集中统一、职责清晰的退役军人管理保障体制，让军人成为全社会尊崇的职业，将民政部的退役军人优抚安置职责，人力资源和社会保障部的军官转业安置职责，以及中央军委政治工作部、后勤保障部有关职责整合，组建退役军人事务部，作为国务院组成部门。

主要职责是，拟订退役军人思想政治、管理保障等工作政策法规并组织实施，褒扬彰显退役军人为党、国家和人民牺牲奉献的精神风范和价值导向，负责军队转业干部、复员干部、退休干部、退役士兵的移交安置工作和自主择业退役军人服务管理、待遇保障工作，组织开展退役军人教育培训、优待抚恤等，指导全国拥军优属工作，负责烈士及退役军人荣誉奖励、军人公墓维护以及纪念活动等。

（三十）组建应急管理部。提高国家应急管理能力和水平，提高防灾减灾救灾能力，确保人民群众生命财产安全和社会稳定，是我们党治国理政的一项重大任务。为防范化解重特大安全风险，健全公共安全体系，整合优化应急力量和资源，推动形成统一指挥、专常兼备、反应灵敏、上下联动、平战结合的中国特色应急管理体制，将国家安全生产监督管理总局的职责，国务院办公厅的应急管理职责，公安部的消防管理职责，民政部的救灾职责，国土资源部的地质灾害防治、水利部的水旱灾害防治、农业部的草原防火、国家林业局的森林防火相关职责，中国地震局的震灾应急救援职责以及国家防汛抗旱总指挥部、国家减灾委员会、国务院抗震救灾指挥部、国家森林防火指挥部的职责整合，组建应急管理部，作为国务院组成部门。

主要职责是，组织编制国家应急总体预案和规划，指导各地区各部门应对突发事件工作，推动应急预案体系建设和预案演练。建立灾情报告系统并统一发布灾情，统筹应急力量建设和物资储备并在救灾时统一调度，组织灾害救助体系建设，指导安全生产类、自然灾害类应急救援，承担国家应对特别重大灾害指挥部工作。指导火灾、水旱灾害、地质灾害等防治。负责安全生产综合监督管理和工矿商贸行业安全生产监督管理等。公安消防部队、武警森林部队转制后，与安全生产等应急救援队伍一并作为综合性常备应急骨干力量，由应急管理部管理，实行专门管理和政策保障，采取符合其自身特点的职务职级序列和管理办法，提高职业荣誉感，保持有生力量和战斗力。应急管理部要处理好防灾和救灾的关系，明确与相关部门和地方各自职责分工，建立协调配合机制。

中国地震局、国家煤矿安全监察局由应急管理部管理。

不再保留国家安全生产监督管理总局。

（三十一）重新组建科学技术部。创新是引领发展的第一动力，是建设现代化经济体系的战略支撑。为更好实施科教兴国战略、人才强国战略、创新驱动发展战略，加强国家创新体系建设，优化配置科技资源，推动建设高端科技创新人才队伍，健全技术创新激励机制，加快建设创新型国家，将科学技术部、国家外国专家局的职责整合，重新组建科学技术部，作为国务院组成部门。科学技术部对外保留国家外国专家局牌子。

主要职责是，拟订国家创新驱动发展战略方针以及科技发展、基础研究规划和政策并组织实施，统筹推进国家创新体系建设和科技体制改革，组织协调国家重大基础研究和应用基础研究，编制国家重大科技项目规划并监督实施，牵头建立统一的国家科技管理平台和科研项目资金协调、评估、监管机制，负责引进国外智力工作等。

国家自然科学基金委员会改由科学技术部管理。

不再保留单设的国家外国专家局。

（三十二）重新组建司法部。全面依法治国是国家治理的一场深刻革命，必须在党的领导下，遵循法治规律，创新体制机制，全面深化依法治国实践。为贯彻落实全面依法治国基本方略，加强党对法治政府建设的集中统一领导，统筹行政立法、行政执法、法律事务管理和普法宣传，推动政府工作纳入法治轨道，将司法部和国务院法制办公室的职责整合，重新组建司法部，作为国务院组成部门。

主要职责是，负责有关法律和行政法规草案起草，负责立法协调和备案审查、解释，综合协调行政执法，指导行政复议应诉，负责普法宣传，负责监狱、戒毒、社区矫正管理，负责律师公证和司法鉴定仲裁管理，承担国家司法协助等。

不再保留国务院法制办公室。

（三十三）优化审计署职责。改革审计管理体制，保障依法独立行使审计监督权，是健全党和国家监督体系的重要内容。为整合审计监督力量，减少职责交叉分散，避免重复检查和监督盲区，增强监督效能，将国家发展和改革委员会的重大项目稽察、财政部的中央预算执行情况和其他财政收支情况的监督检查、国务院国有资产监督管理委员会的国有企业领导干部经济责任审计和国有重点大型企业监事会的职责划入审计署，相应对派出审计监督力量进行整合优化，构建统一高效审计监督体系。

不再设立国有重点大型企业监事会。

（三十四）组建国家市场监督管理总局。改革市场监管体系，实行统一的市场监管，是建立统一开放竞争有序的现代市场体系的关键环节。为完善市场监管体制，推动实施质量强国战略，营造诚实守信、公平竞争的市场环境，进一步推进市场监管综合执法、加强产品质量安全监管，让人民群众买得放心、用得放心、吃得放心，将国家工商行政管理总局的职责，国家质量监督检验检疫总局的职责，国家食品药品监督管理总局的职责，国家发展和改革委员会的价格监督检查与反垄断执法职责，商务部的经营者集中反垄断执法以及国务院反垄断委员会办公室等职责整合，组建国家市场监督管理总局，作为国务院直属机构。

主要职责是，负责市场综合监督管理，统一登记市场主体并建立信息公示和共享机制，组织市场监管综合执法工作，承担反垄断统一执法，规范和维护市场秩序，组织实施质量强国战略，负责工业产品质量安全、食品安全、特种设备安全监管，统一管理计量标准、检验检测、认证认可工作等。

组建国家药品监督管理局，由国家市场监督管理总局管理，主要职责是负责药品、化妆品、医疗器械的注册并实施监督管理。

将国家质量监督检验检疫总局的出入境检验检疫管理职责和队伍划入海关总署。

保留国务院食品安全委员会、国务院反垄断委员会，具体工作由国家市场监督管理总局承担。

国家认证认可监督管理委员会、国家标准化管理委员会职责划入国家市场监督管理总局，对外保留牌子。

不再保留国家工商行政管理总局、国家质量监督检验检疫总局、国家食品药品监督管理总局。

（三十五）组建国家广播电视总局。为加强党对新闻舆论工作的集中统一领导，加强对重要宣传阵地的管理，牢牢掌握意识形态工作领导权，充分发挥广播电视媒体作为党的喉舌作用，在国家新闻出版广电总局广播电视管理职责的基础上组建国家广播电视总局，作为国务院直属机构。

主要职责是，贯彻党的宣传方针政策，拟订广播电视管理的政策措施并督促落实，统筹规划和指导协调广播电视事业、产业发展，推进广播电视领域的体制机制改革，监督管理、审查广播电视与网络视听节目内容和质量，负责广播电视节目的进口、收录和管理，协调推动广播电视领域走出去工作等。

不再保留国家新闻出版广电总局。

（三十六）组建中央广播电视总台。坚持正确舆论导向，高度重视传播手段建设和创新，提高新闻舆论传播力、引导力、影响力、公信力，是牢牢掌握意识形态工作领导权的重要抓手。为加强党对重要舆论阵地的集中建设和管理，增强广播电视媒体整体实力和竞争力，推动广播电视媒体、新兴媒体融合发展，加快国际传播能力建设，整合中央电视台（中国国际电视台）、中央人民广播电台、中国国际广播电台，组建中央广播电视总台，作为国务院直属事业单位，归口中央宣传部领导。

主要职责是，宣传党的理论和路线方针政策，统筹组织重大宣传报道，组织广播电视创作生产，制作和播出广播电视精品，引导社会热点，加强和改进舆论监督，推动多媒体融合发展，加强国际传播能力建设，讲好中国故事等。

撤销中央电视台（中国国际电视台）、中央人民广播电台、中国国际广播电台建制。对内保留原呼号，对外统一呼号为“中国之声”。

（三十七）组建中国银行保险监督管理委员会。金融是现代经济的核心，必须高度重视防控金融风险、保障国家金融安全。为深化金融监管体制改革，解决现行体制存在的监管职责不清晰、交叉监管和监管空白等问题，强化综合监管，优化监管资源配置，更好统筹系统重要性金融机构监管，逐步建立符合现代金融特点、统筹协调监管、有力有效的现代金融监管框架，守住不发生系统性金融风险的底线，将中国银行业监督管理委员会和中国保险监督管理委员会的职责整合，组建中国银行保险监督管理委员会，作为国务院直属事业单位。

主要职责是，依照法律法规统一监督管理银行业和保险业，保护金融消费者合法权益，维护银行业和保险业合法、稳健运行，防范和化解金融风险，维护金融稳定等。

将中国银行业监督管理委员会和中国保险监督管理委员会拟订银行业、保险业重要法律法规草案和审慎监管基本制度的职责划入中国人民银行。

不再保留中国银行业监督管理委员会、中国保险监督管理委员会。

（三十八）组建国家国际发展合作署。为充分发挥对外援助作为大国外交的重要手段作用，加强对外援助的战略谋划和统筹协调，推动援外工作统一管理，改革优化援外方式，更好服务国家外交总体布局和共建“一带一路”等，将商务部对外援助工作有关职责、外交部对外援助协调等职责整合，组建国家国际发展合作署，作为国务院直属机构。

主要职责是，拟订对外援助战略方针、规划、政策，统筹协调援外重大问题并提出建议，推进援外方式改革，编制对外援助方案和计划，确定对外援助项目并监督评估实施情况等。对外援助的具体执行工作仍由相关部门按分工承担。

（三十九）组建国家医疗保障局。医疗保险制度对于保障人民群众就医需求、减轻医药费用负担、提高健康水平有着重要作用。

为完善统一的城乡居民基本医疗保险制度和大病保险制度，不断提高医疗保障水平，确保医保资金合理使用、安全可控，推进医疗、医保、医药“三医联动”改革，更好保障病有所医，将人力资源和社会保障部的城镇职工和城镇居民基本医疗保险、生育保险职责，国家卫生和计划生育委员会的新型农村合作医疗职责，国家发展和改革委员会的药品和医疗服务价格管理职责，民政部的医疗救助职责整合，组建国家医疗保障局，作为国务院直属机构。

主要职责是，拟订医疗保险、生育保险、医疗救助等医疗保障制度的政策、规划、标准并组织实施，监督管理相关医疗保障基金，完善国家异地就医管理和费用结算平台，组织制定和调整药品、医疗服务价格和收费标准，制定药品和医用耗材的招标采购政策并监督实施，监督管理纳入医保支出范围内的医疗服务行为和医疗费用等。

（四十）组建国家粮食和物资储备局。为加强国家储备的统筹规划，构建统一的国家物资储备体系，强化中央储备粮棉的监督管理，提升国家储备应对突发事件的能力，将国家粮食局的职责，国家发展和改革委员会的组织实施国家战略物资收储、轮换和管理，管理国家粮食、棉花和食糖储备等职责，以及民政部、商务部、国家能源局等部门的组织实施国家战略和应急储备物资收储、轮换和日常管理职责整合，组建国家粮食和物资储备局，由国家发展和改革委员会管理。

主要职责是，根据国家储备总体发展规划和品种目录，组织实施国家战略和应急储备物资的收储、轮换、管理，统一负责储备基础设施的建设与管理，对管理的政府储备、企业储备以及储备政策落实情况进行监督检查，负责粮食流通行业管理和中央储备粮棉行政管理等。

不再保留国家粮食局。

（四十一）组建国家移民管理局。随着我国综合国力进一步提升，来华工作生活的外国人不断增加，对做好移民管理服务提出新要求。为加强对移民及出入境管理的统筹协调，更好形成移民管理工作合力，将公安部的出入境管理、边防检查职责整合，建立健全签证管理协调机制，组建国家移民管理局，加挂中华人民共和国出入境管理局牌子，由公安部管理。

主要职责是，协调拟订移民政策并组织实施，负责出入境管理、口岸证件查验和边民往来管理，负责外国人停留居留和永久居留管理、难民管理、国籍管理，牵头协调非法入境、非法居留、非法就业外国人治理和非法移民遣返，负责中国公民因私出入国（境）服务管理，承担移民领域国际合作等。

（四十二）组建国家林业和草原局。为加大生态系统保护力度，统筹森林、草原、湿地监督管理，加快建立以国家公园为主体的自然保护地体系，保障国家生态安全，将国家林业局的职责，农业部的草原监督管理职责，以及国土资源部、住房和城乡建设部、水利部、农业部、国家海洋局等部门的自然保护区、风景名胜区、自然遗产、地质公园等管理职责整合，组建国家林业和草原局，由自然资源部管理。国家林业和草原局加挂国家公园管理局牌子。

主要职责是，监督管理森林、草原、湿地、荒漠和陆生野生动植物资源开发利用和保护，组织生态保护和修复，开展造林绿化工作，管理国家公园等各类自然保护地等。

不再保留国家林业局。

（四十三）重新组建国家知识产权局。强化知识产权创造、保护、运用，是加快建设创新型国家的重要举措。为解决商标、专利分头管理和重复执法问题，完善知识产权管理体制，将国家知识产权局的职责、国家工商行政管理总局的商标管理职责、国家质量监督检验检疫总局的原产地地理标志管理职责整合，重新组建国家知识产权局，由国家市场监督管理总局管理。

主要职责是，负责保护知识产权工作，推动知识产权保护体系建设，负责商标、专利、原产地地理标志的注册登记和行政裁决，指导商标、专利执法工作等。商标、专利执法职责交由市场监管综合执法队伍承担。

（四十四）国务院三峡工程建设委员会及其办公室、国务院南水北调工程建设委员会及其办公室并入水利部。目前，三峡主体工程建设任务已经完成，南水北调东线和中线工程已经竣工。为加强对重大水利工程建设和运行的统一管理，理顺职责关系，将国务院三峡工程建设委员会及其办公室、国务院南水北调工程建设委员会及其办公室并入水利部。由水利部承担三峡工程和南水北调工程的运行管理、后续工程建设管理和移民后期扶持管理等职责。

不再保留国务院三峡工程建设委员会及其办公室、国务院南水北调工程建设委员会及其办公室。

（四十五）调整全国社会保障基金理事会隶属关系。为加强社会保障基金管理和监督，理顺职责关系，保证基金安全和实现保值增值目标，将全国社会保障基金理事会由国务院管理调整为由财政部管理，承担基金安全和保值增值的主体责任，作为基金投资运营机构，不再明确行政级别。

（四十六）改革国税地税征管体制。为降低征纳成本，理顺职责关系，提高征管效率，为纳税人提供更加优质高效便利服务，将省级和省级以下国税地税机构合并，具体承担所辖区域内各项税收、非税收入征管等职责。为提高社会保险资金征管效率，将基本养老保险费、基本医疗保险费、失业保险费等各项社会保险费交由税务部门统一征收。国税地税机构合并后，实行以国家税务总局为主与省（自治区、直辖市）政府双重领导管理体制。国家税务总局要会同省级党委和政府加强税务系统党的领导，做好党的建设、思想政治建设和干部队伍建设工作，优化各层级税务组织体系和征管职责，按照“瘦身”与“健身”相结合原则，完善结构布局和力量配置，构建优化高效统一的税收征管体系。

四、深化全国政协机构改革

人民政协是具有中国特色的制度安排，是社会主义协商民主的重要渠道和专门协商机构。要加强人民政协民主监督，增强人民政协界别的代表性，加强委员队伍建设，优化政协专门委员会设置。

（四十七）组建全国政协农业和农村委员会。将全国政协经济委员会联系农业界和研究“三农”问题等职责调整到全国政协农业和农村委员会。

主要职责是，组织委员学习宣传党和国家农业农村方面的方针政策和法律法规，就“三农”问题开展调查研究，提出意见、建议和提案，团结和联系农业和农村界委员反映社情民意。

（四十八）全国政协文史和学习委员会更名为全国政协文化文史和学习委员会。将全国政协教科文卫体委员会承担的联系文化艺术界等相关工作调整到全国政协文化文史和学习委员会。

主要职责是，组织委员学习宣传党和国家文化艺术文史方面的方针政策和法律法规，就文化艺术文史问题开展调查研究，提出意见、建议和提案，团结和联系文化艺术文史界委员反映社情民意。

（四十九）全国政协教科文卫体委员会更名为全国政协教科卫体委员会。主要职责是，组织委员学习宣传党和国家教育、科技、卫生、体育方面的方针政策和法律法规，就教育、科技、卫生、体育问题开展调查研究，提出意见、建议和提案，团结和联系教育、科技、卫生、体育界委员反映社情民意。

五、深化行政执法体制改革

深化行政执法体制改革，统筹配置行政处罚职能和执法资源，相对集中行政处罚权，是深化机构改革的重要任务。根据不同层级政府的事权和职能，按照减少层次、整合队伍、提高效率的原则，大幅减少执法队伍种类，合理配置执法力量。一个部门设有多支执法队伍的，原则上整合为一支队伍。推动整合同一领域或相近领域执法队伍，实行综合设置。完善执法程序，严格执法责任，做到严格规范公正文明执法。

（五十）整合组建市场监管综合执法队伍。整合工商、质检、食品、药品、物价、商标、专利等执法职责和队伍，组建市场监管综合执法队伍。由国家市场监督管理总局指导。鼓励地方将其他直接到市场、进企业，面向基层、面对老百姓的执法队伍，如商务执法、盐业执法等，整合划入市场监管综合执法队伍。药品经营销售等行为的执法，由市县市场监管综合执法队伍统一承担。

（五十一）整合组建生态环境保护综合执法队伍。整合环境保护和国土、农业、水利、海洋等部门相关污染防治和生态保护执法职责、队伍，统一实行生态环境保护执法。由生态环境部指导。

（五十二）整合组建文化市场综合执法队伍。将旅游市场执法职责和队伍整合划入文化市场综合执法队伍，统一行使文化、文物、出版、广播电视、电影、旅游市场行政执法职责。由文化和旅游部指导。

（五十三）整合组建交通运输综合执法队伍。整合交通运输系统内路政、运政等涉及交通运输的执法职责、队伍，实行统一执法。由交通运输部指导。

（五十四）整合组建农业综合执法队伍。将农业系统内兽医兽药、生猪屠宰、种子、化肥、农药、农机、农产品质量等执法队伍整合，实行统一执法。由农业农村部指导。

继续探索实行跨领域跨部门综合执法，建立健全综合执法主管部门、相关行业管理部门、综合执法队伍间协调配合、信息共享机制和跨部门、跨区域执法协作联动机制。对涉及的相关法律法规及时进行清理修订。

六、深化跨军地改革

着眼全面落实党对人民解放军和其他武装力量的绝对领导，贯彻落实党中央关于调整武警部队领导指挥体制的决定，按照军是军、警是警、民是民原则，将列武警部队序列、国务院部门领导管理的现役力量全部退出武警，将国家海洋局领导管理的海警队伍转隶武警部队，将武警部队担负民事属性任务的黄金、森林、水电部队整体移交国家相关职能部门并改编为非现役专业队伍，同时撤收武警部队海关执勤兵力，彻底理顺武警部队领导管理和指挥使用关系。

（五十五）公安边防部队改制。公安边防部队不再列武警部队序列，全部退出现役。

公安边防部队转到地方后，成建制划归公安机关，并结合新组建国家移民管理局进行适当调整整合。现役编制全部转为人民警察编制。

（五十六）公安消防部队改制。公安消防部队不再列武警部队序列，全部退出现役。

公安消防部队转到地方后，现役编制全部转为行政编制，成建制划归应急管理部，承担灭火救援和其他应急救援工作，充分发挥应急救援主力军和国家队的作用。

（五十七）公安警卫部队改制。公安警卫部队不再列武警部队序列，全部退出现役。

公安警卫部队转到地方后，警卫局（处）由同级公安机关管理的体制不变，承担规定的警卫任务，现役编制全部转为人民警察编制。

（五十八）海警队伍转隶武警部队。按照先移交、后整编的方式，将国家海洋局（中国海警局）领导管理的海警队伍及相关职能全部划归武警部队。

（五十九）武警部队不再领导管理武警黄金、森林、水电部队。按照先移交、后整编的方式，将武警黄金、森林、水电部队整体移交国家有关职能部门，官兵集体转业改编为非现役专业队伍。

武警黄金部队转为非现役专业队伍后，并入自然资源部，承担国家基础性公益性地质工作任务和多金属矿产资源勘查任务，现役编制转为财政补助事业编制。原有的部分企业职能划转中国黄金总公司。

武警森林部队转为非现役专业队伍后，现役编制转为行政编制，并入应急管理部，承担森林灭火等应急救援任务，发挥国家应急救援专业队作用。

武警水电部队转为非现役专业队伍后，充分利用原有的专业技术力量，承担水利水电工程建设任务，组建为国有企业，可继续使用中国安能建设总公司名称，由国务院国有资产监督管理委员会管理。

（六十）武警部队不再承担海关执勤任务。参与海关执勤的兵力一次性整体撤收，归建武警部队。

为补充武警部队撤勤后海关一线监管力量缺口，海关系统要结合检验检疫系统整合，加大内部挖潜力度，同时通过核定军转编制接收一部分转业官兵，并通过实行购买服务、聘用安保人员等方式加以解决。

七、深化群团组织改革

群团组织改革要认真落实党中央关于群团改革的决策部署，健全党委统一领导群团工作的制度，紧紧围绕保持和增强政治性、先进性、群众性这条主线，强化问题意识，以更大力度、更实举措推进改革，着力解决“机关化、行政化、贵族化、娱乐化”等问题，把群团组织建设得更加充满活力、更加坚强有力。

牢牢把握改革正确方向，始终坚持党对群团组织的领导，坚决贯彻党的意志和主张，自觉服从服务党和国家工作大局，找准工作结合点和着力点，落实以人民为中心的工作导向，增强群团组织的吸引力影响力。要聚焦突出问题，改革机关设置、优化管理模式、创新运行机制，坚持眼睛向下、面向基层，将力量配备、服务资源向基层倾斜，更好适应基层和群众需要。促进党政机构同群团组织功能有机衔接，支持和鼓励群团组织承接适合由群团组织承担的公共服务职能，增强群团组织团结教育、维护权益、服务群众功能，充分发挥党和政府联系人民群众的桥梁纽带作用。加强组织领导，加强统筹协调，加强分类指导，加强督察问责，认真总结经验，切实把党中央对群团工作和群团改革的各项要求落到实处。

八、深化地方机构改革

地方机构改革要全面贯彻落实党中央关于深化党和国家机构改革的决策部署，坚持加强党的全面领导，坚持省市县统筹、党政群统筹，根据各层级党委和政府的主要职责，合理调整和设置机构，理顺权责关系，改革方案按程序报批后组织实施。

深化地方机构改革，要着力完善维护党中央权威和集中统一领导的体制机制，省市县各级涉及党中央集中统一领导和国家法制统一、政令统一、市场统一的机构职能要基本对应。赋予省级及以下机构更多自主权，突出不同层级职责特点，允许地方根据本地区经济社会发展实际，在规定限额内因地制宜设置机构和配置职能。统筹设置党政群机构，在省市县对职能相近的党政机关探索合并设立或合署办公，市县要加大党政机关合并设立或合署办公力度。借鉴经济发达镇行政管理体制改革试点经验，适应街道、乡镇工作特点和便民服务需要，构建简约高效的基层管理体制。

加强各级党政机构限额管理，地方各级党委机构限额与同级政府机构限额统一计算。承担行政职能的事业单位，统一纳入地方党政机构限额管理。省级党政机构数额，由党中央批准和管理。市县两级党政机构数额，由省级党委实施严格管理。

强化机构编制管理刚性约束，坚持总量控制，严禁超编进人、超限额设置机构、超职数配备领导干部。结合全面深化党和国家机构改革，对编制进行整合规范，加大部门间、地区间编制统筹调配力度。在省（自治区、直辖市）范围内，打破编制分配之后地区所有、部门所有、单位所有的模式，随职能变化相应调整编制。

坚持蹄疾步稳、紧凑有序推进改革，中央和国家机关机构改革要在 2018 年年底前落实到位。省级党政机构改革方案要在 2018 年 9 月底前报党中央审批，在 2018 年年底前机构调整基本到位。省以下党政机构改革，由省级党委统一领导，在 2018 年年底前报党中央备案。所有地方机构改革任务在 2019 年 3 月底前基本完成。

深化党和国家机构改革是推进国家治理体系和治理能力现代化的一场深刻变革，是关系党和国家事业全局的重大政治任务。各地区各部门各单位要坚决维护以习近平同志为核心的党中央权威和集中统一领导，坚持正确改革方向，把思想和行动统一到党中央关于深化党和国家机构改革的重大决策部署上来，不折不扣落实党中央决策部署。要着力统一思想认识，把思想政治工作贯穿改革全过程，引导各级干部强化政治意识、大局意识、核心意识、看齐意识，领导干部要带头讲政治、顾大局、守纪律、促改革，坚决维护党中央改革决策的权威性和严肃性。要加强组织领导，各级党委和政府要把抓改革举措落地作为政治责任，党委（党组）主要领导要当好第一责任人，对党中央明确的改革任务要坚决落实到位，涉及机构变动、职责调整的部门，要服从大局，确保机构、职责、队伍等按要求及时调整到位，不允许搞变通、拖延改革。要加强对各地区各部门机构改革落实情况的督导检查。各地区各部门推进机构改革情况和遇到的重大问题及时向党中央报告请示。

国务院关于在市场监管领域全面推行部门联合“双随机、一公开”监管的意见[①]

（2019 年 1 月 27 日）

各省、自治区、直辖市人民政府，国务院各部委、各直属机构：

在市场监管领域全面推行“双随机、一公开”监管，是党中央、国务院作出的重大决策部署，是市场监管理念和方式的重大创新，是深化“放管服”改革、加快政府职能转变的内在要求，是减轻企业负担、优化营商环境的有力举措，是加快信用体系建设、创新事中事后监管的重要内容。为持续深化“放管服”改革，推行部门联合“双随机、一公开”监管，实现市场监管领域全覆盖，现提出如下意见。

一、总体要求

以习近平新时代中国特色社会主义思想为指导，全面贯彻党的十九大和十九届二中、三中全会精神，认真落实党中央、国务院决策部署，适应建设现代化经济体系、推动经济高质量发展、推进国家治理体系和治理能力现代化的需要，切实转变监管理念，创新监管方式。实行抽查事项清单管理，避免多头执法、重复检查，规范执法行为，提高监管效能，减轻企业负担，强化信用支撑。在市场监管领域健全以“双随机、一公开”监管为基本手段、以重点监管为补充、以信用监管为基础的新型监管机制，切实做到监管到位、

① 《国务院关于在市场监管领域全面推行部门联合“双随机、一公开”监管的意见》，《中华人民共和国国务院公报》，2019 年 06 期。

执法必严，使守法守信者畅行天下、违法失信者寸步难行，进一步营造公平竞争的市场环境和法治化、便利化的营商环境。

坚持全面覆盖。将“双随机、一公开”作为市场监管的基本手段和方式，除特殊重点领域外，原则上所有行政检查都应通过双随机抽查的方式进行，取代日常监管原有的巡查制和随意检查，形成常态化管理机制。对抽查中发现的问题线索一查到底、依法处罚，并将处罚结果记于相应市场主体名下，形成对违法失信行为的长效制约。

坚持规范透明。严格依法依规落实市场监管责任，形成科学规范、公平公正、公开透明的“双随机、一公开”监管工作机制。除法律法规明确规定外，抽查事项、抽查计划、抽查结果都要及时、准确、规范向社会公开，实现阳光监管，杜绝任性执法。

坚持问题导向。实施信用风险分类监管，针对突出问题和风险开展双随机抽查，提高监管精准性。在按照抽查计划做好“双随机、一公开”监管的同时，对通过投诉举报、转办交办、数据监测等发现的具体问题要进行有针对性的检查，对发现的问题线索依法依规处理。

坚持协同推进。落实地方各级人民政府责任，建立健全工作机制，全面推行部门联合“双随机、一公开”监管。建立双随机抽查结果部门间共享交换和互认互用机制。

二、主要目标

通过在市场监管领域全面推行部门联合“双随机、一公开”监管，增强市场主体信用意识和自我约束力，对违法者“利剑高悬”；切实减少对市场主体正常生产经营活动的干预，对守法者“无事不扰”。强化企业主体责任，实现由政府监管向社会共治的转变，以监管方式创新提升事中事后监管效能。

到2019年底，市场监管部门完成双随机抽查全流程整合，实现“双随机、一公开”监管全覆盖、常态化。到2020年底，实现市场监管领域相关部门“双随机、一公开”监管全覆盖，地方各级人民政府相关部门在市场监管领域联合“双随机、一公开”监管常态化。力争三到五年时间内，市场监管领域新型监管机制更加完善，实现综合监管、智慧监管。

三、重点任务

（一）统筹建设监管工作平台。

各省（区、市）人民政府要以国家企业信用信息公示系统和全国信用信息共享平台等为依托，建设本辖区统一的“双随机、一公开”监管工作平台（以下称省级平台），为抽查检查、结果集中统一公示和综合运用提供技术支撑。各地已经建设并使用的工作平台要与省级平台整合融合，避免数据重复录入、多头报送。部门相关监管信息通过省级平台实现互联互通，满足部门联合双随机抽查需求。着力规范计划制定、名单抽取、结果公示、数据存档等各项抽查检查工作程序，做到全程留痕、责任可追溯。

（二）实行抽查事项清单管理。

各有关部门要依照法律、法规、规章规定，建立本部门随机抽查事项清单，明确抽查依据、主体、内容、方式等。市场监管总局要会同有关部门制定联合抽查事项清单、标准和实施办法。各省（区、市）人民政府要统筹建立本辖区统一的市场监管领域随机抽查事项清单。

随机抽查事项分为重点检查事项和一般检查事项。重点检查事项针对涉及安全、质量、公共利益等领域，抽查比例不设上限；抽查比例高的，可以通过随机抽取的方式确定检查批次顺序。一般检查事项针对一般监管领域，抽查比例应根据监管实际情况设置上限。要严格控制重点检查事项的数量和一般检查事项的抽查比例。随机抽查事项清单应根据法律、法规、规章立改废释和工作实际情况等进行动态调整，并及时通过相关网站和平台向社会公开。

（三）建立健全随机抽查“两库”。

各省（区、市）人民政府要统筹建立健全覆盖本辖区各层级、与抽查事项相对应的检查对象名录库和执法检查人员名录库（统称“两库”）。要根据法律法规和部门职责分工，按照“谁审批、谁监管，谁主管、谁监管”的原则，通过分类标注、批量导入等方式，在省级平台分别建立与部门职责相对应的检查对象名录库，避免出现监管真空。检查对象名录库既可以包括企业、个体工商户等市场主体，也可以包括产品、项目、行为等。

执法检查人员名录库应包括所有相关的行政执法类公务员、具有行政执法资格的工作人员和从事日常监管工作的人员，并按照执法资质、业务专长进行分类标注，提高抽查检查专业性。对特定领域的抽查，可在满足执法检查人数要求的基础上，吸收检测机构、科研院所和专家学者等参与，通过听取专家咨询意见等方式辅助抽查，满足专业性抽查需要。要根据检查对象和执法检查人员变动情况，对“两库”进行动态管理。

（四）统筹制定抽查计划。

县级以上地方人民政府结合本地实际及行业主管部门的抽查要求，统筹制定本辖区年度抽查工作计划，涵盖一般检查事项和重点检查事项，明确工作任务和参与部门。年度抽查工作计划可根据工作实际动态调整。要科学确定部门联合抽查的事项和发起、参与部门，实现“进一次门、查多项事”。要按照法律法规规定和当地经济社会发展及监管领域、执法队伍的实际情况，针对不同风险等级、信用水平的检查对象采取差异化分类监管措施，合理确定、动态调整抽查比例、频次和被抽查概率，既保证必要的抽查覆盖面和监管效果，又防止任意检查和执法扰民。

（五）科学实施抽查检查。

县级以上地方人民政府根据年度抽查工作计划，组织领导本辖区内的部门联合“双随机、一公开”监管工作。根据抽查涉及的对象范围和参与部门，通过公开、公正的方式从检查对象名录库中随机抽取检查对象，并根据实际情况随机匹配执法检查人员。抽查可以采取实地核查、书面检查、网络监测等方式；涉及专业领域的，可以委托有资质的机构开展检验检测、财务审计、调查咨询等工作，或依法采用相关机构作出的鉴定结论。鼓励运用信息化手段提高问题发现能力，实现全过程留痕。各有关部门可以根据实际情况，制定详细的随机抽查工作细则和工作指引，对抽查工作程序、项目、方法等作出明确规定，方便基层执法检查人员操作，提高抽查检查规范化水平。

（六）强化抽查检查结果公示运用。

按照“谁检查、谁录入、谁公开”的原则，将抽查检查结果通过国家企业信用信息公示系统和全国信用信息共享平台等进行公示，接受社会监督。对抽查发现的违法违规行为依法加大惩处力度，涉嫌犯罪的及时移送司法机关。实现抽查检查结果政府部门间互认，促进“双随机、一公开”监管与信用监管有效衔接，对抽查发现的违法失信行为依法实施联合惩戒，形成有力震慑，增强市场主体守法自觉性。

（七）做好个案处理和专项检查工作。

在做好“双随机、一公开”监管工作的同时，对通过投诉举报、转办交办、数据监测等发现的违法违规个案线索，要立即实施检查、处置；需要立案查处的，要按照行政处罚程序规定进行调查处理。要坚持问题导向，对通过上述渠道发现的普遍性问题和市场秩序存在的突出风险，要通过双随机抽查等方式，对所涉抽查事项开展有针对性的专项检查，并根据实际情况确定抽查比例，确保不发生系统性、区域性风险。要将抽查检查结果归集至国家企业信用信息公示系统和全国信用信息共享平台等，为开展协同监管和联合惩戒创造条件。对无证无照经营，有关部门应当按照《无证无照经营查处办法》等法律法规的规定予以查处。

四、保障措施

（一）加强组织领导。

市场监管、发展改革、教育、公安、人力资源社会保障、生态环境、住房城乡建设、交通运输、农业农村、商务、文化和旅游、卫生健康、应急、海关、税务、统计等市场监管领域有关部门要统一思想认识，优化顶层设计，加强对本系统“双随机、一公开”监管工作的指导、督促。市场监管总局要发挥牵头作用，加强统筹协调，会同各有关部门共同推进各项工作。

地方各级人民政府要切实加强对本辖区“双随机、一公开”监管工作的组织领导，出台具体实施办法，建立市场监管部门牵头的联席会议制度，根据实际情况确定参与部门。合理配置、统筹使用执法资源，提高装备水平，完善档案管理，确保有效监管。通过现有渠道统筹做好部门联合“双随机、一公开”监管经费保障，将各有关部门“双随机、一公开”监管工作情况纳入政府绩效考核体系，加强督查督导。

（二）严格责任落实。

各地区、各有关部门要进一步增强责任意识。对忠于职守、履职尽责的，要给予表扬和鼓励；对未履行、不当履行或违法履行“双随机、一公开”监管职责的，要依法依规严肃处理；涉嫌犯罪的，要移送有关机关依法处理。同时，按照“尽职照单免责、失职照单问责”原则，对严格依据抽查事项清单和相关工作要求开展“双随机、一公开”监管，市场主体出现问题的，应结合执法检查人员工作态度、工作程序方法、客观条件等进行综合分析，该免责的依法依规免予追究相关责任。各地区、各有关部门可以根据实际，细化追责免责相关办法，明确政策标准和评判界线，既严格问责追责，又有效保护基层执法检查人员担当作为、干事创业的积极性。

（三）营造良好环境。

各地区、各有关部门要做好相关法规规章和规范性文件的立改废释工作，推进“双随机、一公开”监管法治化进程。加强干部队伍建设，强化监管执法业务培训，提升市场监管领域“双随机、一公开”监管能力和水平。鼓励各地结合实际大胆探索部门联合“双随机、一公开”监管的新模式，及时总结推广先进经验。加大宣传力度，提升“双随机、一公开”监管的社会影响力和公众知晓度，加快形成政府公正监管、企业诚信自律、社会公众监督的良好氛围。

行政区域边界争议处理条例[①]

（1989 年 2 月 3 日国务院发布）

第一章　总则

第一条　为了妥善处理行政区域边界争议，以利于安定团结，保障社会主义现代化建设的顺利进行，制定本条例。

第二条　本条例所称的边界争议是指省、自治区、直辖市之间，自治州、县、自治县、市、市辖区之间，乡、民族乡、镇之间，双方人民政府对毗邻行政区域界线的争议。

第三条　处理因行政区域界线不明确而发生的边界争议，应当按照有利于各族人民的团结，有利于国家的统一管理，有利于保护、开发和利用自然资源的原则，由争议双方人民政府从实际情况出发，兼顾当地双方群众的生产和生活，实事求是，互谅互让地协商解决，经争议双方协商未达成协议的，由争议双方的上级人民政府决定。必要时，可以按照行政区划管理的权限，通过变更行政区域的方法解决。

解决边界争议，必须明确划定争议地区的行政区域界线。

第四条　下列已明确划定或者核定的行政区域界线，必须严格遵守：

（一）根据行政区划管理的权限，上级人民政府在确定行政区划时明确划定的界限；

（二）由双方人民政府或者双方的上级人民政府明确划定的争

① 《行政区域边界争议处理条例》,《中华人民共和国国务院公报》，1989 年 02 期。

议地区的界线；

（三）发生边界争议之前，由双方人民政府核定一致的界线。

第五条　争议双方人民政府的负责人，必须对国家和人民负责，顾全大局，及时解决边界争议，不得推诿和拖延。

第六条　民政部是国务院处理边界争议的主管部门。

县级以上的地方各级人民政府的民政部门是本级人民政府处理边界争议的主管部门。

第二章　处理依据

第七条　下列文件和材料，作为处理边界争议的依据：

（一）国务院（含政务院及其授权的主管部门）批准的行政区划文件或者边界线地图；

（二）省、自治区、直辖市人民政府批准的不涉及毗邻省、自治区、直辖市的行政区划文件或者边界线地图；

（三）争议双方的上级人民政府（含军政委员会、人民行政公署）解决边界争议的文件和所附边界线地图；

（四）争议双方人民政府解决边界争议的协议和所附边界线地图；

（五）发生边界争议之前，经双方人民政府核定一致的边界线文件或者盖章的边界线地图。

第八条　解放以后直至发生边界争议之前的下列文件和材料，作为处理边界争议的参考：

（一）根据有关法律的规定，确定自然资源权属时核发的证书；

（二）有关人民政府在争议地区行使行政管辖的文件和材料；

（三）争议双方的上级人民政府及其所属部门，或者争议双方人民政府及其所属部门，开发争议地区自然资源的决定或者协议；

（四）根据有关政策的规定，确定土地权属的材料。

第九条　本条例第七条、第八条规定以外的任何文件和材料，均不作为处理边界争议的依据和参考。

第三章　处理程序

第十条　边界争议发生后，争议双方人民政府必须采取有效措施防止事态扩大。任何一方都不得往争议地区迁移居民，不得在争议地区设置政权组织，不准破坏自然资源。

严禁聚众闹事、械斗伤人，严禁抢夺和破坏国家、集体和个人的财产。发生群众纠纷时，争议双方人民政府必须立即派人到现场调查处理，并报告争议双方的上一级人民政府。

第十一条　省、自治区、直辖市之间的边界争议，由有关省、自治区、直辖市人民政府协商解决；经协商未达成协议的，双方应当将各自的解决方案并附边界线地形图，报国务院处理。

国务院受理的省、自治区、直辖市之间的边界争议，由民政部会同国务院有关部门调解；经调解未达成协议的，由民政部会同国务院有关部门提出解决方案，报国务院决定。

第十二条　省、自治区、直辖市境内的边界争议，由争议双方人民政府协商解决；经协商未达成协议的，双方应当将各自的解决方案并附边界线地形图，报双方的上一级人民政府处理。

争议双方的上一级人民政府受理的边界争议，由其民政部门会同有关部门调解；经调解未达成协议的，由民政部门会同有关部门提出解决方案，报本级人民政府决定。

第十三条　经双方人民政府协商解决的边界争议，由双方人民政府的代表在边界协议和所附边界线地形图上签字。

第十四条　争议双方人民政府达成的边界协议，或者争议双方的上级人民政府解决边界争议的决定，凡不涉及自然村隶属关系变更的，自边界协议签字或者上级人民政府解决边界争议的决定下达之日起生效。

争议双方人民政府达成的边界协议，或者上级人民政府解决边界争议的决定，凡涉及自然村隶属关系变更的，必须按照《国务院关于行政区划管理的规定》中有关行政区域界线变更的审批权限和程序办理。

第十五条　争议双方人民政府达成的边界协议，或者争议双方的上级人民政府解决边界争议的决定生效后，由争议双方人民政府联合实地勘测边界线，标绘大比例尺的边界线地形图。

实地勘测的边界线地形图，经双方人民政府盖章后，代替边界协议或者上级人民政府解决边界争议的决定所附的边界线地形图。

第十六条　地方人民政府处理的边界争议，必须履行备案手续。争议双方人民政府达成的边界协议，由双方人民政府联合上报备案；争议双方的上级人民政府解决边界争议的决定，由作出决定的人民政府上报备案。上报备案时，应当附实地勘测的边界线地形图。

省、自治区、直辖市之间的边界协议，上报国务院备案。

自治州、自治县的边界协议或者上级人民政府解决边界争议的决定，逐级上报国务院备案。

县、市、市辖区的边界协议或者上级人民政府解决边界争议的决定，逐级上报民政部备案。

乡、民族乡、镇的边界协议或者上级人民政府解决边界争议的决定，逐级上报本省（自治区、直辖市）人民政府备案。

第十七条　边界争议解决后，争议双方人民政府必须认真执行边界协议或者上级人民政府解决边界争议的决定，向有关地区的群众公布正式划定的行政区域界线，教育当地干部和群众严格遵守。

第四章　罚则

第十八条　争议双方人民政府的负责人，违反本条例的规定，玩忽职守，致使公共财产、国家和人民利益遭受较大损失的，应当给予行政处分；造成重大损失，构成犯罪的，依法追究刑事责任。

第十九条　违反本条例第十条的规定，情节较重的，对直接责任人员和其他肇事者，分别给予行政处分、治安管理处罚；情节严重，构成犯罪的，依法追究刑事责任。

第二十条　行政区域边界划定后，违反本条例的规定越界侵权造成损害的，当事一方可以向有管辖权的人民法院起诉。

第五章　附则

第二十一条　本条例由民政部负责解释。

第二十二条　本条例自发布之日起施行。1981 年 5 月 30 日国务院发布的《行政区域边界争议处理办法》同时废止。

行政区域界线管理条例[1]

（2002 年 5 月 13 日国务院发布）

第一条　为了巩固行政区域界线勘定成果，加强行政区域界线管理，维护行政区域界线附近地区稳定，制定本条例。

第二条　本条例所称行政区域界线，是指国务院或者省、自治区、直辖市人民政府批准的行政区域毗邻的各有关人民政府行使行政区域管辖权的分界线。

地方各级人民政府必须严格执行行政区域界线批准文件和行政区域界线协议书的各项规定，维护行政区域界线的严肃性、稳定性。任何组织或者个人不得擅自变更行政区域界线。

第三条　国务院民政部门负责全国行政区域界线管理工作。县级以上地方各级人民政府民政部门负责本行政区域界线管理工作。

第四条　行政区域界线勘定后，应当以通告和行政区域界线详图予以公布。

省、自治区、直辖市之间的行政区域界线由国务院民政部门公布，由毗邻的省、自治区、直辖市人民政府共同管理。省、自治区、直辖市范围内的行政区域界线由省、自治区、直辖市人民政府公布，由毗邻的自治州、县（自治县）、市、市辖区人民政府共同管理。

第五条　行政区域界线的实地位置，以界桩以及作为行政区域界线标志的河流、沟渠、道路等线状地物和行政区域界线协议书中

① 《行政区域界线管理条例》,《中华人民共和国国务院公报》，2002 年 19 期。

明确规定作为指示行政区域界线走向的其他标志物标定。

第六条　任何组织或者个人不得擅自移动或者损坏界桩。非法移动界桩的，其行为无效。

行政区域界线毗邻的各有关人民政府应当按照行政区域界线协议书的规定，对界桩进行分工管理。对损坏的界桩，由分工管理该界桩的一方在毗邻方在场的情况下修复。

因建设、开发等原因需要移动或者增设界桩的，行政区域界线毗邻的各有关人民政府应当协商一致，共同测绘，增补档案资料，并报该行政区域界线的批准机关备案。

第七条　行政区域界线毗邻的任何一方不得擅自改变作为行政区域界线标志的河流、沟渠、道路等线状地物；因自然原因或者其他原因改变的，应当保持行政区域界线协议书划定的界线位置不变，行政区域界线协议书中另有约定的除外。

第八条　行政区域界线协议书中明确规定作为指示行政区域界线走向的其他标志物，应当维持原貌。因自然原因或者其他原因使标志物发生变化的，有关县级以上人民政府民政部门应当组织修测，确定新的标志物，并报该行政区域界线的批准机关备案。

第九条　依照《国务院关于行政区划管理的规定》经批准变更行政区域界线的，毗邻的各有关人民政府应当按照勘界测绘技术规范进行测绘，埋设界桩，签订协议书，并将协议书报批准变更该行政区域界线的机关备案。

第十条　生产、建设用地需要横跨行政区域界线的，应当事先征得毗邻的各有关人民政府同意，分别办理审批手续，并报该行政区域界线的批准机关备案。

第十一条　行政区域界线勘定确认属于某一行政区域但不与该

行政区域相连的地域或者由一方使用管理但位于毗邻行政区域内的地域，其使用管理按照各有关人民政府签订的行政区域界线协议书有关规定或者该行政区域界线的批准机关的决定执行。

第十二条　行政区域界线毗邻的县级以上地方各级人民政府应当建立行政区域界线联合检查制度，每5年联合检查一次。遇有影响行政区域界线实地走向的自然灾害、河流改道、道路变化等特殊情况，由行政区域界线毗邻的各有关人民政府共同对行政区域界线的特定地段随时安排联合检查。联合检查的结果，由参加检查的各地方人民政府共同报送该行政区域界线的批准机关备案。

第十三条　勘定行政区域界线以及行政区域界线管理中形成的协议书、工作图、界线标志记录、备案材料、批准文件以及其他与勘界记录有关的材料，应当按照有关档案管理的法律、行政法规的规定立卷归档，妥善保管。

第十四条　行政区域界线详图是反映县级以上行政区域界线标准画法的国家专题地图。任何涉及行政区域界线的地图，其行政区域界线画法一律以行政区域界线详图为准绘制。

国务院民政部门负责编制省、自治区、直辖市行政区域界线详图；省、自治区、直辖市人民政府民政部门负责编制本行政区域内的行政区域界线详图。

第十五条　因对行政区域界线实地位置认定不一致引发的争议，由该行政区域界线的批准机关依照该行政区域界线协议书的有关规定处理。

第十六条　违反本条例的规定，有关国家机关工作人员在行政区域界线管理中有下列行为之一的，根据不同情节，依法给予记大过、降级或者撤职的行政处分；致使公共财产、国家和人民利益遭受重大损失的，依照刑法关于滥用职权罪、玩忽职守罪的规定，依法追究刑事责任：

（一）不履行行政区域界线批准文件和行政区域界线协议书规定的义务，或者不执行行政区域界线的批准机关的决定的；

（二）不依法公布批准的行政区域界线的；

（三）擅自移动、改变行政区域界线标志，或者命令、指使他人擅自移动、改变行政区域界线标志，或者发现他人擅自移动、改变行政区域界线标志不予制止的；

（四）毗邻方未在场时，擅自维修行政区域界线标志的。

第十七条　违反本条例的规定，故意损毁或者擅自移动界桩或者其他行政区域界线标志物的，应当支付修复标志物的费用，并由所在地负责管理该行政区域界线标志的人民政府民政部门处 1000 元以下的罚款；构成违反治安管理行为的，并依法给予治安管理处罚。

第十八条　违反本条例的规定，擅自编制行政区域界线详图，或者绘制的地图的行政区域界线的画法与行政区域界线详图的画法不一致的，由有关人民政府民政部门责令停止违法行为，没收违法编制的行政区域界线详图和违法所得，并处 1 万元以下的罚款。

第十九条　乡、民族乡、镇行政区域界线的管理，参照本条例的有关规定执行。

第二十条　本条例自 2002 年 7 月 1 日起施行。

中华人民共和国政府信息公开条例[①]

（2007 年 4 月 5 日中华人民共和国国务院令第 492 号公布
2019 年 4 月 3 日中华人民共和国国务院令第 711 号修订）

第一章　总则

第一条　为了保障公民、法人和其他组织依法获取政府信息，提高政府工作的透明度，建设法治政府，充分发挥政府信息对人民群众生产、生活和经济社会活动的服务作用，制定本条例。

第二条　本条例所称政府信息，是指行政机关在履行行政管理职能过程中制作或者获取的，以一定形式记录、保存的信息。

第三条　各级人民政府应当加强对政府信息公开工作的组织领导。

国务院办公厅是全国政府信息公开工作的主管部门，负责推进、指导、协调、监督全国的政府信息公开工作。

县级以上地方人民政府办公厅（室）是本行政区域的政府信息公开工作主管部门，负责推进、指导、协调、监督本行政区域的政府信息公开工作。

实行垂直领导的部门的办公厅（室）主管本系统的政府信息公开工作。

第四条　各级人民政府及县级以上人民政府部门应当建立健全本行政机关的政府信息公开工作制度，并指定机构（以下统称政府信息公开工作机构）负责本行政机关政府信息公开的日常工作。

① 《中华人民共和国政府信息公开条例》，中国政府网，2009 年 4 月 3 日。

政府信息公开工作机构的具体职能是：

（一）办理本行政机关的政府信息公开事宜；

（二）维护和更新本行政机关公开的政府信息；

（三）组织编制本行政机关的政府信息公开指南、政府信息公开目录和政府信息公开工作年度报告；

（四）组织开展对拟公开政府信息的审查；

（五）本行政机关规定的与政府信息公开有关的其他职能。

第五条　行政机关公开政府信息，应当坚持以公开为常态、不公开为例外，遵循公正、公平、合法、便民的原则。

第六条　行政机关应当及时、准确地公开政府信息。

行政机关发现影响或者可能影响社会稳定、扰乱社会和经济管理秩序的虚假或者不完整信息的，应当发布准确的政府信息予以澄清。

第七条　各级人民政府应当积极推进政府信息公开工作，逐步增加政府信息公开的内容。

第八条　各级人民政府应当加强政府信息资源的规范化、标准化、信息化管理，加强互联网政府信息公开平台建设，推进政府信息公开平台与政务服务平台融合，提高政府信息公开在线办理水平。

第九条　公民、法人和其他组织有权对行政机关的政府信息公开工作进行监督，并提出批评和建议。

第二章　公开的主体和范围

第十条　行政机关制作的政府信息，由制作该政府信息的行政机关负责公开。行政机关从公民、法人和其他组织获取的政府信息，由保存该政府信息的行政机关负责公开；行政机关获取的其他行政机关的政府信息，由制作或者最初获取该政府信息的行政机关负责公开。法律、法规对政府信息公开的权限另有规定的，从其规定。

行政机关设立的派出机构、内设机构依照法律、法规对外以自己名义履行行政管理职能的，可以由该派出机构、内设机构负责与所履行行政管理职能有关的政府信息公开工作。

两个以上行政机关共同制作的政府信息，由牵头制作的行政机关负责公开。

第十一条　行政机关应当建立健全政府信息公开协调机制。行政机关公开政府信息涉及其他机关的，应当与有关机关协商、确认，保证行政机关公开的政府信息准确一致。

行政机关公开政府信息依照法律、行政法规和国家有关规定需要批准的，经批准予以公开。

第十二条　行政机关编制、公布的政府信息公开指南和政府信息公开目录应当及时更新。

政府信息公开指南包括政府信息的分类、编排体系、获取方式和政府信息公开工作机构的名称、办公地址、办公时间、联系电话、传真号码、互联网联系方式等内容。

政府信息公开目录包括政府信息的索引、名称、内容概述、生成日期等内容。

第十三条　除本条例第十四条、第十五条、第十六条规定的政府信息外，政府信息应当公开。

行政机关公开政府信息，采取主动公开和依申请公开的方式。

第十四条　依法确定为国家秘密的政府信息，法律、行政法规禁止公开的政府信息，以及公开后可能危及国家安全、公共安全、经济安全、社会稳定的政府信息，不予公开。

第十五条　涉及商业秘密、个人隐私等公开会对第三方合法权益造成损害的政府信息，行政机关不得公开。但是，第三方同意公开或者行政机关认为不公开会对公共利益造成重大影响的，予以公开。

第十六条　行政机关的内部事务信息，包括人事管理、后勤管理、内部工作流程等方面的信息，可以不予公开。

行政机关在履行行政管理职能过程中形成的讨论记录、过程稿、磋商信函、请示报告等过程性信息以及行政执法案卷信息，可以不予公开。法律、法规、规章规定上述信息应当公开的，从其规定。

第十七条　行政机关应当建立健全政府信息公开审查机制，明确审查的程序和责任。

行政机关应当依照《中华人民共和国保守国家秘密法》以及其他法律、法规和国家有关规定对拟公开的政府信息进行审查。

行政机关不能确定政府信息是否可以公开的，应当依照法律、法规和国家有关规定报有关主管部门或者保密行政管理部门确定。

第十八条　行政机关应当建立健全政府信息管理动态调整机制，对本行政机关不予公开的政府信息进行定期评估审查，对因情势变化可以公开的政府信息应当公开。

第三章　主动公开

第十九条　对涉及公众利益调整、需要公众广泛知晓或者需要公众参与决策的政府信息，行政机关应当主动公开。

第二十条　行政机关应当依照本条例第十九条的规定，主动公开本行政机关的下列政府信息：

（一）行政法规、规章和规范性文件；

（二）机关职能、机构设置、办公地址、办公时间、联系方式、负责人姓名；

（三）国民经济和社会发展规划、专项规划、区域规划及相关政策；

（四）国民经济和社会发展统计信息；

（五）办理行政许可和其他对外管理服务事项的依据、条件、程序以及办理结果；

（六）实施行政处罚、行政强制的依据、条件、程序以及本行政机关认为具有一定社会影响的行政处罚决定；

（七）财政预算、决算信息；

（八）行政事业性收费项目及其依据、标准；

（九）政府集中采购项目的目录、标准及实施情况；

（十）重大建设项目的批准和实施情况；

（十一）扶贫、教育、医疗、社会保障、促进就业等方面的政策、措施及其实施情况；

（十二）突发公共事件的应急预案、预警信息及应对情况；

（十三）环境保护、公共卫生、安全生产、食品药品、产品质量的监督检查情况；

（十四）公务员招考的职位、名额、报考条件等事项以及录用结果；

（十五）法律、法规、规章和国家有关规定规定应当主动公开的其他政府信息。

第二十一条　除本条例第二十条规定的政府信息外，设区的市级、县级人民政府及其部门还应当根据本地方的具体情况，主动公开涉及市政建设、公共服务、公益事业、土地征收、房屋征收、治安管理、社会救助等方面的政府信息；乡（镇）人民政府还应当根据本地方的具体情况，主动公开贯彻落实农业农村政策、农田水利工程建设运营、农村土地承包经营权流转、宅基地使用情况审核、土地征收、房屋征收、筹资筹劳、社会救助等方面的政府信息。

第二十二条　行政机关应当依照本条例第二十条、第二十一条的规定，确定主动公开政府信息的具体内容，并按照上级行政机关的部署，不断增加主动公开的内容。

第二十三条　行政机关应当建立健全政府信息发布机制，将主动公开的政府信息通过政府公报、政府网站或者其他互联网政务媒体、新闻发布会以及报刊、广播、电视等途径予以公开。

第二十四条　各级人民政府应当加强依托政府门户网站公开政府信息的工作，利用统一的政府信息公开平台集中发布主动公开的政府信息。政府信息公开平台应当具备信息检索、查阅、下载等功能。

第二十五条　各级人民政府应当在国家档案馆、公共图书馆、政务服务场所设置政府信息查阅场所，并配备相应的设施、设备，为公民、法人和其他组织获取政府信息提供便利。

行政机关可以根据需要设立公共查阅室、资料索取点、信息公告栏、电子信息屏等场所、设施，公开政府信息。

行政机关应当及时向国家档案馆、公共图书馆提供主动公开的政府信息。

第二十六条　属于主动公开范围的政府信息，应当自该政府信息形成或者变更之日起20个工作日内及时公开。法律、法规对政府信息公开的期限另有规定的，从其规定。

第四章　依申请公开

第二十七条　除行政机关主动公开的政府信息外，公民、法人或者其他组织可以向地方各级人民政府、对外以自己名义履行行政管理职能的县级以上人民政府部门（含本条例第十条第二款规定的派出机构、内设机构）申请获取相关政府信息。

第二十八条　本条例第二十七条规定的行政机关应当建立完善政府信息公开申请渠道，为申请人依法申请获取政府信息提供便利。

第二十九条　公民、法人或者其他组织申请获取政府信息的，应当向行政机关的政府信息公开工作机构提出，并采用包括信件、数据电文在内的书面形式；采用书面形式确有困难的，申请人可以口头提出，由受理该申请的政府信息公开工作机构代为填写政府信息公开申请。

政府信息公开申请应当包括下列内容：

（一）申请人的姓名或者名称、身份证明、联系方式；

（二）申请公开的政府信息的名称、文号或者便于行政机关查询的其他特征性描述；

（三）申请公开的政府信息的形式要求，包括获取信息的方式、途径。

第三十条　政府信息公开申请内容不明确的，行政机关应当给予指导和释明，并自收到申请之日起7个工作日内一次性告知申请人作出补正，说明需要补正的事项和合理的补正期限。答复期限自行政机关收到补正的申请之日起计算。申请人无正当理由逾期不补正的，视为放弃申请，行政机关不再处理该政府信息公开申请。

第三十一条　行政机关收到政府信息公开申请的时间，按照下列规定确定：

（一）申请人当面提交政府信息公开申请的，以提交之日为收到申请之日；

（二）申请人以邮寄方式提交政府信息公开申请的，以行政机关签收之日为收到申请之日；以平常信函等无需签收的邮寄方式提交政府信息公开申请的，政府信息公开工作机构应当于收到申请的当日与申请人确认，确认之日为收到申请之日；

（三）申请人通过互联网渠道或者政府信息公开工作机构的传真提交政府信息公开申请的，以双方确认之日为收到申请之日。

第三十二条　依申请公开的政府信息公开会损害第三方合法权益的，行政机关应当书面征求第三方的意见。第三方应当自收到征求意见书之日起 15 个工作日内提出意见。第三方逾期未提出意见的，由行政机关依照本条例的规定决定是否公开。第三方不同意公开且有合理理由的，行政机关不予公开。行政机关认为不公开可能对公共利益造成重大影响的，可以决定予以公开，并将决定公开的政府信息内容和理由书面告知第三方。

第三十三条　行政机关收到政府信息公开申请，能够当场答复的，应当当场予以答复。

行政机关不能当场答复的，应当自收到申请之日起 20 个工作日内予以答复；需要延长答复期限的，应当经政府信息公开工作机构负责人同意并告知申请人，延长的期限最长不得超过 20 个工作日。

行政机关征求第三方和其他机关意见所需时间不计算在前款规

定的期限内。

第三十四条　申请公开的政府信息由两个以上行政机关共同制作的，牵头制作的行政机关收到政府信息公开申请后可以征求相关行政机关的意见，被征求意见机关应当自收到征求意见书之日起15个工作日内提出意见，逾期未提出意见的视为同意公开。

第三十五条　申请人申请公开政府信息的数量、频次明显超过合理范围，行政机关可以要求申请人说明理由。行政机关认为申请理由不合理的，告知申请人不予处理；行政机关认为申请理由合理，但是无法在本条例第三十三条规定的期限内答复申请人的，可以确定延迟答复的合理期限并告知申请人。

第三十六条　对政府信息公开申请，行政机关根据下列情况分别作出答复：

（一）所申请公开信息已经主动公开的，告知申请人获取该政府信息的方式、途径；

（二）所申请公开信息可以公开的，向申请人提供该政府信息，或者告知申请人获取该政府信息的方式、途径和时间；

（三）行政机关依据本条例的规定决定不予公开的，告知申请人不予公开并说明理由；

（四）经检索没有所申请公开信息的，告知申请人该政府信息不存在；

（五）所申请公开信息不属于本行政机关负责公开的，告知申请人并说明理由；能够确定负责公开该政府信息的行政机关的，告知申请人该行政机关的名称、联系方式；

（六）行政机关已就申请人提出的政府信息公开申请作出答复、申请人重复申请公开相同政府信息的，告知申请人不予重复处理；

（七）所申请公开信息属于工商、不动产登记资料等信息，有关法律、行政法规对信息的获取有特别规定的，告知申请人依照有关法律、行政法规的规定办理。

第三十七条　申请公开的信息中含有不应当公开或者不属于政府信息的内容，但是能够作区分处理的，行政机关应当向申请人提供可以公开的政府信息内容，并对不予公开的内容说明理由。

第三十八条　行政机关向申请人提供的信息，应当是已制作或者获取的政府信息。除依照本条例第三十七条的规定能够作区分处理的外，需要行政机关对现有政府信息进行加工、分析的，行政机关可以不予提供。

第三十九条　申请人以政府信息公开申请的形式进行信访、投诉、举报等活动，行政机关应当告知申请人不作为政府信息公开申请处理并可以告知通过相应渠道提出。

申请人提出的申请内容为要求行政机关提供政府公报、报刊、书籍等公开出版物的，行政机关可以告知获取的途径。

第四十条　行政机关依申请公开政府信息，应当根据申请人的要求及行政机关保存政府信息的实际情况，确定提供政府信息的具体形式；按照申请人要求的形式提供政府信息，可能危及政府信息载体安全或者公开成本过高的，可以通过电子数据以及其他适当形式提供，或者安排申请人查阅、抄录相关政府信息。

第四十一条　公民、法人或者其他组织有证据证明行政机关提供的与其自身相关的政府信息记录不准确的，可以要求行政机关更正。有权更正的行政机关审核属实的，应当予以更正并告知申请人；不属于本行政机关职能范围的，行政机关可以转送有权更正的行政机关处理并告知申请人，或者告知申请人向有权更正的行政机关提出。

第四十二条　行政机关依申请提供政府信息，不收取费用。但是，申请人申请公开政府信息的数量、频次明显超过合理范围的，行政机关可以收取信息处理费。

行政机关收取信息处理费的具体办法由国务院价格主管部门会同国务院财政部门、全国政府信息公开工作主管部门制定。

第四十三条　申请公开政府信息的公民存在阅读困难或者视听障碍的，行政机关应当为其提供必要的帮助。

第四十四条　多个申请人就相同政府信息向同一行政机关提出公开申请，且该政府信息属于可以公开的，行政机关可以纳入主动公开的范围。

对行政机关依申请公开的政府信息，申请人认为涉及公众利益调整、需要公众广泛知晓或者需要公众参与决策的，可以建议行政机关将该信息纳入主动公开的范围。行政机关经审核认为属于主动公开范围的，应当及时主动公开。

第四十五条　行政机关应当建立健全政府信息公开申请登记、审核、办理、答复、归档的工作制度，加强工作规范。

第五章　监督和保障

第四十六条　各级人民政府应当建立健全政府信息公开工作考核制度、社会评议制度和责任追究制度，定期对政府信息公开工作进行考核、评议。

第四十七条　政府信息公开工作主管部门应当加强对政府信息公开工作的日常指导和监督检查，对行政机关未按照要求开展政府信息公开工作的，予以督促整改或者通报批评；需要对负有责任的领导人员和直接责任人员追究责任的，依法向有权机关提出处理建议。

公民、法人或者其他组织认为行政机关未按照要求主动公开政府信息或者对政府信息公开申请不依法答复处理的，可以向政府信息公开工作主管部门提出。政府信息公开工作主管部门查证属实的，应当予以督促整改或者通报批评。

第四十八条　政府信息公开工作主管部门应当对行政机关的政府信息公开工作人员定期进行培训。

第四十九条　县级以上人民政府部门应当在每年 1 月 31 日前向本级政府信息公开工作主管部门提交本行政机关上一年度政府信息公开工作年度报告并向社会公布。

县级以上地方人民政府的政府信息公开工作主管部门应当在每年 3 月 31 日前向社会公布本级政府上一年度政府信息公开工作年度报告。

第五十条　政府信息公开工作年度报告应当包括下列内容：

（一）行政机关主动公开政府信息的情况；

（二）行政机关收到和处理政府信息公开申请的情况；

（三）因政府信息公开工作被申请行政复议、提起行政诉讼的情况；

（四）政府信息公开工作存在的主要问题及改进情况，各级人民政府的政府信息公开工作年度报告还应当包括工作考核、社会评议和责任追究结果情况；

（五）其他需要报告的事项。

全国政府信息公开工作主管部门应当公布政府信息公开工作年

度报告统一格式，并适时更新。

第五十一条　公民、法人或者其他组织认为行政机关在政府信息公开工作中侵犯其合法权益的，可以向上一级行政机关或者政府信息公开工作主管部门投诉、举报，也可以依法申请行政复议或者提起行政诉讼。

第五十二条　行政机关违反本条例的规定，未建立健全政府信息公开有关制度、机制的，由上一级行政机关责令改正；情节严重的，对负有责任的领导人员和直接责任人员依法给予处分。

第五十三条　行政机关违反本条例的规定，有下列情形之一的，由上一级行政机关责令改正；情节严重的，对负有责任的领导人员和直接责任人员依法给予处分；构成犯罪的，依法追究刑事责任：

（一）不依法履行政府信息公开职能；

（二）不及时更新公开的政府信息内容、政府信息公开指南和政府信息公开目录；

（三）违反本条例规定的其他情形。

第六章　附则

第五十四条　法律、法规授权的具有管理公共事务职能的组织公开政府信息的活动，适用本条例。

第五十五条　教育、卫生健康、供水、供电、供气、供热、环境保护、公共交通等与人民群众利益密切相关的公共企事业单位，公开在提供社会公共服务过程中制作、获取的信息，依照相关法律、法规和国务院有关主管部门或者机构的规定执行。全国政府信息公开工作主管部门根据实际需要可以制定专门的规定。

前款规定的公共企事业单位未依照相关法律、法规和国务院有关主管部门或者机构的规定公开在提供社会公共服务过程中制作、获取的信息，公民、法人或者其他组织可以向有关主管部门或者机构申诉，接受申诉的部门或者机构应当及时调查处理并将处理结果告知申诉人。

第五十六条　本条例自 2019 年 5 月 15 日起施行。

政务信息资源共享管理暂行办法[①]

（国发〔2016〕51号）

第一章　总则

第一条　为加快推动政务信息系统互联和公共数据共享，增强政府公信力，提高行政效率，提升服务水平，充分发挥政务信息资源共享在深化改革、转变职能、创新管理中的重要作用，依据相关法律法规和《国务院关于印发促进大数据发展行动纲要的通知》（国发〔2015〕50号）等规定，制定本办法。

第二条　本办法所称政务信息资源，是指政务部门在履行职责过程中制作或获取的，以一定形式记录、保存的文件、资料、图表和数据等各类信息资源，包括政务部门直接或通过第三方依法采集的、依法授权管理的和因履行职责需要依托政务信息系统形成的信息资源等。

本办法所称政务部门，是指政府部门及法律法规授权具有行政职能的事业单位和社会组织。

第三条　本办法用于规范政务部门间政务信息资源共享工作，包括因履行职责需要使用其他政务部门政务信息资源和为其他政务部门提供政务信息资源的行为。

第四条　促进大数据发展部际联席会议（以下简称联席会议）负责组织、指导、协调和监督政务信息资源共享工作，指导和组织国务院各部门、各地方政府编制政务信息资源目录，组织编制国家

① 《政务信息资源共享管理暂行办法》，《中华人民共和国国务院公报》，2016年28期。

政务信息资源目录，并指导国家数据共享交换平台建设、运行、管理单位开展国家政务信息资源目录的日常维护工作。

各政务部门按本办法规定负责本部门与数据共享交换平台（以下简称共享平台）的联通，并按照政务信息资源目录向共享平台提供共享的政务信息资源（以下简称共享信息），从共享平台获取并使用共享信息。

第五条　政务信息资源共享应遵循以下原则：

（一）以共享为原则，不共享为例外。各政务部门形成的政务信息资源原则上应予共享，涉及国家秘密和安全的，按相关法律法规执行。

（二）需求导向，无偿使用。因履行职责需要使用共享信息的部门（以下简称使用部门）提出明确的共享需求和信息使用用途，共享信息的产生和提供部门（以下统称提供部门）应及时响应并无偿提供共享服务。

（三）统一标准，统筹建设。按照国家政务信息资源相关标准进行政务信息资源的采集、存储、交换和共享工作，坚持“一数一源”、多元校核，统筹建设政务信息资源目录体系和共享交换体系。

（四）建立机制，保障安全。联席会议统筹建立政务信息资源共享管理机制和信息共享工作评价机制，各政务部门和共享平台管理单位应加强对共享信息采集、共享、使用全过程的身份鉴别、授权管理和安全保障，确保共享信息安全。

第六条　各政务部门应加强基于信息共享的业务流程再造和优化，创新社会管理和服务模式，提高信息化条件下社会治理能力和公共服务水平。

第二章　政务信息资源目录

第七条　国家发展改革委负责制定《政务信息资源目录编制指南》，明确政务信息资源的分类、责任方、格式、属性、更新时限、共享类型、共享方式、使用要求等内容。

第八条　各政务部门按照《政务信息资源目录编制指南》要求编制、维护部门政务信息资源目录，并在有关法律法规作出修订或行政管理职能发生变化之日起15个工作日内更新本部门政务信息资源目录。各地方政府按照《政务信息资源目录编制指南》要求编制、维护地方政务信息资源目录，并负责对本级各政务部门政务信息资源目录更新工作的监督考核。

国家发展改革委汇总形成国家政务信息资源目录，并建立目录更新机制。国家政务信息资源目录是实现国家政务信息资源共享和业务协同的基础，是政务部门间信息资源共享的依据。

第三章　政务信息资源分类与共享要求

第九条　政务信息资源按共享类型分为无条件共享、有条件共享、不予共享等三种类型。

可提供给所有政务部门共享使用的政务信息资源属于无条件共享类。

可提供给相关政务部门共享使用或仅能够部分提供给所有政务部门共享使用的政务信息资源属于有条件共享类。

不宜提供给其他政务部门共享使用的政务信息资源属于不予共享类。

第十条　政务信息资源共享及目录编制应遵循以下要求：

（一）凡列入不予共享类的政务信息资源，必须有法律、行政法规或党中央、国务院政策依据。

（二）人口信息、法人单位信息、自然资源和空间地理信息、电子证照信息等基础信息资源的基础信息项是政务部门履行职责的共同需要，必须依据整合共建原则，通过在各级共享平台上集中建设或通过接入共享平台实现基础数据统筹管理、及时更新，在部门间实现无条件共享。基础信息资源的业务信息项可按照分散和集中相结合的方式建设，通过各级共享平台予以共享。基础信息资源目录由基础信息资源库的牵头建设部门负责编制并维护。

（三）围绕经济社会发展的同一主题领域，由多部门共建项目形成的主题信息资源，如健康保障、社会保障、食品药品安全、安全生产、价格监管、能源安全、信用体系、城乡建设、社区治理、生态环保、应急维稳等，应通过各级共享平台予以共享。主题信息资源目录由主题信息资源牵头部门负责编制并维护。

第四章　共享信息的提供与使用

第十一条　国家发展改革委负责组织推动国家共享平台及全国共享平台体系建设。各地市级以上地方人民政府要明确政务信息资源共享主管部门，负责组织本级共享平台建设。共享平台是管理国家政务信息资源目录、支撑各政务部门开展政务信息资源共享交换的国家关键信息基础设施，包括共享平台（内网）和共享平台（外网）两部分。

共享平台（内网）应按照涉密信息系统分级保护要求，依托国家电子政务内网建设和管理；共享平台（外网）应按照国家网络安全相关制度和要求，依托国家电子政务外网建设和管理。

各政务部门业务信息系统原则上通过国家电子政务内网或国家电子政务外网承载，通过共享平台与其他政务部门共享交换数据。各政务部门应抓紧推进本部门业务信息系统向国家电子政务内网或国家电子政务外网迁移，并接入本地区共享平台。凡新建的需要跨部门共享信息的业务信息系统，必须通过各级共享平台实施信息共享，原有跨部门信息共享交换系统应逐步迁移到共享平台。

第十二条　使用部门应根据履行职责需要使用共享信息。属于无条件共享类的信息资源，使用部门在共享平台上直接获取；属于有条件共享类的信息资源，使用部门通过共享平台向提供部门提出申请，提供部门应在 10 个工作日内予以答复，使用部门按答复意见使用共享信息，对不予共享的，提供部门应说明理由；属于不予共享类的信息资源，以及有条件共享类中提供部门不予共享的信息资源，使用部门因履行职责确需使用的，由使用部门与提供部门协商解决，协商未果的由本级政务信息资源共享主管部门协调解决，涉及中央有关部门的由联席会议协调解决。

提供部门在向使用部门提供共享信息时，应明确信息的共享范围和使用用途（如，作为行政依据、工作参考，用于数据校核、业务协同等），原则上通过共享平台提供，鼓励采用系统对接、前置机共享、联机查询、部门批量下载等方式。

各政务部门应充分利用共享信息。凡属于共享平台可以获取的信息，各政务部门原则上不得要求自然人、法人或其他组织重复提交。

第十三条　按照“谁主管，谁提供，谁负责”的原则，提供部门应及时维护和更新信息，保障数据的完整性、准确性、时效性和可用性，确保所提供的共享信息与本部门所掌握信息的一致性。

第十四条　按照“谁经手，谁使用，谁管理，谁负责”的原则，使用部门应根据履行职责需要依法依规使用共享信息，并加强共享信息使用全过程管理。

使用部门对从共享平台获取的信息，只能按照明确的使用用途用于本部门履行职责需要，不得直接或以改变数据形式等方式提供给第三方，也不得用于或变相用于其他目的。

第十五条　建立疑义、错误信息快速校核机制，使用部门对获取的共享信息有疑义或发现有明显错误的，应及时反馈提供部门予以校核。校核期间，办理业务涉及自然人、法人或其他组织的，如已提供合法有效证明材料，受理单位应照常办理，不得拒绝、推诿或要求办事人办理信息更正手续。

第五章　信息共享工作的监督和保障

第十六条　联席会议负责政务信息资源共享的统筹协调，建立信息共享工作评价机制，督促检查政务信息资源共享工作落实情况。

第十七条　国家发展改革委、国家网信办组织编制信息共享工作评价办法，每年会同中央编办、财政部等部门，对各政务部门提供和使用共享信息情况进行评估，并公布评估报告和改进意见。

第十八条　国务院各部门、各省级人民政府和国家共享平台管理单位应于每年 2 月底前向联席会议报告上一年度政务信息资源共享情况，联席会议向国务院提交政务信息资源共享情况年度报告。

第十九条　国家标准委会同共享平台管理单位，在已有政务信息资源相关标准基础上，建立完善政务信息资源的目录分类、采集、共享交换、平台对接、网络安全保障等方面的标准，形成完善的政务信息资源共享标准体系。

第二十条　国家网信办负责组织建立政务信息资源共享网络安

全管理制度，指导督促政务信息资源采集、共享、使用全过程的网络安全保障工作，指导推进政务信息资源共享风险评估和安全审查。

共享平台管理单位要加强共享平台安全防护，切实保障政务信息资源共享交换时的数据安全；提供部门和使用部门要加强政务信息资源采集、共享、使用时的安全保障工作，落实本部门对接系统的网络安全防护措施。

共享信息涉及国家秘密的，提供部门和使用部门应当遵守有关保密法律法规的规定，在信息共享工作中分别承担相关保障责任。

第二十一条　国家发展改革委、财政部、国家网信办建立国家政务信息化项目建设投资和运维经费协商机制，对政务部门落实政务信息资源共享要求和网络安全要求的情况进行联合考核，凡不符合政务信息资源共享要求的，不予审批建设项目，不予安排运维经费。

国家发展改革委负责在国家政务信息化建设规划制定、项目审批、投资计划安排、项目验收等环节进行考核。财政部负责在国家政务信息化建设项目预算下达、运维经费安排等环节进行考核。国家网信办负责在网络安全保障方面进行考核。

政务信息化项目立项申请前应预编形成项目信息资源目录，作为项目审批要件。项目建成后应将项目信息资源目录纳入共享平台目录管理系统，作为项目验收要求。

政务信息资源共享相关项目建设资金纳入政府固定资产投资，政务信息资源共享相关工作经费纳入部门财政预算，并给予优先安排。

第二十二条　审计机关应依法履行职责，在国家大数据政策的贯彻落实、政务信息资源共享中发挥监督作用，保障专项资金使用的真实性、合法性和效益性，推动完善相关政策制度。

第二十三条　各政务部门应建立健全政务信息资源共享工作管

理制度，明确目标、责任和实施机构。各政务部门主要负责人是本部门政务信息资源共享工作的第一责任人。

第二十四条　国务院各部门、各省级人民政府有下列情形之一的，由国家发展改革委通知整改；未在规定时限内完成整改的，国家发展改革委要及时将有关情况上报国务院：

（一）未按要求编制或更新政务信息资源目录；

（二）未向共享平台及时提供共享信息；

（三）向共享平台提供的数据和本部门所掌握信息不一致，未及时更新数据或提供的数据不符合有关规范、无法使用；

（四）将共享信息用于履行本单位职责需要以外的目的；

（五）违反本办法规定的其他行为。

第六章　附则

第二十五条　本办法由国家发展改革委负责解释。

第二十六条　本办法自印发之日起施行。

行政区划管理条例[1]

（2017年11月22日国务院第193次常务会议通过　2018年10月10日中华人民共和国国务院令第704号公布 自2019年1月1日起施行）

第一条　为了加强行政区划的管理，根据《中华人民共和国宪法》和《中华人民共和国地方各级人民代表大会和地方各级人民政府组织法》、《中华人民共和国民族区域自治法》的有关规定，制定本条例。

第二条　行政区划管理工作应当加强党的领导，加强顶层规划。行政区划应当保持总体稳定，必须变更时，应当本着有利于社会主义现代化建设、有利于推进国家治理体系和治理能力现代化、有利于行政管理、有利于民族团结、有利于巩固国防的原则，坚持与国家发展战略和经济社会发展水平相适应、注重城乡统筹和区域协调、推进城乡发展一体化、促进人与自然和谐发展的方针，制订变更方案，逐级上报审批。行政区划的重大调整应当及时报告党中央。

第三条　行政区划的设立、撤销以及变更隶属关系或者行政区域界线时，应当考虑经济发展、资源环境、人文历史、地形地貌、治理能力等情况；变更人民政府驻地时，应当优化资源配置、便于提供公共服务；变更行政区划名称时，应当体现当地历史、文化和地理特征。

第四条　国务院民政部门负责全国行政区划的具体管理工作。

---

① 《行政区划管理条例》，《中华人民共和国国务院公报》，2018年32期。

国务院其他有关部门按照各自职责做好全国行政区划相关的管理工作。

县级以上地方人民政府民政部门负责本行政区域行政区划的具体管理工作。县级以上地方人民政府其他有关部门按照各自职责做好本行政区域行政区划相关的管理工作。

第五条　县级以上人民政府应当加强对行政区划管理工作的领导，将行政区划工作纳入国民经济和社会发展规划，将行政区划的管理工作经费纳入预算。

第六条　省、自治区、直辖市的设立、撤销、更名，报全国人民代表大会批准。

第七条　下列行政区划的变更由国务院审批：

（一）省、自治区、直辖市的行政区域界线的变更，人民政府驻地的迁移，简称、排列顺序的变更；

（二）自治州、县、自治县、市、市辖区的设立、撤销、更名和隶属关系的变更以及自治州、自治县、设区的市人民政府驻地的迁移；

（三）自治州、自治县的行政区域界线的变更，县、市、市辖区的行政区域界线的重大变更；

（四）凡涉及海岸线、海岛、边疆要地、湖泊、重要资源地区及特殊情况地区的隶属关系或者行政区域界线的变更。

第八条　县、市、市辖区的部分行政区域界线的变更，县、不设区的市、市辖区人民政府驻地的迁移，国务院授权省、自治区、直辖市人民政府审批；批准变更时，同时报送国务院备案。

第九条　乡、民族乡、镇的设立、撤销、更名，行政区域界线的变更，人民政府驻地的迁移，由省、自治区、直辖市人民政府审批。

第十条　依照法律、国家有关规定设立的地方人民政府的派出机关的撤销、更名、驻地迁移、管辖范围的确定和变更，由批准设立该派出机关的人民政府审批。

第十一条　市、市辖区的设立标准，由国务院民政部门会同国务院其他有关部门拟订，报国务院批准。

镇、街道的设立标准，由省、自治区、直辖市人民政府民政部门会同本级人民政府其他有关部门拟订，报省、自治区、直辖市人民政府批准；批准设立标准时，同时报送国务院备案。

第十二条　依照本条例报送国务院备案的事项，径送国务院民政部门。

第十三条　申请变更行政区划向上级人民政府提交的材料应当包括：

（一）申请书；

（二）与行政区划变更有关的历史、地理、民族、经济、人口、资源环境、行政区域面积和隶属关系的基本情况；

（三）风险评估报告；

（四）专家论证报告；

（五）征求社会公众等意见的情况；

（六）变更前的行政区划图和变更方案示意图；

（七）国务院民政部门规定应当提交的其他材料。

第十四条　县级以上人民政府民政部门在承办行政区划变更的工作时，应当根据情况分别征求有关机构编制部门和本级人民政府的外事、发展改革、民族、财政、自然资源、住房城乡建设、城乡规划等有关部门的意见；在承办民族自治地方的行政区划变更的工作时，应当同民族自治地方的自治机关和有关民族的代表充分协商。

第十五条　有关地方人民政府应当自审批机关批准行政区划变更之日起12个月内完成变更；情况复杂，12个月内不能完成变更的，经审批机关批准，可以延长6个月；完成变更时，同时向审批机关报告。

第十六条　行政区划变更后，应当依照法律、行政法规和国家有关规定勘定行政区域界线，并更新行政区划图。

第十七条　行政区划变更后，需要变更行政区划代码的，由民政部门于1个月内确定、公布其行政区划代码。

第十八条　行政区划变更后，有关地方人民政府应当向社会公告。

第十九条　国务院民政部门应当建立行政区划管理的信息系统。

省、自治区、直辖市人民政府应当及时向国务院民政部门报送本行政区域行政区划变更的信息。

第二十条　县级以上人民政府民政部门，应当加强对行政区划档案的管理。

行政区划管理中形成的请示、报告、图表、批准文件以及与行政区划管理工作有关的材料，应当依法整理归档，妥善保管。具体办法由国务院民政部门会同国家档案行政管理部门制定。

第二十一条　上级人民政府应当加强对下级人民政府行政区划管理工作的监督、指导。

第二十二条　违反本条例规定，未及时完成行政区划变更、备案、信息报送的，由上一级人民政府责令限期完成。

第二十三条　违反本条例规定，擅自变更行政区划的，由上一级人民政府责令改正；对直接负责的主管人员和其他直接责任人员，依法给予处分。

第二十四条　违反本条例规定，在行政区划变更过程中弄虚作假的，对直接负责的主管人员和其他直接责任人员，依法给予处分；构成犯罪的，依法追究刑事责任。

第二十五条　国家工作人员在行政区划的管理工作中，滥用职权、玩忽职守、徇私舞弊的，依法给予处分；构成犯罪的，依法追究刑事责任。

第二十六条　国务院民政部门可以依据本条例的规定，制定具体实施办法。

第二十七条　本条例自 2019 年 1 月 1 日起施行。1985 年 1 月 15 日国务院发布的《国务院关于行政区划管理的规定》同时废止。

行政区划管理条例实施办法[①]

（中华人民共和国民政部令第 65 号，2019 年 12 月 11 日发布）

第一条　根据《行政区划管理条例》（以下简称条例），制定本办法。

第二条　条例所称行政区划的变更，包括行政区划的设立、撤销，行政区划隶属关系的变更，行政区域界线的变更，人民政府驻地的迁移和行政区划名称的变更。

行政区划隶属关系的变更，是指行政区划整建制由其原上级行政区划划归另一个上级行政区划管辖。在不改变行政区划隶属关系的情况下，将行政区划整建制委托另一行政区划代管或者变更代管关系，参照行政区划隶属关系的变更办理。

行政区域界线的变更，是指将一个行政区划的部分行政区域划归另一行政区划管辖。

人民政府（派出机关）驻地的迁移，是指县级以上地方人民政府（派出机关）驻地跨下一级行政区划（派出机关管辖范围）的变更和乡、民族乡、镇人民政府、街道办事处驻地跨村（居）民委员会管辖范围的变更。

行政区划名称的变更，是指改变行政区划专名。

第三条　行政区划的设立、撤销，由拟设立行政区划或者拟撤销行政区划的上一级地方人民政府制订变更方案。在撤销的同时设立新的行政区划且行政区域不变的，可以由拟撤销行政区划的地方

① 《行政区划管理条例实施办法》，《中华人民共和国国务院公报》，2020 年 08 期。

人民政府制订变更方案。涉及设立行政区划的，应当在变更方案中明确拟设立行政区划的名称、建制类型、隶属关系（含代管关系）、行政区域界线和人民政府驻地。涉及撤销行政区划的，应当在变更方案中明确行政区划撤销后其所辖行政区域的归属。

变更行政区划隶属关系和变更行政区域界线，由有关地方人民政府先行协商并共同制订变更方案；如未能取得一致意见时，可以由单方、多方或者共同的上一级人民政府制订变更方案。

变更人民政府驻地和变更行政区划名称，由本级地方人民政府制订变更方案。

第四条　市、市辖区设立标准的内容应当包括：人口规模结构、经济社会发展水平、资源环境承载能力、国土空间开发利用状况、基础设施建设状况和基本公共服务能力等。

拟订镇、街道设立标准，应当充分考虑本省、自治区、直辖市经济社会和城镇化发展水平、城镇体系和乡镇布局、人口规模和资源环境等情况。

组织拟订市、市辖区设立标准和镇、街道设立标准的民政部门，应当会同有关部门对标准的实施情况进行评估，并根据评估情况按照规定的权限和程序调整标准。

第五条　省、自治区、直辖市人民政府批准县、市、市辖区部分行政区域界线变更或者县、不设区的市、市辖区人民政府驻地迁移时，应当将以下备案材料一式五份径送国务院民政部门：

（一）由省、自治区、直辖市人民政府出具的备案报告；

（二）行政区划变更批复文件；

（三）申请变更行政区划的地方人民政府根据条例第十三条规定提交的行政区划变更申请材料。

第六条　省、自治区、直辖市人民政府批准镇、街道设立标准时，应当将以下材料一式五份径送国务院民政部门：

（一）由省、自治区、直辖市人民政府出具的备案报告；

（二）省、自治区、直辖市印发标准的文件、标准文本和说明。

第七条　省、自治区、直辖市人民政府报送备案的行政区划变更事项和镇、街道设立标准材料不符合本办法第五条、第六条规定的，由国务院民政部门指导补正；材料齐备合规的即为备案。

报送备案的行政区划变更事项和镇、街道设立标准不符合条例规定的，由国务院民政部门建议省、自治区、直辖市人民政府自行纠正；或者由国务院民政部门提出处理建议，报国务院决定。

第八条　申请变更行政区划向上级人民政府提交的申请书内容应当包括：

（一）行政区划变更理由；

（二）行政区划变更方案；

（三）与行政区划变更有关的经济发展、资源环境、人文历史、地形地貌、人口、行政区域面积和隶属关系的简要情况；

（四）风险评估、专家论证、征求社会公众等意见的综合研判情况。

第九条　条例第十三条第（三）项规定的风险评估报告一般应当包括以下内容：

（一）行政区划变更的合法性、可行性、风险性和可控性；

（二）行政区划变更对当地及一定区域范围内的人口资源、经济发展、行政管理、国防安全、民族团结、文化传承、生活就业、社会保障、基层治理、公共安全、资源环境保护、实施国土空间规划、机构调整和干部职工安置等方面可能造成的影响，以及可能引发的问题；

（三）行政区划变更的主要风险源、风险点的排查情况及结果；

（四）拟采取的消除风险和应对风险的举措；

（五）风险评估结论；

（六）其他与风险评估相关的内容。

第十条　开展风险评估，可以通过舆情跟踪、重点走访、会商分析等方式，运用定性分析和定量分析等方法，对行政区划变更实施的风险进行科学预测、综合研判。

开展风险评估，可以委托专业机构、社会组织等第三方机构进行。

第十一条　条例第十三条第（四）项规定的专家论证报告一般应当包括以下内容：

（一）行政区划变更的必要性、科学性、合理性；

（二）行政区划变更的经济社会效益；

（三）行政区划变更的可行性及可能存在的风险；

（四）对行政区划变更方案及组织实施的意见建议；

（五）其他与专家论证相关的内容。

第十二条　组织专家论证，可以采取论证会、书面咨询、委托咨询论证等方式。选择专家、专业机构参与论证，应当坚持专业性、代表性和中立性，注重选择不同专业背景的专家、专业机构，不得选择与行政区划变更事项有直接利益关系的专家、专业机构参与专家论证。

县级以上地方人民政府民政部门应当根据需要建立行政区划咨询论证专家库。

第十三条　条例第十三条第（五）项规定的征求社会公众等意

见报告的内容一般应当包括：

（一）征求社会公众等意见的过程和范围；

（二）社会公众等的主要意见和建议；

（三）对意见建议的处理情况；

（四）其他与征求社会公众等意见相关的内容。

第十四条　征求社会公众等意见可以采取座谈会、实地走访、书面征求意见、问卷调查等方式。

申请变更行政区划的地方人民政府应当对社会各方面提出的意见进行归纳整理、研究论证，充分采纳合理意见，完善行政区划变更方案及配套措施。

第十五条　提交条例第十三条第（六）项规定的变更前的行政区划图和变更方案示意图，应当符合下列要求：

（一）图件应为A3图幅彩色示意图；

（二）图件能够全面、真实、准确反映行政区划变更涉及的各主要因素，底图中应包括行政区划名称、人民政府驻地、行政区域界线、水系、公路、铁路等要素；

（三）行政区划轮廓线用加粗的红线表示，下级行政区划用对比明显的色块区别表示，下级行政区划间的界线用加粗的红色虚线表示，各级人民政府驻地根据级别高低采用不同大小的红色实五角星表示。

第十六条　申请变更行政区划应当拟订组织实施总体方案，与申请书一并上报审核。

组织实施总体方案一般应当包括行政区划变更的组织领导体系及责任分工，行政区划变更的实施步骤，行政区划变更的保障措施等内容。行政区划设立、撤销和变更隶属关系的，总体方案一般还应当包括行政区划变更后发展定位、目标、方向，相关地方党政群机构设置调整，国有资产、债权债务划转，历史文化传承保护，民生保障和公共服务等方面的内容。

上级人民政府民政部门应当加强对行政区划变更事项组织实施的监督指导。

第十七条　县级以上地方人民政府民政部门在审核下级人民政府上报的行政区划变更方案时，应当根据情况自行组织或者委托第三方机构开展实地调查。

开展实地调查，可以采取听取汇报、召开座谈会、查阅资料、个别访谈、随机访或者暗访等形式进行。

第十八条　地方人民政府应当在收到上级人民政府行政区划变更批复文件后及时向社会公告审批机关批准行政区划变更的信息。法律、行政法规和国家有关规定另有规定的除外。

第十九条　行政区划变更引起行政区域界线变化的，毗邻各方人民政府应当按照审批机关批准的行政区划变更方案，依照法律、行政法规和国家有关规定，在行政区划变更完成时限内完成行政区域界线的勘定工作。

第二十条　条例第十五条规定的完成变更情况报告一般应当包括以下内容：

（一）行政区划变更批复内容落实情况；

（二）人民群众反应和舆论反响情况；

（三）行政区划变更的影响和初步效果；

（四）风险控制和处置情况；

（五）行政区划变更后需要勘定行政区域界线的，还应当报告完成界线勘定情况；

（六）其他应当报告的情况。

第二十一条　行政区划变更完成情况报告上报审批机关后 3 个月内，有关地方人民政府民政部门应当将更新后的行政区划图标准样图报批准行政区划变更的人民政府民政部门审核。由组织更新行政区划图的地方人民政府民政部门按照地图管理有关规定送审后向社会公布。

第二十二条　国务院民政部门组织制定各级行政区划代码编码规则。

行政区划变更信息向社会公告之日起 1 个月内，国务院民政部门或者省、自治区、直辖市人民政府民政部门应当根据行政区划代码编码规则，确定、公布变更后的行政区划代码。

第二十三条　省、自治区、直辖市人民政府应当在每年 1 月 31 日前，将本级及下一级人民政府 1 年内批准的行政区划变更事项（含派出机关变更事项）相关信息集中报送国务院民政部门。

上报的行政区划变更信息应当包括行政区划变更事项列表及相关行政区划变更批复文件。

第二十四条　上级人民政府民政部门发现下级人民政府存在违反条例规定情形的，应当建议其及时纠正，或者提出建议报本级人民政府依法处理。

第二十五条　旗、特区、林区的行政区划管理参照县执行，自治旗的行政区划管理参照自治县执行，盟的行政区划管理参照地区执行。

第二十六条　本办法自 2020 年 1 月 1 日起施行。

期刊摘要

▼

改革干部制度的战略决策

（《瞭望》，1982 年 03 期）

随着机构改革工作的顺利进行，我国的干部制度正面临着一场重大改革。三月二日，国务院总理向五届全国人大常委会第二十二次会议作了关于国务院机构改革问题的报告。文章认为：这篇振奋人心的报告，引起了国内外的巨大反响。从国内来看，两个多月来，我国的机构改革工作已经顺利而健康地开展起来。在政府机构的改革中，国务院和所属各部门作出了表率。一些开展工作比较早的部门，已经对机构重叠、层次繁多的单位进行了裁减或合并；领导班子老化、副职虚职过多的状况正在迅速改观；许多对革命和建设作出过很大贡献的老干部主动地从第一线退下来；一批德才兼备、年富力强、有专业知识的中青年干部正在走上领导岗位；国务院和所属各部门的机构精简之后，工作人员将比现在减少三分之一；干部的离休、退休等制度也正在逐步建立和健全起来。文章认为，对于中国的改革，世界舆论如此强烈，这不是偶然的。它表明，这场改革不仅是关系我国的社会主义现代化建设能否顺利发展的大事，也是关系到我国社会主义制度的优越性能否充分发挥的大事。我们每一个共产党员、每一个机关干部，都要正确认识这次改革的深刻意义。以正确的态度对待这场伟大变革，自觉地完成历史赋予我们的这项光荣任务。

特大城市政府机构改革的探索

（王大悟、姚为群、陈烽、荣宏庆、竺留定，《社会科学》，1985 年 10 期）

随着以城市为重点的经济体制改革的深入，政府机构改革已提上日程。政府机构改革不仅与社会主义制度下的经济模式有关，也与一个国家、一个地区的经济发展水平密切相关。本文所探讨的是，新经济体制下特大城市政府机构的目标模式及达到模式的方法和步骤。

特大城市政府机构的改革尚在探索中，本文提出的目标模式、过渡方法、前期任务和实施步骤意在于提供一条可供参考的思路。必须强调的是，观念变革是特大城市政府机构改革成败的关键。模式的创新，是观念变革的具体反映；只有实现了观念的变革，才可能产生能适应改革的新的模式。

关于机构改革问题的若干思考

（龙江、吴远、刘欣，《政治学研究》，1987 年 05 期）

在国务院确定的 16 个机构改革试点城市中，机构改革的工作已在不同程度上展开，根据对其中 10 个城市的调查资料，文章对我国的机构改革相关方面形成了初步看法。包括：机构改革的实质与目标；机构改革从何入手；政府经济管理部门改革的两难处境及出路；强化社会管理部门，调整政府结构；理顺中央和地方的关系，以及形成政府机构的“自控机制”；调整政府机构各类工作人员的比例和结构；贯彻“控制、调整、改革并进”的方针。

政府机构改革的任务、实施步骤和难点

（严涛住，《政治学研究》，1988 年 02 期）

党的十三大将政府机构改革列为政治体制改革的重要内容之一，应该说，机构改革并不是一件陌生的事情，在三十多年的实践中，我们经历过好几次较大规模的机构改革，可是，机构问题直到今天也还没有得到完满的解决。机构改革的任务究竟是什么？应当依据什么原则进行改革？能否走出一条机构改革的新路子？这些问题还有待于理论和实践的回答，文章就解决这些问题提供一个基本的思路。

中国行政改革的动力与进程（1982—1988）

（任晓，《政治学研究》，1989 年 06 期）

每一个社会都在进行改革。一个富有活力的社会必定是一个不断反省自身、革新自身的社会。社会发展的过程也是不断反省和改变自身的过程。行政改革是一个社会总体改革的重要组成部分。行政系统作为一个社会各项活动的调节中心，必须不断地更新自己才能持久地适应变化着的环境所提出的要求。改革是有其内在逻辑的。行政改革自然也不例外。人们必须遵循改革的规律才能准确地了解改革和有效地把握改革。文章力求探讨行政改革的一般规律，构建行政改革的分析模型，分析中国行政改革的史程。主要内容包括三个部分：第一部分构建行政改革的一般框架；第二部分以此框架为依据剖析 1949 年后中国中央政府的行政状况，分析 1982 年以来中央政府行政改革的动力与进程；第三部分是对中国行政改革总结性的回顾和前瞻。

行政区划改革战略刍议

（余兴安，《改革》，1991 年 02 期）

行政区划是国家行政组织的总框架，其结构的合理与否，直接影响着政府管理的效能、社会经济的发展，乃至国家的统一和民族的团结。我国现行行政区划中存在许多与现代化事业发展不相适应的因素，但是，问题的症结何在，应该采取什么样的改革战略，却远未达成共识。笔者认为，我们很有必要对我国行政区划的历史与现状进行一番认真研究，对近几年推行的区划改革方向进行重新审度，确立一套更为科学的改革新战略。

论政府机构的重新定位

（周思源，《经济体制改革》，1993 年 03 期）

新一轮全国性机构改革的序幕已拉开。为了保证此次机构改革的成功，有关部门进行了广泛的调查研究，制定了改革的方案。中央对改革的决心也很大。党的“十四”大提出了改革党政机构的任务，李鹏提交的八届全国人大审议的政府工作报告，又对政府机构改革提出了具体要求。应该说搞好这次机构改革的有利条件是很多的。然而，鉴于以往多次机构改革的短期效应，人们不得不提出疑问，这次机构改革会不会重蹈覆辙？的确，这样的担心不是完全没有依据的。

文章认为，发展社会主义市场经济，必须对政府机构进行重新定位，即对传统的、建立在计划经济基础之上的政府机构进行根本性的变革，构建一个崭新的、与社会主义市场经济相适应的政府机构。我国政府机构改革必须以此为目标。唯有如此，机构改革才能避免重蹈覆辙，才能为社会主义市场经济体制的建立创造条件。根据建设社会主义市场经济体制的要求，政府机构的重新定位应着重解决好政府模式、政府权力、政府职能、政府组织和政府行为的“五个”定位问题。

中国行政机构改革的回顾与展望
——兼论行政机构改革的长期性

（谢庆奎，《学习与探索》，1997 年 06 期）

改革开放以来，我国分别在 1982—1983 年、1987—1988 年进行了两次大规模的行政机构改革。与此相适应，十余年来，中国理论界尤其是政治学和行政学界一次又一次掀起了探讨行政机构改革的热潮。但是，在许多专家学者的探讨过程中，忽视了极为重要的一点，即行政机构改革的长期性。文章认为，对行政机构改革规定时间表，希望在几年内完成对某级行政机构的改革，是不现实的。中国政府本文的政府是指狭义的政府，即为中央和地方的行政机关，因而出现政府和行政两个概念混用的情况。体制的形成由来已久，在四十余年的发展过程中，行政机构已与其内外环境形成了难以阻遏的共生性，必须把它纳入整个政治社会系统中去考察和研究。所以，中国的行政机构改革不会也不可能速成，它是一个长期的、不间断的发展过程。

文章着重分析了中国历次机构改革的过程及形成恶性循环的原因，提出了政府机构平衡发展的理论，说明了中国政府机构改革的长期性论证了机构改革与政治、经济、文化体制改革的相关性，指出中国机构改革的唯一出路是全方位深化改革。

我国行政机构改革的政治学分析

（付彦，《理论学习月刊》，1998 年 08 期）

行政机构改革的核心议题用管理理论解释，即组织如何通过最具效率地运用和管理资源从而实现组织的既定目标，而组织膨胀、效率低下就是组织在实现其目标上的障碍。针对政府机构改革的膨胀——缩减怪圈现象，文章从政治角度分析，认为造成政府机构膨胀的原因在于政府职能的扩张、行政权的扩张、机构的自我扩张冲动、财政赤字和官本位思想。针对这些问题，文章认为行政机构改革是一项社会工程，应把这一工作同社会主义初级阶段的经济、政治和文化建设结合起来，同社会其他方面的改革同时进行，并确立改革的原则和目标。首先，应同政治体制改革结合起来。其次，机构改革要有整体规则，分步推进。最后，机构设置的最高原则，是人民满意原则和社会管理有效原则。机构改革应坚持科学化、法制化、现代化、社会化这样一些目的性原则。

适度政府规模与我国行政机构改革选择

（张雅林，《改革论坛》，2001 年 03 期）

政府机构改革的一个核心议题就是机构数量的配置，或机构规模的合理性设置。政府在行政事务的探索中需要不断厘清职能边界，同时需要对承载职能设置的机构规模进行合理的界定。中国政府的历次机构改革都回应了行政机构“精简—膨胀”的怪圈问题，那么政府规模与哪些因素相关？且如何设配一种合理的政府规模？

文章认为政府规模与一个国家的行政管理效率、经济增长和社会稳定密切相关，适度政府规模在量的规定性上表现为三项指标的有机组合，并根据经济社会发展的要求实现动态平衡。一是政府公共支出占国内生产总值的比重应该根据经济发展的不同阶段逐步递增，在现代化起步阶段20%左右的规模比较适度。二是政府机构的设置虽然因各国管理体制的差别和政治发展过程的不同而略有差别，但根据基本职能的规定，单一制国家中央政府机构设置可在30个到40个部门之间，纵向为三到四个行政管理层级。三是公务人员总量也要适应政府职能的变化，占人口总量的比例在不同发展阶段上应有所不同，并随着经济社会的发展而适度上升。就我国而言，文章认为应从政府职能的重新界定、央地政府的层级和规模、政社关系和机构分类管理四个方面的改革要求合理调整政府规模。

对建立“省直管县”体制的探讨

（黄德林、李珲，《理论月刊》，2005年08期）

随着我国市场经济建设和行政管理体制改革的不断推进，“市管县”体制的弊端日益突出。对此，本文认为逐步取消现行的“市管县”体制、建立“省直管县”体制的时机已经成熟。在对建立“省直管县”体制的可行性进行了初步探讨的基础上，笔者提出了适当缩小省区管辖范围、增设若干省或者直辖市的具体构想。

新时期深化政府职能转变的几点思考

（周志忍，《中国行政管理》，2006 年 10 期）

本文首先总结新时期环境的特点，说明这些特点对职能转变产生的影响或提出的新要求，在此基础上重点讨论政府职能转变的深层内涵及其实施理念。就职能转变的内涵和表现形式而言，新时期的侧重点不再是政府“该管什么不该管什么”，而要深入政府履行职责的具体方式，深入政府在应该管理领域中的角色定位。职能转变的深化需要实施理念和机制的创新，需要坚持“协同政府”理念、结果导向的责任政府理念、“可持续性”理念以及“管理精致化”原则。

深圳经济特区：中国对外经济政策的窗口
——以深圳作为中国对外经济政策窗口作用论述为中心

（肖刚，《国际经贸探索》，2007 年 11 期）

邓小平关于经济特区是中国“对外政策的窗口”的著名论断，其完整的内涵表现在：经济特区是中国反对霸权主义和强权政治的窗口；经济特区是中国维护世界和平的窗口；经济特区是加强中国同第三世界的团结和合作的窗口。不能简单地把经济特区定义和解释为“对外开放的窗口”，在和平与发展为主题的国际大背景下，改革开放以来的深圳经济特区，一直发挥着中国对外政策尤其是对外经济政策窗口的作用。

职能整合与机构重组：关于大部门体制改革的若干思考

（南开大学周恩来政府管理学院课题组，

《天津社会科学》，2008 年 03 期）

探索实行大部门体制改革是进一步深化行政管理体制改革的重要制度创新。该文章梳理了部分国家中央政府核心机构设置的基本情况与实行大部门体制的经验。第一，从大部门体制实施比较充分的国家来看，中央政府核心机构的理想设置数量似乎应该控制在 20 个以下，但从主要发展中大国的情况来看，目前内阁机构设置多在 20 个以上。第二，组建大部门也有一定的限度。第三，从英、法、日等国的大部门体制改革的经验来看，作为重大的行政管理改革措施的出台，需要从国情和现实出发，逐步展开，不可操之过急。由此，该文章认为，实行大部门体制的基础与核心是政府职能的转变与整合，改革的目标是通过机构重组限制部门主义，提高政府效能。

新中国行政机构改革的路径依赖分析

（胡珊琴，《中国行政管理》，2008 年 05 期）

中国行政机构改革是如何发生的？为何会陷入增减怪圈？该文章以路径依赖的理论为切入点，认为行政机构改革受到宏观政治经济制度结构、改革中组织行为选择和思想观念的相互作用，具有强有力的路径依赖效应。这种路径依赖性导致了行政机构改革的反复，而政治生活本身的集体性、复杂性和目标多重性、权力的非对称性等特征又强化了这一现状。

中国行政机构改革的回顾与前瞻

（杨平，《行政论坛》，2008 年 05 期）

2003 年的政府机构改革的重点在哪里？该文章认为，与 1998 年以大规模精简政府机构为突出特点的行政机构改革相比，2003 年的机构改革没有延续前几次精简机构的路线，而是着重围绕转变职能这一主题，依据市场经济条件下的各领域的管理作出了适当的合并和重组，特别是加入世界贸易组织以来，针对开放程度更高的市场要求，深化国有资产管理体制改革，完善宏观调控体系，健全金融监管体制，继续推进流通管理体制改革，加强食品安全和生产安全监管体制建设。为此，国务院设立了国有资产监督管理委员会，将国家发展计划委员会和国务院体改委合并改组为国家发展和改革委员会，设立中国银行业监督管理委员会，组建商务部和国家食品药品监督管理局为下一阶段的大部制改革奠定基础。

对我国应急管理机制建设的总体思考

（闪淳昌、周玲、钟开斌，《国家行政学院学报》，2011 年 01 期）

党的十六大以来，党中央、国务院在深刻总结历史经验、科学分析公共安全形势的基础上，审时度势，作出了全面加强应急管理工作的重大决策。在总结我国应急管理体制机制建设过程的基础上，围绕着机制建设这一核心问题，对应急管理体制与机制的含义及其关系进行重点分析，并因此提出了深化与完善我国应急管理机制建设工作的总体思路。我国应急管理体制的核心内容是“统一领导，综合协调，分类管理，分级负责，属地管理为主”（《突发事件应对法》第四条），我国建立应急管理机制的基本要求是“统一指挥，反应灵敏，协调有序，运转高效”。为了达到这一目标，需要做到国家要以应急机制建设为重点，推动我国应急体系建设；各级各部门应在全面展开机制建设工作的基础上，按照分层分类的原则，有重点、有步骤地开展应急管理机制建设；规范机制的形成程序，推进机制的标准化、规范化与制度化建设；坚持以人为本落实各级政府应急机制建设的责任制。

中国新一轮政府改革的重点和方向

（燕继荣，《中国特色社会主义研究》，2013 年 06 期）

当前中国的国家治理面临着转型的挑战和新信息技术的挑战，为了迎接挑战，更好地为人民群众提供更满意的公共产品和公共服务，政府进行了大部制改革和行政审批改革等措施。中国政府改革依然任重而道远，需要领导人有坚持改革的勇气和魄力。该文章认为，中国新一轮政府改革的实践，聚焦于大部制改革，行政审批制度改革。同时，认为未来改革的方向应当是：建立有限的政府，让市场和社会发挥更大的作用。在当前的社会管理过程当中，必须认识到人的局限性，不能始终把希望寄托在某些个人的道德和能力上，而要用制度来约束人和权力。在政府权力之外，更要让社会发挥其充分的作用，鼓励民众和社会组织进行自我管理。鼓励民众广泛参与公共事务和促进社会自治的努力。社会资本理论将民主化的建设、政府再造工程以及社会建设的工作重心引向社区组织和非政府组织的发展方面。

省直管县（市）体制改革的内在逻辑与当下操作

（高传勇，《改革》，2013 年 11 期）

省直管县（市）改革是我国行政体制改革的重要组成部分，也是政府间纵向关系改革的突破点。省直管县（市）改革的历史轨迹和内在逻辑，决定了财政省直管县（市）改革必然延伸和过渡到行政省直管县（市）。现阶段，全国大多数省份均开展了各具特色的省直管县（市）改革探索，并取得了显著成效。未来推进省直管县（市）改革应在因地制宜、先行试点基础上逐步推进，坚持由扩权强县、财政省直管县（市）逐步向行政省直管县（市）过渡，提高行政管理效率，增强县级单位自主发展能力、逐步实现城乡基本公共服务均等化，促进城乡协调发展。

将简政放权放管结合向纵深推进

（王满传，《紫光阁》，2015 年 06 期）

简政放权、放管结合作为本届政府推进改革的“先手棋”，两年多来为企业“松了绑”，为地方“解了绊”，为社会“腾了位”，降低了市场主体创业就业创新的门槛，减少了企业、人民群众经商办事的成本，极大地激发了市场活力和社会创造力，同时有效规范了政府部门的行为，提高了行政效率和管理服务水平，可谓成效显著。但当前，在推进简政放权、放管结合改革中仍存在不少难点问题。我们必须在总结前两年工作基础上，采取针对性举措，将这项既利当前又惠长远的改革向纵深推进。

撤县设市、行政扩权与经济增长
——基于断点回归方法的估计

（刘晨晖、陈长石，《经济评论》，2019 年 02 期）

本文将中国 20 世纪八九十年代的撤县设市政策作为准自然实验，使用断点回归方法系统评价了撤县设市政策对县级地区经济增长的影响，并且从财政收入、固定资产投资和人口等角度进一步分析了撤县设市对经济增长影响的传导路径。研究结果发现：从影响效果来看，县升为县级市所隐含的行政扩权有助于促进相关地区的名义经济增长，但无助于效率的改善和内生增长动力的形成；从传导路径来看，其对增长的带动力主要是通过固定资产投资扩张与资本的增长所产生的，对吸引人口流入与促进技术进步等方面影响并不明显。这表明上一轮撤县设市政策促进增长的方式比较粗放，考虑到自 2017 年起我国新一轮撤县设市政策所处的外部经济环境，应更好地借鉴上一轮撤县设市政策周期的经验教训，更加重视提升发展质量与发展效率。

“十四五”时期行政区划设置与空间治理的探讨

（王开泳、陈田，《中国科学院院刊》，2020年07期）

行政区划一直都是国家进行地方治理的基础支撑单元。近年来，行政区划调整成为优化资源配置和空间治理的重要抓手。行政区划设置在完善城市布局、优化城市结构、提高空间治理效率、调节空间发展秩序、促进区域均衡发展和实现区域优化重组等方面发挥重要作用。建议在“十四五”期间，充分发挥行政区划的资源优化配置作用，推进城市群专区行政管理体制改革、因地制宜推进各级中心城市建设步伐，提高中心城市综合承载和资源优化配置能力，优化县级行政区设置与布局，激发地方发展活力，推进扁平化管理，提高空间治理效率。同时，提出进行政区划调整的配套政策与建议，为中国新时期的空间治理和区域协调发展作出应有的贡献。

新中国70年行政区划调整的历程、特征与展望

（张可云、李晨，《社会科学辑刊》，2021年01期）

行政区划是国家权力分配和政策制定的基础，是行政管理的基本空间单元。行政区划调整是否得当，不仅影响国家的治理体系与治理能力现代化，更关系到国家稳定、民族团结、经济发展和社会进步。新中国成立后的70多年间，中国的行政区划调整经历了四个时期：探索时期、加速时期、调整时期和优化时期。行政区划调整的主要特征是：不同时期行政区划调整的主导目标不同、同一时

期不同区域行政区划调整的重点不同、行政级别越高的政区调整频率越低、行政区划调整的空间尺度不断细化以及行政层级调整趋向扁平化。进入新时代后，中国行政区划的调整要注重完善行政区划管理的法律法规、完善城镇型政区的设置标准、探索不同的设市模式、完善行政区划调整的评估机制以及明确行政区划管理的主体并赋予其必要的权威。

百年来党领导行政体制建设和改革的历程、成就和经验

（王满传、孙文营，《中国行政管理》，2021 年 12 期）

一百年来，中国共产党领导进行的行政体制建设和改革经历了新民主主义革命时期、社会主义革命和建设时期、改革开放和社会主义现代化建设新时期、中国特色社会主义新时代四个历史阶段。取得了重大成就：建立健全了真正由人民当家作主、全心全意为人民服务的人民政府；建立健全了符合中国国情、适应国家发展和治理要求的行政区划和行政层级体系；建立健全了符合政府担负使命、与社会主义市场经济体制相适应的政府职能体系；建立健全了保证政府有效履职、具有中国特色的政府组织机构体系；建立健全了规范行政权力运行、推动科学民主依法行政的行政制度体系。百年来，党领导行政体制建设和改革积累了宝贵的历史经验：坚持党的领导；坚持人民至上；坚持科学理论指导；坚持走自己的路；坚持与经济基础相适应；坚持统筹推进。

中国法治政府建设进程中的政府绩效评价

（郑方辉、尚虎平，《中国社会科学》，2016 年 01 期）

法治政府建设是全面依法治国的核心内容，也是实现中华民族伟大复兴及中国梦的必经之路。我国改革开放 30 多年来法治建设及组织考评的演进历程，历经了多个阶段，呈现出不同特征，这一过程有效地促进了法治政府建设，但其本质上还是目标性考评。目前存在的目标导向及功能定位不明确、技术体系不完善、动力机制不健全等问题，甚至形成各自为政、重复考评、无所适从等现实困境，都源于考评理论悖论、考评主体单一、制度建设滞后、顶层设计缺失等因素。基于价值理性与工具理性的双重耦合，以政府绩效评价推进法治政府建设既体现了法治精神及政府绩效的价值理性，又强化了考评作为组织管理的工具属性，有助于提升治理的合法性。未来应创新评价理论，扩大公众参与，引入多元评价主体，完善技术体系，加强制度建设，培育绩效文化。从目标考评到法治政府绩效评价的转变，有助于衍生一门新的学科——法治政府绩效评价学，从而进一步推进我国公共管理理论跨学科的融合与创新。

著作介绍

▼

《中国机构改革的理论与实践：机构改革调控机制研究》

（刁田丁等著，法律出版社 1999 年出版）

在中国，机构改革既是政治体制改革的重要内容，也是行政管理体制改革的组成部分，并要和经济体制改革紧密联系、相机适应。我国的机构改革，实际上包括了党、政、事业和企业单位的广泛内容，但重点是政府机构改革，本书的研究任务也主要在此，并适当联系其他方面。本书全面认识机构改革调控机制的客观作用，具体把握机构改革调控机制体系的内在联系，旨在提高中央和地方各级政府对机构改革的自觉性和主动性，把机构改革的具体实践真正建立在科学的基础之上，提高机构改革的政治、行政、社会和经济的效益。这不仅具有理论的意义，而且具有现实和长远的实践意义。

《行政区划与区域管理》

（侯景新、蒲善新、肖金成主编，中国人民大学出版社 2006 年出版）

本书以行政区划为主线研究区域管理及区域经济的有效组织。本书在评价行政区划地位与作用的基础上，论述了我国行政区划的历史沿革，并对当今我国行政区划管理进行系统分析；针对中央政府和地方政府的关系、行政区划经济区划的关系、行政区划的优化层级设置及城市的分级辐射定位等进行了重点的专题研究；评介了世界典型国家的行政区划，并提出值得中国借鉴的行政区划改革经验；探讨了我国行政区划所存在的问题，提出优化层级的理论及未来行政区划改革的设想；探索了中央与地方关系的动态变化规律，在理论上阐述了在保持地方发展活力和确保中央宏观调控之间实际上存在着变动的弹性上区间，对我国行政区划改革具有重要的参考意义。

《行政体制改革论》

（魏礼群著，人民出版社 2013 年出版）

行政体制是国家体制的重要组成部分，行政体制改革贯穿于我国改革开放和社会主义现代化建设的全过程。深化行政体制改革，加快建立中国特色社会主义行政体制，既是深化整个改革的重要环节，也是全面发展中国特色社会主义的迫切需要。作者在从事行政体制改革理论和政策研究工作过程中，不断加深对行政体制改革问题的理解和思考。本书以专题分类，以时间排序。全书分为七个部分：（一）行政体制改革理论与进展；（二）深化行政体制改革目标与任务；（三）政府自身改革与建设；（四）加强和创新社会管理；（五）提高应急管理能力与水平；（六）国际金融危机与公共行政改革；（七）推进行政体制改革研究与创新。

《优化行政区划设置研究》

（安森东著，国家行政学院出版社 2016 年出版）

党的十八大报告提出，要“优化行政层级和行政区划设置”。党的十八届三中全会通过的《中共中央关于全面深化改革若干重大问题的决定》则着重指出要“优化行政区划设置”。我国现行行政区划是在长期历史发展进程中形成的。伴随着我国市场经济特别是区域经济和新型城镇化的发展，行政区划体制改革滞后的矛盾和问题增多。鉴于此，本报告在对中国行政区划改革的背景、行政区划的内涵、行政区划基本理论等分析研究的基础上，提出了中国行政区划改革的原则、思路和策略。主要结论有以下三点。（一）优化我国行政区划的原则。一是统筹内外因素，因时因地制宜；二是推进区域协调发展，加快城镇化建设；三是保障国家安全，实现社会稳定；四是缩小城乡差距，促进民族地区发展；五是尊重历史传承，遵循文化融合。（二）优化我国行政区划的基本思路。一是以“五个结合”统筹中国行政区划改革全过程；二是以增设直辖市作为划小省级行政区的突破口；三是以促进城乡一体化完善中国特色行政区划制度；四是创新我国大都市行政区管理体制；五是加强行政区划法制建设。（三）优化我国行政区划的策略。一是逐步推进省级行政区划优化工作；二是推动计划单列市升格为中央直辖或归位为省辖；三是分类推进省直管县（市）改革；四是构建动态调整的县级行政区等次体系；五是加快优化乡镇行政管理体制；六是建立跨区域协同发展的体制机制。

《建设服务型政府——中国行政体制改革 40 年》

（魏礼群主编，广东经济出版社 2017 年出版）

本书是《复兴之路——中国改革开放 40 年回顾与展望》系列丛书之一，是回顾中国行政体制改革历程、展现中国行政体制改革成就的图书。行政体制改革是政治体制改革的重要内容，是中国改革发展事业的重要组成部分。行政体制改革包括行政权力结构变革、行政组织机构调整、行政管理制度以及行政手段方式创新等。中国改革开放近 40 年来，行政体制改革取得了重大进展。回顾总结中国行政体制改革的伟大历程和宝贵经验，研究探讨继续推进改革需要解决的重点问题，对于深刻认识改革开放的伟大成就，推进国家治理体系和治理能力现代化，协调推进“四个全面”战略布局，具有重要意义。

《中国地方政府大部制改革模式研究》

（陈天祥等著，社会科学文献出版社 2017 年出版）

本书是国内第一本系统地实证研究地方政府大部制改革的著

作，作者选择深圳市、佛山市顺德区、珠海市、广州市四地作为研究案例，通过访谈、问卷调查等方面收集第一手资料，并利用统计数据，从职能转变、机构整合、政府效率、民众满意度等方面探讨大部制改革的成效，存在的问题和今后改革的方向，具有较高的学术创新价值，对于弥补国内外大部制改革实证资料的匮乏具有重要的意义。

《政府职能转变研究论纲》

（朱光磊等著，中国社会科学出版 2018 年出版）

政府职能转变，是中国改革的核心内容之一，本书分八章，考察分析了政府职能转变的概念、内容和着力点，论述了政府职能转变与转变经济增长模式，与民主和社会改革，与地方行政机构改革的关系，从理论和实践两个方面，对政府职能转变提出了建设性的建议。

《推进政务服务标准化问题和对策研究》

（陈扬、董杲著，人民出版社 2021 年出版）

本书研究如何将标准化的原理、方法融入政府治理实践，发挥好标准化在推进政府治理现代化中的基础性、战略性和带领性作用是本文试图尝试和解决的主要内容。本书通过分析政务服务标准化工作的进展、意义、成效和存在的问题，提出优化政务服务标准化工作的重点思路和主要对策，为政务服务平台建设和服务管理提供理论指导和技术支撑。通过研究促进政务服务质量和效率提升，为政府高效行政提供理论借鉴。细化政府治理的手段，满足建设服务型政府的要求，有效提升政府治理能力。

重要文献索引

▼

政策文件

《全国人民代表大会常务委员会关于国务院机构改革问题的决议》，《中华人民共和国国务院公报》，1982 年 06 期。

《全国人民代表大会常务委员会关于国务院部委机构改革实施方案的决议（一九八二年五月四日通过）》，《中华人民共和国国务院公报》，1982 年 09 期。

《全国人民代表大会常务委员会关于批准国务院直属机构改革实施方案的决议》，《中华人民共和国国务院公报》，1982 年 14 期。

《国务院批转民政部关于调整设市标准和市领导县条件报告的通知》，中国政府网，2012 年 8 月 20 日。

《第七届全国人民代表大会第一次会议关于设立海南省的决定》，《中华人民共和国国务院公报》，1988 年 10 期。

《第七届全国人民代表大会第一次会议关于国务院机构改革方案的决定》，《中华人民共和国国务院公报》，1988 年 11 期。

《国务院批转民政部关于调整设市标准报告的通知》，《中华人民共和国国务院公报》，1993 年 12 期。

《国务院机构改革方案》，《中华人民共和国国务院公报》，1993 年

10期。

《机关工作人员工资制度改革方案》,《四川省人民政府公报》,1994年07期。

《第八届全国人民代表大会第五次会议关于批准设立重庆直辖市的决定》,《中华人民共和国国务院公报》,1997年09期。

《国务院批转公安部关于企业事业单位公安机构体制改革意见的通知》,中国政府网,2011年11月15日。

《第九届全国人民代表大会第一次会议关于国务院机构改革方案的决定》,《中华人民共和国国务院公报》,1998年09期。

《中共中央办公厅 国务院办公厅关于在农村普遍实行村务公开和民主管理制度的通知》,《湖南省人民政府公报》,1998年10期。

《中共中央办公厅 国务院办公厅关于在全国乡镇政权机关全面推行政务公开制度的通知》,《中华人民共和国国务院公报》,2001年01期。

《国务院办公厅关于抓紧做好企业事业单位公安机构体制改革工作的通知》,《中华人民共和国国务院公报》,2001年28期。

《全面推进依法行政实施纲要》,人民出版社2004年版。

《国务院关于印发全面推进依法行政实施纲要的通知》,《中华人民共和国国务院公报》,2004年16期。

《中共中央办公厅 国务院办公厅关于进一步推行政务公开的意见》,《中华人民共和国国务院公报》,2005年18期。

《关于深化行政管理体制改革的意见》,人民出版社2008年版。

《第十一届全国人民代表大会第一次会议关于国务院机构改革方案的决定》,《中华人民共和国全国人民代表大会常务委员会公报》,2008年03期。

《财政部关于推进省直接管理县财政改革的意见》,《宁夏回族自治区人民政府公报》，2009 年 23 期。

《民政部关于严格行政区划建制表述等有关问题的通知》，中华人民共和国民政部网站，2010 年 10 月 19 日。

《中共中央 国务院关于分类推进事业单位改革的指导意见》，《中华人民共和国国务院公报》，2012 年 12 期。

《国务院机构改革和职能转变方案》，人民出版社 2013 年版。

《第十二届全国人民代表大会第一次会议关于国务院机构改革和职能转变方案的决定》，《中华人民共和国全国人民代表大会常务委员会公报》，2013 年 02 期。

《国务院关于取消和下放一批行政审批项目的决定》，人民出版社 2014 年版。

《国务院关于改进和加强中央财政科研项目资金管理的若干意见》，人民出版社 2014 年版。

《国务院关于取消和调整一批行政审批项目等事项的决定》，人民出版社 2014 年版。

《国务院关于促进市场公平竞争维护市场正常秩序的若干意见》，人民出版社 2014 年版。

《国家新型城镇化规划（2014—2020 年）》，人民出版社 2014 年版。

《国务院关于取消非行政许可审批事项的决定》，人民出版社 2015 年版。

《行业协会商会与行政机关脱钩总体方案》，人民出版社 2015 年版。

《国务院关于机关事业单位工作人员养老保险制度改革的决定》，《中华人民共和国国务院公报》，2015 年 03 期。

《国务院取消和调整的行政审批项目等事项目录（2013 年 5 月—2015 年 7 月）》，人民出版社 2015 年版。

《国务院关于第一批取消62项中央指定地方实施行政审批事项的决定》，人民出版社2015年版。

《发展改革委 国土资源部 环境保护部 住房城乡建设部关于促进国家级新区健康发展的指导意见》，《中华人民共和国国务院公报》，2015年20期。

《国务院办公厅关于推广随机抽查规范事中事后监管的通知》，《中华人民共和国国务院公报》，2015年23期。

《国务院关于第一批清理规范89项国务院部门行政审批中介服务事项的决定》，人民出版社2015年版。

《中共中央　国务院关于深入推进城市执法体制改革 改进城市管理工作的指导意见》，人民出版社2016年版。

《国务院关于深入推进新型城镇化建设的若干意见》，《中华人民共和国国务院公报》，2016年06期。

《中共中央关于深化党和国家机构改革的决定》，人民出版社2018年版。

《深化党和国家机构改革方案》，人民出版社2018年版。

《第十三届全国人民代表大会第一次会议关于国务院机构改革方案的决定》，《中华人民共和国全国人民代表大会常务委员会公报》，2018年02期。

《国家发展改革委关于实施2018年推进新型城镇化建设重点任务的通知》，中国政府网，2018年3月13日。

《国务院关于修改和废止部分行政法规的决定》，人民出版社2018年版。

《中共中央关于深化党和国家机构改革的决定》，人民出版社2018年版。

《深化党和国家机构改革方案》，人民出版社 2018 年版。

《国务院办公厅关于印发进一步深化“互联网+政务服务”推进政务服务“一网、一门、一次”改革实施方案的通知》,《中华人民共和国国务院公报》，2018 年 19 期。

《国务院办公厅关于做好证明事项清理工作的通知》,《中华人民共和国国务院公报》，2018 年 19 期。

《国务院关于加快推进全国一体化在线政务服务平台建设的指导意见》,《中华人民共和国国务院公报》，2018 年 23 期。

《中共中央关于坚持和完善中国特色社会主义制度 推进国家治理体系和治理能力现代化若干重大问题的决定》，人民出版社 2019 年版。

《国务院关于在市场监管领域全面推行部门联合“双随机、一公开”监管的意见》,《中华人民共和国国务院公报》，2019 年 06 期。

《国务院办公厅关于建立政务服务“好差评”制度提高政务服务水平的意见》，中国政府网，2019 年 12 月 17 日。

《国务院办公厅关于进一步完善失信约束制度构建诚信建设长效机制的指导意见》，中国政府网，2020 年 12 月 18 日。

法律规章

《事业单位工资制度改革后财务管理的若干规定》,《中华人民共和国国务院公报》，1985 年 29 期。

《行政区域边界争议处理条例》,《中华人民共和国国务院公报》，1989 年 02 期。

《事业单位工作人员工资制度改革方案》,《中华人民共和国国务院公报》，1993 年 27 期。

《机关、事业单位艰苦边远地区津贴实施办法》,《中华人民共和国国务院公报》，1993 年 31 期。

《机关工作人员工资制度改革实施办法》，《财会月刊》，1994 年 03 期。

《事业单位工作人员工资制度改革实施办法》，《江西省人民政府公报》，1994 年 04 期。

《行政区域界线管理条例》，《中华人民共和国国务院公报》，2002 年 19 期。

《广州市政府信息公开规定》，《广州市人民政府公报》，2002 年 23 期。

《文化体制改革试点中支持文化产业发展的规定（试行）》，载江苏省委宣传部编，《江苏宣传年鉴》，江苏人民出版社 2004 年版。

《文化体制改革试点中经营性文化事业单位转制为企业的规定（试行）》，载江苏省委宣传部编，《江苏宣传年鉴》，江苏人民出版社 2004 年版。

《党政机关国内公务接待管理规定》，人民出版社 2013 年版。

《国务院办公厅关于印发文化体制改革中经营性文化事业单位转制为企业和进一步支持文化企业发展两个规定的通知》，人民出版社 2014 年版。

《行政区划管理条例》，《中华人民共和国国务院公报》，2018 年 32 期。

《中华人民共和国外商投资法》，中国法制出版社 2019 年版。

《国务院关于在线政务服务的若干规定》，《中华人民共和国国务院公报》，2019 年 13 期。

《优化营商环境条例》，中国法制出版社 2019 年版。

《行政区划管理条例实施办法》，《中华人民共和国国务院公报》，2020 年 08 期。

《地名管理条例》，《中华人民共和国国务院公报》，2022 年 13 期。

期刊文献

《改革干部制度的战略决策》,《瞭望》,1982 年 03 期。

于光远,《对各国政府机构作比较研究》,《天津社会科学》,1983 年 03 期。

王大悟、姚为群、陈烽、荣宏庆、竺留定,《特大城市政府机构改革的探索》,《社会科学》,1985 年 10 期。

刘开通,《改革政府经济管理机构的一种构想》,《福建师范大学学报(哲学社会科学版)》,1987 年 02 期。

龙江、吴远、刘欣,《关于机构改革问题的若干思考》,《政治学研究》,1987 年 05 期。

严涛住,《政府机构改革的任务、实施步骤和难点》,《政治学研究》,1988 年 02 期。

任晓,《中国行政改革的动力与进程(1982—1988)》,《政治学研究》1989 年 06 期。

韩竹林,《小政府大社会——关于政府机构改革目标模式的探讨》,《社会科学》,1989 年 03 期。

余兴安,《行政区划改革战略刍议》,《改革》,1991 年 02 期。

周思源,《论政府机构的重新定位》,《经济体制改革》,1993 年 03 期。

陈传康、邓忠泉,《行政区划掣肘经济发展的研究——以泰州及其港口——高港为例》,《地理学报》,1993 年 04 期。

陈朝辉,《论"县市化"弊端与城市化进程》,《热带地理》,1994 年 04 期。

莫于川,《中政府:我国城市政府组织法制的理性选择》,《现代法学》,1995 年 02 期。

谢庆奎,《中国行政机构改革的回顾与展望——兼论行政机构改革的长期性》,《学习与探索》，1997 年 06 期。

付彦,《我国行政机构改革的政治学分析》,《理论学习月刊》，1998 年 08 期。

朱光明、孙文亮,《关于我国行政机构改革的若干思考》,《齐鲁学刊》，1999 年 01 期。

刘旭涛,《公共服务市场化：政府职能转变的重要方向》,《新视野》，1999 年 01 期。

陈国权,《论政府能力的有限性与政府机构改革》,《求索》，1999 年 04 期。

江美塘,《组织缺陷视角下的行政机构改革——对中国行政机构改革的一项探讨》,《学术评论》，1999 年第 10 期。

张雅林,《适度政府规模与我国行政机构改革选择》,《改革论坛》，2001 年 03 期。

刘君德,《新时期中国城市型政区改革的思路》,《中国行政管理》，2003 年 07 期。

朱光磊、张志红,《“职责同构”批判》,《北京大学学报（哲学社会科学版）》，2005 年 01 期。

吴江,《我国政府机构改革的历史经验》,《中国行政管理》，2005 年 03 期。

黄德林、李珲,《对建立“省直管县”体制的探讨》,《理论月刊》，2005 年 08 期。

林其屏,《区域经济联盟的战略基地：我国经济特区发展的新路径》,《国际贸易问题》，2006 年 03 期。

周志忍,《新时期深化政府职能转变的几点思考》,《中国行政管理》，2006 年 10 期。

徐元明、刘远、周春芳,《省直管县体制改革相关问题研究——以江苏省为例》,《江海学刊》,2007年06期。

肖刚,《深圳经济特区:中国对外经济政策的窗口——以深圳作为中国对外经济政策窗口作用论述为中心》,《国际经贸探索》,2007年11期。

南开大学周恩来政府管理学院课题组,《职能整合与机构重组:关于大部门体制改革的若干思考》,《天津社会科学》,2008年03期。

朱国伟、陈晓燕,《省直管县有效性实现的府际关系因素分析》,《云南行政学院学报》,2008年03期。

刘雪华,《论服务型政府建设与政府职能转变》,《政治学研究》,2008年04期。

田芳,《对我国行政区划体制宪法争议的思考》,《江苏行政学院学报》,2008年05期。

杨平,《中国行政机构改革的回顾与前瞻》,《行政论坛》,2008年05期。

胡珊琴,《新中国行政机构改革的路径依赖分析》,《中国行政管理》,2008年05期。

朱光磊、于丹,《建设服务型政府是转变政府职能的新阶段——对中国政府转变职能过程的回顾与展望》,《政治学研究》,2008年06期。

罗海平、钟坚,《海南经济特区20年的审视与展望》,《经济前沿》,2008年09期。

何颖,《中国政府机构改革30年回顾与反思》,《中国行政管理》,2008年12期。

谢国富,《革命性与过渡性并存——1998—2008年中央行政机构改革的回顾与前瞻》,《河北学刊》,2009年01期。

朱光磊、李利平,《回顾与建议：政府机构改革三十年》,《北京行政学院学报》，2009 年 01 期。

张劲、陆逸琼,《中国政府机构改革 60 年》,《同济大学学报（社会科学版）》，2009 年 05 期。

周望,《改革开放以来政府机构改革的回溯、反思与展望》,《行政论坛》，2009 年 05 期。

魏衡、魏清泉、曹天艳、赵静,《城市化进程中行政区划调整的类型、问题与发展》,《人文地理》，2009 年 06 期。

杨志勇,《省直管县财政体制改革研究——从财政的省直管县到重建政府间财政关系》,《财贸经济》，2009 年 11 期。

邓集文,《省直管县：我国地方行政层级改革的愿景》,《云南行政学院学报》，2010 年 03 期。

王贤彬、聂海峰,《行政区划调整与经济增长》,《管理世界》，2010 年 04 期。

董娟,《关于我国行政区划改革的思考——行政派出模式的一种审视》,《经济体制改革》，2010 年 06 期。

易顶强,《我国省级行政区划改革新探——以“省直管县”体制改革为视角》,《求实》，2010 年 08 期。

王开泳、陈田,《国外行政区划调整的经验及对我国的启示》,《世界地理研究》，2011 年 02 期。

尚虎平,《“职能革命”、管理绩效带动政府责任实现——卡梅隆政府公共机构改革的行政学意涵及对我国的启示》,《公共管理学报》，2011 年 04 期。

朱光磊、周望,《在转变政府职能的过程中提高政府公信力》,《中国人民大学学报》，2011 年 03 期。

石亚军、施正文,《我国行政管理体制改革中的“部门利益”问题》,《中国行政管理》,2011 年 05 期。

郑新业、王晗、赵益卓,《“省直管县”能促进经济增长吗?——双重差分方法》,《管理世界》,2011 年 08 期。

范今朝、王剑荣、蒋瑶璐,《试论中国当代城市化进程中的行政区划“逆向调整”现象——以永康市芝英镇的行政区划调整过程为例》,《经济地理》,2011 年 11 期。

赵聚军,《公共服务:行政区划调整中应予关注的一个基本变量》,《中共天津市委党校学报》,2012 年 03 期。

曲世敏,《我国城市化进程中行政区划调整模式研究》,《中国城市经济》,2012 年 03 期。

陈国权、梁耀东、于洋,《基于区域差异性的省直管县分类改革研究》,《江海学刊》,2012 年 04 期。

曾鹏、蒋团标、廉超,《新疆喀什经济特区跨越式发展战略研究》,《经济地理》,2012 年 06 期。

张道刚,《“产强城弱”下的“县改市”》,《决策》,2012 年 07 期。

徐晓光、胡梦非,《经济转型与金融发展——基于深圳经济特区分析》,《特区经济》,2012 年 11 期。

张梦婕、栾阿诗,《我国区域经济政策演化与特殊经济区的设立》,《经济研究导刊》,2012 年 35 期。

许耀桐,《行政体制改革:十年十成果》,《瞭望》,2012 年 45 期。

燕继荣,《中国新一轮政府改革的重点和方向》,《中国特色社会主义研究》,2013 年 06 期。

马宝成,《有序推进省直管县分类改革——评〈攻坚——聚焦省直管县体制改革〉》,《国家行政学院学报》,2013 年 06 期。

高传勇,《省直管县（市）体制改革的内在逻辑与当下操作》,《改革》，2013 年 11 期。

许耀桐,《关于我国大部制改革的探讨》,《中共福建省委党校学报》，2013 年 12 期。

陈天祥,《行政机构改革“硬骨头”拆解》,《人民论坛》，2013 年 30 期。

郭燕芬、柏维春,《关于我国行政体制改革的反思——基于目标管理理论视角》,《广西社会科学》，2014 年 07 期。

周志忍、徐艳晴,《基于变革管理视角对三十年来机构改革的审视》,《中国社会科学》，2014 年 07 期。

王浦劬,《论转变政府职能的若干理论问题》,《国家行政学院学报》，2015 年 01 期。

王满传,《将简政放权放管结合向纵深推进》,《紫光阁》，2015 年 06 期。

石亚军,《当前推进政府职能根本转变亟需解决的若干深层问题》,《中国行政管理》，2015 年 06 期。

赵振华,《“放饵钓鱼”与“开闸引鱼”我国自贸区与经济特区的异同》,《人民论坛》，2015 年 18 期。

邓雪琳,《改革开放以来中国政府职能转变的测量——基于国务院政府工作报告（1978—2015）的文本分析》,《中国行政管理》，2016 年 08 期。

毛冠凤、陈明艳、殷伟斌,《经济特区中后发展区域从投资驱动向创新驱动转型研究：以深圳龙岗为例》,《科技进步与对策》，2016 年 22 期。

魏礼群,《中国行政体制改革的历程和经验》,《全球化》，2017 年

05 期。

翟云,《政府职能转变视角下“互联网+政务服务”优化路径探讨》,《国家行政学院学报》,2017 年 06 期。

杨林、薛琪琪,《“撤县设区”抑或“撤县设市”?——基于市县经济关联度的视角》,《山东社会科学》,2017 年 11 期。

徐继敏、杨静愉,《我国“省直管县”改革现状评估及进一步改革建议》,《广西社会科学》,2017 年 11 期。

吴德星,《以整体政府观深化机构和行政体制改革》,(《人民论坛》,2018 年 01 期。

周天勇、张占斌,《论新时期中国行政体制改革战略》,《财经问题研究》,2018 年 01 期。

李军鹏,《改革开放 40 年:我国放管服改革的进程、经验与趋势》,《学习与实践》,2018 年 02 期。

宋世明、王君凯,《我国政府机构改革历程与取向观察》,《改革》,2018 年 04 期。

吕志奎、曾荣,《改革开放以来中国政府机构改革的创新路径》,《社会主义研究》,2018 年 05 期。

于君博,《改革开放 40 年来中国行政体制改革的基本逻辑》,《经济社会体制比较》,2018 年 06 期。

许耀桐,《中国政府机构改革 40 年来的发展》,《行政论坛》,2018 年 06 期。

沈荣华,《我国政府机构改革 40 年的启示和新趋向》,《行政管理改革》,2018 年 10 期。

栗宁远、潘墨涛,《改革开放四十年我国政府机构改革:基于耦合视角》,《重庆社会科学》,2018 年 12 期。

石亚军，《深化机构和行政体制改革推动国家治理体系创新》，《政法论坛》，2018 年 36 期。

丁志刚、王杰，《中国行政体制改革四十年：历程、成就、经验与思考》，《上海行政学院学报》，2019 年 01 期。

戢浩飞，《机构改革的理论逻辑与实践探讨——基于行政职能的分析视角》，《学术论坛》，2019 年 01 期。

刘晨晖、陈长石，《撤县设市、行政扩权与经济增长——基于断点回归方法的估计》，《经济评论》，2019 年 02 期。

范瑞光，《新中国成立以来政府机构改革的演进逻辑——一个生态系统分析的解释框架》，《中共宁波市委党校学报》，2019 年 05 期。

蒋硕亮、徐龙顺，《中国行政体制改革的逻辑、样态与趋向——基于新中国成立 70 年来的经验分析》，《江汉论坛》，2019 年 10 期。

吕志奎，《从职能带动到体系驱动：中国政府机构改革的“三次跃迁”》，《学术研究》，2019 年 11 期。

邱实，《政府机构改革的职责逻辑》，《江海学刊》，2020 年 01 期。

胡光琼、郑迦元，《结构功能主义视角下的政府机构改革范式与路径研究》，《经济与社会发展研究》，2020 年 02 期。

何艳玲，《中国行政体制改革的价值显现》，《中国社会科学》，2020 年 02 期。

田烨、王存祖，《我国民族地区行政区划的历史变迁》，《广西民族研究》，2020 年 04 期。

匡贞胜，《中国近年来行政区划调整的逻辑何在？——基于EHA-Logistic模型的实证分析》，《公共行政评论》，2020 年 04 期。

申立，《长三角行政区划调整：历程、特征及思考——基于行政区划资源的视角》，《上海城市管理》，2020 年 04 期。

殷冠文、刘云刚,《区划调整的城市化逻辑与效应》,《经济地理》,2020 年 04 期。

匡贞胜,《职能转变、资源配置与特大镇行政体制改革》,《中国行政管理》,2020 年 06 期。

王开泳、陈田,《“十四五”时期行政区划设置与空间治理的探讨》,《中国科学院院刊》,2020 年 07 期。

李广众、贾凡胜,《财政层级改革与税收征管激励重构——以财政“省直管县”改革为自然实验的研究》,《管理世界》,2020 年 08 期。

王开泳、冯润东,《行政区划调整对政区位势的影响与定量化测度》,《地理学报》,2020 年 08 期。

张旭、王静,《行政区划调整能加快金融集聚吗?——基于PSM-DID模型的分析》,《金融与经济》,2020 年 11 期。

张婷,《政府职能视角下中国行政区划变革动力研究》,《中国管理信息化》,2020 年 20 期。

张可云、李晨,《新中国 70 年行政区划调整的历程、特征与展望》,《社会科学辑刊》,2021 年 01 期。

高轩,《改革开放以来我国政府机构改革的协同学思维》,《桂海论丛》,2021 年 02 期。

李晓琳,《适应城镇化未来发展需要的行政区划调整研究》,《区域经济评论》,2021 年 02 期。

陆小成,《基于区划调整的城市空间生产与生态治理研究》,《城市观察》,2021 年 03 期。

王成军、蒋明华、徐汉明,《区域合作视角下的深圳特区扩容研究》,《区域经济评论》,2021 年 03 期。

匡贞胜、申立、肖莎,《资源型地区的结构变迁与行政区划改革——以伊春市为例》,《经济社会体制比较》, 2021 年 04 期。

谢志强,《从我国政府机构改革历程看国家治理体系现代化》,《国家治理》, 2021 年 04 期。

贾圣真,《政府机构改革与法律环境的互动与协调》,《行政法学研究》, 2021 年 05 期。

范逢春、周淼然,《撤县设市政策的变迁：历程、逻辑与展望——基于历史制度主义的分析》,《北京行政学院学报》, 2021 年 05 期。

郑有贵,《创办经济特区的战略智慧和历史地位》,《中国井冈山干部学院学报》, 2021 年 05 期。

赵聚军、李佳凯,《行政区划调整如何优化基层治理？——基于天津市“插花地”集中整治的观察》,《行政论坛》, 2021 年 05 期。

傅雨飞,《政府机构改革磨合阶段的组织文化变革与冲突》,《上海行政学院学报》, 2021 年 05 期。

刘伟、于湃,《论党的十九大以来行政体制改革的推进战略及实现路径》,《江苏行政学院学报》, 2021 年 06 期。

乔俊峰、黄智琛,《地方政府债务为何持续扩张——基于撤县设区的准自然实验分析》,《南开经济研究》, 2021 年 06 期。

王丰龙、刘云刚,《准行政区划的理论框架与研究展望》,《地理科学》, 2021 年 07 期。

陈焘、梁平,《新时代国家治理视角下的区域法治及其实践进路》,《河北法学》, 2021 年 08 期。

詹文、陈贤贵,《守护高颜值生态花园城市——〈厦门经济特区生态文明建设条例〉解读》,《人民政坛》, 2021 年 11 期。

高国力、王继源,《“十四五”时期经济特区的新使命新担当新作为》,《中国经贸导刊》, 2021 年 11 期。

王满传、孙文营,《百年来党领导行政体制建设和改革的历程、成就和经验》,《中国行政管理》,2021 年 12 期。

韦东明、顾乃华、韩永辉,《“省直管县”改革促进了县域经济包容性增长吗?》,《财经研究》,2021 年 12 期。

杜倩博,《政府机构改革“化学反应”的结构逻辑与推进策略——基于部门内设机构的视角》,《理论探索》,2022 年 01 期。

王婷、双传学,《党和国家机构改革的制度溯源及其运行逻辑》,《社会科学文摘》,2022 年 02 期。

崔凤军、陈国栋、董雪旺、徐宁宁、赵丽丽,《机构改革背景下县级文旅机构组织绩效研究——基于组织文化认同的视角》,《旅游学刊》,2022 年 03 期。

图书著作

乌杰著,《中国政府与机构改革》,国家行政学院出版社 1990 年版。

中央机构编制委员会办公室编,《邓小平论行政管理体制和机构改革》,中央文献出版社 1996 年版。

张文明、杨秀清、冯云生著,《精简・统一・效能——中国政府机构及行政管理体制改革》,广西师范大学出版社 1998 年版。

王金年编著,《中国大精简第四次机构改革现状及思考》,济南出版社 1998 年版。

刁田丁等著,《中国机构改革的理论与实践:机构改革调控机制研究》,法律出版社 1999 年版。

张志坚、唐铁汉主编,《中国:地方政府机构改革研究》,国家行政学院出版社 1999 年版。

郭成林著,《转型时期的社会热点问题研究》,人民出版社 1999

年版。

孔昭林主编,《机构革命地方政府机构改革的对策性研究》，中国文史出版社 2001 年版。

张志坚编,《中国地方政府机构改革 1999—2002》，广西人民出版 2003 年版。

程乐意著,《机构编制管理与机构改革》，河南人民出版社 2003 年版。

夏海著,《政府的自我革命——中国政府机构改革研究》，中国法制出版社 2004 年版。

戴均良著,《城乡大转折时期的思考》，中国社会出版社 2006 年版。

王秀奎主编,《农村金融机构改革创新理论与实践论文集》，人民日报出版社 2007 年版。

周天勇等著,《中国行政体制改革 30 年》，格物出版社，上海人民出版社 2008 年版。

汪玉凯等著,《中国行政体制改革 30 年回顾与展望》，人民出版社 2008 年版。

魏建一主编,《事业单位机构编制管理与改革简论》，天津教育出版社 2009 年版。

高小平、王立平主编:《服务型政府导论》，人民出版社 2009 年版。

王连夫著,《行政管理体制和机构改革研究与探索》，中国书籍出版社 2010 年版。

许超著,《新中国行政体制沿革》，世界知识出版社 2012 年版。

吴艳著,《乡镇机构改革的表达与实践——磨镇机构改革中的法律问题研究》，云南人民出版社 2015 年版。

魏礼群主编，《建设服务型政府——中国行政体制改革40年》，广东经济出版社2017年版。

陈天祥等著，《中国地方政府大部制改革模式研究》，社会科学文献出版社2017年版。

陈天祥等著，《中国地方政府大部制改革模式研究》，社会科学文献出版社2017年版。

余兴安主编，《当代中国的行政改革》，中国社会科学出版社2017年版。

李忠杰著，《改革开放关键词——中国改革开放历史通览》，人民出版社2018年版。

朱光磊等著，《政府职能转变研究论纲》，中国社会科学出版2018年版。

紫光阁杂志社编，《新时代中国特色国家治理体系建构的重大创新党和国家机构改革学习材料汇编》，中国言实出版社2018年版。

赵大海著，《公益性与财政投入 我国城市社区卫生服务机构的改革方向与可行性论证》，上海交通大学出版社2018年版。

蒋硕亮著，《新中国行政体制改革70年》，上海人民出版社2019年版。

沈亚平主编，《转型社会中的系统变革：中国行政发展四十年》，天津人民出版社2019年版。

蔡潇彬著，《松散耦联与制度变迁——一个中国政府机构职能转变改革的制度主义阐》，南开大学出版社2020年版。

胡仙芝著，《新时代中国特色社会主义行政改革研究》，人民出版社2020年版。

报纸文章

方家喜、李远志,《继续深化行政管理体制和机构改革》,《经济参考报》, 2003 年 3 月 7 日。

王娜,《“大部门体制”是现代市场经济发展的必然趋势》,《21 世纪经济报道》, 2007 年 12 月 31 日。

杨文平,《省政府“大部制”改革全面启动》,《长江日报》, 2009 年 4 月 24 日。

吴兢,《新一轮地方政府机构改革凸显“本地特色”》,《人民日报》, 2009 年 5 月 20 日。

盛若蔚,《国务院机构改革四大亮点》,《人民日报》, 2013 年 3 月 11 日。

胡建淼,《政府职能怎么转变》,《人民日报》, 2013 年 4 月 9 日。

蒋定之,《加快转变政府职能需处理好六个关系》,《人民日报》, 2014 年 5 月 19 日。

赵聚军,《明确政府机构改革的双重使命》,《中国社会科学报》, 2014 年 9 月 26 日。

周子勋,《从历次政府机构改革看政府职能转变历程》,《中国经济时报》, 2014 年 11 月 3 日。

汪同三,《在新常态下处理好政府和市场关系》,《人民日报》, 2016 年 8 月 24 日。

中央编办理论学习中心组,《加快转变政府职能 推动供给侧结构性改革——深入学习贯彻习近平同志关于供给侧结构性改革的重要论述》,《人民日报》, 2016 年 10 月 26 日。

胡德巧,《进一步处理好政府和市场的关系》,《人民日报》, 2017 年 9 月 28 日。

人民日报评论员，《推进国家治理现代化的一场深刻变革》，《人民日报》，2018 年 3 月 1 日。

人民日报评论员，《牢牢把握深化党和国家机构改革的原则》，《人民日报》，2018 年 3 月 2 日。

人民日报评论员，《全面落实深化党和国家机构改革各项部署》，《人民日报》，2018 年 3 月 3 日。

人民日报评论员，《加强党对机构改革的统一领导》，《人民日报》，2018 年 3 月 4 日。

黄振威，《深化党和国家机构改革是一场深刻的变革》，《解放军报》，2018 年 3 月 30 日。

南开大学中国政府与政策联合研究中心，《党和国家机构改革高度整体性的深刻变革》，《天津日报》，2018 年 4 月 16 日。

郭庆松，《中央和地方机构改革需确保协同》，《解放日报》，2018 年 5 月 22 日。

陈立烽、许水华，《“三化”助推内设机构改革》，《人民法院报》，2018 年 11 月 28 日。

《巩固机构改革成果推进国家治理体系和治理能力现代化》，《人民日报》，2019 年 7 月 8 日。

何立峰，《优化政府职责体系》，《人民日报》，2019 年 11 月 27 日。

邹翔，《以“好差评”优化政务服务》，《人民日报》，2019 年 12 月 27 日。

肖捷，《加快转变政府职能》，《人民日报》，2020 年 12 月 3 日。

张肇中，《放管结合：转变政府职能提升监管效能》，《社会科学报》，2021 年 4 月 29 日。

周人杰，《把“放管服”改革向纵深推进》，《人民日报》，2021 年

3 月 2 日。

朱光磊,《政府职能转变认识过程与建设逻辑》,《中国社会科学报》, 2021 年 10 月 15 日。

张钦昱、陈仁凤,《深化政府职能转变推进依法治理能力》,《深圳特区报》, 2021 年 10 月 25 日。

张军,《提高数字政府建设水平》,《人民日报》, 2021 年 10 月 29 日。

中国行政体制改革大事记

▼

1978 年

3 月 5 日，五届全国人大一次会议通过的《中华人民共和国宪法》，增加了市领导县体制等内容，从法律上确立了市制实行城区型与地域型相结合的行政区划建制模式，一般称为广域型市制。

12 月 18—22 日，党的十一届三中全会召开，通过《中国共产党第十一届中央委员会第三次全体会议公报》。全会指出，实现四个现代化，要求大幅度地提高生产力，也就必然要求多方面地改变同生产力发展不适应的生产关系和上层建筑，改变一切不适应的管理方式、活动方式和思想方式，因而是一场广泛、深刻的革命。从这时起，党中央认真总结和汲取以往党和国家政治生活中的经验教训，以改革党和国家领导制度，促进民主制度化、法律化为主要内容的政治体制改革开始起步。公报明确表示：把全党工作的着重点和全国人民的注意力转移到社会主义现代化建设上来。本次会议揭开了中国改革开放和社会主义现代化建设的时代序幕，党的工作重心开始转移到经济建设上来，标志着中国共产党带领中国人民开启了探索中国特色社会主义的新征程。

1979年

1月31日，中央批复同意建立蛇口工业区的请示，蛇口工业区正式成立。作为改革开放的“试管”，蛇口工业区是招商局集团全资开发的中国第一个外向型经济开发区，开创了多项制度革新与观念革新。蛇口工业区率先实行招聘用人、率先改革干部制度、率先实现改革工资分配制度、率先实行社会保险制度等，诞生了新中国第一家由企业创办的股份制商业银行——招商银行。这些敢为人先的改革试验，后来在全国推广，被誉为“蛇口模式”。

4月，党中央召开工作会议，正式确立对国民经济实行“调整、改革、整顿、提高”的方针，通称新“八字方针”。贯彻新“八字方针”，不但是调整经济关系的重要步骤，也是端正经济建设指导方针、探索适合中国国情的社会主义现代化建设道路的过程，是推进改革开放的过程。

7月1日，中共中央、国务院恢复内蒙古自治区的原有行政区划，甘肃省所辖的额济纳旗和阿拉善右旗、宁夏回族自治区管辖的阿拉善左旗从1979年7月1日划归内蒙古自治区。

7月15日，中共中央、国务院批转广东省委和福建省委《关于对外经济活动实行特殊政策和灵活措施的两个报告》。中央和国务院原则同意试行在中央统一领导下大包干的经济管理办法，两省在计划、物资供应、物价政策等方面也实行新的经济体制和灵活政策。并决定，先在深圳、珠海两市划出部分地区试办出口特区，取得经验后，再考虑在汕头、厦门设置。

9月28日，党的十一届四中全会通过《关于加快农业发展若干问题的决定》。决定指出，只有加快发展农业生产，逐步实现农业现代化，才能使占我国人口80%的农民富裕起来。要从财政、物资和技术上给西北、西南一些地区以及其他一些革命老根据地、偏远山区、民族地区和边境地区以重点扶持，帮助它们发展生产，摆脱贫困。

1980 年

5 月 16 日，党中央、国务院正式决定将“出口特区”定名为“经济特区”。8 月，五届全国人大常委会第十五次会议批准广东、福建两省在深圳、珠海、汕头、厦门设置经济特区。

8 月 18 日，邓小平在中央政治局扩大会议上发表《党和国家领导制度的改革》讲话，指出领导制度、组织制度问题更带有根本性、全局性、稳定性和长期性，对现行制度存在的各种弊端必须进行改革。改革党和国家的领导制度，不是要削弱党的领导，涣散党的纪律，而正是为了坚持和加强党的领导，坚持和加强党的纪律。讲话明确指出了计划经济体制下我国政府职能存在的问题，为改革开放后转变政府职能奠定了思想基础。在这一讲话指导下，中国的干部人事制度改革迅速展开。这对后来的公务员制度相关法律法规的制定具有重要意义。

1981 年

11 月 30 日—12 月 13 日，五届全国人大四次会议的政府工作报告中指出，从国务院各部门首先做起，进行机构改革，限期完成。报告提出，要真正从我国实际情况出发，走出一条速度比较实在、经济效益比较好、人民可以得到更多实惠的新路子。

1982 年

1 月 11 日、13 日，中央政治局召开会议，讨论中央机构精简问题。邓小平在会上作《精简机构是一场革命》的报告，他指出：精简机构是一场革命。当然，这不是对人的革命，而是对体制的革命。实现干部的革命化、年轻化、知识化、专业化，是革命和建设的战略需要。19日，中共中央将邓小平的讲话印发中央和国务院各部委党组。中共中央直属机关和中央国家机关的机构改革工作逐步展开。

2月20日，中共中央出台《关于建立老干部退休制度的决定》，这一决定和4月10日国务院颁发的《关于老干部离职休养制度的几项规定》，都明确提出领导干部到了一定年龄后要退休，从制度上废除干部领导职务终身制。

3月8日，五届全国人大常委会第二十二次会议通过《关于国务院机构改革问题的决议》。这是改革开放以来首次对国务院机构实行大范围裁减、合并。明确规定了各级各部的职数、年龄和文化结构，减少了副职，提高了素质；在精简机构方面，国务院各部门从100个减为61个，人员编制从原来的5.1万人减为3万人。1982年的政府机构改革，其历史性进步可用三句话来概括：一是开始废除领导干部职务终身制；二是精简了各级领导班子；三是加快了干部队伍年轻化建设步伐。

5月4日，《关于国务院部委机构改革实施方案的决议》通过。

9月1—11日，党的十二大召开。大会指出，正确贯彻计划经济为主、市场调节为辅的原则，是经济体制改革中的一个根本性问题。我们要正确划分指令性计划、指导性计划和市场调节各自的范围和界限……。大会明确提出了计划经济与市场调节的主辅关系，即政府与市场的关系。

9月29日，劳动人事部制定了《吸收录用干部问题的若干规定》，明确提出实行公开招生、自愿报名、坚持考试、德智体全面衡量、择优录用的办法。

12月4日，五届全国人大五次会议通过全面修改后的《中华人民共和国宪法》。其中规定：国家在必要时得设立特别行政区；改变农村人民公社“政社合一”的体制，设立乡政权；在宪法序言中明确人民政协的性质、作用。

12月7日，中共中央、国务院发出《关于省、市、自治区党政机关机构改革若干问题的通知》，要求地方政府完成机构改革。

1983年

1月2日，中共中央发出《当前农村经济政策的若干问题》。指出，要稳定和完善农业生产责任制，同时适应商品生产的需要，发展多种多样的合作经济，适当发展个体商业，允许农民长途贩运。

5月18日，民政部和劳动人事部向国务院上报了《关于地市机构改革中的几个主要问题的请示报告》，于同年获国务院批准，明确肯定了撤县设市模式。请示报告提出了整县改市的法律问题，自此撤县设市改革正式开启，并在全国范围内迅速推进。

10月12日，中共中央、国务院发出《关于实行政社分开建立乡政府的通知》。此后，建立乡、镇政府和各种合作经济形式的工作在全国展开，人民公社体制废除。到1984年底，全国基本完成政社分设。

1984年

5月31日，六届全国人大二次会议通过了《中华人民共和国民族区域自治法》，使民族区域自治制度进一步完善。

10月13日，国务院发出《关于农民进入集镇落户问题的通知》，要求积极支持有经营能力和有技术专长的农民进入集镇经营工商业，并放宽其落户政策。

10月20日，党的十二届三中全会通过《中共中央关于经济体制改革的决定》。这是指导中国经济体制改革的纲领性文献，标志着中国经济体制改革全面铺开。该决定明确提出，实行政企职责分开，正确发挥政府管理经济的职能，要求国家机构按政企分开、简政放权的原则进行改革。

11月22日，《国务院批转民政部〈关于调整建镇标准的报告〉的通知》提出，要适应城乡经济发展的需要，适当放宽建镇标准，实行镇管村体制。这对于加速小城镇的建设和发展，逐步缩小城乡差别，进行物质文明和精神文明建设，具有重要意义。

12月3日，中共中央、国务院作《关于严禁党政机关和党政干部经商、办企业的决定》。

1985年

1月1日，中共中央、国务院印发《关于进一步活跃农村经济的十项政策》，决定改革农产品统购派购制度，除个别品种外，国家不再向农民下达农产品统购派购任务，从1985年起实行合同定购和市场收购。

9月23日，中国共产党全国代表会议通过《关于制定国民经济和社会发展第七个五年计划的建议》，指出要充分认识政府机构转变管理职能和改进工作作风的重要性。为了适应国家对企业的管理由直接控制为主转向间接控制为主的要求，政府机构管理经济的职能也要相应地转变。各级政府的经济部门要改变过去那种把主要精力放在定指标、批项目、分资金、分物资上面的做法，逐步转到主要搞好统筹规划、掌握政策、组织协调、提供服务、运用经济调节手段和加强检查监督方面来。随着管理职能的变化，综合性经济管理部门和经济检查监督机构要充实和加强，专业性管理部门要适当合并和精简。这是整个经济体制改革的重要组成部分，是促进和巩固其他各项经济改革的重要条件，也是社会主义上层建筑的一次重大变革。

1986 年

1 月 1 日，中共中央、国务院印发《关于一九八六年农村工作的部署》。提出从“七五”计划开始，增加对农业投资、水利投资，要切实帮助贫困地区逐步改变面貌。

2 月 3 日，民政部向国务院上报《关于调整设市标准和市领导县条件的报告》，提出了撤县并市的标准，在指导思想上，由控制、紧缩转向积极发展，放宽了对设市条件的管制，推动了撤县设市改革的发展。

5 月 14 日，国务院贫困地区经济开发领导小组第一次全体会议召开。会议提出，争取在“七五”期间解决大多数贫困地区人民的温饱问题，彻底改变单纯救济的扶贫办法，实行新的经济开发方式。

1987 年

3 月 30 日，国务院发出的《关于放宽固定资产投资审批权限和简化审批手续的通知》指出，目前，在固定资产投资管理中，审批权限过于集中，手续也很烦琐，出了问题难以分清责任。从根本上解决这些问题，要靠经济、政治体制的改革。当前，要在加强宏观管理、严格控制固定资产投资规模的前提下，进一步简政放权、放宽审批权限，简化审批手续。部门、地方和企业在固定资产投资方面的权限扩大以后，必须相应承担投资决策的责任和风险，并定期向上级机关反馈有关信息，接受上级机关的指导和监督。

4 月 13 日，中共中央、国务院发出《关于制止机构、编制和干部队伍膨胀的通知》指出，近一二年来，许多地区、部门又出现了增设机构、扩大编制、机构升格、滥提职级、乱招干部的现象。为了保证政治体制和经济体制改革的顺利进行，避免给今后的机构改革和干部人事制度改革增加困难，必须坚决制止机构、编制、领导职数和干部队伍的盲目膨胀。

8月20日，中共中央办公厅、国务院办公厅转发国家体改委、劳动人事部《关于推进中等城市机构改革试点工作的报告》，指出机构改革是上层建筑领域的一场深刻变革，必然会受到传统观念和习惯势力的影响，特别是产品经济观念和小生产管理方式严重束缚了人们的思想，阻碍了改革的进程，不破除旧的观念，不克服种种疑虑，机构改革就难以起步。

10月25日—11月1日，党的十三大召开。大会宣布建立和推行国家公务员制度。大会提出，为了巩固机构改革的成果并使行政管理走上法制化的道路，必须加强行政立法，为行政活动提供基本的规范和程序。要完善行政机关组织法，制定行政机关编制法，用法律手段和预算手段控制机构设置和人员编制。要层层建立行政责任制，提高工作质量和工作效率。要制定行政诉讼法，加强对行政工作和行政人员的监察，追究一切行政人员的失职、渎职和其他违法违纪行为。大会还提出，经济体制改革的方向是发展有计划的商品经济，转变职能是行政管理体制改革的关键。这就不仅在此前“经济体制改革”“政府机构改革”等概念的基础上，提出了“行政管理体制改革”概念，而且在之前“转变政府管理经济职能”的基础上，首次在党的重要会议上提出了转变政府职能的要求，明确了转变政府职能在行政管理体制改革中的“关键”地位。与此相适应，会议强调，要建立“国家调控市场，市场引导企业”的机制，“建立社会主义有计划的商品经济”，指出政府与市场的关系是“国家调节市场、市场引导企业”，要求合并裁剪经济管理部门，转变政府管理方式，提高政府宏观调控能力。

12月16日，中央政治局全体会议讨论并原则同意《关于党中央、国务院机构改革方案》。会议决定，党中央机构改革方案由中共中央书记处组织实施；国务院机构改革方案经全国人民代表大会批准后由国务院组织实施。

1988年

2月25日，国务院印发《关于在全国城镇分期分批推行住房制度改革的实施方案》。

4月9日，七届全国人大一次会议通过国务院机构改革方案，启动了新一轮的机构改革。这次改革着重于大力推进政府职能的转变。此后，国务院第一次对各部门进行“定职能、定机构、定编制”的“三定”工作。政府的经济管理部门要从直接管理为主转变为间接管理为主，强化宏观管理职能，淡化微观管理职能。这是一次弱化专业经济部门分钱、分物、直接干预企业经营活动的职能，以达到增强政府宏观调控能力和转向行业管理目的的改革。此次改革是在推动政治体制改革，深化经济体制改革的大背景下出现的，其历史性的贡献是首次提出了转变政府职能是机构改革的关键这一命题，提高了转变政府职能的重要地位。

4月13日，七届全国人大一次会议通过《关于设立海南省的决定》和《关于建立海南经济特区的决议》。决定设立海南省，将原属广东省的海南行政区和西沙、南沙、中沙群岛的岛礁及其海域划归海南省管辖，建立海南经济特区。13天后，中共海南省委员会和海南省人民政府正式挂牌。从此，海南获得了前所未有的发展机遇，进入了深化改革、扩大开放的历史新阶段。

1989 年

4 月 4 日，七届全国人大二次会议通过《中华人民共和国行政诉讼法》，这是我国行政法治发展史上的第一个里程碑事件。该法确立了“民告官”制度，对于倒逼行政机关依法行政、促进民主政治建设，发挥了不可替代的重要作用。

6 月 23—24 日，党的十三届四中全会举行。

11 月 6—9 日，党的十三届五中全会举行。全会通过《中共中央关于进一步治理整顿和深化改革的决定》。

1990 年

2 月 23 日，国务院批转国务院贫困地区经济开发领导小组《关于九十年代进一步加强扶贫开发工作的请示》。指出，从 1991 年开始，全国贫困地区要在解决大多数群众温饱问题的基础上，转入以脱贫致富为主要目标的经济开发新阶段。到 20 世纪末全国实现小康目标时，贫困地区要稳定地解决温饱问题，初步改变贫穷落后面貌。

4 月 12 日，中央政治局会议原则通过国务院提交的浦东开发开放方案。上海浦东新区成为我国首个国家级新区。

12 月 24 日，国务院发布《中华人民共和国行政复议条例》，对行政复议制度作了比较系统的规定，促进了行政复议制度的发展和完善。该条例与《中华人民共和国行政诉讼法》共同构成我国行政救济的重要法律依据。依法行政的具体实践开始具备法理性的指导和依据，“依法行使职权”成为对所有行政活动的规范性要求。

12 月 30 日，党的十三届七中全会通过《关于制定国民经济和社会发展十年规划和“八五”计划的建议》。会议指出，小康水平，是指在温饱的基础上，生活质量进一步提高，达到丰衣足食。

1991 年

4 月 3 日，在七届全国人大四次会议上，最高人民法院工作报告中首次提出“依法行政”的概念，明确要做好民事、行政审判和告诉申诉工作，保护公民、法人的合法权益，维护国家行政机关依法行政。

11 月 29 日，党的十三届八中全会通过《关于进一步加强农业和农村工作的决定》。文件指出，20 世纪 90 年代，农业和农村工作总的目标是在全面发展农村经济的基础上，使广大农民的生活从温饱达到小康水平，逐步实现物质生活比较丰裕，精神生活比较充实，居住环境改善，健康水平提高，公益事业发展，社会治安良好。

1992 年

10 月 11 日，国务院批准设立上海市浦东新区，撤销川沙县，浦东新区的行政区域包括原川沙县，上海县的三林乡，黄浦区、南市区、杨浦区的浦东部分。

10 月 12—18 日，党的十四大召开。大会确立邓小平建设有中国特色社会主义理论在全党的指导地位，概括了建设有中国特色社会主义理论的主要内容，明确建立社会主义市场经济体制的改革目标。大会通过了江泽民作的《加快改革开放和现代化建设步伐，夺取有中国特色社会主义事业的更大胜利》的报告。报告指出，政府职能转变的根本途径是政企分开。凡是国家法令规定属于企业行使的职能，各级政府不要干预。下放给企业的权力，中央政府部门和地方政府都不得截留。这表明，经过十几年的改革探索，我们党对政府和市场关系的认识发生了一次飞跃，第一次明确了市场在资源配置中起基础性作用，同时强调了加强和改善政府宏观调控的必要性和重要性。

1993 年

1 月 1 日，上海市浦东新区正式成立。

3 月 5—7 日，党的十四届二中全会通过《关于党政机构改革的方案》。这次党政机构改革的重点是转变政府职能。全会认为，党政机构改革是政治体制改革和社会主义政治建设的重要内容，也是深化经济体制改革、加快社会主义现代化建设步伐的重要条件，必须抓紧进行。机构改革应以适应社会主义市场经济发展的要求为目标，转变职能，理顺关系，精兵简政，提高效率。这个目标的确立奠定了很长一段时间内我国政府职能转变的总基调。

3 月 22 日，八届全国人大一次会议召开，李鹏作政府工作报告。报告中指出：各级政府都要依法行政，严格依法办事，首次在政府文件中提出“依法行政”，从而正式确定了依法行政的原则。会议审议了《国务院机构改革方案》和《关于国务院机构改革方案的说明》，决定原则批准国务院机构改革方案。这次机构改革的历史性贡献在于，首次提出政府机构改革的目的是适应建设社会主义市场经济体制的需要。

4 月 19 日，国务院决定，将国务院的直属机构由 19 个调整为 13 个。办事机构由九个调整为五个。国务院不再设置部委归口管理的国家局，国务院直属事业单位调整为八个。此外，国务院还设置了国务院台湾事务办公室与国务院新闻办公室。

5 月 17 日，国务院同意民政部《关于调整设市标准的报告》，重新划定了“县改市”的标准。报告指出，为了适应经济、社会发展和改革开放的新形势，适当调整设市标准，对合理发展中等城市和小城市，推进我国城市化进程，具有重要意义。

8月14日,《国家公务员暂行条例》由国务院正式颁布，规定自1993年10月1日起在各级国家行政机关实施。《国家公务员暂行条例》的颁布实施，标志着我国公务员制度正式建立。

11月11—14日，党的十四届三中全会召开。会议审议通过《中共中央关于建立社会主义市场经济体制若干问题的决定》，其中明确要求各级政府都要依法行政、依法办事，“依法行政”正式出现在党的纲领性文件中。至此，我国“法治政府”建设的“依法行政”之路正式启动。

11月15日，国务院制定《国家公务员制度实施方案》，作为《国家公务员暂行条例》的推进依据。

1994年

11月30日—12月3日，全国组织工作会议召开。11月30日，胡锦涛在会上作《抓紧培养选拔德才兼备的领导干部，把各级领导班子建设成为贯彻党的基本路线的坚强领导集体》的报告，提出要把全面提高县以上党政领导干部的素质，作为今后干部工作的一个重点。

1995年

2月9日，中共中央发出关于印发《党政领导干部选拔任用工作暂行条例》的通知。条例共11章54条。总则中规定，选拔任用党政领导干部，必须坚持党管干部的原则；德才兼备、任人唯贤的原则；群众公认、注重实绩的原则；公开、平等、竞争、择优的原则；民主集中制的原则和依法办事的原则。

2月28日，八届全国人大常委会第十二次会议对《中华人民共和国地方各级人民代表大会和地方各级人民政府组织法》进行第三次修正，提出地方各级人民政府必须依法行使行政职权。

4月10日，国家体改委制定《1995年经济体制改革实施要点》，主要内容是：一、深化国有企业改革，进一步发挥国有大中型企业的骨干和主导作用；二、积极推进以企业职工养老和失业保险为主要内容的城镇社会保障体制改革和住房制度改革；三、巩固和完善宏观管理体制改革；四、加快培育市场，抓紧经济立法，改善经济秩序；五、继续深化农村经济体制改革，促进农村经济全面发展；六、抓好综合配套改革试点，总结经验，逐步推广。

4月30日，中共中央办公厅、国务院办公厅发出《关于对党和国家机关工作人员在国内交往中收受的礼品实行登记制度的规定》和《关于党政机关县（处）级以上领导干部收入申报的规定》。

9月25—28日，党的十四届五中全会召开。全会审议并通过《中共中央关于制定国民经济和社会发展“九五”计划和2010年远景目标的建议》。建议提出，“九五”时期的国民经济和社会发展的主要奋斗目标是：全面完成现代化建设的第二步战略部署，2000年在我国人口将比1980年增长三亿左右的情况下，实现人均国民生产总值比1980年翻两番；基本消除贫困现象，人民生活达到小康水平；加快现代企业制度建设，初步建立社会主义市场经济体制。2010年的主要奋斗目标是：实现国民生产总值比2000年翻一番，使人民的小康生活更加富裕，形成比较完善的社会主义市场经济体制。建议提出，实现这一奋斗目标关键是实行两个具有全局意义的根本性转变，一是经济体制从传统的计划经济体制向社会主义市场经济体制转变，二是经济增长方式从粗放型向集约型转变。

1996年

1月24—27日，十四届中央纪委六次全会召开。江泽民在会上发表讲话指出，反腐败斗争的主要任务是：第一，要落实中央纪委第二次全会以来关于领导干部廉洁自律各项规定；第二，要继续加大办案力度，突破一批有影响的大案要案；第三，在纠正部门和行业不正之风方面，要继续把治理公路乱设卡、乱收费、乱罚款，中小学乱收费和向农民乱收费、乱摊派作为重点。全会确定：要实行政务公开制度。县（市）、乡镇及行政村、基层站所，要实行政务公开制度，凡是可以公开的办事内容、办事程序和结果，特别是与群众利益直接有关的财务等事项都应公开，以便群众监督。

2月8日，中共中央举办领导同志法制讲座。江泽民强调，坚持依法治国，保障国家的长治久安，就是使国家各项工作逐步走上法制化和规范化；就是广大人民群众在党的领导下，依照宪法和法律的规定，通过各种途径和形式参与管理国家、管理经济文化事业、管理社会事务；就是逐步实现社会主义民主的法制化、法律化。依法治国是社会进步、社会文明的一个重要标志，是我们建设社会主义现代化国家的必然要求。

3月17日，八届全国人大四次会议通过《中华人民共和国行政处罚法》。自1996年10月1日起施行。

6月21日，中共中央纪念中国共产党成立七十五周年座谈会召开。江泽民发表《努力建设高素质的干部队伍》的重要讲话，指出75年来，我们有一条基本的经验，这就是：党领导的事业要取得胜利，不但必须有正确的理论和路线，还必须有一支能坚决贯彻执行党的理论和路线的高素质干部队伍。

1997年

3月12日，经国务院批准，撤销汉川县，设立汉川市，以原汉川县行政区域为汉川市行政区域，由孝感市代管。这是国务院批准的最后一个撤县设市的行政区。此后，正式冻结县改市。整场改革历时10年多，超过400个县升级为县级市。

3月14日，八届全国人大五次会议决定，设置重庆直辖市。重庆市成为我国第四个中央直辖市，视其与省级行政建制等同。

3月28日，中共中央颁发《中国共产党党员领导干部廉洁从政若干准则（试行）》。

7月1日，中国政府对香港恢复行使主权，香港特别行政区成立，视其与省级行政建制等同。中央政府对香港拥有全面管治权，香港保持原有的资本主义制度长期不变，并享受外交及国防以外所有事务的高度自治权，以“中国香港”的名义参加众多国际组织和国际会议。“一国两制”“港人治港”高度自治是中国政府的基本国策。

9月12—18日，党的十五大召开。江泽民作了题为《高举邓小平理论伟大旗帜，把建设有中国特色社会主义事业全面推向二十一世纪》的报告。报告中指出，要按照社会主义市场经济的要求，转变政府职能，实行政企分开，把企业的生产经营管理的权力切实交给企业；根据精简、统一、效能的原则进行机构改革，建立办事高效、运转协调、行为规范的行政管理体系，提高为人民服务的水平。报告提出，城乡基层政权和基层群众性组织，都要健全民主选举制度，实行政务和财务公开，让群众参与讨论和决定基层公共事务和公益事业，对干部实行民主监督。要深化改革，完善监督法制，建立健全依法行使权力的制约机制。坚持公平、公正、公开的原则，直接涉及群众切身利益的部门要实行公开办事制度。政务公开被确定为党的基本政策。报告还提出了“依法治国，建设社会主义法治国家”的跨世纪目标，第一次把“依法治国”确定为党领导人民治理国家的基本方略，把“建设社会主义法治国家”作为社会主义现代化建设的重要内容，开启了社会主义民主法制建设的新阶段。

1998 年

1 月 20—22 日，十五届中央纪委二次全会召开。会议审议通过尉健行所作的《以党的十五大精神为指导，加大工作力度，深入开展反腐败斗争》的工作报告。江泽民在会上强调，党风廉政建设和反腐败工作必须标本兼治，加大从源头上预防和治理腐败的力度。要坚持从领导机关、领导干部抓起，尤其要加强对各级领导干部的管理和监督。

2 月 5 日，国务院召开第六次反腐败工作会议，对政府机关反腐败工作作出安排。李鹏在会上指出，反腐败仍然是一项长期而艰巨的任务，各级政府要按照中央的要求，进一步统一思想，加大工作力度，使反腐败斗争取得更大成效。

2 月 25—26 日，党的十五届二中全会强调，机构改革，是深化经济体制改革、发展社会主义市场经济的客观要求，是密切党和政府与人民群众联系的迫切需要，是党和国家领导制度改革的一项重要任务，也是政治体制改革的重要内容。必须坚定不移、积极稳妥地搞好政府机构改革。全会审议通过了《国务院机构改革方案》，建议国务院将这个方案提交九届全国人大一次会议审议。

3 月 10 日，九届全国人大一次会议审议批准了《关于国务院机构改革方案的决定》，把按照社会主义市场经济的要求，转变政府职能，实现政企分开作为行政体制改革的重要原则，同时，为与转变政府职能相适应，提出要按照精简、统一、效能的原则，调整政府组织结构，实行精兵简政，按照权责一致的原则，调整政府部门的职责权限，明确划分部门之间职责分工，完善行政运行机制，按照依法治国、依法行政的要求，加强行政体系的法制建设。根据改革方案，国务院不再保留的有

15个部、委。新组建的有四个部、委。更名的有三个部、委。改革后除国务院办公厅外，国务院组成部门由原有的40个减少到29个。

3月24日，朱镕基主持召开国务院全体会议。会议讨论通过《国务院机构设置和调整国务院议事协调机构方案》和修订后的《国务院工作条例》。

5月26日，中央组织部印发的《党政领导干部考核工作暂行规定》。规定的制定，是为全面、客观、公正、准确地考核党政领导班子和领导干部政治业务素质和履行职责的情况，加强对领导班子和领导干部的管理与监督、激励与约束。

1999年

3月15日，九届全国人大二次会议通过《宪法修正案》，将实行依法治国，建设社会主义法治国家写入宪法，明确提出法治的目标和要求。

11月8日，国务院召开全面推进依法行政大会，出台首个专门性依法行政文件《国务院关于全面推进依法行政的决定》。决定提出，各级政府和政府各部门要统一思想，更新观念，提高对依法行政重要性的认识，强调依法行政作为依法治国基本方略的重要组成部分，反映了行政机关运作方式的基本特征，本身就是体现党的执政地位和执政作用的重要方面，同样是从全局上、长远上统管各级政府和政府各部门的各项工作的。要求各级政府和政府各部门的工作人员特别是领导干部，要从巩固我们党的执政地位、维护国家政权的高度，根据我国人民民主专政的社会主义国家性质，全面、深刻地领会依法行政的精神实质，充分认识依法行政的重大意义，增强依法行政的自觉性，不断提高依法行政的能力和水平。

12月20日，澳门特别行政区政府正式成立，视其与省级行政建制等同。澳门特别行政区行政长官，对澳门特别行政区立法会负责。

2000年

1月，国务院总理朱镕基发表《从严治政全面加强管理》一文。

6月13日，中共中央、国务院印发《关于促进小城镇健康发展的若干意见》。

6月23日，中共中央办公厅印发已经中央批准的《深化干部人事制度改革纲要》。

7月21日，中央组织部、人事部印发《关于加快推进事业单位人事制度改革的意见》。事业单位是我国各类人才的主要集中地，是增强我国综合国力的重要领域，是实施科教兴国战略的重要阵地。搞好事业单位人事制度改革，对建设高素质、社会化的专业技术人员队伍，推动经济发展和社会全面进步，实现我国改革开放和现代化建设的宏伟目标都具有十分重要的意义。

10月11日，党的十五届五中全会通过《中共中央关于制定国民经济和社会发展第十个五年计划的建议》。建议明确提出，推进政府工作法制化，从严治政，依法行政。

12月，中共中央办公厅、国务院办公厅发布《关于在全国乡镇政权机关全面推行政务公开制度的通知》，对在乡（镇）政府全面推行政务公开作出部署，并对县（市）级以上政府的政务公开提出了要求，这标志着中国政务公开进入基层政府日常的工作日程。

2001年

5月15日，国家计委发布由国家计委会同公安部、民政部、财政部、劳动保障部、国土资源部、建设部、农业部、国家环保总局、国务院体改办共同编制的《国民经济和社会发展第十个五年计划城镇化发展重点专项规划》。该规划是“十五”计划的重要组成部分，是根据国务院办公厅转发的《关于“十五”规划编制方法和程序的若干意见》的原则，以城镇化这一关系我国改革开放和社会主义现代化建设全局的重大问题为对象编制的重点专项规划，是“十五”计划纲要的进一步细化和具体化。

8月6日，国务院办公厅转发国务院机关事务管理局《关于改进和加强中央国家机关办公用房管理的意见》和《关于改进和加强中央国家机关办公用房管理意见的实施细则》。

9月24日，国务院办公厅发布《关于成立国务院行政审批制度改革工作领导小组的通知》。

10月9日，国务院正式颁布监察部、国务院法制办、国务院体改办、中央编办《关于行政审批制度改革工作的实施意见》。

2002年

3月5日，朱镕基在九届全国人大五次会议上作政府工作报告，提出要着重做好八个方面工作。其中，第七方面是进一步转变政府职能，加强政风建设。

7月9日，《党政领导干部选拔任用工作条例》颁布实施。

8月22日，国务院发布《关于进一步推进相对集中行政处罚权工作的决定》。

11月8—14日，党的十六大召开。大会把发展社会主义民主政治，建设社会主义政治文明，作为全面建设小康社会的重要目标之一。大会明确提出，加强对执法活动的监督，推进依法行政。建立行为规范、运转协调、公正透明、廉洁高效的行政管理体制，认真推行政务公开制度，使政务公开成为中国行政管理改革的一项重要内容。

2003 年

2 月 24—26 日，党的十六届二中全会召开。全会审议并通过了《关于深化行政管理体制和机构改革的意见》。

2 月 27 日，国务院发布《关于取消第二批行政审批项目和改变一批行政审批项目管理方式的决定》。国务院决定取消第一批行政审批项目后，国务院行政审批制度改革工作领导小组继续对国务院部门其余的行政审批项目进行了严格的审核和论证。决定第二批取消 406 项行政审批项目，另将 82 项行政审批项目作改变管理方式处理，移交行业组织或社会中介机构管理。

3 月 10 日，十届全国人大一次会议第三次全体会议通过了《关于国务院机构改革方案的决定》。方案特别提出了“决策、执行、监督”三权相协调的要求。这次改革的目的是，进一步转变政府职能，改进管理方式，推进电子政务，提高行政效率，降低行政成本。改革的目标是，逐步形成行为规范、运转协调、公正透明、廉洁高效的行政管理体制。改革的重点是，深化国有资产管理体制改革，完善宏观调控体系，健全金融监管体制，继续推进流通体制改革，加强食品安全和安全生产监管体制建设。这次改革重大的历史进步，在于抓住当时社会经济发展阶段的突出问题，进一步转变政府职能。

3 月 21 日，国务院全体会议通过《国务院工作规则》，将依法行政正式确立为政府工作的基本准则，并明确规定，依法行政的核心是规范行政权力。国务院及各部门要严格依照法定权限、程序行使行政权，强化政府责任，不断提高依法行政的能力和水平。

3月28日，国务院印发《关于机构设置的通知》。

4月25日，国务院办公厅印发《国家发展和改革委员会主要职责内设机构和人员编制规定》。根据十届全国人大一次会议批准的国务院机构改革方案和《国务院关于机构设置的通知》，原国家发展计划委员会改组为国家发展和改革委员会，为国务院组成部门。国家发展和改革委员会是综合研究拟订经济和社会发展政策，进行总量平衡，指导总体经济体制改革的宏观调控部门。

5月7日，国务院常务会议审议通过《突发公共卫生事件应急条例》，这是为了有效预防、及时控制和消除突发公共卫生事件的危害，保障公众身体健康与生命安全，维护正常的社会秩序而制定的条例。该条例开启了依法应急的逻辑，用法律来规范应急管理行为，于2003年5月9日起施行。

6月，国务院成立全国政务公开领导小组，加强对全国政务公开工作的组织领导。

8月27日，《中华人民共和国行政许可法》经十届全国人大常委会第四次会议通过，于2004年7月1日起施行。行政许可法的公布施行，对于保护公民、法人和其他组织的合法权益，深化行政审批制度改革，推进行政管理体制改革，从源头上预防和治理腐败，保障和监督行政机关有效实施行政管理具有重要意义。

9月29日，国务院转发国务院行政审批制度改革工作领导小组办公室《关于进一步推进省级政府行政审批制度改革的意见》。

10月11—14日，党的十六届三中全会召开，全会提出提高公共卫生服务水平和突发性公共卫生事件应急能力。

11月，国务院办公厅应急预案工作小组正式成立，确立了国务院是应急管理最高行政领导机构，把加快建立健全突发事件应急机制，提高政府应对公共危机的能力，作为全面履行政府职能的一项重要任务作出了部署。

2004年

3月14日，十届全国人大二次会议审议通过的政府工作报告首次提出“法治政府”概念。报告指出，一年来，我们按照执政为民的要求和建设法治政府的目标，突出强调实行科学民主决策、坚持依法行政和加强行政监督三项基本准则，并认真贯彻执行。要求各级政府要适应新形势新任务，按照执政为民的要求和建设法治政府的目标，进一步加强政府自身建设。要推进政府职能转变，坚持科学民主决策，坚持依法行政，自觉接受人民监督。要加强政风建设和公务员队伍建设，树立科学发展观和正确的政绩观，弘扬求真务实精神，克服主观主义、形式主义和官僚主义作风，反对奢侈浪费，杜绝弄虚作假，加强廉政建设和反腐败斗争。

3月22日，国务院印发《全面推进依法行政实施纲要》。该纲要首次将全面推进依法行政，经过十年左右坚持不懈的努力，基本实现建设法治政府，确立为全面推进依法行政的目标，明确提出了今后十年全面推进依法行政的指导思想、基本原则和要求、主要任务和措施，从十一个方面对全面推进依法行政、建设法治政府进行了部署。这是第一次以纲领性文件专门对“法治政府”作出顶层设计。该纲要的发布正式开启了我国法治政府建设的征程。

4月6日，《国务院有关部门和单位制定和修订突发公共事件应急预案框架指南》印发。

5月19日，国务院发布《关于第三批取消和调整行政审批项目的决定》。自2002年10月和2003年2月国务院决定共取消和调整1300

项行政审批项目后，国务院行政审批制度改革工作领导小组对国务院部门行政审批项目又进行了全面清理，再次取消和调整495项行政审批项目。

5月22日，国务院办公厅印发《省（区、市）人民政府突发公共事件总体应急预案框架指南》。

6月28日，温家宝在全国依法行政工作电视电话会议上发表《全面推进依法行政努力建设法治政府》的讲话。

7月1日，《中华人民共和国行政许可法》正式施行。这是一部规范政府共同行为的重要法律，对政府工作产生重大而深远的影响。

8月2日，国务院办公厅印发《关于保留部分非行政许可审批项目的通知》。依据《中华人民共和国行政许可法》和行政审批制度改革的有关规定，国务院对所属各部门的行政审批项目进行了全面清理，先后分三批取消和调整1795项行政审批项目。同时，除现行法律、行政法规设定的继续实施外，依法保留并设定行政许可500项。在此基础上，对其他行政审批项目进行了严格审核和充分论证，根据现阶段政府全面履行职能和有效实施管理的需要，经国务院同意，对其中的211项暂予保留。

9月16—19日，党的十六届四中全会召开。全会审议通过了《中共中央关于加强党的执政能力建设的决定》。明确提出，必须坚持科学执政、民主执政、依法执政三大执政原则，不断完善党的领导方式和执政方式，要坚持依法治国、领导立法、带头守法、保证执法，不断推进国家经济、政治、文化、社会生活的法制化、规范化。决定指出，党委要支持政府依法充分履行职责，推动政府依法行政；督促、支持和保证国家机关依法行使职权，在法治轨道上推动各项工作的开展。

11月1日，《国务院国有资产监督管理委员会关于设立市（地）级人民政府国有资产监督管理机构指导意见》发布。深化国有资产管理体制改革，设立代表国家履行出资人职责的国有资产监督管理机构，是完善社会主义市场经济体制的客观需要，是推进行政管理体制和政府机构改革的重要内容，也是深化国有企业改革的重大措施。

2005年

1月3日，中共中央印发《建立健全教育、制度、监督并重的惩治和预防腐败体系实施纲要》，明确提出健全政务公开、厂务公开、村务公开制度，制定规范电子政务的法律法规。

3月24日，中共中央办公厅、国务院办公厅发布《关于进一步推行政务公开的意见》，对各级政府推行政务公开的指导思想和原则、目标和任务、内容和形式及相关制度建设等都提出了具体要求。

4月2日，国务院印发《国务院2005年工作要点》。其中，第四点是积极推动区域协调发展，第十点是加强行政能力建设和政风建设。

4月27日，十届全国人大常委会第十五次会议通过《中华人民共和国公务员法》。正式以法律形式明确公务员实行交流制度，公务员可以在公务员队伍内部交流，也可以与国有企事业单位、人民团体和群众团体中从事公务的人员交流。交流的方式包括调任、转任和挂职锻炼。

12月20日，中共中央政治局进行第二十七次集体学习，胡锦涛强调，积极稳妥推进行政管理体制改革，加快转变政府职能提高行政效率。

2006年

1月8日，国务院公开发布实施《国家突发公共事件总体应急预案》。该预案是全国应急预案体系的总纲，明确了各类突发公共事件分级分类和预案框架体系，规定了国务院应对特别重大突发公共事件的组织体系、工作机制等内容，是指导预防和处置各类突发公共事件的规范性文件。

1月31日，国务院印发《关于解决农民工问题的若干意见》。意见指出，要逐步建立城乡统一的劳动力市场和公平竞争的就业制度，保障农民工合法权益的政策体系和执法监督机制，惠及农民工的城乡公共服务体制和制度。

2月9日，人事部发布实施《事业单位公开招聘人员暂行规定》，这是我国首次就事业单位进人问题出台专门规定。从2006年起，事业单位新进人员，除国家政策性安置、按干部人事管理权限由上级任命及涉密岗位等确需使用其他方法选拔任用人员外，都要实行公开招聘。

2月21日，新华社授权发布中央一号文件——《关于推进社会主义新农村建设的若干意见》。内容共分八部分：一是统筹城乡经济社会发展，扎实推进社会主义新农村建设；二是推进现代农业建设，强化社会主义新农村建设的产业支撑；三是促进农民持续增收，夯实社会主义新农村建设的经济基础；四是加强农村基础设施建设，改善社会主义新农村建设的物质条件；五是加快发展农村社会事业，培养推进社会主义新农村建设的新型农民；六是全面深化农村改革，健全社会主义新农村建设的体制保障；七是加强农村民主政治建设，完善建设社会主义新农村的乡村治理机制；八是切实加强领导，动员全党全社会关心、支持和参与社会主义新农村建设。

3月14日，十届全国人大四次会议发布《中华人民共和国国民经济和社会发展第十一个五年规划纲要》，对“十一五”时期的经济体制改革作出部署。该纲要第五篇“促进区域协调发展”提出，“健全区域协调互动机制”，“健全城镇化发展的体制机制”；第八篇为“深化体制改革”；第三十章为“着力推进行政管理体制改革”。纲要指出，按照精简、统一、效能的原则和决策、执行、监督相协调的要求，建立决策科学、权责对等、分工合理、执行顺畅、监督有力的行政管理体制，加快建设服务政府、责任政府、法治政府。

3月17日，国务院信息化工作办公室发布《中国信息化发展报告2006》，指出2005年我国电子政务建设步伐加快，电子政务建设的效益明显提高，我国电子政务总体框架已初步形成。

4月10日，国务院办公厅发布《关于设置国务院应急管理办公室（国务院总值班室）的通知》。国务院办公厅设置国务院应急管理办公室（国务院总值班室），承担国务院应急管理的日常工作和国务院总值班工作，履行值守应急、信息汇总和综合协调职能，发挥运转枢纽作用。旨在通过设置应急协调部门，打破部门、央地隔断，建立完善应急管理体制增强应对突发事件的能力。

5月17—18日，国家发展改革委和世界银行联合举办政府行政管理体制改革国际研讨会。会议强调，要把加快政府行政管理体制改革作为全面深化改革和提高对外开放水平的关键。

5月26日，中央政治局召开会议，研究改革收入分配制度和规范收入分配秩序问题。

5月30日，财政部发布《行政单位国有资产管理暂行办法》，办法自2006年7月1日起施行。

6月7日，财政部印发了《事业单位国有资产管理暂行办法》，办法自2006年7月1日起施行。

6月14日，《国务院关于改革公务员工资制度的通知》出台。文件在“改革的原则”部分强调，要有效调控地区工资差距，逐步将地区工资差距控制在合理的范围内。这次改革除了要求完善津补贴发放制度外，也对基本工资结构做了调整：基础工资和工龄工资不再保留，级别工资权重有所加大。

7月6日，国务院发布《关于全面加强应急管理工作的意见》。指出要构建统一指挥、反应灵敏、协调有序、运转高效的应急管理机制。意见包括明确指导思想和工作目标；加强应急管理规划和制度建设；做好各类突发公共事件的防范工作；加强应对突发公共事件的能力建设；制定和完善全面加强应急管理的政策措施；加强领导和协调配合，努力形成全民参与的合力等六大部分。

7月26日，国务院召开全国电视电话会议。温家宝指出，要着力深化各项改革。坚持社会主义市场经济改革方向，更大程度地发挥市场配置资源的基础性作用，加快完善市场体系、宏观调控体系，建立落实科学发展观的体制机制保障。特别要加快推进涉及政府职能转变的改革，真正实行政企分开。

8月7日，国务院信息化工作办公室正式批准深圳进行电子政务试点，深圳成为首个国家电子政务试点城市。

9月1—2日，全国农村综合改革工作会议召开。会议指出，要充分认识农村综合改革的重要性和艰巨性，按照巩固农村税费改革成果和完善社会主义市场经济体制的要求，推进乡镇机构、农村义务教育和县乡财政管理体制改革，建立精干高效的农村行政管理体制和运行机制、覆盖城乡的公共财政制度、政府保障的农村义务教育体制，促进农民减负增收和农村公益事业发展，全面推动社会主义新农村建设。

9月4日，国务院召开加强政府自身建设、推进政府管理创新电视电话会议，加快推进政府职能转变和管理创新工作。

9月，中共中央办公厅、国务院办公厅下发《关于预防和化解行政争议健全行政争议解决机制的意见》，对充分发挥行政复议在解决行政争议、化解社会矛盾、构建和谐社会中的重要作用，作了明确规定。

10月11日，党的十六届六中全会通过《中共中央关于构建社会主义和谐社会若干重大问题的决定》，对有关体制机制改革和制度创新提出要求。

11月13日，财政部发布《中央国家机关和事业单位差旅费管理办法》，于2007年1月1日起施行。

11月13日，财政部印发《中央国家机关出差和会议定点管理办法（试行）》。这是落实党中央提出的改革完善公务活动接待制度的重要举措，自发布之日起实施。

12月2—3日，国务院召开全国行政复议工作座谈会，对有条件的地方和部门可以开展行政复议委员会的试点作出了具体部署。

2007年

1月1日，《中央国家机关会议费管理办法》施行。

1月17日，国务院常务会议审议并原则通过《中华人民共和国政府信息公开条例（草案）》。

2月9日，国务院召开第五次廉政工作会议，强调规范行政权力运行、深入推进反腐倡廉工作，其中要求推进体制改革和制度建设。

2月14日，国务院第169次常务会议通过《地方各级人民政府机构设置和编制管理条例》，自2007年5月1日起施行。条例对地方机构编制管理的原则、条例的适用范围、行政机构设置和编制管理、监督检查、法律责任以及事业单位的机构编制管理等方面作了比较明确的规定。

3月5日，在十届全国人大五次会议上，国家发改委发布《关于2006年国民经济和社会发展计划执行情况与2007年国民经济和社会发展计划草案的报告》，提出要积极推进行政管理体制改革。科学界定政府机构职责，健全行政运行机制，改进政府管理与服务方式，推进依法行政，强化行政问责制。

4月5日，国务院办公厅发布《中华人民共和国政府信息公开条例》，自2008年5月1日起施行。条例从总则、公开的范围、公开的方式和程序、公开的监督和保障等各个方面对政府的信息公开做了基本规范，为全国范围内推行政府信息公开工作提供了准绳和依据。条例的公布，标志着我国政务公开进入了一个全国推行、全面深入，并且实现了走向法制化、制度化、经常化的全新阶段。

4月15日，国务院办公厅发布《关于进一步清理取消和调整行政审批项目的通知》，明确这次清理、取消和调整行政审批项目工作为四个阶段进行：全面清理阶段（5月15日前完成）；论证审核阶段（6月15日前完成）；协商处理阶段（7月15日前完成）；审议公布阶段（8月中旬完成）。

4月22日，国务院发布《行政机关公务员处分条例》。这是新中国成立以来第一部全面、系统规范行政惩戒工作的专门行政法规，对行政机关公务员处分的原则、种类、适用、权限、程序和申诉等作了明确规定。

5月29日，国务院发布《中华人民共和国行政复议法实施条例》，经2007年5月23日国务院第177次常务会议通过，自2007年8月1日起施行。进一步发挥行政复议制度在解决行政争议、建设法治政府、构建社会主义和谐社会中的作用。

6月7日，国家发展改革委下发《关于批准重庆市和成都市设立全国统筹城乡综合配套改革试验区的通知》。通知明确，经报请国务院同意，批准设立重庆市和四川省成都市全国统筹城乡综合配套改革试验区，要求两市从实际出发，全面推进各个领域的体制改革，并在重点领域和关键环节率先突破，大胆创新，尽快形成统筹城乡发展的体制机制，促进两市城乡经济社会协调发展，也为推动全国深化改革、实现科学发展与和谐发展，发挥示范和带动作用。

6月19日，国务院行政审批制度改革工作领导小组办公室公布，自2001年9月国务院对全面推进行政审批制度改革做出部署以来，国务院各部门共取消和调整行政审批项目1806项，占原总数的50.1%，各省、自治区、直辖市也陆续取消和调整了半数以上的审批项目。通过改革，各地区各部门较好地解决了审批事项过滥、审批程序烦琐等问题，遏制了利用审批乱收费、滥用审批权力等侵害群众利益的行为，为人民群众提供了更加公开、透明、高效的服务。

7月26日，为落实《国民经济和社会发展第十一个五年规划纲要》确定的编制全国主体功能区规划，明确主体功能区的范围、功能定位、发展方向和区域政策的任务，国务院出台《关于编制全国主体功能区规划的意见》。

8月30日，十届全国人大常委会第二十九次会议通过《中华人民共和国突发事件应对法》，自2007年11月1日起施行。这是新中国第一部应对各类突发事件的综合性法律，被称为“非常时期的小宪法”“龙头法”和“兜底法”，该法明确了突发事件的内涵外延、法律调整范围以及应当遵循的法治原则，确立了突发事件应急管理体制，建立了一个比较系统的包含预防与应急准备、监测与预警、应急处置与救援、恢复与重建等方面内容的应对突发事件制度体系，并与宪法规定的紧急状态制度和有关突发事件应急管理的其他法律作了衔接。

9月18日，为确保我国重要基础设施建设好、管理好、维护好、运行好，国务院办公厅发布《关于开展重大基础设施安全隐患排查工作的通知》。

9月26日，国务院召开常务会议，决定在2001年10月以来，国务院全面推行行政审批制度改革，先后三批取消和调整行政审批项目1806项的基础上，再取消和调整186项行政审批项目，其中取消行政审批项目128项，调整行政审批项目58项。取消和调整这些审批项目，有利于进一步理顺政府与市场、政府与企业、政府与社会、政府与公民的关系，推动政府职能转变，促进管理创新。

10月9日，中央机关及所属事业单位人事争议仲裁委员会在京成立并召开了第一次全体会议。会议审议通过了《中央机关及所属事业单位人事争议仲裁委员会章程》。

10月15—21日，党的十七大召开。胡锦涛作了题为《高举中国特色社会主义伟大旗帜　为夺取全面建设小康社会新胜利而奋斗》的报告。报告指出，深化乡镇机构改革，加强基层政权建设，完善政务公开、村务公开等制度，实现政府行政管理与基层群众自治有效衔接和良性互动，完善各类公开办事制度，提高政府工作透明度和公信力。

11月27日，中央政治局召开会议，对2008年改革工作提出要求。把深化改革放在更加突出的位置，协调推进重要领域和关键环节的改革，深化企业、财税、金融、价格、行政管理等方面的体制改革。

2008年

2月22日，国家工商总局制定了《工商行政管理机关行政执法评议考核办法》《工商行政管理机关行政执法过错责任追究办法》和《国家工商行政管理总局关于正确行使行政处罚自由裁量权的指导意见》，以进一步规范行政执法行为。

2月27日，党的十七届二中全会召开，就深化行政体制改革，转变政府职能作出新的部署，明确提出建设服务型政府的目标，强调要着力转变职能，健全政府职责体系，强化社会管理和公共服务，加快推进政企分开、政资分开、政事分开、政府与市场中介组织分开，减少和规范行政审批，减少政府对微观经济运行的干预。会议通过了《中共中央关于深化行政管理体制改革的意见》，提出深化行政管理体制改革的总体目标是：到2020年建立起比较完善的中国特色社会主义行政管理体制。这是首次在党的重要文件中提出，深化行政管理体制改革要以政府职能转变为核心，强调要通过改革，实现政府职能向创造良好发展环境、提供优质公共服务、维护社会公平正义的根本转变。不仅突出了政府职能转变在深化行政体制改革中的核心地位，而且明确了政府职能转变的总体方向。

3月15日，十一届全国人大一次会议批准国务院机构改革方案。

3月23日，国务院印发《国务院工作规则》。该规则共11章56条，对国务院组成人员职责、全面履行政府职能、实行科学民主决策、坚持依法行政、推进政务公开、健全监督制度、加强廉政建设、会议制度、公文审批、纪律和作风等方面进行了规定。

4月29日，国务院办公厅下发《关于施行〈中华人民共和国政府信息公开条例〉若干问题的意见》。意见明确建立政府信息公开管理体制和政府信息发布协调机制。

5月12日，国务院下发《关于加强市县政府依法行政的决定》，市、县两级政府在我国政权体系中具有十分重要的地位，处在政府工作的第一线，是国家法律法规和政策的重要执行者。决定对加强市、县两级政府依法行政提出要求。对切实解决法治政府建设重点和难点在基层的现实难题具有对症下药的全局性意义。

8月5日，行政审批制度改革工作部际联席会议第一次全体会议召开。会议强调下半年行政审批制度改革要重点做好清理、调整审批事项，规范和制约审批行为及加强对已取消审批事项的后续监管等工作，切实简化审批手续，提高审批工作的透明度。

11月25日，江苏省人民政府第20次常务会议审议并通过《江苏省依法行政考核办法》，自2009年1月1日起施行。这是国内首部对政府依法行政考核进行规范的省级政府规章。该办法共涉及七个方面的内容，对全面实施和规范相对集中行政处罚权工作、建立行政执法公示制度等内容首次正式纳入考核。

11月，财政部、国家发改委发出通知，决定自2009年1月1日起，在全国统一取消和停止征收100项行政事业性收费，有效减轻企业和社会负担。

12月16日，深圳市委、市政府联合发布《深圳市法治政府建设指标体系（试行）》。该指标体系是全国第一个法治政府量化评估体系，一经公布即引起巨大反响。

2009年

1月12—14日，十七届中央纪委三次全会召开。会议总结党的十七大以来党风廉政建设和反腐败工作，研究部署2009年的任务。会议要求，推进重点领域和关键环节改革，深化治本抓源工作。加大改革和制度创新力度，把规范权力运行、健全市场机制、强化监管惩处结合起来，力争在治理重点领域的突出问题方面取得新突破。完善符合科学发展观要求的干部综合考核评价制度，进一步减少行政审批事项，深化财税、投资体制、国有企业改革，深化现代市场体系建设及相关改革。

4月9日，湖北省政府与国务院法制办签署了《关于共同推进湖北省法治政府建设和武汉城市圈“两型社会”建设的合作协议》，商定“共同研究制定湖北省建设法治政府的指标体系”。这是国务院法制办与省级政府签署的第一个共建法治政府的合作协议。同年11月，湖北省委、省政府颁布了我国第一部省级法治政府建设指标体系——《湖北省法治政府建设指标体系（试行）》。

6月22日，财政部发布了《关于推进省直接管理县财政改革的意见》。推进省直接管理县财政改革，要以邓小平理论和“三个代表”重要思想为指导，深入贯彻落实科学发展观，按照社会主义市场经济和公共财政的内在要求，理顺省以下政府间财政分配关系，推动市县政府加快职能转变，更好地提供公共服务，促进经济社会全面协调可持续发展。

7月16日，中央组织部印发《地方党政领导班子和领导干部综合考核评价办法（试行）》《党政工作部门领导班子和领导干部综合考核评价办法（试行）》《党政领导班子和领导干部年度考核办法（试行）》。

9月2日，温家宝主持召开国务院常务会议，决定在公共卫生与基层医疗卫生事业单位和其他事业单位实施绩效工资并分三步推进。为全面启动事业单位改革创造条件、积累经验。

11月，国务院批复了天津市报送的《关于调整天津市部分行政区划的请示》，同意撤销天津市塘沽区、汉沽区、大港区，设立天津市滨海新区，以原塘沽区、汉沽区、大港区的行政区域为滨海新区的行政区域。

12月3日，中共中央办公厅印发《2010—2020年深化干部人事制度改革规划纲要》。规划纲要根据党的十七大和十七届四中全会关于党的建设的总体部署，对2010—2020年深化干部人事制度改革作出了全面规划，是新形势下推进干部人事制度改革的纲领性文件。

2010年

1月19日，国务院办公厅下发《关于加强和规范各地政府驻北京办事机构管理的意见》。意见要求，要认真贯彻执行党的十七届四中全会决定精神，切实加强驻京办事机构党的建设、制度建设和廉政建设，把驻京办事机构建设成为密切联系群众、清正廉洁、务实为民的服务窗口。认真清理现有驻京办事机构、严格规范驻京办事机构职能、着力加强驻京办事机构管理、切实落实驻京办事机构管理责任。

1月，为加强能源战略决策和统筹协调，国务院决定成立国家能源委员会，负责研究拟订国家能源发展战略，审议能源安全和能源发展中的重大问题，统筹协调国内能源开发和能源国际合作的重大事项。

3月5日，温家宝在十一届全国人大三次会议上作政府工作报告时提出，要努力建设人民满意的服务型政府。

3月22日，国务院印发实施《全面推进依法行政实施纲要》。

3月，中共中央办公厅印发了《党政领导干部选拔任用工作责任追究办法（试行）》，并发出通知，要求各地区各部门认真贯彻执行。通知指出，健全党政领导干部选拔任用责任追究制度，是深入贯彻落实党的十七大和十七届四中全会精神，进一步匡正选人用人风气、提高选人用人公信度的重要举措。

4月28日，中央编办在北京召开经济发达镇行政管理体制改革试点工作部署会，中央编办、国家发改委等六部门发布《关于开展经济发达镇行政管理体制改革试点工作的通知》，会议确定在全国13个省份的25个经济发达镇开展行政管理体制改革试点工作。增强县域经济发展活力。依法赋予经济发展快，人口吸纳能力强的小城镇在投资审批、工商管理、社会治安等方面行政管理权限。支持乡镇企业加大技术改造投入，促进产业集聚和升级。

5月31日，国务院同意国家发改委《关于2010年深化经济体制改革重点工作的意见》，意见称，2010年我国将深化行政管理体制改革。按照政事分开、事企分开和管办分离的原则，制订出台分类推进事业单位改革的总体文件及相关配套文件，逐步扩大改革试点范围，为全面启动改革创造条件、积累经验。

6月18日，继上海浦东新区、天津滨海新区之后，我国第三个国家级新区、内陆唯一国家级新区——重庆“两江新区”挂牌成立，将重点探索内陆开放新模式，培育西部地区科学发展新的增长极。

7月4日，国务院发布《关于第五批取消和下放管理层级行政审批项目的决定》。2009年以来，按照国务院的统一部署和行政审批制度改革的要求，行政审批制度改革工作部际联席会议依据行政许可法等法律法规的规定，组织对国务院部门的行政审批项目进行了新一轮集中清理。经严格审核论证，国务院决定第五批取消和下放管理层级行政审批项目184项。其中，取消的行政审批项目113项，下放管理层级的行政审批项目71项。

7月11日，中共中央办公厅、国务院办公厅印发了《关于领导干部报告个人有关事项的规定》，要求各地区各部门认真贯彻执行。通知要求，各级领导干部要按照规定要求如实报告个人有关事项，自觉接受监督。各级党组织要依照规定认真做好领导干部报告个人有关事项制度的组织实施工作，加强对领导干部的管理和监督。各级纪检监察机关和有关部门要协助党委抓好任务分解，保证贯彻落实。

8月5日，国务院法制办在哈尔滨召开的全国行政复议委员会试点工作现场会。经过12个省区市两年的积极探索，行政复议委员会试点工作取得初步成效，有关“官民”纠纷解决体制机制创新向纵深推进。

8月27日，国务院在北京召开全国依法行政工作会议，温家宝作重要讲话。他强调，依法行政是现代政治文明的重要标志。贯彻依法治国基本方略，推进依法行政，建设法治政府，是我们党治国理政从理念到方式的革命性变化，是我国政治体制改革迈出的重要一步，具有划时代的重要意义。各级政府和所有工作人员要牢固树立法治观念，严格遵守宪法和法律，严格依法办事，不断推进法治政府建设取得新成效。

9月21日，财政部公布《关于建立和完善县级基本财力保障机制的意见》。财政部表示，针对负担较重的县乡财政，继续实行“以奖代补”形式，建立健全激励约束机制，对于县级财政给予激励性奖励和保障性奖励。各地要进一步理顺省级以下政府间分配关系，加大省对下转移支付力度，均衡省以下财力分配，并要结合深化行政管理体制改革和当地实际，积极推进“省直管县”改革。

10月1日，广东开始试行省直管县财政改革，改革内容包括省直管县财政，取消市与县之间的日常资金往来，省财政直接确定各市、县的资金调动额度。备受关注的省直管县改革首先在广东试水。

10月10日，国务院发布《关于加强法治政府建设的意见》，为在新形势下深入贯彻落实依法治国基本方略，全面推进依法行政，进一步加强法治政府建设指明了方向。

10月12日，中共中央办公厅、国务院办公厅印发实施《党政主要领导干部和国有企业领导人员经济责任审计规定》，并于12月8日向社会公布，发出通知，要求各地区各部门结合实际认真贯彻执行。通知指出，规定的颁布施行，是贯彻落实党的十七大和十七届四中全会精神的重要举措，是加强经济责任审计法规制度建设、规范经济责任审计行为、促进经济责任审计工作科学发展的现实需要，对于增强领导干部依法履行经济责任意识、完善领导干部管理和监督机制、促进惩治和预防腐败体系建设具有重要意义。

10月18日，党的第十七届五中全会通过《关于制定国民经济和社会发展第十二个五年规划的建议》。文件明确提出，加快建设法治政府和服务型政府，坚定推进大部门制改革，在有条件的地方探索省直接管理县（市）的体制。

2011年

1月8日，《国务院关于废止和修改部分行政法规的决定》发布。决定指出，1983年以来，国务院根据经济社会发展和改革深化的新情况、新要求，在对行政法规进行过四次全面清理的基础上，再次对截至2009年底现行的691件行政法规进行了全面清理。以进一步深入贯彻依法治国基本方略，维护社会主义法制统一，全面推进依法行政。其中对七件行政法规予以废止，对107件行政法规的部分条款予以修改。

1月30日，财政部、国家发展改革委联合印发《关于取消部分涉企行政事业性收费的通知》，决定自2011年2月1日起，在全国统一取消31项涉及企业负担的行政事业性收费。此次取消的行政事业性收费项目涉及工商注册登记和年检、税务登记、车辆检测、卫生防疫、外贸出口、农业生产等多个领域，每年可减轻企业负担约50亿元。

3月5—14日，十一届全国人大四次会议召开。温家宝在政府工作报告中论述“十二五”时期的主要目标和任务时提出，要全面深化改革开放，更加重视改革顶层设计和总体规划，积极稳妥地推进政治体制改革，扩大社会主义民主，完善社会主义法制，使上层建筑更加适应经济基础发展变化，为科学发展提供有力保障。大会审议并正式批准《国民经济和社会发展第十二个五年规划纲要》，纲要指出：继续优化政府结构、行政层级、职能责任，坚定推进大部门制改革，着力解决机构重叠、职责交叉、政出多门问题。在有条件的地方探索省直接管理县（市）的体制。

3月23日，中共中央、国务院发布《关于分类推进事业单位改革的指导意见》，在清理规范基础上，按照社会功能将现有事业单位划分为三个类别。对承担行政职能的，逐步将其行政职能划归行政机构或转为行政机构；对从事生产经营活动的，逐步将其转为企业；对从事公益服务的，继续将其保留在事业单位序列、强化其公益属性。

5月31日，中央国家机关厉行节约工作会议召开，温家宝做出重要批示。批示指出，建设一个廉洁、节俭的政府是我们的目标。中央国家机关要带头厉行节约，特别要从严控制和压缩因公出国出境、公务用车购置及运行、公务接待三项经费支出。

6月2日，全国分类推进事业单位改革工作座谈会召开，马凯出席会议并讲话。强调分类推进事业单位改革要始终把握并贯彻四项基本要求。一是必须始终坚持以促进公益事业发展为目的。二是必须始终坚持以科学分类为基础。三是必须始终坚持以创新体制机制为核心。四是必须始终坚持分类指导、分业推进、分级组织、分步实施的工作方针。

6月8日，中共中央办公厅、国务院办公厅印发《关于深化政务公开加强政务服务的意见》，明确提出要抓好重大突发事件和群众关注热点问题的公开，客观公布事件进展、政府举措、公众防范措施和调查处理结果，及时回应社会关切，正确引导社会舆论，并对以改革创新精神深化政务公开工作作出工作安排和部署。

6月15日，中共海南省委群众工作部正式成立，这是全国第一个省级层面的群众工作部，标志着海南省用群众工作统揽信访工作进入了全新阶段。海南省委群工部的主要职责包括研究部署和指导推动群众工作，调查收集社情民意，协调涉及群众切身利益政策的制定，纠正损害群众利益的行为，化解人民内部矛盾，处理信访工作，等等。

6 月 28 日，政府绩效管理试点工作动员会召开。政府绩效管理工作部际联席会议研究并报国务院同意，选择北京市、吉林省、福建省、广西壮族自治区、四川省、新疆维吾尔自治区、杭州市、深圳市等八个地区和国家发改委、财政部、国土资源部、环境保护部、农业部、质检总局等六个部门开展政府绩效管理试点工作，并制定印发了《关于开展政府绩效管理试点工作的意见》。为全面推行政府绩效管理制度探索积累经验。

7 月 24 日，中共中央办公厅印发了《关于加强市（地、州、盟）党政正职管理的若干规定》，并发出通知，要求各地结合实际认真贯彻执行。规定着重从选好配强市党政正职、健全选拔任用机制、强化教育培训、健全和改进考核机制、加强管理和监督等五个方面，提出了加强市党政正职管理的 19 条具体措施，对于落实中央关于重要岗位重点管理要求，加强地方领导班子和干部队伍建设具有十分重要的意义。

9 月 13 日，国务院办公厅转发《全国政务公开领导小组关于开展依托电子政务平台加强县级政府政务公开和政务服务试点工作意见》。意见明确了目标任务，将在全国选择 100 个县（市、区）开展试点工作，用一年左右时间，建立和完善统一的电子政务平台，充分利用平台全面、准确发布政府信息公开事项，实时、规范办理主要行政职权和便民服务事项，并实现电子监察全覆盖。

11 月 14 日，工业和信息化部、国务院机关事务管理局、中共中央直属机关事务管理局联合发布《〈党政机关公务用车选用车型目录〉管理细则》。细则明确，申报该目录的轿车，一般公务用车和执法执勤用车发动机排气量不超过 1.8 升，价格不超过 18 万元。细则还对申报目录的汽车生产企业应符合的条件做出了规定。

11月25日，财政部下发《关于实施中央预算单位公务卡强制结算目录的通知》，通知严格规定预算单位公务支出中必须使用公务卡结算的项目，有利于提高公务卡使用率，充分发挥公务卡制度优势，进一步加强和规范公务支出管理。从2012年1月1日起实施，中央各部门及所属行政事业单位工作人员在支付公务接待费、公车运行维护费、差旅费、会议费等16项费用时，必须使用公务卡。2012年底前，所有基层预算单位要全部实行公务卡支付制度。

2012年

2月15日，国务院常务会议研究部署了2012年深化经济体制改革重点工作。会议强调，要进一步推进依法行政和社会管理创新，理顺政府与公民和社会组织的关系，深化政务公开，健全监督制度，建设服务、责任、法治、廉洁政府；进一步推进行政体制改革；建立健全新设行政审批事项审核论证机制；开展政府绩效管理试点；全面推进地方财政预算、决算公开。

2月23日，国务院办公厅发布《关于积极稳妥推进户籍管理制度改革的通知》。通知要求各地区、各有关部门认真贯彻国家有关推进城镇化和户籍管理制度改革的决策部署，分类明确户口迁移政策；放开地级市户籍，清理造成暂住人口学习、工作、生活不便的有关政策措施；继续探索建立城乡统一的户口登记制度。

3月5—14日，十一届全国人大五次会议召开。温家宝在政府工作报告中提出，要积极稳妥推进事业单位分类改革；进一步加快推进政府改革；扩大社会主义民主、加强廉政建设，严格依法设定、实施、清理、规范行政审批事项；严格执行领导干部廉洁从政各项规定，加强行政监督、民主监督、舆论监督。坚决查处各类违纪违法案件，严厉惩治腐败分子。

3月26日，国务院召开第五次廉政工作会议。温家宝强调，创造条件让人民群众监督政府。指出2012年要重点抓好以下几方面工作：第一，深入推进行政审批制度改革；第二，推进公共资源配置市场化改革；第三，深化财政管理体制改革；第四，推进行政经费使用管理改革；第五，加强行政机关和国有企业事业单位财务管理；第六，扎实抓好反腐倡廉长期性基础性工作。

3月28日，国务院常务会议决定设立温州市金融综合改革试验区。会议批准实施《浙江省温州市金融综合改革试验区总体方案》，要求通过体制机制创新，构建与经济社会发展相匹配的多元化金融体系，使金融服务明显改进，防范和化解金融风险能力明显增强，金融环境明显优化，为全国金融改革提供经验。

4月16日，新华社受权发布《中共中央　国务院关于分类推进事业单位改革的指导意见》。指导意见分为改革的重要性和紧迫性，改革的指导思想、基本原则和总体目标，科学划分事业单位类别，推进承担行政职能事业单位改革，推进从事生产经营活动事业单位改革，推进从事公益服务事业单位改革，构建公益服务新格局，完善支持公益事业发展的财政政策，认真做好组织实施工作等九部分。指导意见还明确了改革的总体目标：到2020年，建立起功能明确、治理完善、运行高效、监管有力的管理体制和运行机制，形成基本服务优先、供给水平适度、布局结构合理、服务公平公正的中国特色公益服务体系。

4月18日，国务院常务会议研究部署了2012年政府信息公开重点工作。会议要求坚持把政务公开作为政府施政的基本准则，继续规范和深化政府信息公开工作，加快公开步伐，扩大公开范围，细化公开内容，提高公开的质量和实效。今年要重点推进以下几方面的政府信息公开：第一，推进财政预决算、“三公”经费和行政经费公开；第二，推进保障性住房信息公开；第三，推进食品安全信息公开；第四，推进环境保护信息公开；第五，推进招投标信息公开；第六，推进生产安全事故信息公开；第七，推进征地拆迁信息公开；第八，推进价格和收费信息公开。

6月13日，国务院常务会议审议通过《机关事务管理条例（草案）》。草案按照加强管理、规范工作、保障正常运行、降低运行成本、建设节约型机关的要求，明确了机关运行经费、机关资产和服务管理的基本制度。草案对公务接待、公务用车购置和运行、因公出国（境）的预算管理做了规定，要求各级政府建立健全机关运行经费公开制度，定期公布预算和决算情况；要求各级政府推进机关后勤服务、公务用车和公务接待服务等工作的社会化改革，建立健全相关管理制度。

7月11日，国务院印发《国家基本公共服务体系“十二五”规划》。规划提出，把基本公共服务制度作为公共产品向全民提供，是我国公共服务发展从理念到体制的创新。要按照以人为本，保障基本；政府主导，坚持公益；统筹城乡，强化基层；改革创新，提高效率的基本要求，着眼制度设计、系统规划、整体推进，建立健全基本公共服务体系。

10月10日，《国务院关于第六批取消和调整行政审批项目的决定》公布，本次共取消和调整314项行政审批项目。其中取消184项，下放117项，合并13项。至此，国务院十年来分六批共取消和调整了2497项行政审批项目，占原有总数的69.3%。

11月8—14日，党的十八大召开。党的十八大围绕全面建成小康社会的奋斗目标，首次提出“全面推进依法治国”的战略举措，首次确立“科学立法、严格执法、公正司法、全民守法”的社会主义法治建设新十六字方针，强调要更加注重发挥法治在国家治理和社会管理中的重要作用。党的十八大首次明确将“法治政府基本建成”确立为“全面建成小康社会”的重要目标之一，并同时确定了完成这一重任的时间表，即到 2020 年“法治政府基本建成”。新十六字方针的提出，对新的历史方位下，法治政府建设具有重要指导意义，标志着从立法、执法、司法和守法四个维度加强对法治政府建设研究，在立法、执法和司法各个层面推进法治政府综合性改革。

2013 年

2 月 26—28 日，党的十八届二中全会召开。会议审议通过了《国务院机构改革和职能转变方案》，对行政体制改革做出部署。全会强调，行政体制改革是推动上层建筑适应经济基础的必然要求，要深入推进政企分开、政资分开、政事分开、政社分开，健全部门职责体系，建设职能科学、结构优化、廉洁高效、人民满意的服务型政府。要处理好政府和市场、政府和社会、中央和地方的关系，深化行政审批制度改革，减少微观事务管理，以充分发挥市场在资源配置中的基础性作用，更好发挥社会力量在管理社会事务中的作用，充分发挥中央和地方两个积极性，加快形成权界清晰、分工合理、权责一致、运转高效、法治保障的国务院机构职能体系，切实提高政府管理科学化水平。要坚持以人为本、执政为民，在服务中实施管理，在管理中实现服务。要加强公务员队伍建设和政风建设，改进工作方式，转变工作作风，提高工作效率和服务水平，提高政府公信力和执行力。要深入研究全面深化体制改革的顶层设计和总体规划，把经济、政治、文化、社会、生态等方面的体制改革有机结合起来，把理论创新、制度创新、科技创新、文化创新以及其他各方面创新有机衔接起来，构建系统完备、科学规范、运行有效的制度体系。

3月14日，十二届全国人大一次会议表决通过关于国务院机构改革和职能转变方案的决定。经过改革，国务院正部级机构减少四个，其中组成部门减少两个，副部级机构增减相抵数量不变。改革后，除国务院办公厅外，国务院设置组成部门25个。

4月24日，国务院召开常务会议，决定取消和下放一批行政审批事项，推进政府职能转变。为落实《国务院机构改革和职能转变方案》，会议决定，第一批先行取消和下放71项行政审批项目等事项，重点是投资、生产经营活动项目。会议指出，这是深化改革、加快职能转变的重要一步，必须精心组织实施，做好与相关法律法规的衔接，及时公布，接受各方监督。对取消审批的事项，要相应加强事中事后监管。下一步，各部门要加大减少和下放行政审批事项工作力度，加快进度，科学评估，成熟一批推出一批。各级政府要适应职能转变新要求，把该放的事坚决放开，把该管的事管住管好，以政府职能转变的新成效为经济社会发展注入新的动力和活力。

5月6日，国务院常务会议确定2013年将出台居住证管理办法，分类推进户籍制度改革，完善相关公共服务及社会保障制度。

5月15日，国务院发布《关于取消和下放一批行政审批项目等事项的决定》。经研究论证，国务院决定，取消和下放一批行政审批项目等事项，共计117项。其中，取消行政审批项目71项，下放管理层级行政审批项目20项，取消评比达标表彰项目10项，取消行政事业性收费项目3项；取消或下放管理层级的机关内部事项和涉密事项13项（按规定另行通知）。另有16项拟取消或下放的行政审批项目是依据有关法律设立的，国务院将依照法定程序提请全国人民代表大会常务委员会修订相关法律规定。

6月19日，国务院常务会议决定再取消和下放一批行政审批等事项。会议通过了国家新闻出版广电总局“三定”规定，至此，本次国务院机构改革涉及的新组建部门“三定”已全部完成。在这些部门“三定”中，又取消和下放了32项行政审批等事项，包括取消能源企业发展建设规划审批、铁路客货直通运输审批、出版单位变更登记等，下放电力业务许可、港澳台在内地设立独资医院审批等。

7月3日，国务院常务会议原则通过《中国（上海）自由贸易试验区总体方案》。会议强调，要进一步深化改革，加快政府职能转变，坚持先行先试，既要积极探索政府经贸和投资管理模式创新，促进贸易和投资便利化，扩大服务业开放；又要防范各类风险，推动建设具有国际水准的投资贸易便利、监管高效便捷、法制环境规范的自由贸易试验区，使之成为推进改革和提高开放型经济水平的“试验田”，形成可复制、可推广的经验，发挥示范带动、服务全国的积极作用，促进各地区共同发展。

7月31日，国务院常务会议研究推进政府向社会力量购买公共服务。会议明确指出，将适合市场化方式提供的公共服务事项，交由具备条件、信誉良好的社会组织、机构和企业等承担。

8月21日，国务院常务会议决定出台严格控制新设行政许可的措施。会议指出，要坚持依法设定行政许可，做到“三个严格”。实施行政许可，要明确责任、权责一致，注重事中事后监督。对违法设定许可和增设许可条件，或以登记、备案、年检、监制为名行许可之实的，要坚决纠正、严肃处理，特别要制止以许可增加收费的行为。

9月29日，中国（上海）自由贸易试验区成立。上海市政府随后公布了《中国（上海）自由贸易试验区管理办法》，其中规定：外商投资企业进入自贸区从事经营活动，遵循“准入前国民待遇+负面清单”的原则，其中“负面清单”主要指外商投资者不得从事清单内项目的投资，在清单范围之外的领域从事投资活动则不需要经过核准程序，只需要备案即可。《中国（上海）自由贸易试验区外商投资准入特别管理措施（负面清单）2013年）》的公布，列明了上海自贸区内对外商投资项目和设立外商投资企业采取的与国民待遇等不符的准入措施，这也是国内首版负面清单。

11月9—12日，党的十八届三中全会召开。会议审议通过了《中共中央关于全面深化改革若干重大问题的决定》。决定明确提出：优化行政区划设置，有条件的地方探索推进省直接管理县（市）体制改革。还提出，完善设市标准，严格审批程序，对具备行政区划调整条件的县可有序改市。这标志着撤县设市改革在经历了16年“冷冻期”后，迎来了“重启”的新阶段。决定提出，创新人口管理，加快户籍制度改革，全面放开建制镇和小城市落户限制，有序放开中等城市落户限制，合理确定大城市落户条件，严格控制特大城市人口规模。决定将完善和发展中国特色社会主义制度，推进国家治理体系和治理能力现代化确定为全面深化改革的总目标，提出了建设法治政府和服务型政府的任务。推进国家治理体系和治理能力现代化，要高度重视法治问题，采取有力措施全面推进依法治国，建设社会主义法治国家，建设法治中国。

11月12日，中央国家安全委员会成立，作为中共中央关于国家安全工作的决策和议事协调机构，向中央政治局、中央政治局常务委员会负责，统筹协调涉及国家安全的重大事项和重要工作。

12月2日，国务院发布《关于政府核准投资项目目录（2013年版）的通知》。2013年版目录的制定，是为进一步深化投资体制改革和行政审批制度改革，加大简政放权力度，切实转变政府投资管理职能，使市场在资源配置中起决定性作用，确立企业投资主体地位，更好发挥政府作用，加强和改进宏观调控。至此，新一届政府取消和下放的行政审批事项已达221项，激发市场和社会活力的成效正在显现。

2014年

1月8日，国务院常务会议决定推出进一步深化行政审批制度改革三项措施。会议指出，今年按照全面深化改革的要求，做好政府各项工作，要继续把简政放权作为“当头炮”，在公开透明上下功夫，在持续推进中增实效。

2月15日，国务院决定再取消和下放64项行政审批项目和18个子项，另建议取消和下放六项依据有关法律设立的行政审批项目，国务院将依照法定程序提请全国人民代表大会常务委员会修订相关法律规定。

2月26日，国务院常务会议审议通过《事业单位人事管理条例（草案）》。会议指出，事业单位是提供公共服务的社会组织。规范事业单位人事管理，保障工作人员合法权益，是深化事业单位改革的保障。会议审议通过《事业单位人事管理条例（草案）》。

3月16日，中共中央、国务院印发《国家新型城镇化规划（2014—2020年）》，要求制定城市市辖区设置标准，优化市辖区规模和结构，作为疏散大城市中心城区功能的重要手段。

3月19日，国务院常务会议确定政府工作报告重点工作部门分工。会议指出，十二届全国人大二次会议通过的政府工作报告，明确了今年政府工作任务“清单”，这是政府对人民的庄严承诺。国务院各部门、各单位要按照统一部署，把落实报告提出的各项任务作为履职尽责的重点，保持良好精神状态，集中精力，扑下身子着力谋发展、抓改革、调结构、惠民生，努力完成今年经济社会发展预期目标，交出一份合格的

“答卷”，不辜负人民群众的期望。

4 月 15 日，习近平总书记在中央国家安全委员会第一次全体会议上首次提出总体国家安全观重大战略思想，强调坚持总体国家安全观，走中国特色国家安全道路。总体国家安全观的提出，标志着我国开始从国家战略的高度来决策部署应急管理工作。

5 月 20 日，天津市滨海新区行政审批局正式挂牌成立。五年来，滨海新区行政审批局以体制机制改革为突破口，通过五个阶段改革，推动简政放权、放管结合，不断优化审批流程，不断丰富着行政审批制度改革的“滨海样本”，为企业群众带来了实实在在的便利，也为区域经济社会发展带来了活力。

5 月 30 日，国务院常务会议确定进一步减少和规范涉企收费、减轻企业负担，部署落实和加大金融对实体经济的支持，决定对国务院已出台政策措施落实情况开展全面督查。会议认为，减少和规范涉企收费，看住向企业乱伸的手，是深化改革、简政放权、规范市场秩序的重要举措，对于降低经营成本、激励投资创业意义重大。

6 月 4 日，国务院印发《关于促进市场公平竞争维护市场正常秩序的若干意见》，明确了简政放权、依法监管、公正透明、权责一致和社会共治等基本原则，强调立足于促进企业自主经营、公平竞争，消费者自由选择、自主消费，商品和要素自由流动、平等交换，建设统一开放、竞争有序、诚信守法、监管有力的现代市场体系，加快形成权责明确、公平公正、透明高效、法治保障的市场监管格局，到 2020 年建成体制比较成熟、制度更加定型的市场监管体系。

6 月 11 日，国务院常务会议提出，按照统筹稳增长、促改革、调结构、惠民生的要求，实施定向调控、注重标本兼治，推动经济优化升级，部署建设综合立体交通走廊打造长江经济带。

8月12日，国务院印发《关于取消和调整一批行政审批项目等事项的决定》，取消和下放45项行政审批项目，取消11项职业资格许可和认定事项，将31项工商登记前置审批事项改为后置审批。另建议取消和下放七项依据有关法律设立的行政审批事项，将五项依据有关法律设立的工商登记前置审批事项改为后置审批，国务院将依照法定程序提请全国人民代表大会常务委员会修订相关法律规定。

8月27日，国务院常务会议听取政策措施落实第三方评估汇报，改革创新政府管理方式。会议指出，为改革创新政府管理方式，近期国务院委托全国工商联等单位，采取走访企业、入户调查座谈等方式，对简政放权、落实企业投资自主权、棚户区改造、扶贫开发、农村饮水安全等改革、发展、民生政策落实情况开展第三方评估。

9月1日，全国公务用车制度改革电视电话会议召开。会议强调，要进一步统一思想，增强责任感使命感，突出重点，统筹兼顾，积极稳妥推进，确保公务用车制度改革改成、改好、改出实效。会议指出，公务用车制度改革是党中央、国务院作出的一项重要决策部署，各地区、各部门要充分认识到公务用车制度改革的重要意义，加强认识、统一思想，以高度的责任感和使命感推动公务用车制度改革。

9月18日，中共中央组织部、人力资源和社会保障部、国家公务员局印发《关于深入开展公务员平时考核试点工作的通知》。各地积极探索创新考核的方式方法，逐步形成共性指标和个性指标相结合、工作纪实和领导评鉴相衔接、促进工作落实和公务员成长相统一的考核机制，将指标管理、自我管理、领导管理、组织管理有机结合，通过目标管理、过程管理、结果控制等手段，促进广大公务员履职尽责，激励公务员不断提高工作效率。

10月20—23日，党的十八届四中全会召开。这是党的历史上第一次专题研究法治的中央全会，是第一次对全面推进依法治国作出重大决定的中央全会，是第一次确定全面推进依法治国总目标的中央全会。全会通过了《中共中央关于全面推进依法治国若干重大问题的决定》，把深入推进依法行政，加快建设法治政府作为全面推进依法治国的重大任务进行全面部署，提出，全面推进依法治国，总目标是建设中国特色社会主义法治体系，建设社会主义法治国家。即：在中国共产党领导下，坚持中国特色社会主义制度，贯彻中国特色社会主义法治理论，形成完备的法律规范体系、高效的法治实施体系、严密的法治监督体系、有力的法治保障体系，形成完善的党内法规体系，坚持依法治国、依法执政、依法行政共同推进，坚持法治国家、法治政府、法治社会一体建设，实现科学立法、严格执法、公正司法、全民守法，促进国家治理体系和治理能力现代化。

11 月 5 日，国务院常务会议决定削减前置审批、推行投资项目网上核准，释放投资潜力、发展活力。会议指出，按照政府工作报告要求，从改革创新制度入手，以精简前置审批，规范中介服务，实行更加便捷、透明的投资项目核准为重点，把简政放权、放管结合向纵深推进，有利于根治“审批依赖症”，堵住利益输送“暗道”，转变政府职能，建设法治政府、现代政府，放开企业手脚，营造鼓励大众创业、万众创新的良好环境。

11 月 6 日，深化国有企业负责人薪酬制度改革工作电视电话会议在北京召开。

11 月 6 日，经广东省政府同意，广东省政府办公厅印发了《广东省行政审批事项通用目录》。这是广东省，也是我国首张涵盖省、市、县三级全部行政审批事项的一单式“纵向权力清单”。

11 月 16 日，集专利、商标、版权行政管理和综合执法职能于一身、全国首家单独设立的知识产权局在上海浦东新区成立，并将于2015年1月1日正式运行。此项改革，是上海加快转变政府职能、深化行政体制改革的又一先行先试之举。

11月24日，国务院印发《关于取消和调整一批行政审批项目等事项的决定》，取消和下放58项行政审批项目，取消67项职业资格许可和认定事项，取消19项评比达标表彰项目，将82项工商登记前置审批事项调整或明确为后置审批。另建议取消和下放32项依据有关法律设立的行政审批和职业资格许可认定事项，将七项依据有关法律设立的工商登记前置审批事项改为后置审批，国务院将依照法定程序提请全国人大常委会修订相关法律规定。

12月12日，国务院常务会议确定新一批简政放权、放管结合措施，促进转变政府职能、建设现代政府；部署推广上海自贸试验区试点经验、加快制定完善负面清单，推动更高水平对外开放；决定集中治理机关事业单位“吃空饷”问题，堵上蚕食财政资金的黑洞；批准2014年度国家科学技术奖评审结果。

2015年

1月7日，国务院常务会议确定规范和改进行政审批的措施、提升政府公信力和执行力。会议认为，针对群众反映较多的审批“沉疴”，着力规范和改进行政审批行为，治理“审批难”，是在不断取消和下放审批事项、解决“审批多”问题的基础上，政府自我革命的进一步深化，是推进转变政府职能、简政放权、放管结合的关键一环，有利于提高行政效能，促进行政权力法治化，防止权力寻租，营造便利创业创新的营商环境，激发社会活力和创造力。

1月14日，国务院发布《关于机关事业单位工作人员养老保险制度改革的决定》，自 2014 年 10 月 1 日起实施。该决定适用于按照公务员法管理的单位、参照公务员法管理的机关（单位）、事业单位及其编制内的工作人员。该决定明确，实行社会统筹与个人账户相结合的基本养老保险制度。基本养老保险费由单位和个人共同负担。

2 月 4 日，《国务院关于规范国务院部门行政审批行为改进行政审批有关工作的通知》发布。该通知要求，规范行政审批行为，全面实行“一个窗口”受理，推行受理单制度，实行办理时限承诺制，编制服务指南，制定审查工作细则，探索改进跨部门审批等工作。强化监督问责，主动公开行政审批信息，依法保障申请人的知情权，强化监督检查，严格责任追究。

2 月 6 日，国务院常务会议部署改革政府投资管理方式和转变职能，便利投资创业、规范市场秩序。会议认为，建立部门和地方协同联动的投资项目审批监管制度，是推进简政放权、放管结合的重要举措，可使政府管理更加规范高效，防止随意性和权力寻租，更好地服务和方便群众，对促进投资、带动创业就业具有重要意义。

2 月 24 日，国务院发布《关于取消和调整一批行政审批项目等事项的决定》，取消和下放 90 项行政审批项目，取消 67 项职业资格和认定事项，取消 10 项评比达标表彰项目，将 21 项工商登记前置审批事项改为后置审批，保留 34 项工商登记前置审批事项。同时，建议取消和下放 18 项依据有关法律设立的行政审批和职业资格许可认定事项，将 5 项依据有关法律设立的工商登记前置审批事项改为后置审批，国务院将依照法定程序提请全国人民代表大会常务委员会修订相关法律规定。

3 月 5 日，李克强在政府工作报告中指出，深入推进行政体制改革。进一步简政放权，这是政府的自我革命。今年要再取消和下放行政审批事项 200 项以上。深化投资审批制度改革，取消或简化前置性审批，充分落实企业投资自主权，推进投资创业便利化。确需设置的行政审批事项，要建立权力清单制度，一律向社会公开。清单之外的，一律不得实施审批。全面清理非行政审批事项。

3月24日，中共中央办公厅、国务院办公厅联合印发《关于推行地方各级政府工作部门权力清单制度的指导意见》。该意见要求，将地方各级政府工作部门行使的各项行政职权及其依据、行使主体、运行流程、对应的责任等，以清单形式明确列示出来，向社会公布，接受社会监督。通过建立权力清单和相应责任清单制度，进一步明确地方各级政府工作部门职责权限，大力推动简政放权，加快形成边界清晰、分工合理、权责一致、运转高效、依法保障的政府职能体系和科学有效的权力监督、制约、协调机制，全面推进依法行政。

4月8日，国务院办公厅印发《自由贸易试验区外商投资准入特别管理措施（负面清单）》。负面清单列明了不符合国民待遇等原则的外商投资准入特别管理措施，适用于上海、广东、天津、福建四个自由贸易试验区（以下统称自贸试验区）。《自贸试验区负面清单》自印发之日起30日后实施，并适时调整。

4月21日，国务院办公厅印发《2015年政府信息公开工作要点》，对2015年政府信息公开工作作出部署。该要点指出，做好2015年政府信息公开工作，要深入贯彻党的十八大和十八届二中、三中、四中全会精神，认真落实《中华人民共和国政府信息公开条例》，不断增强政府信息公开实效，使政府信息公开工作更好地服务于经济社会发展，促进法治政府、创新政府、廉洁政府和服务型政府建设。

4月27日，国务院办公厅印发《关于清理规范国务院部门行政审批中介服务的通知》，部署清理规范国务院部门行政审批中介服务工作，重点解决中介服务事项环节多、耗时长、收费乱、垄断性强、一些从事中介服务的机构与政府部门存在利益关联等问题，整治中介服务乱象，规范和引导中介服务。

4月29日，国务院办公厅印发《关于贯彻落实国务院常务会议精神有关事项的通知》，明确要求国务院常务会议讨论通过的文件，须在会议结束后七个工作日内印发，有重大修改意见需要协调的，须在十个工作日内印发。通知明确要求，文件牵头起草部门须在会议结束后三个工作日内将修改、会签后的文件报国务院，国务院办公厅承办秘书局要在两个工作日内完成审核和跟踪审批。

5月6日，国务院常务会议确定进一步简政放权、取消非行政许可审批类别，把改革推向纵深。会议决定，按照依法行政要求，在去年大幅减少各部门非行政许可审批事项的基础上，彻底取消这一审批类别。分类清理剩余的非行政许可审批事项，对中小企业信用担保机构免征营业税审批等49项予以取消，对保健食品注册审批等20项按程序转为行政许可，对其他不直接涉及公众或具有行政确认、奖励等性质的事项调整为政府内部审批或通过权力清单逐一规范。

6月17日，国务院常务会议确定实施“三证合一”登记制度改革，方便创业创新；部署运用大数据优化政府服务和监管，提高行政效能。会议认为，推行“三证合一”，将工商、质监、税务分别核发证照，改为由工商部门一次性核发营业执照，是商事登记制度的重大改革，可以进一步便利企业注册，持续推动形成大众创业、万众创新热潮。会议强调，要简化程序，实行“一次申请、一口受理、一套材料、一表登记”，不重复填报、提交材料。在2015年底前确保实现“三证合一、一照一码”登记模式在全国推开，过渡期内老证照继续有效，让群众得实惠。

7月8日，中共中央办公厅、国务院办公厅印发《行业协会商会与行政机关脱钩总体方案》。方案提出，积极稳妥推进行业协会商会与行政机关脱钩，厘清行政机关与行业协会商会的职能边界，加强综合监管和党建工作，促使行业协会商会成为依法设立、自主办会、服务为本、治理规范、行为自律的社会组织。方案明确，脱钩的主体是各级行政机关与其主办、主管、联系、挂靠的行业协会商会。在组织实施上，方案明确，国家发改委、民政部会同有关部门，成立行业协会商会与行政机关脱钩联合工作组。

8月10日，国务院办公厅印发《整合建立统一的公共资源交易平台工作方案》，明确提出了整合目标：2016年6月底前，地方各级人民政府基本完成公共资源交易平台整合工作。2017年6月底前，在全国范围内形成规则统一、公开透明、服务高效、监督规范的公共资源交易平台体系，基本实现公共资源交易全过程电子化。

8月13日，国家工商总局、中编办、国家发改委、国家税务总局、国家质检总局、国务院法制办联合发出《关于贯彻落实〈国务院办公厅关于加快推进“三证合一”登记制度改革的意见〉的通知》，指出，要充分认识实行“三证合一”登记制度改革对深化市场准入制度、推进商事制度改革的重要意义，突出重点、统一模式，切实做好5项工作：一是全面实施“三证合一”登记制度，实行“一照一码”登记模式。二是统一登记条件，规范登记流程。三是改造升级系统，实现信息共享。四是梳理完善法规，实现成果广泛认可和应用。五是统筹衔接有序，确保平稳过渡。

9月16日，国务院常务会议听取政策落实第三方评估汇报，把简政放权、放管结合等改革推向纵深。会议指出，受国务院委托，全国工商联、中国国际经济交流中心及相关高校、研究机构等对简政放权和放管结合、支持小微企业、金融服务实体经济、区域协同发展等政策落实情况做了第三方评估。评估结果显示了这些改革发展举措对推动经济增长、促进结构优化、激发企业活力等正在发挥积极效应，同时也揭示了政策落实中存在的问题。

9月22日，全面推进“三证合一、一照一码”登记制度改革工作全国电视电话会议在京召开，李克强作出重要批示。指出加快推进“三证合一、一照一码”登记制度改革，是深化商事制度改革之举，是顺应群众干事创业期望之举，也是创新政府行政管理之举，利民利企利国，对于激发市场内在活力、增添经济发展新动力具有重要意义。

9月29日，国务院常务会议决定推出新一批简政放权、放管结合改革举措，打造公平规范便利的营商环境。

10月2日，国务院印发《关于实行市场准入负面清单制度的意见》。意见指出，市场准入负面清单制度是指国务院以清单方式明确列出在中华人民共和国境内禁止和限制投资经营的行业、领域、业务等，各级政府依法采取相应管理措施的一系列制度安排。市场准入负面清单以外的行业、领域、业务等，各类市场主体皆可依法平等进入。

10月11日，国务院印发《关于第一批取消62项中央指定地方实施行政审批事项的决定》，决定第一批取消62项中央指定地方实施的行政审批事项。本次取消的行政审批事项，共涉及18个部门，项目较多的有地方税务部门、卫生计生部门等。

10月11日，国务院印发《关于第一批清理规范89项国务院部门行政审批中介服务事项的决定》，决定第一批清理规范89项国务院部门行政审批中介服务事项，不再将其作为行政审批的受理条件。

10月21日，国务院常务会议通过《居住证暂行条例（草案）》，以法治助推新型城镇化。草案规定在全国建立居住证制度，推进城镇基本公共服务和便利向常住人口全覆盖，明确了居住证持有人通过积分等方式落户的通道。

10月26—29日，党的十八届五中全会召开。全会通过《中共中央关于制定国民经济和社会发展第十三个五年规划的建议》，进一步提出运用法治思维和法治方式推动发展。加强法治政府建设，依法设定权力、行使权力、制约权力、监督权力，依法调控和治理经济，推行综合执法，实现政府活动全面纳入法治轨道。

12月27日，党中央、国务院印发并实施《法治政府建设实施纲要（2015—2020年）》。该纲要共分三个部分，确立了法治政府建设的指导思想、总体目标、基本原则、衡量标准和44项工作措施。这是我国“十三五”期间的一个法治建设纲要，是党和国家在顶层设计的层面上对法治政府更加全面的阐释，迈出了依法行政理论发展的重要一步，是中华人民共和国成立以来党和国家第一次制定和“十三五”同步同期的法治规划。它既是对党的十八大及党的十八届二中、三中、四中、五中全会所确立的法治政府建设目标任务的具体落实，又是对未来五年法治政府建设工作的系统部署。法治政府建设的纲领性文件首次以中共中央、国务院联合印发的形式，对于强化党委对法治政府建设的领导，实现法治政府建设的党政同责，具有战略意义。与2004年的纲要相比，2015年纲要的提出表明：法治政府建设是一项系统工程，它不仅是政府的事，也是全党、全国、全社会的事。这也表明，党的十八大以后的法治政府建设已经上升为党和国家的中心工作，不再是单纯的政府系统的内部任务了。2015年纲要以2020年为目标导向，对今后五年法治政府建设的目标、路径、施工图和路线图作了全面部署，成为当前各级行政机关尽职守责的基本遵循。

2016年

2月19日，国务院印发《关于第二批取消152项中央指定地方实施行政审批事项的决定》。本次取消的事项，依据法律、法规和国务院决定设定的有65项；依据部门规章、规范性文件设定的有87项，涉及33个部门。

2月23日，国务院印发《关于取消13项国务院部门行政许可事项的决定》。

2月28日，国务院印发《关于第二批清理规范192项国务院部门行政审批中介服务事项的决定》，此次清理后，原作为审批必要条件的中介服务事项已取消70%。

3月1日，《国务院关于修改部分行政法规的决定》公布，修改涉及的行政法规共有66部。

4月11日，国务院办公厅转发10部门《推进“互联网+政务服务”开展信息惠民试点实施方案》，提出要加快推进“互联网+政务服务”，进一步推动部门间政务服务相互衔接，协同联动，打破“信息孤岛”，有效解决群众办事“多头跑、重复跑、跨省跑”问题。

4月28日，财政部发布《关于扩大18项行政事业性收费免征范围的通知》，对小微企业免征的18项行政事业性收费的免征范围扩大到所有企业和个人，18项行政事业性收费包括国内植物检疫费、拖拉机行驶证费等。

5月9日，李克强在全国推进简政放权放管结合优化服务改革电视电话会议上指出，实施精准协同放权，今年再削减国务院部门行政审批事项和中央指定地方实施行政审批事项50项以上，削减国务院部门设置的职业资格比例达到70%以上，削减一批生产许可证、经营许可证和资质认定。为更好发挥投资对稳增长、调结构、惠民生的关键性作用，中央层面核准的企业投资项目削减比例要达到90%以上。深入推进商事制度改革，继续大力削减工商登记前置审批事项，今年再取消三分之一，累计压减比例达到90%以上，同步取消后置审批事项50项以上。合理扩大高校和科研院所自主权，今年要把合理扩大高校和科研院所办学、科研的自主权，作为一项重要工作来抓，国务院有关部门要抓紧研究制定相关文件并颁布实施。

5月11日，国务院常务会议决定进一步精简投资项目报建审批，以改革营造更加便利的投资环境。会议决定，将投资项目开工前的报建审批事项由65项减至42项，其中规划许可、市政设施建设等24项审批整合为8项，并保留涉及环保等方面的法定审批事项。对保留的审批事项，各地要全部纳入政务服务大厅或在线平台，简化流程、缩短时限，便利企业办事。

5月19日，国务院印发《清理规范投资项目报建审批事项实施方案》，清理规范后的投资项目报建审批事项共42项，减少23项，精简比例35%。包括将临时占用城市绿地审批，砍伐城市树木、迁移古树名木审批合并为“工程建设涉及城市绿地、树木审批”等内容。

6月14日，国务院印发《关于在市场体系建设中建立公平竞争审查制度的意见》。意见明确，政策制定机关在政策制定过程中，要对照市场准入和退出、商品和要素自由流动、影响生产经营成本、影响生产经营行为4个方面共18条标准，进行公平竞争审查。

6月24日，根据《国务院关于修改部分行政法规的决定》对有关行政法规部分条款的修改情况，《工商总局关于严格落实先照后证改革严格执行工商登记前置审批事项的通知》附件《工商登记前置审批事项目录》和《企业变更登记、注销登记前置审批指导目录》再次进行了调整和公布。

7月7日，国务院常务会议听取政府和社会资本合作模式推广情况汇报。会议要求，要以推进政府和社会资本合作促投融资体制改革，在公共服务和基础设施等领域进一步放宽市场准入，推进简政放权、放管结合、优化服务，对各类社会资本一视同仁。多推介含金量高的项目，减少和简化不必要的审批。

7月14日，中共中央办公厅、国务院办公厅印发了《专业技术类公务员管理规定（试行）》和《行政执法类公务员管理规定（试行）》。《行政执法类公务员管理规定（试行）》是对行政执法类公务员分别制定了职位设置、职务升降等方面的规定。《专业技术类公务员管理规定（试行）》是为了完善公务员职位分类，建立符合专业技术类公务员特点的管理制度，提高管理效能和科学化水平，建设高素质专业化公务员队伍，根据公务员法及有关法律、法规而制定。

9月29日，国务院印发《关于加快推进“互联网+政务服务”工作的指导意见》，对加快推进“互联网+政务服务”工作作出总体部署。

10月8日，国务院常务会议确定进一步精简政府核准的投资项目，以深化改革更大释放市场活力；决定简化外资企业等审批管理，营造扩大开放的更好环境。

10月14日，国务院常务会议部署持续深化商事制度改革，更大程度地降低创业创新制度性成本。

10月31日，十二届全国人大常委会第二十四次会议审议了对外贸易法等12部法律的修正案草案，拟通过修改法律取消部分行政审批事项、职业资格、优化审批流程、减少审批环节，进一步依法推进简政放权。草案旨在落实十二届全国人大一次会议通过的《关于国务院机构改革和职能转变方案的决定》，依法推进行政审批制度改革和政府职能转变，提高审批效率，不断提高政府管理科学化、规范化水平。

11月15日，国务院办公厅印发《〈关于全面推进政务公开工作的意见〉实施细则》，对全面推进政务公开工作作出具体部署。意见指出，公开透明是法治政府的基本特征。全面推进政务公开，让权力在阳光下运行，对于发展社会主义民主政治，提升国家治理能力，增强政府公信力执行力，保障人民群众知情权、参与权、表达权、监督权具有重要意义。这反映了我国党政领导机关对政务公开和政府信息公开制度建设认识的深化与理念的提升。实施细则加强政策解读、回应社会关切，进一步推进决策、执行、管理、服务、结果公开。

12月19日，中共中央、国务院下发并实施《关于推进防灾减灾救灾体制机制改革的意见》。

12月20日，国务院印发《政府核准的投资项目目录（2016年本）》。此次修订目录是继2013年、2014年两次修订后，国务院第三次作出修订。这是贯彻落实《中共中央 国务院关于深化投融资体制改革的意见》和《国务院关于印发2016年推进简政放权放管结合优化服务改革工作要点的通知》的重要举措。此次修订目录，共取消、下放17项核准权限，其中，取消核准改为备案2项、下放地方政府核准15项。经测算，连同2013年、2014年两次修订，中央政府层面核准的企业投资项目削减比例累计达到原总量的90%左右。

2017年

1月11日，中共中央办公厅、国务院办公厅印发《关于创新政府配置资源方式的指导意见》。意见指出，为解决当前政府配置资源中存在的市场价格扭曲、配置效率较低、公共服务供给不足等突出问题，需要从广度和深度上推进市场化改革，大幅度减少政府对资源的直接配置，创新配置方式，更多引入市场机制和市场化手段，提高资源配置的效率和效益。

1月12日，国务院印发并实施《“十三五”市场监管规划》，这是按照国家“十三五”时期的总体部署，准确把握经济发展规律和市场监管趋势，立足当前，着眼长远，统筹谋划，有序推进，充分发挥市场监管在改革发展大局中的重要作用，为市场经济的高效运行提供保障制定的规划。

1月12日，国务院办公厅印发《“互联网+政务服务”技术体系建设指南》。指南通过加强顶层设计，对各地区各部门网上政务服务平台建设进行规范，优化政务服务流程，推动构建统一、规范、多级联动的全国一体化“互联网+政务服务”技术和服务体系。

1月22日，国务院印发《关于第三批清理规范国务院部门行政审批中介服务事项的决定》。决定再清理规范一批中介服务事项，不再作为国务院部门行政审批的受理条件。

3月1日，国务院公布《“十三五”推进基本公共服务均等化规划》。

5月11日，国务院印发《关于进一步削减工商登记前置审批事项的决定》。

5月12日，国务院印发《关于加快推进“多证合一”改革的指导意见》。

5月18日，国务院印发《政务信息系统整合共享实施方案》。

5月22日，国务院印发《开展基层政务公开标准化规范化试点工作方案》。

6月13日，国务院召开全国深化简政放权放管结合优化服务改革电视电话会议。党的十八大以来，以习近平同志为核心的党中央把转变政府职能作为深化经济体制改革和行政体制改革的关键，多次作出部署。本届政府紧紧围绕处理好政府与市场关系，按照使市场在资源配置中起决定性作用和更好发挥政府作用的要求，始终抓住“放管服”改革这一牛鼻子，坚韧不拔地推进政府职能转变。这是一场深刻的刀刃向内的自我革命，通过改革以审批发证为主要内容的传统管理体制、革除与审批发证相关联的寻租权力和不当利益、改变与审批发证相伴的“看家本领”，推动政府加快适应社会主义市场经济发展要求，最大限度减少审批，多措并举加强监管，不断创新优化服务，打造便利、公平的市场环境，更大地激发市场活力和社会创造力，推动政府治理体系现代化。

7月19日，国务院印发《国家突发事件应急体系建设“十三五”规划》。

8月16日，最高人民法院印发《关于为改善营商环境提供司法保障的若干意见》，为改善营商环境提供更加有力的司法服务和保障。

9月28日，国务院印发《关于在更大范围推进“证照分离”改革试点工作的意见》，部署进一步破解“办照容易办证难”“准入不准营”等突出问题，加快营造稳定公平透明可预期的营商环境。

9月30日，国家工商总局印发《关于落实“证照分离”改革举措促进企业登记监管统一规范的指导意见》，对推进“证照分离”改革有关工作作出安排部署。

10月18日，习近平总书记在党的十九大上作题为《决胜全面建成小康社会 夺取新时代中国特色社会主义伟大胜利》的报告，该报告充分肯定了过去五年来民主法治建设领域迈出的重大步伐：科学立法、严格执法、公正司法、全民守法深入推进，法治国家、法治政府、法治社会建设相互促进，中国特色社会主义法治体系日益完善，全社会法治观念明显增强。报告作出了中国特色社会主义进入了新时代的重大论断，并提出新时代坚持和发展中国特色社会主义的十四个基本方略，其中在

“坚持全面依法治国”中重申了“坚持依法治国、依法执政、依法行政共同推进，坚持法治国家、法治政府、法治社会一体建设”。党的十九大报告综合分析国际国内形势和我国发展条件，提出从二〇二〇年到二〇三五年，在全面建成小康社会的基础上，再奋斗十五年，基本实现社会主义现代化，到那时，人民平等参与、平等发展权利得到充分保障，法治国家、法治政府、法治社会基本建成，各方面制度更加完善，国家治理体系和治理能力现代化基本实现。报告还强调，深化依法治国实践，全面依法治国是国家治理的一场深刻革命，必须坚持厉行法治，推进科学立法、民主立法、依法立法，以良法促进发展、保障善治；建设法治政府，推进依法行政，严格规范公正文明执法。

10月23日，国家工商总局、商务部、海关总署联合签署印发了《推进“多证合一”改革加强部门信息共享合作备忘录》，就有关部门建立信息共享渠道、建立信息共享机制、从严控制信息采集、推进“一照一码”营业执照广泛应用等工作提出了明确要求。

12月11日，中共中央办公厅、国务院办公厅印发《党政机关办公用房管理办法》《党政机关公务用车管理办法》，自2017年12月5日起施行，中共中央办公厅、国务院办公厅2011年1月6日印发的《党政机关公务用车配备使用管理办法》同时废止。

2018年

1月17日，国务院常务会议决定扩大“证照分离”改革试点事项探索形成可复制经验，进一步改善营商环境；确定进一步支持返乡下乡创业的措施，激活农村资源要素促进乡村振兴。

2月26—28日，党的十九届三中全会召开。会议聚焦机构改革，审议通过了《中共中央关于深化党和国家机构改革的决定》和《深化党和国家机构改革方案》。全会精神的主要内容是党中央从党和国家事业发展全局的战略高度出发，作出深化党和国家机构改革的重大政治决策，这是贯彻落实党的十九大精神的一项重大举措，是新时代全面深化改革的一项重大举措，对决胜全面建成小康社会、开启全面建设社会主义现代化国家新征程、实现中华民族伟大复兴的中国梦具有十分重大的现实意义和深远的历史意义。为加强党中央对法治中国建设的集中统一领导，健全党领导全面依法治国的制度和工作机制，更好落实全面依法治国基本方略。《中共中央关于深化党和国家机构改革的决定》明确指出深化党和国家机构改革是推进国家治理体系和治理能力现代化的一场深刻变革。《深化党和国家机构改革方案》要求以加强党的全面领导为统领，以国家治理体系和治理能力现代化为导向，以推进党和国家机构职能优化协同高效为着力点，改革机构设置，优化职能配置，深化转职能、转方式、转作风，提高效率效能，积极构建系统完备、科学规范、运行高效的党和国家机构职能体系。决定组建中央全面依法治国委员会，负责全面依法治国的顶层设计、总体布局、统筹协调、整体推进、督促落实，作为党中央决策议事协调机构；组建应急管理部，中国地震局、国家煤矿安全监察局由应急管理部管理，承担自然灾害、事故灾难事件应急管理职能，不再保留国家安全生产监督管理总局，应急管理部的设立，标志着中国现代应急管理机制设计进入了新时代。

3 月 13 日，十三届全国人大一次会议听取了关于国务院机构改革方案的说明，指出应急管理部主要职责是组织编制国家应急总体预案和规划，指导各地区各部门应对突发事件工作，推动应急预案体系建设和预案演练；建立灾情报告系统并统一发布灾情，统筹应急力量建设和物资储备并在救灾时统一调度，组织灾害救助体系建设，指导安全生产类、自然灾害类应急救援，承担国家应对特别重大灾害指挥部工作；指导火灾、水旱灾害、地质灾害等的防治；负责安全生产综合监督管理和工矿商贸行业安全生产监督管理等。

4月8日，中共中央办公厅、国务院办公厅印发《地方党政领导干部安全生产责任制规定》，明确县级以上地方政府党政主要负责人及班子其他成员的职责任务，建立了“党政同责、一岗双责、齐抓共管、失职追责”的安全生产责任体系。

5月1日，《上海市行政审批告知承诺管理办法》施行，这是国内首个对告知承诺制度进行规范的创制性地方政府规范性文件。

5月11日，习近平总书记主持召开中央全面深化改革委员会第二次会议并发表重要讲话。会议审议通过了《关于地方机构改革有关问题的指导意见》《推进中央党政机关和事业单位经营性国有资产集中统一监管试点实施意见》。会议审议了《深化党和国家机构改革进展情况报告》。

5月23日，中共中央办公厅、国务院办公厅印发《关于深入推进审批服务便民化的指导意见》。

6月5日，国务院印发《关于国务院机构改革涉及行政法规规定的行政机关职责调整问题的决定》，就国务院机构改革涉及行政法规规定的行政机关职责调整问题予以明确。

6月22日，国务院印发《进一步深化“互联网+政务服务”推进政务服务“一网、一门、一次”改革实施方案》。

6月28日，国务院召开全国深化“放管服”改革转变政府职能电视电话会议。

7月6日，习近平总书记主持召开中央全面深化改革委员会第三次会议并发表重要讲话。会议审议通过《关于建立健全基本公共服务标准体系的指导意见》《关于推进政府购买服务第三方绩效评价工作的指导意见》《关于浙江等地深化“最多跑一次”改革需要中央层面解决的事项清单及工作建议》《关于开展县以下事业单位管理岗位职员等级晋升制度试点工作的实施意见》《关于推进军民融合深度发展若干财政政策的意见》。

7月30日，中共中央办公厅、国务院办公厅颁布《应急管理部职能配置、内设机构和人员编制规定》，对应急管理部的内设机构进行了划分。

7月31日，国务院印发《关于加快推进全国一体化在线政务服务平台建设的指导意见》，就深入推进“互联网+政务服务”，加快建设全国一体化在线政务服务平台，全面推进政务服务“一网通办”作出部署。

9月27日，国务院印发《关于在全国推开“证照分离”改革的通知》，决定自2018年11月10日起，在全国范围内对第一批106项涉企行政审批事项，分别按照直接取消审批、审批改为备案、实行告知承诺、优化准入服务等四种方式，实施“证照分离”改革。

10月10日，国务院印发《关于在全国推开“证照分离”改革的通知》。该通知指出，从2018年11月10日起，在全国范围内对第一批106项涉企行政审批事项，分别按照直接取消审批、审批改为备案、实行告知承诺、优化准入服务等四种方式，实施“证照分离”改革。

10月22日，国务院常务会议部署根据督查发现和企业关切的问题，进一步推动优化营商环境政策落实。决定设立民营企业债券融资支持工具，以市场化方式帮助缓解企业融资难；确定建设国家“互联网+监管”系统，促进政府监管规范化精准化智能化。

11月1日，农业农村部印发《深入推进审批服务便民化工作实施方案》，切实提高审批服务效率，降低制度性交易成本，更快更好方便企业和群众办事创业，建设人民满意的服务型机关。

11月14日，习近平总书记主持召开中央全面深化改革委员会第五次会议并发表重要讲话。会议审议通过了《加快完善市场主体退出制度改革方案》《深化政府采购制度改革方案》《关于推进基层整合审批服务执法力量的实施意见》《关于全面推行行政执法公示制度执法全过程记录制度重大执法决定法制审核制度的指导意见》和《“街乡吹哨、部门报到”——北京市推进党建引领基层治理体制机制创新的探索》。

11月26日，中共中央办公厅、国务院办公厅印发《关于深化市场监管综合行政执法改革的指导意见》，对深入推进市场监管综合行政执法改革，全面整合市场监管职能，加强执法队伍建设，规范和提高执法办案水平，建立统一、权威、高效的市场监管综合执法体制进行了全面部署。

11月28日，国务院常务会议听取优化营商环境工作汇报，决定开展中国营商环境评价。

11月29日，公安部在京召开新闻发布会，通报自即日起施行深化治安管理“放管服”改革便民利民6项措施，涉及简化企业开办程序、压缩开办时间，减轻企业经济负担，减免企业办事证明材料，建立企业内部安全随访制，为群众办理居民身份证和居住证提供便利服务，优化户政管理服务等事项。

12月19—21日，中央经济工作会议召开。会议认为，我国经济运行主要矛盾仍然是供给侧结构性的，必须坚持以供给侧结构性改革为主线不动摇，更多采取改革的办法，更多运用市场化、法治化手段，在“巩固、增强、提升、畅通”八个字上下功夫。会议确定，一是推动制造业高质量发展，二是促进形成强大国内市场，三是扎实推进乡村振兴战略，四是促进区域协调发展，五是加快经济体制改革，六是推动全方位对外开放，七是加强保障和改善民生。

12 月 25 日，经中共中央、国务院批准，国家发展改革委、商务部向社会公开发布《市场准入负面清单（2018 年版）》。这标志我国全面实施市场准入负面清单制度，负面清单以外的行业、领域、业务等，各类市场主体皆可依法平等进入。

2019 年

2 月 20 日，国务院常务会议决定再取消和下放一批行政许可事项、在全国全面开展工程建设项目审批制度改革。

2 月 25 日，习近平总书记在中央全面依法治国委员会第二次会议上深刻阐述了“法治是最好的营商环境”这一重要论断。

3 月 3 日，中共中央印发了修订后的《党政领导干部选拔任用工作条例》。这次修订的《党政领导干部选拔任用工作条例》，坚持和加强党的全面领导，坚持把政治标准放在首位，坚持精准科学选人用人，坚持将从严要求贯穿始终，吸收党的十八大以来我们党选人用人工作中探索形成的实践成果，衔接近年来出台的相关新政策新法规，回应干部工作中出现的一些新情况新问题，进一步推进干部选拔任用工作制度化、规范化、科学化，对于提高选人用人质量，建设忠诚干净担当的高素质专业化干部队伍，为新时代中国特色社会主义事业顺利发展提供坚强组织保证，具有重要意义。2002 年 7 月 9 日印发的《党政领导干部选拔任用工作条例》废止。

4 月 7 日，中共中央办公厅印发《党政领导干部考核工作条例》，明确要把区分优劣、奖优罚劣、激励担当、促进发展作为干部考核工作的基本任务，进一步调整优化考核内容指标，改进考核方式方法，强化考核结果运用，最大限度调动广大干部的积极性、主动性、创造性。

4 月 28 日，国务院印发《改革国有资本授权经营体制方案》。要求以管资本为主加强国有资产监管，切实转变出资人代表机构职能和履职方式，实现授权与监管相结合、放活与管好相统一，切实保障国有资本规范有序运行，促进国有资本做强做优做大，不断增强国有经济活力、控制力、影响力和抗风险能力，培育具有全球竞争力的世界一流企业。

5月5日，国务院常务会议部署以制度创新持续减少和规范证明事项，进一步优化政务服务和营商环境。

5月15日，《中华人民共和国政府信息公开条例》（2019年4月修订版）正式实施。明确了政务公开“以公开为原则，以不公开为例外”的原则，降低了依申请公开信息的门槛，增加了主动公开的范围，增加了公开政府信息的方式，特别强调了互联网在信息公开中的地位，要求建设政府信息公开互联网平台。

5月22日，中央全面依法治国委员会办公室印发《关于开展法治政府建设示范创建活动的意见》，在全国范围启动法治政府建设示范创建活动，同时公布《市县法治政府建设示范指标体系》（2019年版），作为开展示范创建活动的评估标准。

6月1日，中共中央办公厅施行《公务员职务与职级并行规定》。该规定的施行，有利于调动广大公务员的积极性、主动性和创造性，完善公务员制度机制，推进公务员分类管理，加强专业化建设，拓宽公务员尤其是基层公务员的职业发展空间，有利于解决非领导职务设置存在的属性界定不清晰、设置不科学不合理等问题。

9月3日，国务院办公厅印发的《关于做好优化营商环境改革举措复制推广借鉴工作的通知》，要求在全国复制推广借鉴京沪两地优化营商环境改革举措。

10月22日，《优化营商环境条例》公布，自2020年1月1日起施行。该条例认真总结了近年来我国优化营商环境的经验和做法，将实践证明行之有效、人民群众满意、市场主体支持的改革举措用法规制度固化下来，重点针对我国营商环境的突出短板和市场主体反映强烈的痛点难点堵点问题，对标国际先进水平，从完善体制机制的层面作出相应规定。该条例的出台可以说从法规和制度层面为优化营商环境提供了更为有力的保障和支撑，该条例中多处涉及行业协会、商会，这充分体现出为加快打造市场化、法治化、国际化的营商环境，国务院赋能行业协会商会，希望其在优化营商环境、促进行业发展中发挥更大作用。

10 月 28—31 日，党的十九届四中全会召开。会议审议通过了《中共中央关于坚持和完善中国特色社会主义制度、推进国家治理体系和治理能力现代化若干重大问题的决定》。深刻把握国内外形势变化以及党和国家事业发展现实需要，对优化政府职责体系作出战略决策部署，为当前和今后一个时期合理配置政府职能、更好发挥政府作用指明了方向、提供了行动指南。该决定明确指出要完善国家行政体制，优化政府职责体系，优化政府组织结构，健全充分发挥中央和地方两个积极性体制机制。

11 月 15 日，国务院印发《关于在自由贸易试验区开展“证照分离”改革全覆盖试点的通知》，部署自 2019 年 12 月 1 日起，在全国自贸试验区开展“证照分离”改革全覆盖试点。该通知提出，要实现涉企经营许可事项全覆盖。建立清单管理制度，分级实施清单管理，将法律、行政法规、国务院决定和地方性法规、地方政府规章设定的涉企经营许可事项全部纳入清单，清单要定期调整更新并向社会公布，清单之外不得违规限制企业进入相关行业或领域，企业取得营业执照即可自主开展经营。

2020年

2月14日，习近平总书记主持召开中央全面深化改革委员会第十二次会议。会议审议通过了《关于深化事业单位改革试点工作的指导意见》。

4月9日，中共中央、国务院发布《关于构建更加完善的要素市场化配置体制机制的意见》。这是中央第一份关于要素市场化配置的文件，总共分九个方面，包括总体要求、推进土地要素市场化配置、引导劳动力要素合理畅通有序流动、推进资本要素市场化配置、加快发展技术要素市场、加快培育数据要素市场、加快要素价格市场化改革、健全要素市场运行机制、组织保障。

5月11日，国家能源局发布《关于做好电力业务资质许可告知承诺制试点相关工作的通知》，在上海市、湖北省、浙江省、海南自由贸易试验区、深圳社会主义先行示范区开展电力业务许可、承装（修、试）电力设施许可告知承诺制试点。该通知要求，要按照“证照分离”改革要求，围绕“减少审批环节、提高审批效能、服务企业发展”的总体思路，探索建立“诚信规范、审批高效、监管完善”的告知承诺许可审批新模式，持续推进“简化许可、深化信用、强化监管、优化服务”，激发企业发展活力，促进高质量发展。

5月22日，李克强在政府工作报告中强调，困难挑战越大，越要深化改革，破除体制机制障碍，激发内生发展动力。要深化“放管服”改革，推进要素市场化配置改革，提升国资国企改革成效，优化民营经济发展环境，推动制造业升级和新兴产业发展，提高科技创新支撑能力，深入推进大众创业万众创新，依靠改革激发市场主体活力，增强发展新动能。

5月29日，国务院常务会议强调，要大力度推进改革开放，要在改革上想办法、找出路，打破不合理的条条框框，把市场活力和社会创造力更大释放出来。要深化“放管服”改革，把打造市场化法治化国际化营商环境、促进公平竞争放在政府工作的重要位置。

7月10日，国务院办公厅印发《自然资源领域中央与地方财政事权和支出责任划分改革方案》。方案提出，各级政府要根据改革确定的中央与地方财政事权和支出责任划分，按规定合理安排预算，确保职责履行到位。要按照全面实施预算绩效管理的要求，着力优化支出结构，提高自然资源领域财政资源配置效率和使用效益，促进自然资源的保护和合理利用。要参照本方案要求，结合本省实际，合理划分省以下自然资源领域财政事权和支出责任。要将适宜由地方更高一级政府承担的自然资源领域基本公共服务支出责任上移，避免基层政府承担过多支出责任。

7月22日，国务院常务会议部署加强新型城镇化建设，补短板扩内需提升群众生活品质。

8月26日，国务院常务会议确定围绕保市场主体激发活力深化“放管服”改革举措。会议指出，深化“放管服”改革和落实财政金融纾困政策并行推进，是激发市场活力、增强发展内生动力的重要举措，对做好“六稳”工作、落实“六保”任务至关重要，要推出新举措进一步做到门槛降下来、监管跟上去、服务更优化。

9月9日，习近平总书记主持召开中央财经委员会第八次会议，研究畅通国民经济循环和现代流通体系建设问题，研究党的十九大以来中央财经委员会会议决策部署落实情况。会议强调，要贯彻新发展理念，推动高质量发展，深化供给侧结构性改革，充分发挥市场在资源配置中的决定性作用，更好发挥政府作用，统筹推进现代流通体系硬件和软件建设，发展流通新技术新业态新模式，完善流通领域制度规范和标准，培育壮大具有国际竞争力的现代物流企业，为构建以国内大循环为主体、国内国际双循环相互促进的新发展格局提供有力支撑。

9月10日，国务院办公厅印发《关于深化商事制度改革进一步为企业松绑减负激发企业活力的通知》。该通知明确提出四个方面12项改革举措。

9月14日，文化和旅游部发布《关于深化“放管服”改革促进演出市场繁荣发展的通知》，以深化演出市场“放管服”改革为切入点，从提升审批效能、规范新业态发展、实施精细化管理、落实主体责任、强化组织保障等五个方面，采取一系列举措，进一步优化营商环境，增强企业发展内生动力，更好地满足人民群众多样化、多层次的精神文化需求。

9月17日，国务院常务会议确定政务服务“跨省通办”和提升“获得电力”服务水平的措施，持续优化企业和群众办事创业环境；要求按照“两个毫不动摇”支持国有企业和民营企业改革发展。

9月27日，中共中央办公厅、国务院办公厅印发《关于深化应急管理综合行政执法改革的意见》，作出加快构建权责一致、权威高效的监管执法体制的决策部署。

10月11日，中共中央办公厅、国务院办公厅印发《深圳建设中国特色社会主义先行示范区综合改革试点实施方案（2020—2025年）》，赋予深圳在重点领域和关键环节改革上更多自主权，支持深圳在更高起点、更高层次、更高目标上推进改革开放。该方案提出，到2020年，在要素市场化配置、营商环境优化、城市空间统筹利用等重要领域推出一批重大改革措施，制定实施首批综合授权事项清单，推动试点开好局、起好步。2022年，各方面制度建设取得重要进展，形成一批可复制可推广的重大制度成果，试点取得阶段性成效。2025年，重要领域和关键环节改革取得标志性成果，基本完成试点改革任务，为全国制度建设作出重要示范。

10月26—29日，党的十九届五中全会召开。全会审议通过了《中共中央关于制定国民经济和社会发展第十四个五年规划和二〇三五年远景目标的建议》，要求加快转变政府职能。建设职责明确、依法行政的政府治理体系。深化简政放权、放管结合、优化服务改革，全面实行政府权责清单制度。

11月2日，习近平总书记主持召开中央全面深化改革委员会第十六次会议并发表重要讲话。会议审议通过了《关于新时代推进国有经济布局优化和结构调整的意见》《建设高标准市场体系行动方案》《全国人民代表大会常务委员会关于加强国有资产管理情况监督的决定》等文件。

11月9日，国务院办公厅印发《关于全面推行证明事项和涉企经营许可事项告知承诺制的指导意见》。该意见指出，要以习近平新时代中国特色社会主义思想为指导，全面贯彻党的十九大和十九届二中、三中、四中、五中全会精神，按照党中央、国务院决策部署，坚持以人民为中心的发展思想，深入推进“放管服”改革，加快转变政府职能，针对直接面向企业和群众、依申请办理的行政事项，全面推行证明事项和涉企经营许可事项告知承诺制，创新政府服务和管理的理念、方式，方便企业和群众办事创业，推进政府治理体系和治理能力现代化，努力建设人民满意的服务型政府。

11月14日，国务院批复《关于上海市浦东新区开展“一业一证”改革试点大幅降低行业准入成本总体方案的批复》，同意在上海市浦东新区开展“一业一证”改革试点，试点期为自批复之日起至2022年底。

11 月 16—17 日，中央全面依法治国工作会议召开，会议明确习近平法治思想在全面依法治国工作中的指导地位。习近平总书记在会上发表重要讲话，精辟概括“十一个坚持”，系统阐述了新时代全面依法治国的战略思想和工作部署，深刻回答了新时代为什么实行全面依法治国、怎样实行全面依法治国等一系列重大问题，是新时代全面依法治国的根本遵循和行动指南。

12 月 7 日，中共中央印发《法治社会建设实施纲要（2020—2025 年）》。

12 月 30 日，国家发展改革委办公厅印发《浙江、北京等 6 省市投资项目在线审批监管平台创新应用典型经验的通知》，该通知指出，为贯彻落实党中央、国务院深化“放管服”改革优化营商环境部署，更好依托全国投资项目在线审批监管平台，深化投资审批制度改革，进一步优化投资主体服务，加强和改进事中事后监管，国家发展改革委征集并评选出浙江、北京、青海、四川、重庆、河北等六省市在线平台创新应用典型经验，并在全国推广。

2021 年

1 月 4 日，国务院常务会议听取《优化营商环境条例》实施情况第三方评估汇报，要求进一步打通落实堵点，提升营商环境法治化水平。

1 月 10 日，中共中央印发《法治中国建设规划（2020—2025 年）》。该规划是新中国成立以来第一个关于法治中国建设的专门规划，是新时代推进全面依法治国的纲领性文件，是“十四五”时期统筹推进法治中国建设的总蓝图、路线图、施工图，对新时代更好发挥法治固根本、稳预期、利长远的重要作用，推进国家治理体系和治理能力现代化，适应人民群众在民主、法治、公平、正义、安全、环境等方面的新要求新期待，加快实现到 2035 年基本建成法治国家、法治政府、法治社会的奋斗目标具有重大意义。

1月31日，中共中央办公厅、国务院办公厅印发了《建设高标准市场体系行动方案》。方案提出要充分发挥市场在资源配置中的决定性作用，更好发挥政府作用，牢牢把握扩大内需这个战略基点，畅通市场循环，疏通政策堵点，打通流通大动脉，推进市场提质增效，通过5年左右的努力，基本建成统一开放、竞争有序、制度完备、治理完善的高标准市场体系。

3月5日，李克强在政府工作报告中提出，深入推进重点领域改革，更大激发市场主体活力。在落实助企纾困政策的同时，加大力度推动相关改革，培育更加活跃更有创造力的市场主体。进一步转变政府职能。充分发挥市场在资源配置中的决定性作用，更好发挥政府作用，推动有效市场和有为政府更好结合。继续放宽市场准入，开展要素市场化配置综合改革试点，依法平等保护各类市场主体产权。纵深推进“放管服”改革，加快营造市场化、法治化、国际化营商环境。将行政许可事项全部纳入清单管理。深化“证照分离”改革，大力推进涉企审批减环节、减材料、减时限。实行中小微企业简易注销制度。实施工业产品准入制度改革，推进汽车、电子电器等行业生产准入和流通管理全流程改革。把有效监管作为简政放权的必要保障，全面落实监管责任，加强对取消或下放审批事项的事中事后监管，完善分级分类监管政策，健全跨部门综合监管制度，大力推行“互联网+监管”，提升监管能力，加大失信惩处力度，以公正监管促进优胜劣汰。加强数字政府建设，建立健全政务数据共享协调机制，推动电子证照扩大应用领域和全国互通互认，实现更多政务服务事项网上办、掌上办、一次办。企业和群众经常办理的事项，今年要基本实现“跨省通办”。

4月15日，国务院办公厅印发《关于服务“六稳”“六保”进一步做好“放管服”改革有关工作的意见》。该意见指出，深化“放管服”改革，打造市场化法治化国际化营商环境，是做好“六稳”工作、落实“六保”任务的重要抓手。

5 月 19 日，国务院常务会议确定优化公证服务的措施，更好便企惠民。

6 月 2 日，国务院召开全国深化“放管服”改革着力培育和激发市场主体活力电视电话会议。

6 月 3 日，国务院印发《关于深化“证照分离”改革进一步激发市场主体发展活力的通知》，要求自 2021 年 7 月 1 日起在全国范围内实施涉企经营许可事项全覆盖清单管理，对所有涉企经营许可事项按照直接取消审批、审批改为备案、实行告知承诺、优化审批服务等四种方式分类推进审批制度改革。同时在自贸试验区进一步加大改革试点力度，在更大范围和更多行业推动照后减证和简化审批，创新和加强事中事后监管，在不久的将来建立起简约高效、公正透明、宽进严管的行业准营规则，有望大幅提高市场主体办事的便利度和可预期性，充分释放制度改革的红利，推动有效市场和有为政府更好结合。

6 月 9 日，国务院常务会议部署推进实施“十四五”规划纲要确定的重大工程项目；确定深化公立医院薪酬制度改革的措施，更好调动医务人员积极性，更好服务人民群众。

6 月 10 日，《中共中央 国务院关于支持浙江高质量发展建设共同富裕示范区的意见》发布。聚焦亟须突破和创新的重要方向和关键领域，该意见明确了浙江示范区建设的高质量发展高品质生活先行区、城乡区域协调发展引领区、收入分配制度改革试验区、文明和谐美丽家园展示区四个战略定位。战略定位凸显出建设共同富裕示范区亟待突破创新的重要方向和关键领域。该意见提出了六方面、20 项重大举措，为建设共同富裕示范区明确了目标任务和工作抓手。

8 月 11 日，党中央、国务院印发《法治政府建设实施纲要（2021—2025 年）》。这是继 2015 年纲要后，党中央、国务院出台的新的法治政府建设纲领性文件，既是对“十三五”时期法治政府建设成就经验重要成果的深入总结，也是“十四五”时期全面推进法治政府建设的路线图和施工图。这是当代中国法治建设领域的又一份纲领性文件，标志着法治中国建设整体已经正式迈进“规划引领”的新时代。2021 年纲要提出，加快构建职责明确、依法行政的政府治理体系，全面建设职能科学、权责法定、执法严明、公开公正、智能高效、廉洁诚信、人民满意的法治政府，首次将“人民满意”明确为法治政府建设的奋斗目标。

8 月 24 日，国务院公布《中华人民共和国市场主体登记管理条例》，自 2022 年 3 月 1 日起施行。该条例整合现行关于市场主体登记管理的行政法规，对在中国境内以营利为目的从事经营活动的各类企业、个体工商户、农民专业合作社等市场主体登记管理作出统一规定，进一步优化登记流程，压缩登记环节，精简申请材料，提升登记便利化程度，降低制度性成本，减轻企业负担。

10 月 25 日，国家发展改革委办公厅、中国人民银行办公厅联合印发《关于公布第三批社会信用体系建设示范区名单的通知》，确定天津市滨海新区等 34 个地区为第三批社会信用体系建设示范区，要求各示范区进一步加大工作力度，认真落实社会信用体系建设各项工作任务，充分发挥典型示范作用，同时要求各地区认真学习借鉴示范区经验做法，扎实推进社会信用体系建设相关重点工作。

11 月 1 日，李克强到国家市场监管总局考察，并主持召开发展壮大市场主体工作座谈会。李克强提出，要以实施《市场主体登记管理条例》为契机，持续优化营商环境，深入推进“放管服”改革，进一步破除制约市场主体发展的不合理限制，对各类所有制企业一视同仁。弘扬企业家精神。要健全市场监管长效机制，反对垄断和不正当竞争，打击囤积居奇、哄抬价格等行为，维护公平公正市场秩序。加强质量安全管理，强化知识产权保护和运用。要提升政务服务效能，更好便企惠民。

11 月 8—11 日，党的十九届六中全会召开。会议通过了《中共中央关于党的百年奋斗重大成就和历史经验的决议》，在回顾和总结党的百年发展成就的基础上，也进一步提出了下一阶段深化改革的方向和行动。该决议指出，按照坚持党的全面领导、坚持以人民为中心、坚持优化协同高效、坚持全面依法治国的原则，全面深化党和国家机构改革，党和国家机构职能实现系统性、整体性重构。

11 月 11 日，四川省出台《市场监管领域“首违不罚”清单适用规则（试行）》，结合四川市场主体监管实际，对“首违不罚”从制度上进行了闭环设计，对“首违不罚”事项实行清单制管理。这是全国市场监管系统省级层面率先出台“首违不罚”制度，旨在推进包容审慎监管，为市场主体纠错减负，进一步优化营商环境。

11 月 17 日，国务院常务会议审议通过“十四五”推进国家政务信息化规划，加快建设数字政府、提升政务服务水平；决定设立支持煤炭清洁高效利用专项再贷款，促进绿色低碳发展。

11 月 25 日，国务院印发《关于开展营商环境创新试点工作的意见》，明确在北京、上海、重庆、杭州、广州、深圳 6 个城市开展营商环境创新试点。该意见提出包括建立市场准入效能评估制度在内的 10 个方面共 101 项改革举措。

12 月 30 日，国务院印发《“十四五”国家应急体系规划》，对“十四五”时期安全生产、防灾减灾救灾等工作进行全面部署，确立了“十四五”时期乃至更长时期的应急管理发展目标：到 2025 年，形成统一指挥、专常兼备、反应灵敏、上下联动的中国特色应急管理体制。到2035年，全面实现依法应急、科学应急、智慧应急，形成共建共治共享的应急管理新格局。

2022年

1月4日，国务院常务会议部署全面实行行政许可事项清单管理的措施，规范权力运行，更大程度利企便民；决定实施企业信用风险分类管理，推动监管更加公平有效。

1月20日，中央依法治国办启动2021年法治政府建设实地督察反馈整改。

1月26日，江苏省印发《江苏省贯彻落实〈法治政府建设实施纲要（2021—2025年）〉实施方案》。

1月27日，国务院印发《“十四五”市场监管现代化规划》，对推进我国市场监管现代化作出全面部署。

1月30日，国务院办公厅印发《关于全面实行行政许可事项清单管理的通知》。全面实行行政许可事项清单管理，是深化“放管服”改革、优化营商环境的重要举措，有利于明晰行政许可权力边界、规范行政许可运行，为企业和群众打造更加公平高效的审批环境，对于推进政府治理体系和治理能力现代化意义重大。

2月14日，国务院印发《“十四五”国家应急体系规划》，强调要全面贯彻落实习近平总书记关于应急管理工作的一系列重要指示和党中央、国务院决策部署，扎实做好安全生产、防灾减灾救灾等工作，积极推进应急管理体系和能力现代化。

2月22日，国务院办公厅印发《关于加快推进电子证照扩大应用领域和全国互通互认的意见》，就进一步加快推进电子证照扩大应用领域和全国互通互认，实现更多政务服务事项网上办、掌上办、一次办，进一步助力深化“放管服”改革和优化营商环境作出部署。

2月24日，中共中央办公厅印发《关于加强新时代廉洁文化建设的意见》，强调要把廉洁文化建设纳入反腐败工作的基础性工程。

3月1日，国务院印发《关于加快推进政务服务标准化规范化便利化的指导意见》，加快推进政务服务标准化、规范化、便利化，更好地满足企业和群众办事需求。

3月5日，李克强在政府工作报告中指出，过去一年深化改革扩大开放，持续改善营商环境，推进法治政府建设和治理创新，保持社会和谐稳定。

3月14日，国务院常务会议提出，推进重点领域和关键环节改革，深化“放管服”改革，推动大众创业、万众创新，再推出一批便利创业创新、企业经营和居民办事的实招，推动更多事项异地办、一网通办。

3月16日，自然资源部办公厅印发《关于深入推进城乡规划编制单位资质认定“放管服”改革的通知》，进一步优化营商环境、激发市场主体发展活力。

3月29日，国务院发布《国务院关于修改和废止部分行政法规的决定》，自2022年5月1日起施行。

4月6日，农业农村部发布《关于进一步深化“放管服”改革的意见》，进一步深化农业农村领域“放管服”改革、持续优化营商环境。

4月19日，习近平总书记主持召开中央全面深化改革委员会第二十五次会议时强调，要全面贯彻网络强国战略，把数字技术广泛应用于政府管理服务，推动政府数字化、智能化运行，为推进国家治理体系和治理能力现代化提供有力支撑。

6月23日，国务院印发《关于加强数字政府建设的指导意见》，就主动顺应经济社会数字化转型趋势，充分释放数字化发展红利，全面开创数字政府建设新局面作出部署。

7月12日，国家发展和改革委员会发布《“十四五”新型城镇化实施方案》，提出要推进城市智能化改造，增强城市运营管理、应急处置能力。

8月6日，国家市场监管总局发布《关于在全国范围内推进认证机构资质审批“证照分离”改革的公告》，进一步激发市场主体活力，持续深化“放管服”改革，营造法治化、国际化、便利化营商环境。

8月17日，国务院办公厅印发《关于进一步规范行政裁量权基准制定和管理工作的意见》，这是我国首次从国家层面对建立健全行政裁量权基准制度作出全面、系统的规定。

8月29日，李克强在第十次全国深化“放管服”改革电视电话会议上强调，部署持续深化“放管服”改革，推进政府职能深刻转变，加快打造市场化法治化国际化营商环境，着力培育壮大市场主体，稳住宏观经济大盘，推动经济运行保持在合理区间。

9月7日，国务院办公厅印发《关于进一步优化营商环境降低市场主体制度性交易成本的意见》，打造市场化法治化国际化营商环境，降低制度性交易成本，提振市场主体信心，助力市场主体发展，为稳定宏观经济大盘提供有力支撑。

9月9日，国务院办公厅出台《关于市场监督管理综合行政执法有关事项的通知》。

9月13日，国务院办公厅印发《全国一体化政务大数据体系建设指南》，提出我国将构建全国一体化政务云平台体系，包括国家级政务云中心节点和36朵省级区域政务云，并探索建立政务云资源统一调度机制。

9 月 21 日，国务院常务会议确定深入推进“一件事一次办”改革举措，为企业和群众增便利。会议还通过《中华人民共和国行政复议法（修订草案）》，指出要坚持依法行政，加强法治政府建设，有权不可任性。

9 月 26 日，民政部印发《民政部贯彻落实〈国务院关于加强数字政府建设的指导意见〉的实施方案》，明确了民政领域加强数字政府建设的总体要求、主要任务与保障措施，并有机衔接《“十四五”民政信息化发展规划》，对进一步推动民政数字化转型作出系统部署。

9 月 28 日，国家税务总局公布《关于全面实行税务行政许可事项清单管理的公告》《关于优化纳税人延期缴纳税款等税务事项管理方式的公告》，全面实行税务行政许可事项清单管理，推进税务行政许可标准化、规范化、便利化，更大激发市场活力和社会创造力，促进经济社会高质量发展。

10 月 3 日，《国务院办公厅关于加快推进“一件事一次办”打造政务服务升级版的指导意见》出台，进一步加大了“一次办一件事”改革的力度与强度。

10 月 5 日，国务院办公厅发布《关于扩大政务服务“跨省通办”范围进一步提升服务效能的意见》，要求继续推进“跨省通办”改革，提高服务便利性。

10 月 8 日，国家发展和改革委员会印发《长三角国际一流营商环境建设三年行动方案》，打造长三角国际一流营商环境，更大激发市场主体活力和发展内生动力，推动长三角更高质量一体化发展。

10 月 12 日，全国深化“证照分离”改革经验交流座谈会召开。会议深入学习党中央、国务院领导关于深化“证照分离”改革的重要指示精神，认真总结一年来改革推进情况，研究分析突出问题，部署进一步深化改革的重点任务。

10 月 13 日，国家发展和改革委员会等部门印发《关于以制造业为重点促进外资扩增量稳存量提质量的若干政策措施》，围绕优化投资环境，扩大外商投资增量；加强投资服务，稳定外商投资存量；引导投资方向，提升外商投资质量等方面提出了 15 条具体举措。其中提到，深入实施外资准入负面清单，尽快将开放政策转化为实实在在的外资项目。

图书在版编目（CIP）数据

行政体制改革 / 魏礼群，王满传主编. — 北京：中国工人出版社，2024. 6. -- ISBN 978-7-5008-8032-5

Ⅰ. D63

中国国家版本馆CIP数据核字第2024VT1805号

行政体制改革

出 版 人	董　宽
责任编辑	罗荣波
责任校对	张　彦
责任印制	栾征宇
出版发行	中国工人出版社
地　　址	北京市东城区鼓楼外大街 45 号　邮编：100120
网　　址	http://www.wp-china.com
电　　话	（010）62005043（总编室）
	（010）62005039（印制管理中心）
	（010）62382916（工会与劳动关系分社）
发行热线	（010）82029051　62383056
经　　销	各地书店
印　　刷	北京印刷集团有限责任公司
开　　本	710 毫米 × 1000 毫米　1/16
印　　张	37.25
字　　数	438 千字
版　　次	2024 年 9 月第 1 版　2024 年 9 月第 1 次印刷
定　　价	108.00 元